雁荡山导游词

胡念望 编著

中国旅游出版社

1 灵峰夜景 / 胡安明 摄
2 上折瀑 / 胡念望 摄
3 大龙湫燕尾瀑 / 李以根 摄

1 灵峰全景 / 万影田 摄
2 小龙湫 / 金子友 摄
3 灵峰 / 李崇相 摄
4 方洞魅影 / 胡立雷 摄

1 雁荡山灵峰全景 / 詹必红 摄
2 显胜门景区 / 吴晋铭 摄
3 龙溜景观 / 林茂昭 摄
4 大龙湫景区 / 缪云飞 摄

1	2	3
	4	

1 雁荡山白垩纪破火山流纹岩地貌 / 李国朋 摄
2 大龙湫景区剪刀峰 / 叶金涛 摄

3 灵峰景区果盒桥 / 詹必红 摄
4 灵峰景区接客僧 / 詹必红 摄

| 1 | 2 |
| 3 | |

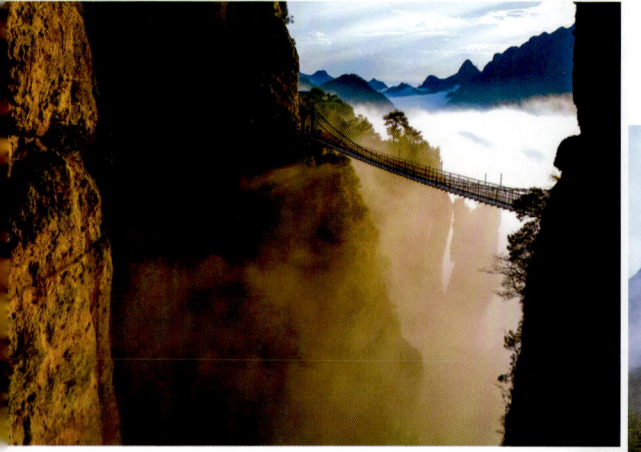

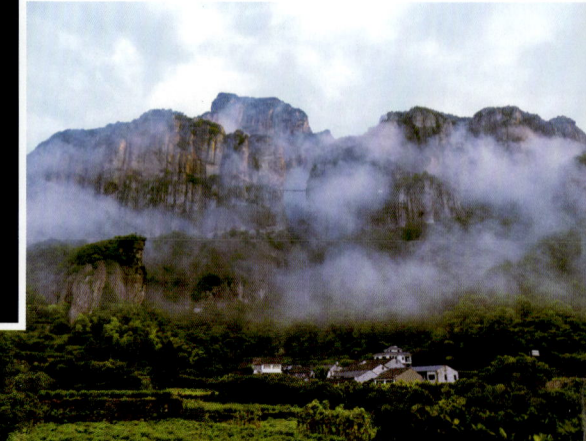

1 方洞景区仙桥 / 万先勇 摄
2 方洞云雾漫山 / 李以根 摄
3 羊角洞景区 / 万影田 摄

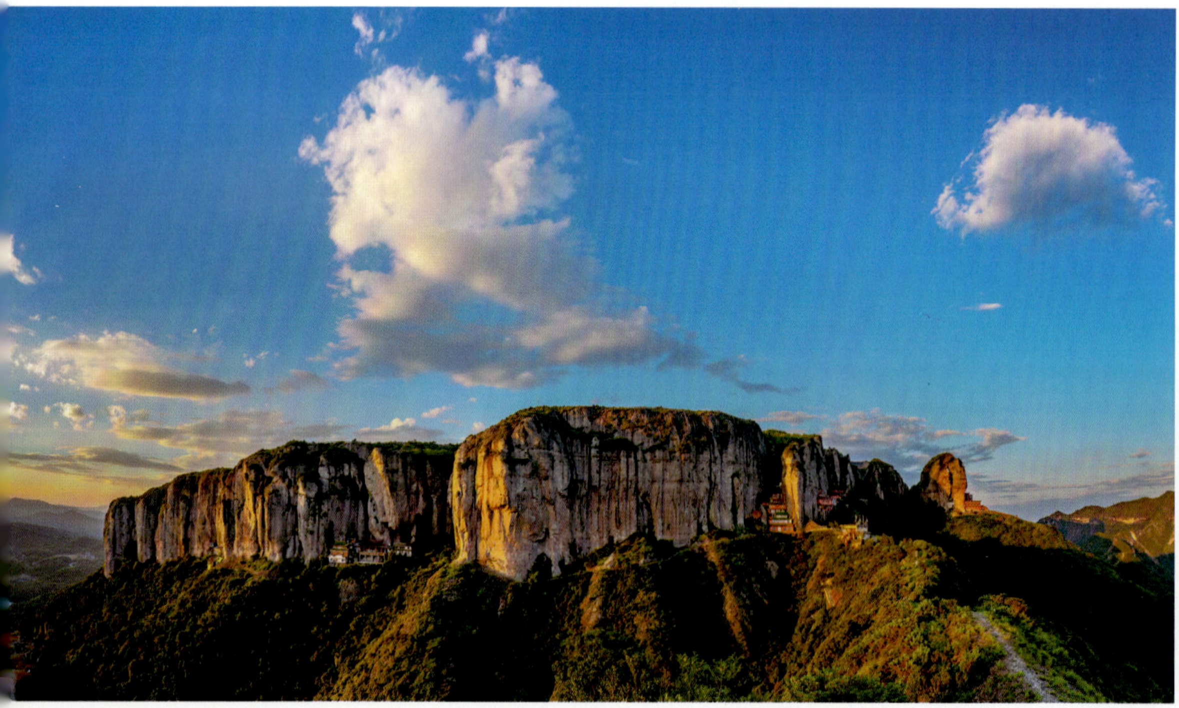

1 方洞景区 / 万影田 摄
2 玉霄峰 / 胡安明 摄

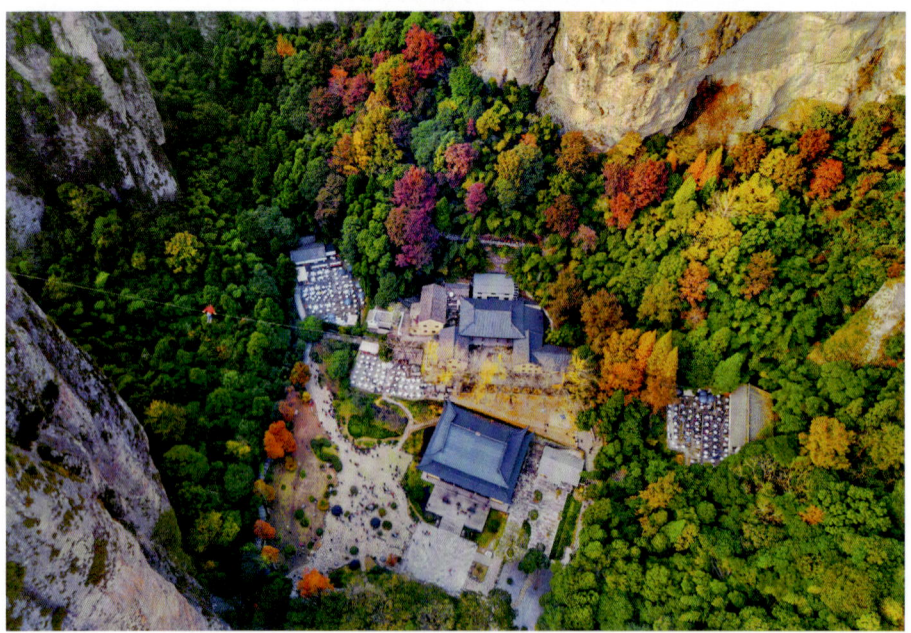

1 雁荡山世界地质公园 / 孙认真 摄
2 俯瞰灵岩景区秋色 / 崔丽君 摄

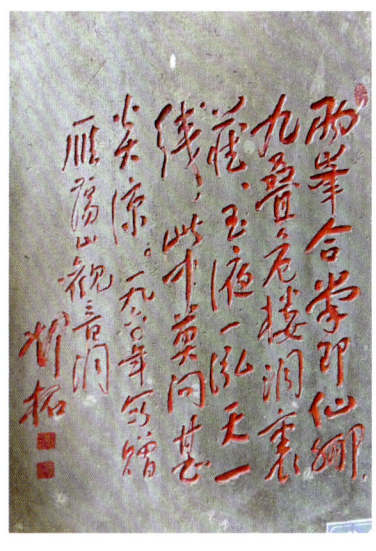

1 《合掌峰》诗题 / 邓拓
2 《雁荡岩瀑图》/ 陆俨少
3 《雁荡山西石梁瀑布图》/ 张大千

1《雁荡三折瀑图》/ 黄宾虹
2《雁荡山大龙湫图》/ 潘天寿、潘韵
3《雁荡龙湫图》/ 黄宾虹

1	
2	3	4

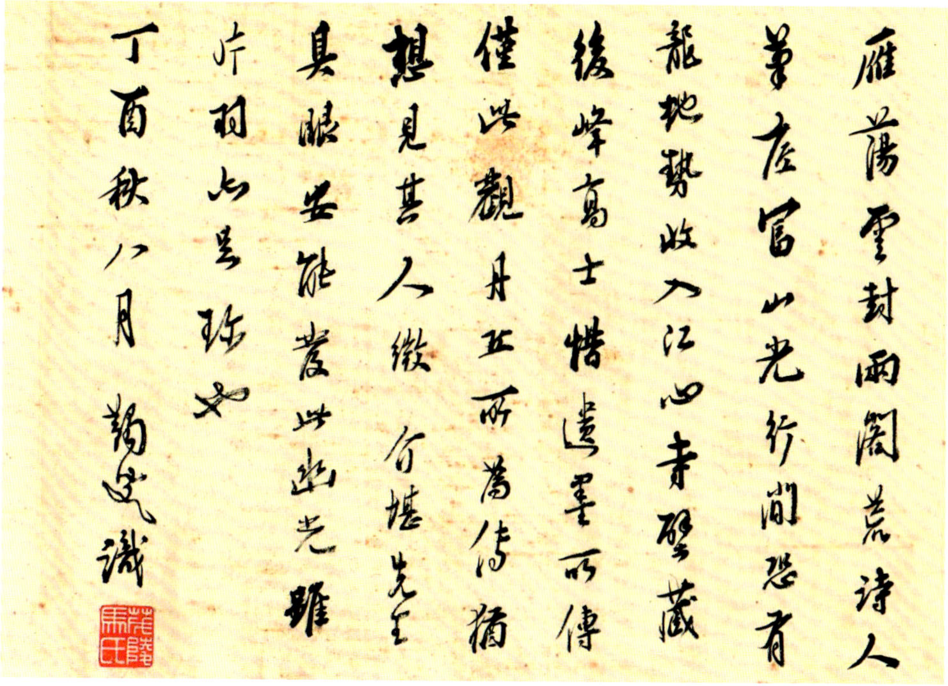

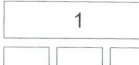

1《雁荡诗》书法 / 马一浮
2《雁荡山图》/ 李可染
3《雁荡山诗》古玺文 / 丁辅之
4“四壁一行”七言联 / 潘天寿

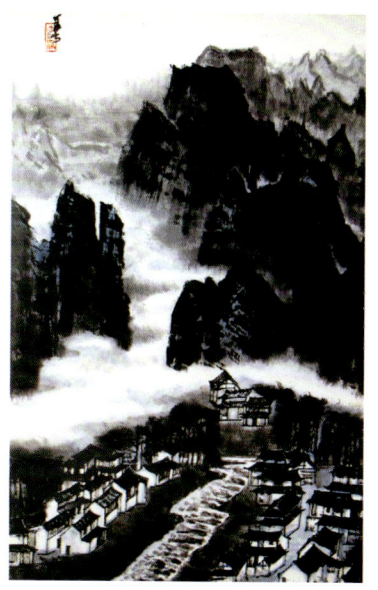

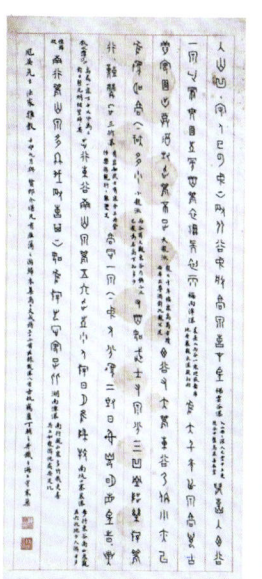

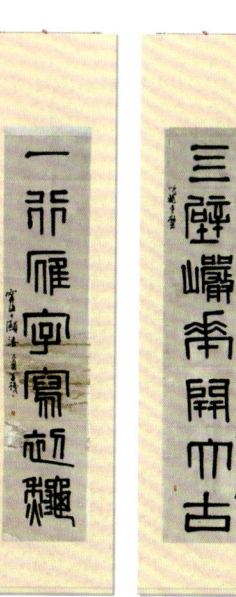

1 《小龙湫一截图》/ 潘天寿
2 《雁荡五十三景图》/ 清代钱维城

1 《龙鼻水》诗题 / 宋代灵岩寺住持如珙
2 "天开图画"题刻 / 宋代朱熹
3 "寰中绝胜"题刻 / 明代张惟任
4 《雁荡山纪游图》/ 元代李昭

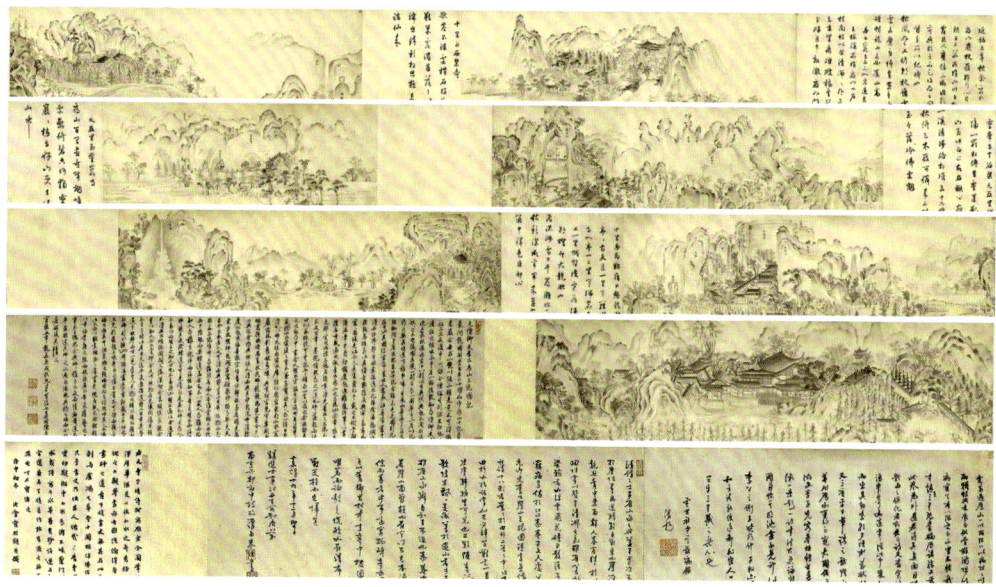

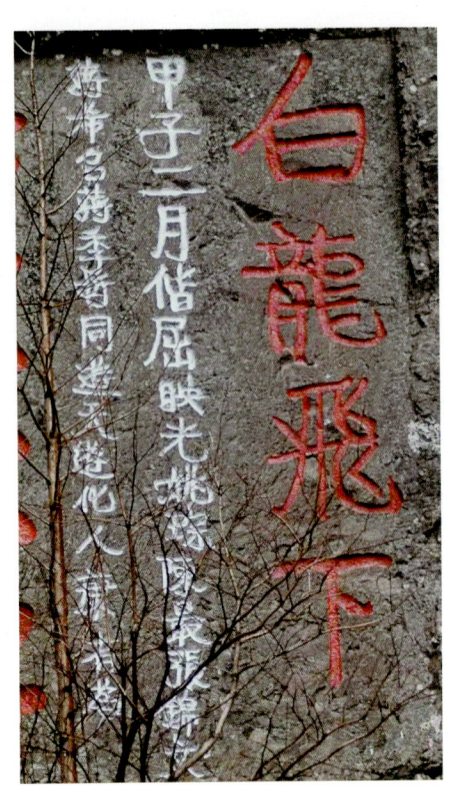

1 "白龙飞下"题刻 / 康有为
2 《大龙湫图》/ 清代江湜
  诗跋 / 张宗祥

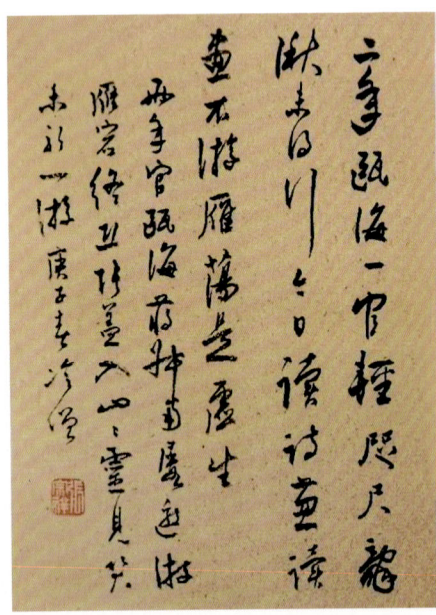

前　言

雁荡山位于"千年古县"乐清市境内。东晋宁康二年（374），析永嘉郡东境地置乐成县，辖永宁、章安、茗屿、石帆、山门、木榴六乡，雁荡山地处山门乡。五代后梁开平二年（908）因避太祖朱温之父朱诚名讳而奏改县名乐清，成为国内唯一以音乐来命名的城市。据传周灵王之子太子晋在贬谪期间路经此地，见这里山水清嘉，风光毓秀，遂于箫台山垒石为台，弄箫奏乐，乐清乐清，乐音清扬。

雁荡山是世界地质公园、首批国家级风景名胜区、首批国家5A级旅游景区、国家级森林公园。雁荡山风景名胜区面积196.8平方千米，有八大景区，600多处已命名的景点。作为"三山五岳"之一的寰中绝胜、海上名山，雁荡山山水灵秀，风光旖旎，是闻名遐迩的山水诗窟、释道名山、书画圣地、康养福地，被誉为观不尽、看不足的"东南第一山"。

北宋诗人赵鼎臣在诗中写道："雁荡山前万壑趋，故人新剖左鱼符。眼中风物皆诗句，到处溪山是画图。"郑板桥在抄写恩师陆种园的一幅七绝诗书法作品时写道："雁荡名山宇内奇，一披图画一神移。不知蒸翠千峰里，可有扶筇我到时。"雁荡山既是"天开图画"的山水美景，也是人文底蕴丰厚的诗山画窟；既是科学研究的范本，也是珍稀物种和佳肴美食的宝地。将它生动地介绍给亲爱的读者和游客，是我们肩上一份沉甸甸的责任。

雁荡山文化底蕴深厚，我们在编撰导游词过程中不断挖掘、梳理、研读、考证，有很多新的发现，也有对原有认知的纠正或更新，如原来一直认为徐霞客三游、二记雁荡山，经考证却发现徐霞客曾四游雁荡山。第四次游览雁荡山时在明崇祯五年（1632）初秋，著名理学家黄道周因上书言事触怒崇祯帝而被削籍为民，于"二月挂冠出都门，至南京，西游黄山、白岳、九华、匡庐诸胜"。南归途中忆及当年给徐霞客的赠诗中有"当时诸公叹唳鹤，悔不从君煨蹲鸱"之句，感慨朝臣因在险恶的政治漩涡中沉浮而引发对徐霞客游历生涯的艳美，便乘途走访徐霞客。此时徐霞客三游雁荡山返乡不久，再逢恩师黄道周，喜不自胜，便同游金焦，泛舟太湖，赋诗唱和，荡涤尘虑。也就有了崇祯五年秋，徐霞客、陈木叔陪同黄道周游憩雁荡山的四游行程。黄道周在《雁荡见陈木叔送徐振之作别九章》中写道："吐饵江鱼掉尾深，惊鳞何处更追寻。饼师酒保时交语，错别孤鸿天上音。"题中的"徐振之"即徐霞客。黄道周作《雁荡山灵峰图》轴落款为："壬申秋，归憩雁荡……对景生情，因而图此。"并作《辞雁荡四章》。明崇祯六年（1633）晚秋，徐霞客北游五台、恒山后，专程赴福建平和县大峰山、漳州东南的丹霞洞与黄道周晤叙。黄道周在《七言绝句十首》引云："前在雁荡，见陈木叔送振之诗，有云'寻山如访友，远游如致身'，甚爱之。"陈木叔在《书飞泉寺募缘十则》中写道："江上徐霞客……尝与予言，四至雁宕，而两陟其巅。以大龙湫之上为雁宕，雁宕之上为上龙湫，上龙湫之顶，则群鹿数百家焉，见人殊不怪，亦不触。霞客露宿一夜，鹿环而绕之。然则人知此山为雁宕也，何又知是鹿柴也。"

《雁荡山导游词》采用导游员现场解说的形式，对雁荡山景区主要景点逐一予以系统描绘与深入介绍，内容翔实丰富，融知识性、科学性、故事性、趣味性及现场性于一体，以求见文如见景、对景情更真，达到真实、流畅而又雅俗共赏。

编写《雁荡山导游词》一书，虽然主观上做了十分的努力，难免依然存在错谬不当之处，如书中涉及的相关历史人物，有不少由于生卒年不详，未能一一加注。真诚地欢迎专家学者、广大游客、读者朋友及业内同仁予以批评指正，使之不断臻于完美。

胡念望
2023年10月7日

目　录

欢迎词 …………………………………………………… 1

雁荡山概况导游词 ……………………………………… 5

雁荡山概况英语导游词 ………………………………… 52

大龙湫景区（含沿途）………………………………… 78

灵岩景区 ……………………………………………… 142

灵峰日景 ……………………………………………… 172

灵峰夜景 ……………………………………………… 213

三折瀑景区 …………………………………………… 219

净名谷景区 …………………………………………… 226

雁荡山烈士陵园 ……………………………………… 234

方洞景区 ……………………………………………… 237

雁湖景区 ……………………………………………… 254

显胜门景区 …………………………………………… 278

羊角洞景区 …………………………………………… 289

雁荡山博物馆 ………………………………………… 303

铁定溜溜……………………………………………………316
欢送词……………………………………………………323
附　雁荡山旅游推荐线路………………………………330
后　记……………………………………………………334

欢迎词

各位游客朋友：

大家好！欢迎各位来雁荡山游玩。自我介绍一下，我是来自雁荡山风景旅游管理委员会的讲解员，姓胡，是古月胡的胡，大家叫我小胡好了。很高兴能够陪伴各位同游雁荡山，小胡一定为大家尽心服务讲解。这位万师傅有20多年驾龄，经验十分丰富，驾驶的车辆非常平稳舒适。如各位在旅游过程中有什么疑问或者要求，随时跟小胡提出，小胡一定会尽心尽力地予以答疑解难。祝各位在雁荡山度过一段愉快而难忘的时光。

首先，请允许我简单介绍一下这次雁荡山五日游的行程安排。

第一天安排入住，中餐后参观大龙湫景区，适时返回酒店休息，晚餐后观赏灵峰夜景；第二天早上游览灵峰日景、真济寺，中餐后游览方洞景区、卧云栈道、灵岩景区；第三天早上参观羊角洞景区、雁荡山地质博物馆，中餐后游览雁湖景区、西门岛红树林栈道，西门岛品尝雁荡海鲜美食；第四天早上参观全国重点文物保护单位南阁古牌楼建筑群（书中南阁、北阁为地名固定写法），显胜门景区、散水崖、铁枫堂、石斛谷等，中餐后游览铁定溜溜（聚优品）；第五天早上游览净名谷、三折瀑景区，回酒店中餐后稍事休息，统一坐车前往雁荡山动车站，结束愉快行程。

接下来，我想简单介绍一下雁荡山。有人说，不到温州，你不会了解鲜活的温州，来了温州，你会爱上温情又雄健的温州。而游雁荡山，几乎是所有到访温州客人的必选题。雁荡山是历代文人墨客、达官显宦泼墨挥毫、吟诗记游的文化圣地，也曾是共产党人前赴后继的红色革命根据地。

雁荡山是世界地质公园、首批国家级风景名胜区、首批国家5A级旅游景

区,集天然美学、自然科学、历史文化于一山,被视为风景名山、科学名山、文化名山,兼具观光览胜、休闲度假、科学考察、科普研学、文化追踪、洗心问道、经行禅修等多种功能的世界级意义的遗产宝地、康养福地和旅游胜地。古往今来,国内国外,雁荡山旅游业为何能长盛不衰,关键是它的美,太美了!所以才能吸引人们的眼球。那么雁荡山到底美在哪里?我试着说几点:

一是自然美。雁荡山的山山水水、花草虫鱼,都各擅其美。而且跟其他名山胜景不同,看了还想看,看了不想走。这是什么原因呢?南宋大儒朱熹说"天开图画"。这四个字说得中肯。这么美丽的风景,这是老天爷造就的、恩赐的。因此,南宋状元、乐清本地人王十朋绍兴十五年(1145)赴临安补太学,第一次途经雁荡山,就被其旖旎的风光所吸引,在山中游览了三天,迫于公务在身,只得不舍地离去。他在《出雁山》中感叹道:"三宿山中始出山,出山心尚在山间。浮名夺我林泉趣,不及高僧一味闲。"他看见一个白发老人挑着一担柴,笑着对他说:"我一生都看不够这山呢。"他感叹,老人讲得真对,"语如白头翁"。雁荡山的风景,有的朴茂稚拙如小儿喜爱的糖担中物,有的雅致幽深如大富贵人家的花园,有的雄伟豪健能擎天,有的如银河倒泻磅礴奔腾。总之,有人总结说,为人一世,不来雁荡游一游,等于空度一生。

二是人文美。大自然是最好的老师,而雁荡山则是老师中的佼佼者,千百年来,儒释道的大德师祖、鸿儒巨擘,都曾在这里修真宏德、传道授业、解惑答疑,留下辉煌的业绩,如摩崖石刻、传说故事、史传记载、文赋诗词,其数量真可以用恒河沙数来形容。唐代狂草书法大师释怀素,在灵峰景区雪洞抄写小乘佛教经典《四十二章经》。宋代有一位日本僧人南浦绍明,就是来雁荡山能仁寺求学的僧人,回日本之后被敕封为"大灯国师",开创京都大德寺,成为大德寺的开山之祖。南宋大儒朱熹、陆九渊先后来雁荡山能仁寺向士珪禅师求法,永嘉学派创始人叶适在雁荡山讲学等,不胜枚举。历史上描写歌颂雁荡山的诗词近万首,散文游记数千篇,还有照片、摄影(包括影视剧外景地)、国画、戏剧等。现在着重介绍绘画和戏剧。由于雁荡山的自然风景太美了,引来了历代的著名画家前来采风写生,并醉心创作。作品一经发表,轰动艺术界。于是,更多的著名画家、学生来临摹创新开眼。由于雁荡山四时风光、阴晴雨雾、晨昏明晦,各擅其妙,入山者都能怀璧而归。从宋代赵宗汉的《雁山叙别图》,元代赵孟頫的《雁荡山四时景图》、黄公望的《龙湫宴坐图》，到明代文徵明的《雁荡山水图》、唐寅的《雁荡图》，清代钱维城的《雁荡五十三景图》、江湜的《大龙湫图》等，画雁荡山成了中国历代画家的一个传统、一个门派。特别是到了近现代，从张大千开始，黄宾虹、潘天寿成了国画界突破创新的国手巨匠。讲一个小故事，浙江美术学院院长潘天寿画了雁荡山的一块石头、一枝野花，值多少钱？大家来猜猜看？一百万元？一千万元？一亿元？不对，是二亿八千万元。黄宾虹二游雁荡山时已经六十多岁了，冒雨在雁荡山观赏风景，淋得像落汤鸡一样，他不但毫无怨言，而且乐呵呵地告诉友人，我终于发现雁荡山是动的，懂得了什么叫"万壑奔腾"，于是创作了画山水风景画的新画法。将雁荡山搬上京剧舞台是艺术界的创举。1954年，东北京剧团创作了一出新编京剧《雁荡山》，讲的是隋朝农民起义军首领孟海公率军攻打雁荡山守将贺天龙的故事。全剧没有一句道白，全靠高超的做功、舞蹈、武打和音乐来表演，全剧分追踪、夜袭、酣战、水战、攻城等场次。在北京戏曲汇演中荣获一等奖，1954年出国演出，在东欧和西欧各国演出129场，观众达23万人次，轰动了整个欧洲。

　　三是科学美。北宋熙宁七年（1074）四月，曾在两浙考察水利的沈括，特地到雁荡山游览并考察地质地貌，写下了《雁荡山》一文，"温州雁荡山，天下奇秀……予观雁荡诸峰，皆峭拔险怪，上耸千尺。穹崖巨谷，不类他山，皆包在诸谷中。自岭外望之，都无所见，至谷中则森然干霄。原其理，当是为谷中大水冲激，沙土尽去，唯巨石岿然挺立耳，如大小龙湫、水帘、初月谷之类，皆是水凿之穴"。文中提出的流水侵蚀说，是科学发现史上的创举，比欧洲学者提出的同一理论早了700多年，可以说，雁荡山是地理流水侵蚀学说的诞生地。明代旅行家徐霞客三次考察雁荡山，写下两篇游雁荡山日记，编入了不朽的地理学巨著《徐霞客游记》。雁荡山是世界地质公园，是我国考察中生代白垩纪酸性流纹岩破火山地貌的唯一一处地质公园。勤劳勇敢的雁荡山人，过去以超人的技艺攀崖种茶采药。在改革开放的新时代，他们以科学的精神创业创新过上了小康的生活。举个例子：被称为"中华仙草"的铁皮石斛，量少难采，雁荡山人经过不懈的努力，用科学的方法培育出了优质的铁皮石斛，以满足普通百姓日益增长的治病健体、美容养颜的需求，涌现出铁枫堂、聚优品、雁圣源、高鼻子等雁荡山铁皮石斛品牌系列。茶叶中的白云茗、斗窟茶、能仁茶、云雾茶、智仁早都颇负盛名，宋梅尧臣的诗作《颖公遗碧霄峰茗》，描述在雁荡山品茗观景犹如到了陶渊明所描绘的世外桃源:"到山春已晚,何更有新茶。峰顶应多雨,天寒始发芽。采时林狖静,蒸处石泉嘉。持作衣囊秘,分来五柳家。"

各位游客朋友,我们车子到下榻的雁荡全季酒店(或雁荡山温泉度假酒店)还有10分钟车程,我想为大家清唱一首流行于雁荡山区的民歌《对鸟》,这也是电视剧《温州一家人》的片尾曲,希望朋友们能喜欢:

吤嘸飞过青又青哎?

吤嘸飞过打铜铃呵?

吤嘸飞过红夹绿?

吤嘸飞过抹把胭脂哎搽嘴唇呵?

青翠飞过青又青哎,

白鸽飞过打铜铃呵,

天雉鸟飞过红夹绿,

长尾巴丁飞过抹把胭脂搽嘴唇呵。

这里我稍微做点解释,"吤嘸"音"gamu",意思是"什么",乐清方言。一段"吤嘸"问鸟、一段回答鸟,就是《对鸟》这首民歌的内容了。《对鸟》源于历史上雁荡山清江白龙山、芙蓉雁湖社区一带流行的抛歌(对歌),由牧童山歌演化而来。这类牧童山歌往往是牧童在放牛时,随口一问一答对山歌,唱地名、人名、花草、颜色和土特产等。歌词即兴发挥,因而有多种版本。旋律高亢悠扬而清新自由,唱法独特,保留着天真活泼的韵味。

各位朋友,我们下榻的酒店到了,请各位带好随身行李下车,先去酒店前台办理入住手续,半个小时之后,请各位到酒店餐厅用餐。下午2:00在酒店大堂集合,统一坐车开始我们雁荡山五日游行程的第一站——大龙湫景区。

谨祝各位在雁荡山游得舒心、玩得开心!

雁荡山概况导游词

各位游客朋友：

下午好！俗话说：有缘千里来相会，千里难寻是朋友，朋友多了路好走。这次能够陪同大家一起在雁荡山进行五日游，这是多么深厚的缘分啊！我想借此机会，先向各位朋友介绍一下雁荡山的概况。

雁荡山，地处浙江省温州市境内，山水毓秀，风光旖旎，素称"海上名山、寰中绝胜"，名列"三山五岳"，史称"东南第一山"。雁荡山分野在斗牛女虚之间，西域书谓"南瞻部洲震旦东南大海际"，属于亚热带海洋性季风气候区，冬无严寒、夏无酷暑，年平均气温17.0℃，年降雨量近2000毫升，无霜期269天，空气、水质均符合或超过国家一类标准，核心景区空气负氧离子含量每立方厘米2.6万多个。

雁荡山风景名胜区总面积达196.8平方千米，分为灵峰、灵岩、大龙湫、三折瀑、雁湖、显胜门、羊角洞、仙桥八大景区[按照新修编的雁荡山风景名胜区总体规划，八大景区拟调整为"两灵一龙"（灵峰、灵岩、大龙湫）景区、雁湖景区、羊角洞景区、显胜门景区、仙桥景区、筋竹涧景区、接客僧景区、滨海景区]；2023年启动实施的雁荡山重振雄风三年行动计划谋划的五大区块规划，包括雁荡山核心景区、雁北文旅度假区、石斛康养产业区、滨海休闲门户区、田园农业生态区。雁荡山自然景观自北宋章望之的《雁荡山记》就有记载，且绝大多数景点名称在后世继续使用。到清代乾隆年间曾唯编纂的《广雁荡山志》，景点名称基本定型。1959年，雁荡山管理部门对景点数量有过粗略统计：102峰、61岩、46洞、26石、13瀑、17潭、14嶂、13溪、10岭、8谷、8桥、7门、6坑、4泉、4水、2湖，合计341处景点。经过改革开放以

来40多年的景区旅游开发，新的景点不断被发现，全山景点数大有增加。截至2023年12月，已经命名的景点有600余处，计有102峰、103岩、66洞、28瀑、23潭、23嶂、11门、9涧、8谷、22条古道、10列山脊、26所寺院、5座宋桥、33处文物保护单位，以及众多的古碑铭、古遗址、古墓葬、古牌楼、古民居、古井、古亭、古塔等。可谓峰、嶂、岩、洞、瀑、涧、潭、古寺、古桥、古塔、古亭、古井、古牌楼、古民居等一应俱全。随着雁荡山旅游景区的深度开发，新的景观不断被发现，若干年之后，雁荡山景观的数量还会呈现动态的变化。人称雁山皆石，石砌首足，一峰一石，平削直上。无土有树，无缝有水，怪奇象形，石所自立。石不沾土，水不沾石，山开石惊，山镂石立；寥寥寂寂，相去千年，毋石我水，毋土我石。景区还有历代各类诗词歌赋、摩崖石刻、文化遗迹和建筑遗存，至于古树名木、珍禽异兽、奇花仙草、水族爬虫等，更是数不胜数。如雁山茗、金星草、观音竹、香鱼、山乐官，被称为"雁山五珍"。景观中，灵峰夜景、灵岩飞渡、龙湫飞瀑被称为"雁荡三绝"。雁荡山最高峰百岗尖海拔1108米，它与雁湖尖、凌云尖、乌岩尖合称"雁荡山四尖"，是国内举办难度大、挑战性强的户外运动赛事的首选地。百岗云海、雁湖日出、净名初月等景观更是奇幻瑰丽，出神入化，令人叫绝。

雁荡山一般简称雁荡、雁山，而历史上也有称雁宕、芙蓉山、泉山。"荡"，从水，指有芦苇的沼泽地；而"宕"，据石，指空旷的峰峰岩岩，如灵峰、灵岩等。据明万历徐廷珍《雁山志胜》载，"雁山一名雁荡。荡，大也，又广远之称。盖以此山大而广远也；亦作（雁）宕。宕，空室也，以山空洞故名。训荡为水，误矣。山去（乐清）县东九十里，延袤百余里，高四十里，绝顶平旷，中有湖水，水常不涸，多芦苇，鸿雁止，宿其中，故名雁湖，而山亦以雁名也"。据《太平寰宇》卷九九记载，南朝永嘉郡守谢灵运《游名山志》中提到："泉山顶有大湖，中有孤岩独立，皆露密房。"《汉史》朱买臣上书云："一人守险，千人不得上。"南朝郑缉之《永嘉郡记》载："山北有众泉，天旱此泉不干，故以名山。山东有瀑布，长数十丈。"综合各方面信息分析，泉山即指雁荡山，而孤岩就是芙蓉峰。

雁荡山是国家级森林公园。经科研部门调查发现，雁荡山存在三种生态系统：森林生态系统、淡水生态系统、海洋生态系统。植物区系为亚热带性质，植被以中亚热带常绿阔叶林与蕨类植物为主。种子植物颇具多样性，是许多蕨类植物的模式产地，丰富多彩的植物植被使雁荡山景区构成了装饰与彩绘的功能，难怪人称雁荡山为野趣天然的山水画卷。

据统计，雁荡山有种子植物160科1281种，其中裸子植物计9科29种，被子植物151科1252种（含双子叶植物128科979种和单子叶植物23科273种），还有苔藓植物41科53种，蕨类植物37科71属146种及各种藻类、浮游植物101种，雁荡山特有植物9种。雁荡山风景名胜区范围内有古树名木149棵，其中树龄最长的是地处雁荡山雁湖景区岭底乡湖上垟村、栽植于宋大观元年（1107）的柳杉，树龄已达917年。雁荡山中被列入国家一级重点保护植物的有银杏、南方红豆杉、钟萼木、水杉、苏铁、伯乐树6种；二级保护植物有15种，分别是福建柏、鹅掌楸、凹叶厚朴、厚朴、连香树、榧树、毛红椿、半枫荷、花榈木、榉树、金钱松、浙江楠、樟树、喜树、蛛网萼。雁荡润楠、连香树、松叶蕨、半枫荷、野大豆都是珍稀濒危植物，三角槭、雁荡雪梨、雁荡马尾松、雁荡润楠、雁荡杜鹃、凹叶厚朴、钟萼木、半枫荷、沉水樟、昆栏树等均属子遗植物或特有树种。雁荡山也是金腺毛蕨、雁荡素心兰、雁荡毛峰茶等植物的模式标本采集原产地，对于地史变迁、古气候、古地理、植物种源产地、植物区系研究和森林植被系统演化发展均具有十分重要的科研价值与学术价值。全市天然植被类型主要有常绿阔叶林、落叶阔叶林、常绿针叶林、针阔混交林、竹林、灌木草丛林和红树林。其中常绿阔叶林主要有樟科、冬青科、山矾科、杜英科等；落叶阔叶林主要有壳斗科、榆科、金缕梅科等；常绿针叶林分布面积广，主要有松科、柏科等，其中马尾松遍布低山丘陵；针阔叶混交林分布较少，以松、杉、柏与木荷、枫香、苦槠、苦楝、樟等混交为主，属多异龄树种多层次混生伴生群落；竹林以毛竹为主，还有水竹、青皮竹、凤尾竹、孝顺竹、方竹、筀竹、绿竹、麻竹等，有少量乔木混生；灌木草丛林是在阔叶林砍伐后的荒山上形成的，主要树种有白栗、盐肤子、桧木、石栎、马银花、青冈、胡枝子、化香、冬青等，生长茂密，多为水土保持林。雁荡山还盛产黄精、杜仲、八角莲、灵芝、石斛等名贵中草药。为了有效促进雁荡山生物多样性保护，自2022年开始，雁荡山风景旅游管理委员会同楠溪江旅游经济发展中心、乐清市人民法院、乐清市人民检察院、温州市生态环境局乐清分局联合启动雁荡山楠溪江风景名胜区生态环境资源保护协作联席会议机制。

雁荡山陆生野生动物中有多种珍稀濒危物种已被列入有关国际公约或协定而受到保护。列入《濒危野生动植物种国际贸易公约》（CITES）的各种陆生野生动物计67种（含亚种），其中列入Ⅰ类的物种有云豹、金猫、鬣羚、黑麂、东方白鹳、游隼、小杓鹬等11种；列入Ⅱ类的物种有穿山甲、豹猫、白琵鹭、花脸鸭和隼形目、鸮形目的多种鸟类及虎纹蛙、乌龟、滑鼠蛇、眼镜蛇等，共计43种；列入Ⅲ类的有13种，主要有黄鼬、小灵猫、花面狸、食蟹獴、大白鹭、针尾鸭、绿翅鸭、赤颈鸭、琵嘴鸭、青头潜鸭等。雁荡山有鸟类293种，分隶19目55科，本土繁衍鸟类142种，较多的分别是鹟科24种、鸭科18种、鹭科16种，雁荡山鸟类中属于国家一级保护濒危鸟类有黄腹角雉、白鹳、黑鹳、白肩雕4种，属于国家二级保护的有黑脸琵鹭、红隼、灰鹤、白鹤、草鸮、凤头鹰、画眉等24种。从鸟的季候型分布看，分别是冬候鸟104种、夏候鸟43种、留鸟99种、旅鸟47种，本区繁殖鸟类142种；从地理型分布情况看，分别是古北界163种、东洋界124种，数量较多的鸟为白头鸭、红头穗鹛、灰眶雀鹛、绿鹦嘴鹎、大山雀、黄腹山雀、红头长尾山雀、黑嘴鸭、黑脸琵鹭、山乐官、栗背短脚鹎、红嘴蓝鹊、黑领噪鹛、灰树鹊、灰头啄木鸟、红角鸮、夜鹰、大杜鹃、白鹇、灰胸竹鸡、棕头鸦雀、红嘴相思鸟、画眉、黑背燕尾、小燕尾、翠鸟、褐河鸟、紫啸鸫等。乐清湾西门岛及雁荡湿地已知栖息的鸟类共有8目19科28种，其中群聚的鹭鸟有黑脸琵鹭、白鹭、夜鹭、池鹭、牛背鹭等国家二级保护动物，还有凤头麦鸡、斑嘴鸭、骨顶鸡、秋沙鸭、黑嘴鸭、苍鹭、小鹈鹕、东方大苇莺、绿翅鸭、中杓鹬、矶鹬、反嘴鹬、红嘴鸥、黑嘴鸥、环颈鸻、翠鸟、黑水鸡等。雁荡山麓的乐清湾海岸线长185千米，湾内西门岛出露岩石为钾长花岗岩，沿海岸有滩涂、防护堤与防护林，穴居于沿海泥沙中的蟛蜞、分布于软泥滩涂中的泥蛤、附物生长的牡蛎、栖息于海底的蟳蜅等有名的浅海湾滩涂生物，构成了山岳型景区的海湾滩涂另一种生态景象。雁荡山历史上还有一种鸟名"笤鸮"（音宅宇），谢灵运《游名山志》载："芙蓉山（雁荡山旧称芙蓉山）有异鸟，爱形、顾影、不自藏，故为罗者所得，人谓：笤鸮。"雁荡山鸟类中目前有163种已列入《中日候鸟保护协定》，占境内鸟类总种数的49.1%，占该协定总种数的71.8%，代表种类有凤头鹈鹕、夜鹭、牛背鹭、紫背苇鸦、黑脸琵鹭、绿头鸭、赤膀鸭、松雀鹰、白腹鹞、燕隼、董鸡、蛎鹬、蒙古沙鸻、白腰杓鹬、矶鹬、黑腹滨鹬、反

8

嘴鹬、银鸥、大杜鹃、三宝鸟、金腰燕、白鹡鸰、太平鸟、白腹鸫、黄眉柳莺、燕雀、山麻雀等。列入中澳候鸟保护协定的鸟类计49种，占温州市鸟类总种数的14.8%，占该协定保护鸟种的60.5%，常见的有岩鹭、白眉鸭、灰斑鸻、金眶鸻、青脚鹬、翘嘴鹬、白翅浮鸥、中杜鹃、家燕、灰鹡鸰、大苇莺等。雁荡山列入国家重点保护动物名录的物种计60种，其中国家一级保护动物有云豹、黑麂、黑鹳等4种；二级保护动物有穿山甲、虎纹蛙、黑脸琵鹭、小天鹅、鸳鸯、勺鸡、隼形目和鸮形目的多种鸟类等56种。貉、鼬獾、豹猫、毛冠鹿、白鹭、黑尾鸥、黑嘴鸥、大杜鹃、戴胜、黑枕绿啄木鸟、棕背伯劳、红嘴相思鸟、黑眉锦蛇、眼镜蛇、五步蛇等46种陆生野生动物已被列入《浙江省重点保护陆生野生动物名录》。其中黑嘴鸥已被列入国际鸟类保护委员会（ICBP）世界濒危鸟类红皮书，根据1997年12月和1999年1月的调查结果，雁荡山麓的乐清湾是目前全国已知的黑嘴鸥越冬栖息地之一。

雁荡山石菖蒲更是历史上文人墨客热衷品鉴的雅玩。南宋诗人陆游非常喜欢石菖蒲，在八十岁时得了一盆雁荡山九节菖蒲，便将案上石头全部搬走，唯清供菖蒲，还为雁荡山石菖蒲写过好几首诗，其中《雁宕九节菖蒲》诗这样写道："雁山菖蒲昆山石，陈叟持来慰幽寂。寸根蹙密九节瘦，一拳突兀千金值。清泉碧缶相发挥，高僧野人动颜色。盆山苍然日在眼，此物一来俱扫迹。根蟠叶茂看愈好，向来恨不相从早。所嗟我亦饱冈霜，养气无功日衰槁。"南宋状元王十朋在老家大井旁植蒲数株，挖空心思起名为"菖阳仙子"。为了感谢出家僧人赠送的石菖蒲并随性赋诗《开先僧赠石菖蒲》："结根拳石伴孤僧，对我还同道眼青。莫遣尘埃侵九节，会须重作玉衡星。"赵师秀在《暮春书怀寄翁十》和《示五峰僧》两首诗中都写到闲暇时采菖蒲的情节："菖蒲九节今堪采，思尔逍遥涧谷间。""近闻瀑布寻还远，易得菖蒲采极难。"宋僧释元肇《石菖蒲》诗："烟雨瞑朝昏，龙湫雁荡滨。移根来别处，终日伴闲身。劲气冲如发，寒芒凛辟尘。年年看花者，应笑不曾春。"宋僧释惠明《咏雁荡菖蒲》诗："根下尘泥一点无，性便泉石爱清孤。当时不惹湘江恨，叶叶如何有泪珠。"石菖蒲不仅是文人赏玩的佳品，还是一味良药，传说"此草一寸九节，吃了它可以长生不老"。明代朱谏的《雁山志》载："石菖蒲，深谷中有之，也有一寸而九节者，但无服食之方耳。"在雁荡山景区内的溪涧边随处可见一丛丛的石菖蒲，挨挨挤挤，青翠葱茏。大龙湫景区的溪涧中还生长有一种叶生金边石菖蒲，有玩家取名为"雁山云锦"。

雁荡山作为旅游胜地，开发历史悠久，始于东汉永和年间（136—141）。据二世纪狮子国（今斯里兰卡）庆友尊者《法住记》载，小乘佛教"第五尊者名诺矩罗居震旦大海际，村以花名，山以鸟名"。这里震旦特指中国，山就是雁山，村就是雁荡所在的村庄叫芙蓉村。他后在大龙湫观瀑坐化，现在还存宴坐亭、观瀑亭、观不足亭旧址。传说雁荡山的开山者诺矩罗，俗称静坐罗汉，原是一位勇猛善战的武士，出家后一直改不掉他的野性，于是释迦牟尼让他择地静坐修行，并对他说："若行四方，当值胜妙山水，起塔立寺。花名村，鸟名山，则其地也。"于是诺矩罗率三百弟子云游四方。当他来到雁荡山，发现此地山名雁荡，村名芙蓉，峰奇谷幽，山灵水秀，于是"过四十九盘，结屋谷底，面湫水以居"，后在大龙湫开悟坐化。有人据此将雁荡山视为诺矩罗道场，认为雁荡山是世界上最理想的禅隐之境。卷帙浩繁的《全唐诗》收录有在中国美术史上以画罗汉像见长的贯休诗章700多首。

"书圣"王羲之曾入雁荡山探访友人张廌，山水诗鼻祖谢灵运曾来此游山观水，并留下不朽诗篇《过筋竹涧越岭溪行》《登石门最高顶》《白石岩下径行田》《行田登海口盘屿山》等。到隋唐，文人雅士、达官贵人纷至沓来。唐代"诗圣"杜甫的祖父杜审言（645—708）在大龙湫景区有摩崖题刻"审言来"。"诗仙"李白在《春景》一诗写道："门对鹤溪流水，云连雁宕仙家。谁解幽人幽意，惯看山鸟山花。"唐诗僧释惟一在《雁荡山》一诗中写道："四海名山皆过目，就中此景难图录。山前向见白头翁，自道一生看不足。"诗僧贯休、天文学家一行、狂草大家怀素都来过雁荡。到宋朝时，雁荡山旅游景区开发趋于兴盛。太平兴国元年（976）开始至庆历二年（1042），享有盛名的雁荡山十八古刹相继建成。灵岩寺、能仁寺等先后得到朝廷赐额，"太宗命中贵人持御书五十二卷赐予灵岩寺"，恩荣名动京师。宋皇祐元年（1049）乐清县尉甄昂开发荡阴山水，于是游径遍辟，山景毕开。

到南宋时，由于定都临安，温台驿路改从山中出入，"贵游辐辏，梵刹增新"，能仁寺"日食游客千余人"，朱熹、吕夷简、赵抃、薛季宣、王十朋、木待问、楼钥、戴复古、石景立等达官贵人、诗人骚客时来畅游、吟诗作画、讲学传道，盛极一时。北宋兵部侍郎胡彦卿尝居雁山东外谷，并读书于灵峰岩石下，侍郎岩至今尚留有摩崖石刻"雁荡"两个大字。宋乾道九年（1173）大儒朱熹曾经乐清，讲学东皋艺堂书院，"东游雁荡，窥龙湫，登玉霄，以望蓬莱"。在灵岩景区卷图峰前留题"天开图画"四字，现灵峰北斗洞聚贤阁尚有朱熹题写的楹联一副"忠孝传家宝，诗书处世长"。元、明、清三朝，到雁荡山旅游的热潮依旧长盛不衰。明代朱谏少时曾从永嘉布衣状元朱墨癯在包岙陈氏聚星堂读书，弱冠转入雁荡山中自学，学习之余，寻幽探胜，"凡傀异魁奇无不遍览于胸中，雁山环百里，胜处少人知；相对生秋思，贪看到日斜"。明弘治八年（1495），朱谏离开雁荡山，参加乡试中举，次年入试礼部春闱中进士而步入仕途。解甲归隐后，依然寄兴遨游于雁荡山水间，"老夫性僻酷爱山，梦寐只在山水间。龙湫雁荡挂胸臆，芒鞋一月三往返"。在1600多年的历史长河中，雁荡山以其丰富的人文景观和奇特的自然景观，给文人墨客、达官显宦、诗人画家以激情与灵感，触发了无数文人的情思，泼洒下无数骚客的笔墨。清乾隆皇帝看了北宋赵宗汉画的《雁山叙别图》，想游雁荡山，但是一时又抽不出时间，于是在乾隆二十八年（1763）秋派亲信、侍讲学士、时任浙江学政的状元画家钱维城前去雁荡山蹲点写生，画了一幅青绿设色纸本手卷，名为《雁荡五十三景图》，来过过眼瘾。到民国年间，现代旅游学意义上的旅游业开始萌芽。1933年，雁荡山名胜建设委员会成立，浙江省政府指令温州行政督察专员许蟠云为主任，乐清县县长张叔梅（湖南长沙人）为副主任。次年，浙江省政府邀请一批社会名流来浙江观光考察，雁荡山是其中的一个重点。张叔梅曾写诗一首，题为《随曾公养甫入雁山设计开发，命以朴质整洁为主，感赋》。曾养甫（1898—1969），广东平远人，时任浙江省建设厅厅长（后任铁道部次长、交通部部长等职）。此后，来雁荡山的军政要员和文化名人明显增多。为了适应游人大增的需要，在净名寺、灵峰寺装设电话机，与乐清县城及温州等处均可直接通话。在朝阳洞前跨溪建钢筋混凝土洋桥，名"砥柱桥"，在大龙湫景区入口建石桥名"龙湫桥"、瀑布前建龙壑轩，堂前悬挂康有为书写的联句"一峰拔地起，有水天上来"，并加阔与削平马鞍岭路面，修建了通往大龙湫景区的道路，铺设了攀登上折瀑、莲花洞、雁湖等景区的石砌蹬道；在灵峰景区果盒桥上建灵峰亭（今称果盒亭），由谭延闿题额，张叔梅撰联句、马公愚书写"造化钟灵秀，峰峦看画图"。修建了灵峰寺、紫竹林、觉性庵等寺院庵堂；在雁湖景区西石梁大瀑布前面建旅舍，名"雁影山房"，1937年张大千、于非闇、黄君璧、谢稚柳一行来到雁荡山，三天游程，均下

榻此处。1935年秋，温州实业银行在雁荡山风景区响岭头村创办了雁山旅社，兴建新式楼房一幢（后曾用作雁荡中学校舍）。次年7月由乐清人钱叔全个人接办，设经营、导游、住宿等，共有床位70多张，日日客满。当时雁荡山风景区内共有为游人服务的山轿144顶、人力车数十辆。1935年，温岭泽国商人在灵岩寺谷口创办雁荡旅馆，利用旧的路廊改建为经营旅游商品的"华东商店"，商店门口悬挂着"南北杂货罐头□□□□，永生茶庄本山各种□□"等字，生意兴隆，极一时之盛。这可能是民国期间雁荡山旅游业的最盛时期。为了便于导游的需要，印制了《雁荡山一览》《雁荡山风景全图》（木刻或石印），出版了周起渭编撰的诗集《雁山鸿爪》线装二册；大荆人施绘真在净名谷口开设为游客摄影的照相馆。1934年4月，黄炎培（1877—1965）来游雁荡山，其《游记》中写道："游程中使我感触最深的是乐清县长张叔梅就北斗洞招待席上，蔡君履平奏三弦《秋江夜泊》《思颜操》各阕。我写联：'未必道可道，来寻山外山。'……从全部游程、全部山景看来，最奇妙伟丽的要算大龙湫瀑。同行朱延平（浙江建设厅科长，工程专家）目测，这瀑布的高度得五七六尺。"（五七六尺在本地话中一般指57.6尺）黄炎培还写有《雁荡》百句长诗并序，诗称："若论峰峦绝世姿，所见无如雁荡奇。……凡兹诸瀑佐游赏，大龙湫实为之长。奇峰双剪云门敞，白虹上贯天垂象。除却美邦纳割雷，神州吾见殆无两。"他将大龙湫同美洲著名的纳割雷瀑布（即尼亚加拉瀑布）相比拟，盛赞它的雄伟，诗中还具体描述了灵岩景区天柱峰前一老翁悬崖采药的惊险情景。1936年游雁荡山的有马寅初、孙科、叶楚伧、经亨颐、张聿光等人。郎静山（1892—1995），1912年入《申报》馆任摄影记者，1942年以创造"集锦"照相法获英国皇家摄影学会高级会士衔，来游雁荡山，拍摄了许多颇有价值的摄影作品。

1935年4月17日《华北日报》曾以读者咨询与答复专栏形式刊载了有关咨询雁荡山（Yen Tang Shan）的旅游交通信息。该报4月13日及4月15日均收到咨询雁荡山交通信息的英文函电。由以上内容可知，当时上海已经有从事旅游咨询的服务机构与咨询热线，并且还可以提供自制的旅游交通地图。该专栏下面又刊载了一则4月15日来自P.H.M.F."A Short-cut"的答复信息："In reply to G.I.C.'s enquiry regarding the road to Yen Tang Shan, he will find that a short connecting road runs up to Yen Tang Shan from Paichi（白溪）, which is a bus station on the Tzekuo（泽国）-Wenchow（温州）road, and which is approximately 30 miles from Tzekuo. This connecting road is about two miles long and runs up into the mountain range. The end of the motor road is within fifteen minute's walk of the Kwan Yin Cave Temple and in the opposite direction is a distance of about two miles by rickshaw road from the Ling Yan Temple where there are excellent guest rooms and a modern tiled bath room with hot and cold water laid on. This latter temple is situated amidst the most majestic scenery and it will well repay your correspondent to spend a night there."由这段信息可知，当时从泽国镇经白溪车站进雁荡山核心景区有一条长约48千米的连接路，车道尽头再步行15分钟至观音洞寺院，反方向坐黄包车或骑自行车约行3.2千米外、坐落在最壮观景观中的灵岩寺有非常棒的宾馆，可供热冷水的摩登瓷砖浴室。1931年时任安徽大学教授的郁达夫来游雁荡山，写下著名的散文《雁荡山的秋月》，全文约6000字，刊载于1934年12月出版的《良友图画杂志》第一百期，后收入《郁达夫文集》第三卷，其中称"大龙湫的瀑布，在江南瀑布当中真可以称霸"。1937年5月，萧乾（1910—1999）来游后发表1.2万字的长篇游记《雁荡行》，描述雁荡山景色的瑰丽雄奇，详细记述了天柱峰和展旗峰之间悬索飞渡的惊险表演。同年初秋，蔡元培偕同部分国民党要人来游雁荡山，蔡元培留诗多首，并手书《雁荡山》条屏一幅："山中奇峰、怪石不可胜数，散布于平畴杂岭之间，占广大区域者，雁荡是也。关以外，滇之边不与焉，域中山岳至奇者，尽于此矣！古人所谓'雁荡山是造化小儿时所作者，事事俱糖担中物'，非寻常五陵峰峦可比也。山故怪石供，有紧无要，有文无理，有骨无肉，有筋无脉，有体无衣，俱出堆累雕錾之手。"德国地质学博士、科博尔厂经理毕士敦（H.H.Berwtein）于1938年来游雁荡，撰文道："雁荡风景，媲美瑞士，天然有以过之，古今中外名人，尚无法描写之叹，由此以观，世界山岳之奇，风景之佳，莫过于此矣。"

抗日战争开始，雁荡山成为我国东南后方的一个教育基地，杭州宗文中学等四所重要的中学搬迁到这里办学。著名教育家、学者居住在雁荡山，如钟毓龙、夏承焘、王季思、王伯敏等，从事教育与学术研究。1938年，中国共产党乐清支部在雁荡山朴头村重建，领导温台地区的抗日游击战争，立下了不朽的战功。中华人民共和国成立之后，雁荡山真正回到了人民的手里。现代旅游业蒸蒸日上，特别是改革开放以来，迎来了旅游业的鼎盛期。截至 2023 年 12 月 31 日，雁荡山有旅行社 11 家；星级宾馆 9 家，共 833 间客房，1475 张床位；民营旅馆 72 家，共 2251 间客房，4310 张床位；民宿 187 家，共 1713 间客房，3004 张床位。中华人民共和国成立之初，党政领导人朱德、彭德怀、邓小平、陈毅、胡耀邦等都曾到过雁荡山。20 世纪 80 年代，雁荡山还建有工人疗养院，普通的劳动者也可以来这里旅游疗养。

雁山云影，流泉有声。作为世界地质公园，雁荡山破火山是中国燕山运动中惊天动地岩浆大爆发的一个典型代表，是 1.58 亿年前—0.98 亿年前早白垩纪火山喷发经断裂切割与抬升形成的，是一个天然的破火山立体模型和研究白垩纪破火山的野外实验室。雁荡山不仅是一座山的名称，也是地质学上雁荡山地貌的学术专有名词，如同桂林漓江岩溶地貌的专业学术名称是喀斯特地貌。雁荡山地处环太平洋亚洲大陆边缘南部——中国环太平洋构造区域。在中生代时期，太平洋板块向亚洲大陆板块低角度斜向俯冲，导致中国东部由 EW 向（东西向）构造体制转变为 NE 向（北东向）、NEE 向（北东东向）构造体制，这一构造运动相当于中国燕山运动，雁荡山流纹质火山岩在外力作用下形成叠嶂、锐峰、柱峰、方山、石门、岩洞等组合，统称为雁荡山地貌，有别于黄山的花岗岩地貌、桂林的碳酸岩地貌、丹霞山的砂砾岩地貌。雁荡山作为白垩纪复活型破火山，先后有四期火山活动，四期数十次喷发的岩石呈层圈状分布，经地壳抬升、断裂切割、崩落垮坍、流水侵蚀、风化剥蚀内外力作用，形成叠峰、石门、天生桥、锐锋、独柱、象形石、崩坍或倒石堆积洞穴、U 形和 V 形峡谷、穿谷形瀑布等景观组合。雁荡山火山地质遗迹堪称环太平洋中生代晚期白垩纪时期亚洲大陆边缘复活型破火山形成的天然模型与演化模式的典型范例，记录了火山爆发、塌陷、复活隆起的完整地质演化过程，为人类留下了研究中生代破火山的永久性文献。具有完整多样的白垩纪到晚侏罗纪破火山酸性流纹岩地学景观，涵盖了几乎所有岩石学专著中所描绘的流纹岩类各种岩石种类，是一部火山岩的天然教科书，被誉为造型地貌博物馆、流纹质火山岩的天然博物馆。雁荡山是板块作用的火山学、岩石学记录，破火山的形成与演化模式是亚洲大陆边缘破火山中的杰出代表，向人类展示了距今 1.28 亿年前火山喷发演变的历史。酸性岩浆经历了四期十几次火山爆发、喷溢、侵出、侵入之后，又在漫长的地质历史时期经过构造切割、抬升、风化、侵蚀、崩塌等地质作用，造就了雁荡山千奇百怪、雄伟奇丽的火山地貌景观。地质遗迹（Geological relics remains）是地球演化过程中留给雁荡山直观的、可解读的自然遗产，是提供岩石圈、水圈、生物圈与大气圈相互作用下地壳演化、海陆变迁、生物繁衍的样本与天然记录的资讯库。据地质学家研究，雁荡山共有225处地质遗迹点（Geosite）、地质景观（Geological landscape）与地质遗产（Geological heritage），其中火山岩石地层类34处、地质地貌类159处、古地质灾害类2处、水域景观类30处。而根据地质遗迹的科学价值、美学价值、奇特性、珍稀性、外部环境条件等准则，雁荡山地质遗迹点可以分为Ⅰ级、Ⅱ级、Ⅲ级，Ⅰ级遗迹点85处、Ⅱ级遗迹点43处、Ⅲ级遗迹点97处。雁荡山自然遗产在古火山学方面是全球性中生代复活型破火山的天然模型，在火山岩石与岩相学方面是研究酸性火山岩浆作用的天然博物馆，在区域岩石学和大地构造学方面是古太平洋板块与亚洲大陆板块相互作用的动力学与岩浆作用过程在火山岩石学上的记录和天然深钻，在地貌学方面是研究受控于破火山的流纹岩山岳地貌学和美学丛书。雁荡山一峰一石、一洞一瀑、一嶂一洞、一谷一流，均显示了大自然造景的非凡功力，雁荡山景观的多样性与景观层圈带分布给旅游者以不同的美学享受。在中国国家级风景名胜区中很有发言权的资深专家、北大地理系教授谢凝高在《山水审美·人与自然的交响曲》一书中对雁荡山之奇有精辟的论述："雁荡之奇，在于雕镂百态的流纹岩景观。流纹岩属于岩浆岩。熔岩在喷出、流动和冷凝的过程中，产生各种溶洞、气孔、流纹等构造，垂直节理发育，经海陆变迁及风化作用，形成极为丰富的造型地貌……天下奇观很多，各有特色……雁荡之奇，则是峰嶂洞瀑四绝交辉。桂林石灰岩造型是奇丽精巧、玲珑剔透，雁荡山景观特征则富有宏博奇险、苍古拙朴。奇峰百二是构成雁荡山独特自然景观的基础，雁荡之奇峰多分布在溪谷两边。"南朝刘宋武帝永初三年（422），谢灵运出任永嘉郡守，凡永嘉山水游历殆遍，至雁荡山，登筋竹涧，过石门洞，并赋诗《过筋竹涧越岭溪行》，在《游名山志》中写道："石门山，两岩间微有门形，故以为称，瀑布飞泻，丹翠交曜。石门涧六处。石门溯水上，入两山口。两边石壁，右边石岩，下临溪水。"据此对照雁荡山水，可知"石门山""石门涧六处"描述的就是雁荡山景观，如雁湖景区梅雨瀑入口即一石门涧；芙蓉镇石门村入口为二石门涧；大龙湫景区入口为三石门涧；灵岩景区入口为四石门涧；灵峰景区往会贤谷为五石门洞；显胜门景区为六石门洞。并且这六处石门洞均符合"两岩间微有门形""瀑布飞泻，丹翠交曜""两边石壁，右边石岩，下临涧水"描述的特征。当然，雁荡山石门洞远不止六处。

1996年，雁荡山被第三十届国际地质大会确定为会后科学考察点。雁荡山翠壁丹崖，壁立千仞；层峦叠嶂，绵密万化；流水潺潺，砾石成溪；飞瀑凌空，山水辉映。人们可以从容地穿行谷底看山、移步换景，可以沿着方洞、羊角洞、卧龙谷、三折瀑等中山游线俯视仰视，也可以沿着浸润着历史沧桑风雨岁月印记的古道登临龙湫背、百岗尖、雁湖岗、天梯岭、五老峰、天冠峰极目远眺。雁荡山，溪涧曲折，流水淙淙，飞瀑飘逸，随风飘洒。

2004年11月10日，时任联合国教科文组织地学部主任沃尔夫冈·埃德尔（Wolfgang Eder）博士来雁荡山世界地质公园验收，由衷地赞叹："雁荡山是一部由岩石、流水、生命组成的交响曲，是世界一大奇观。"

雁山禅林，精蓝钟声。雁荡山是开山历史悠久、闻名遐迩的佛教名山。东汉西域僧诺矩罗率三百弟子"雁荡经行、龙湫宴坐"。唐僧一行画天下山川两戒图"南戒尽于雁荡"。据雁荡旧志载，南朝梁昭明太子曾在芙蓉峰下建庵造塔，称昭明禅寺；本觉寺初建于隋代开皇年间，唐乾宁间重建，初名延唐，后名乾宁延唐，宋建隆元年赐额本觉寺。唐咸通年间，僧善孜入灵峰碧霄洞，荡涤洞内邪祟，为观音洞开发之始。雪洞开发于唐代中期。洞内石壁上留下了大量摩崖题刻，其中与建寺相关的有北宋元符三年（1100）的摩崖题刻"太守夏启伯到山建寺。元符三年月日记"。唐大历十三年（778），42岁的高僧怀素背上行囊，云游雁荡，徜徉在奇峰、怪石、巨嶂、飞瀑构造的神山之中，在一种极度愉悦与释放的心境下，在灵峰景区雪洞用草书抄写了震烁千古的小乘佛教经典《四十二章经》，完成了个人艺术生涯的一次升华。画坛巨匠徐悲鸿见到怀素创作的《四十二章经》，专门绘制了一幅《怀素写蕉叶图》，上书"藏真四十二章，前无古人，后无来者，诚当以书佛目之。"唐代玄觉大师《正道歌》普受欢迎，风靡民间，据释知纳《正道歌注序》载："往往乳儿灶妇亦能钻仰此道，争诵遗章断稿。"基于普通百姓生存生活的压力，永嘉禅学关注"众生之生"，倡导"治生即道"；而永嘉事功之学重视民生经济，倡导"万事皆道"；温州道家则主张大隐市廛，倡导居俗修道，主张"有志之士若能精勤修炼，初无贵贱之别，在朝不妨为治国平天下之事，在市不失为士农工商之业"；而儒学主张"耕以致富、读可荣身"的传家思想深入山陬水涯，然而能够"朝为田舍郎，暮登天子堂"的毕竟凤毛麟角。在此影响下，雁荡山佛学开始兴盛，寺院如雨后春笋般建起。宋太平兴国元年（976），永嘉僧全了游方至荆门，遇天竺僧告之："汝缘在浙东，有花名村鸟名山者，是诺矩罗尊者道场，汝当于彼建刹安身。了遂感悟，因至雁山结庵名'芙蓉'。"此后，又陆续建成常云院（今能仁寺前身）、罗汉寺、宝冠寺、古塔寺等。随后，游僧神昭、行亮创建灵岩寺，僧庆継建净名庵、道法建瑞鹿寺、远发建双峰寺、从吉建飞泉寺、文吉建灵峰寺，至宋庆历二年（1042）石梁寺建成，在短短的六十多年里，雁荡山中先后建成能仁、罗汉、瑞鹿、双峰、古塔、宝冠、凌云、飞泉、华严、净名、灵峰、灵岩、真济、普明、石梁、石门、天柱十七座寺院，加上唐代的本觉寺，后人合称"十八古刹"，还有白岩寺、崇德寺、实相寺、碧霄寺、接待寺、回峰庵、春雨庵、东庵、西庵、白云庵、观瀑庵等，见证了雁荡山的兴盛。宋代雁荡山的梵宇，不但数量众多且影响力大。宋绍兴十二年（1142），经朝廷批准，雁荡山能仁寺改为禅院，获皇帝赐额，成为当时全国三十所最著名的寺院之一，列"教院五山"之一。传说当年能仁寺有僧人三百，加上香客和游人，每天在寺院用餐的有一千来人。南宋"永嘉四灵"之一翁卷诗作《能仁寺》，形象地描绘了当年能仁寺恢宏的丛林场景："芙蓉峰入天，寺与此峰连。得见是冬月，要来从昔年。寒潭盛塔影，古林带厨烟。偶值高僧出，禅床坐默然。"宝冠寺是宋雁荡山四大名刹之一，环境清幽、云烟缭绕，殿宇楼阁，规模宏敞，游人如织、香火不断。《宋诗精华录》有赵师秀《雁荡宝冠寺》诗云："行向石栏立，清寒不可云。流来桥下水，半是洞中云。欲住逢年尽，因吟过夜分。荡阴当绝顶，一雁未曾闻。"当年雁荡山灵岩寺有殿宇、禅房百余间，号称"东南首刹"，宋太宗赐御藏经书，真宗赐额"灵岩禅寺"，仁宗赐金字藏经，名闻京师。宋参知政事赵抃《灵岩寺》诗云："雁荡林泉天下奇，谢公不到未逢时。碧霄万壑千岩好，今日来游尽得之。"北宋名相吕夷简笔下的《过净名寺》云："净名庵下灵岩路，峻壁层崖倚半空。我爱老僧年八十，一生长住翠微中。"宋人在雁荡山留下的诗文图画，不仅记录了宋代雁荡山梵宇林立的兴盛，也描述了雁荡山的清幽禅意，勾画出一个与众不同的禅隐雁荡。名山有名寺，名寺有名僧。宋代雁荡山高僧辈出。据《浙江通志·雁荡山专志》介绍，宋代入志的雁荡高僧有35位，其中有处谦、士珪、

枯木祖元、从瑾、天目文礼、石溪心月、绝岸可湘、西岩了慧、横川如珙、无学祖元等名垂青史的高僧。处谦是天台宗智者大师门下第十三世弟子，四十年间讲经不懈，登门者多达三千人，北宋名相王安石及诸缙绅竞相赋诗以赞其德。北宋高僧释智愚在日本有较大的影响力，他写过《沔禅人至雁荡》《僧游台雁》等诗，诗中提及"沔禅人"和"游台雁之僧"，都有可能是日本僧人。诗云："风高木落雁山秋，鞭起无依穴鼻牛。村草步头挂不住，大方随处有良畴。""音旨双消不可闻，卷衣南去与谁论。龙湫水涩石桥滑，得路应敲尊者门。"士珪禅师是雁荡山第一位由朝廷任命的寺庙住持，众所熟知的俗语"落花有意，流水无情""一朝被蛇咬，三年怕井绳"，就是他在雁荡山能仁寺上堂讲经时的原创。横川如珙是南宋临济宗高僧，当朝丞相"钦其德"坚请出世雁荡山灵岩寺，四年后迁雁荡山能仁寺。人称"小达摩"的元代禅门宗师古林清茂就在雁荡山跟其参禅，日本禅僧来华求法"多以能入其门为荣"。宋绍兴十五年（1145），曾于绍兴初奉诏开山雁荡山能仁寺的士珪禅师入主温州江心龙翔寺。绍兴二十八年（1158）秋，雁荡山迁建本觉院殿，王十朋有记。时任本觉寺住持僧景宣平生喜读《庄子》，自为注解，凡三十三卷，能穷极性命道德之学。清雍正《浙江通志》卷二〇一有传。宋乾道七年（1171）冬，郡守请祖籍永嘉楠溪的温州龙翔寺僧从瑾（1117—1200）主雁荡山能仁寺，世称雪庵和尚，著有《雪庵从瑾禅师颂古集》一卷。宋淳祐八年（1248），日本僧侣巡游南宋五山十刹，绘制《五山十刹图》，其中"诸山额集"就收录有敕赐灵峰禅院、敕灵岩寺、能仁禅寺、敕赐寿昌禅寺等正门额，以及双峰、净名、能仁、灵岩等外山门匾额，说明宋代雁荡山就名扬海外。虚堂智愚是在日本有较大影响力的南宋禅僧，其门下南浦绍明是日本来华留学僧，为建长寺第十三世住持，被敕封为"大应国师"；南浦绍明门下有一位顶天立地的大禅师叫宗峰妙超，被敕封为"大灯国师"，开创京都大德寺，是临济宗大德寺派的开山祖师。宗峰妙超的弟子关山慧玄，开创了京都妙心寺，是临济宗妙心寺派的开山祖师。虚堂七世法孙大德寺一休宗纯的弟子村田珠光是日本茶道的始祖，珠光弟子武野绍鸥的弟子千利休是日本千家茶道的始祖，他们皆以虚堂为祖师。《虚堂智愚禅师语录》卷七除记录虚堂智愚与南浦绍明的交往外，还收录了虚堂智愚与日本禅师智光和一位被称为源侍者的日本僧人交往记录。其中《日本源侍者游台雁》一诗，印证了宋代有日本僧人到访雁荡山。无学祖元为日本最大的禅宗流派佛光派的始祖，宋德佑二年（1276），他一生最精彩的吟诵禅诗为《临剑颂》："乾坤无地卓孤筇，喜得人空法亦空。珍重大元三尺剑，电光影里斩春风！"这首诗描绘了在雁荡山能仁寺勇退元军的故事。《临剑颂》"无我、无惧"等精神对后世禅道和日本武士道产生了积极深远的影响。宋代诗人戴复古诗中有"不立仙人宅，都为释氏家"。当时雁荡山除了遐迩闻名的十八古刹，其他僧寮寺院还有不少。据《南宋元明禅林僧宝传》载，天目文礼禅师雁荡居山能仁寺，杖拂萧然，清风迫人，浙南一带衣冠君子多喜欢和他交往，跟随学习禅宗心法。大儒朱熹、陆九渊等曾向他学习道学，中年退居余杭良渚，朱熹闻讯让主管机构请其再住能仁寺。朱熹曾向文礼禅师请益"毋不敬"之义，文礼禅师便叉手示之。宋代雁荡学风可见一斑。雁荡山是长寿之地，百岁老人常见不鲜，吕夷简"我爱老僧年八十，一生长住翠微中"，表达的是对高寿老僧长住雁荡山的羡慕。据不完全统计，现日本保存着数量可观的宋元雁荡高僧墨迹，其中被日本鉴定为国宝的有3件、列为重要文化财（文化遗产）的有18件，《日本美术全集》《近代书道》等书刊也收录了不少雁荡高僧墨迹。这些雁荡高僧的墨迹不但十分珍贵，而且在日本影响巨大，成为雁荡山和外界交往的重要物证。清同治九年（1870），31岁的虚云大师从福建鼓山行脚至温州雁荡山，得雁荡高僧指点，转赴天台山，学教于融镜法师。抗日战争时期，雁荡山僧竺摩法师辗转到港澳及南洋弘法，驻锡马来西亚近半个世纪，成为"大马汉系佛教之父"。与此同时，夏承焘、吴鹭山曾借宿紫竹林。而黄宾虹第二次游雁荡时，曾与梅冷生、吴鹭山、谢磊明等留宿苦竹洞。龙湫庵、明阳洞、昆仑寺、碧霄庵等以前也皆可作为行旅客商、达官显宦、诗人墨客歇脚驻足的客栈。现在雁荡山还有经行峡、行春桥、化身亭、昆仑寺、道松洞、石城楼、东庵普同塔、白云院、云霄宫、朝阳洞、兜率峒等遗址遗存。值得一提的是弘一大师与雁荡山的情缘。1925年，弘一大师驻锡、温州市区积谷山城下寮，在庆福寺闭关，年仅13岁的雁荡山僧竺摩法师跟随师祖万定禅师前往拜谒，深受弘一大师喜爱，获赠"息恶行慈"墨宝一幅，后又在厦门收到弘一大师亲笔题写的联语一副："欲为诸法本，心如工画师。"1941年，弘一大师在圆寂前一年，与曾一起在上海创办过"盛世元音"京剧演出班社、大雅宏慧释儒圆融的赵萱堂同游雁荡山，两人登至峰顶，并立山岩，均不言语。稍过一会儿，赵萱堂发现弘一大师眼中出现微茫的神色，不禁启问："似有所思？"

答:"有思。""何所思?""人间事,家中事。"弘一大师在1942年10月13日(农历九月初四)晚上八时圆寂于泉州温陵养老院。在前三日的九月初一下午,留题"悲欣交集"四字,作为最后遗墨。著名作家木心在《圆光》一文中如实记录了赵萱堂的讲述,"赵老伯讲完这段故事,便感慨地说:"你看,像弘一大师这样高超的道行,尚且到最后还不断尘念,何况我等凡夫俗子,营营扰扰。"

雁荡山是一座拨动心智灵感的诗词名山,历代文人留下不少于一万首山水诗词。较著名的有南朝谢灵运《过筋竹涧越岭西行》、唐代张又新《常云峰》、释惟一《雁荡山》、回道人《题壁二绝》,宋代吕夷简《忆游雁山》、晁端彦《龙湫观瀑》、梅尧臣《遗碧霄峰茗》、赵抃《出雁荡回望常云峰》、陆游《雁荡九节菖蒲》、楼钥《入雁荡过双峰》、戴复古《大龙湫》,以及唐代张子容、南宋"永嘉四灵"、王十朋、叶适、徐照,元代柯九思、朱希晦、杜范,明代汤和、黄淮、章纶、王士性、朱谏、李经敕、杨文骢、王叔果、陈仁锡、侯一元、王献芝、薛应旂、王诤、张佳胤,清代朱彝尊、黄宗羲、袁枚、方苞、崔应阶、潘耒、魏源、阮元……北宋名相吕夷简(978—1044)是较早游历雁荡山的官员,大中祥符年间,吕夷简曾居雁荡山净名寺,写下雁荡现在可知的最早楹联:"名山超五岳以外,净土在二灵之间。"他的诗句"何日抛龟纽,孤峰上再登"等,对宣传推广雁荡山功不可没。宋元丰元年(1078),苏轼有诗《次韵子由送赵屼归覲钱塘遂赴永嘉》。元丰二年(1079)二月,赵抃(1008—1084)以太子少保致仕,游雁荡山期间作有《十八男屼温屼迎于雁荡温守石牧之以诗见寄次韵》《游雁荡将抵温州寄太守石牧之》《题灵峰寺》《侄婿郑庭晦与予同游雁荡令欲先归赠别》《出雁荡回望常云峰》《经乐清寄前县令周郊》《观老僧会才画像》等诗。温州知府石牧之有诗《迎赵清献公游雁荡山》。宋绍兴元年(1131),崇宁五年进士张扩(?—1147)于该年前后任处州工曹、提举两浙市舶时来过温州,其诗清隽可诵,作有《天柱峰》《展旗峰》《大龙湫》《石门瀑布》《天聪洞》等诗,其《书雁荡山灵岩寺壁》写道:"画里儿时见一斑,竭来老病倦跻攀。诸峰拔地上云雨,万壑出泉鸣佩环。图牒未闻从古有,鬼神定自破天悭。道人笑我杀风景,不办淹留半日闲。"同一时期,赵鼎臣、綦崇礼、陈与义、许志仁等人来游雁荡山。宋元祐六年(1091)进士,河南卫城人赵鼎臣(1068—1125)作有《雁荡山中逢雨戏成诗》等诗,其中《送韩存思诚出守永嘉并寄同年周恭叔》:"雁荡山前万壑趋,故人新剖左鱼符。眼中风物皆诗句，到处溪山是画图。柑子剩量金尺寸，荔支远致玉肌肤。谢公岩畔因行乐，借问周郎好在无？"高密人綦崇礼（1083—1142）作有《入雁荡山》："杰峰秀岭竞崔巍，缓引篮舁不用催。一径灵虚飞鸟上，四围春色画屏开。鹿门未有携家便，雁荡何妨筑室来。已上封章乞闲散，勿令俗驾却轻回。"洛阳人陈与义（1090—1138）作有《题大龙湫》《雨中宿灵峰寺》等诗，《宋史》卷四四五收录其诗《雨中宿灵峰寺》："雁荡山中逢晚雨，灵峰寺里借绳床。只因护得纶巾角，还费高僧一炷香。"《全宋诗》卷一九七〇载潘桱《雁荡道中》诗云："千丈岩头一点红，春风吹落浅莎中。山僧倚杖移时去，说似溪边采药翁。"绍兴二年（1132），吴芾（1104—1183）任乐清县尉，写有《何倅同游雁荡赓其所和范相游山韵》《送王龟龄得请还乡》（二首）、《送明老游雁荡五首》等诗，其《和何倅游雁荡》写道："何侯富词藻，能赋兼能诗。百篇辈李白，十稔嗤左思。搜奇抉灵怪，造化不能私。每为山水游，锦囊随所之。雁荡閟神秀，鬼物潜司巇。开林发幽隐，肇自兴国时。高岩耸嶻嶭，列岫森瑰奇。龙湫神光异，龙鼻灵液滋。天柱万仞立，冰帘千丈垂。羡君沿檄来，暇日遂遍窥。兴随佳处发，景与高情宜。留步欣有得，过眼光如遗。乘寒蹑危蹬，跻险攀樛枝。雅有许询兴，心形不知疲。我渐动拘俗，薄宦方栖迟。恨君为此行，不获相追随。平生爱山心，自视如调饥。寻幽傥有路，初不问险夷。几欲老山间，便将云衲披。顷幸官是邑，柴车日载驰。列贤不暂舍，游燕必于斯。每欲状奇怪，苦乏幼妇词。千岩与万壑，胸中徒自知。别来岁月久，况复逢艰危。兹虽值平时，老大无所施。今观君所赋，妙境俱在兹。慨然想云壑，应不谓我欺。会当寻旧游，重与同襟期。"吴芾，字明可，号湖山居士，台州仙居人。宋绍兴二年（1132）进士，先后任秘书省正字，太平、婺州、绍兴等六郡知州，以龙图阁直学士致仕。诗才甚高，早年笔力雄健，往往澜翻泉涌，出奇无穷，晚年诗风趋于平淡。退隐后专心著述，留有表奏五卷、诗文三十卷。

宋绍兴十六年（1146）冬，王十朋在考取太学外舍生后，经雁荡山去京城临安，写了《再过雁荡三绝》。其《大龙湫》写道："龙大那容在此湫，银河得得为飞流。好乘风雨昂头角，直到天池最上头。"该诗借大龙湫瀑布磅礴的气势抒写自己的抱负，颇有李白"仰天大笑出门去，吾辈岂是蓬蒿人"的豪迈和潇洒。另一首《天柱峰》写道："女娲石烂若为修，四海咸怀杞国忧。谁识山

中真柱石，擎天功业胜伊周。"诗中"若"指天柱峰，是雁荡山灵岩景区第一峰，其实是诗人的自况和自勉。这首诗以峰自喻，借天柱峰顶天立地之景，述出将入相之情，抒发了他踌躇满志、治国安民的志向。王十朋一生多次游览雁荡山，共写有36首诗。在乡人心目中，王十朋是一座文化的丰碑，也是读书人的楷模。明朝朱谏在雁荡山天柱寺旁建雁山书院，将王十朋与李孝光、朱希晦、章纶、谢省、谢铎、胡彦卿等"雁山七贤"予以专门崇祀。宋绍兴三十六年（1166），永嘉学派集大成者叶适应聘到雁荡山白石北净慧院私塾任教两年，在学生叶宗儒的陪同下游览了玉甑峰等景观，在《白石北山净慧寺经藏记》中记述："乐清之山，东则雁荡，西则白石……北山有小学舍，余少所讲习也。"南宋淳熙三年（1176），叶适再来乐清，时年27岁的叶适到雁荡山大龙湫的寺院讲学，写下《虎长老修双峰寺》："九州大麓标山经，早与天地同垂名。雁荡初传晚唐世，掩抑众岳夸神灵。"盛赞雁荡山出类拔萃、神奇高峻，使天下无数山岳失色。次年秋离开雁荡山，北上京城临安参加漕试中式，淳熙五年（1178）中殿试一甲第二名榜眼，从此走上仕途。戴复古是南宋"江湖诗派"领袖，曾追随陆游学诗，为诗痴狂，一生不仕。在他76岁那年，与朋友王和甫相约雁荡山罗汉寺，第一次目睹雁荡山的雄奇秀丽，非常惊讶，说："我本江湖客，来观雁荡奇。脚穿灵运屐，口诵贯休诗。景物与心会，山灵莫我知。白云迷去路，临水坐多时。"景物与心灵相契，被誉为"讴歌大自然的诗人。"翁卷在《赠东庵约公》诗中写道："问今年八十，退院久清闲。白雪髭慵剃，青松户早关。取泉来煮茗，与客话游山。弟子何僧是，缁衣多往还。"宋乾道四年（1168）十月，襄阳谷城人王之望知温州，写有《大龙湫》。宋乾道七年（1171）、宋淳熙十四年（1187），被真德秀誉为"一代文宗"的楼钥来温州先后任州学教授、郡守，其著作《攻媿集》中有大量关于雁荡山的诗，如《约诸公再游龙湫》《入雁山过双峰》《灵峰》《龙湫》《登马鞍岭》等。据《全宋诗》卷二五八六载，宋绍熙元年（1190）走马上任浙东提刑的永嘉知县蔡戡顺道来游雁荡，并作《雁荡》诗："又持一节向东州，自怪平生欠此游。胜地百年开雁荡，漏天千古泻龙湫。云生半岫轻随足，泉落空岩急打头。却恨昔贤无辙迹，谢公岭上更迟留。"该诗非常形象、贴切、生动地写出了大龙湫瀑布"泉落空岩急打头"的气势，说明谢公岭至迟在南宋已经存在。

明洪武元年（1368），赵新任乐清县儒学训导，与朱希晦、吴主一游咏于雁荡山中，人称"雁山三老"。明洪武二十三年（1390），鲍原弘任乐清县训导，有"雁山四景"诗，其中《龙湫飞雪》写道："交刀剑剪银河水，飞入龙宫作琼蕊。珠帘半捲梨花云，拥出霓裳舞神女。窟压万丈空玲珑，瑶光倒接天九重（有些版本作：岚光倒挂天如垂）。天上群仙正相待，袖拂罡风跨玉虹。"明嘉靖二十六年（1547）九月，浙江巡按御史裴绅游雁荡山，作《和尚岩》《玉女峰》《龙鼻岩》《灵峰洞》《瀑布歌》《别雁荡》等诗；嘉靖二十九年（1550），章玄梅辞官归里，与朱谏及其弟青阳，结为"雁山三老社"，又旁及十八人组成雁山会，诗酒生活，著《雁山续集》二卷，赋诗《观大龙湫》《游能仁寺》等15首。明嘉靖三十年（1551），浙江提学副使薛应旂来游雁荡山，撰《雁荡山志》《白石山志》等，作有《登雁山》《戴辰峰下独酌》《宿雁山禅院》等诗。明嘉靖三十四年（1555），倭寇在乐清登陆，流劫十五天，著名抗倭名将戚继光从山东调任浙江参将。明嘉靖三十七年（1558）至嘉靖四十二年（1563），戚继光来温州抗倭，在戎马倥偬中来游雁荡山，并赋诗《督兵援闽游雁山戏集为诗》《游雁山集景》等。明代有"诗、书、画"三绝之誉的诗僧担当（1593—1673）作有《雁荡歌》："地将到海山兀死，曳破冷云三十里。中多老怪吐精灵，雁荡之奇从此始。何时冲突走风雷，势角砍砰天忽开。劈空一石状狞古，酷似老僧出谷来。顶突如爪齿尽缺，今我见之笑欲绝。不识何年住此山，苔枯眉发都成雪。相呼相唤不回头，一条白练何悠悠。东西谷，大小湫，正好拉我共遨游，尔不回头尔且休。掀髯独上谢公岭，不见谢公拐杖影。冥搜天半未为奇，却向幽崖得一境。碧霄洞隔霜峰湾，游踪不到门常关。棱棱方广谷如掌，掌中脱也费跻攀。荒茅峡口寻前路，料得前溪少人住。如何鸡犬乱成村，几处棕榈有庐墓。半山半寺半农家，水面依然浮落花。桃源若果幽如此，此中尽可种桑麻。白云寨贮云千斗，才欲骑驴桥上走。数杵敲残昨夜钟，响岩声答灵岩口。惊开石腹进虬形，角突头崩鳞甲青。见人如吼身如动，能在窝中使怒霆。两鼻涕垂不到地，一泉眼活水泠泠。细分数点与奇擘，断崖高处浑如削。斜飘软玉洒轻烟，不比他山飞流直下势磅礴。方弹数千珠，忽披几万络。冷光闪更翮，素魄舞尤弱。龙枯影尚悬，雁去翎还落。高激低旋恍欲无，抉眥微辨又模糊。自古何人能看足，只须山水年年绿。在此一日当一生，白头老子曾知不？支我筇，扶我胸，高高顶上寄幽踪。侧身一望空云海，天际遥凌无数峰。缅寻绝景已将毕，品题未了需明日。运想直穷三十三，返眺还随

一百一。"

明嘉靖十一年（1532），时任台州府推官吴子孝游雁荡山，撰《雁山观大龙湫记》，赋诗《题灵岩寺石壁》《东石梁》《龙壑轩夜坐》等。万历十一年（1583）夏，浙江巡抚张佳胤（1526—1588）巡行温州，到雁荡山，有《老僧岩》《石梁洞》《五老峰》《仙人桥》《灵峰洞》等诗，在灵岩景区龙鼻洞立有诗碑，碑背面题款"万历十一年癸未五月铜梁张佳胤书"。崇祯十四年（1641）春，著名思想家黄宗羲在乐清雁荡山梯云谷隐居，以书院讲学授徒的名义宣传抗清复明思想，招聚四方义士，曾赋诗《宿雁荡灵岩》："千峰瀑底挂残灯，霞嶂云封不计层。咒赞模糊昏课毕，乱敲铜钵迎归僧。"现存于黄梨洲先生纪念馆。同年六月，万历进士、都察院佥都御史、诗人马象乾来游雁荡，赋诗《雁山纪胜》；诗人邢昉多次来温州游雁荡，写有《始入雁山过能仁寺》《宿诺矩罗庵二首》《谢公岭》《石梁洞》《雁山东谷灵岩寺作》《雁宕山灵峰寺次何无咎题壁韵》等雁荡山诗作20余首。诗赋雁荡山的作者除了居庙堂之高的达官贵人、处江湖之远的迁客秀才，还有寺庙禅院中的僧人，《续修四库全书》集部第1393册收录有明末清初诗僧苍雪和尚释读彻（1588—1656）吟咏雁荡山的诗作多首，如《雁宕山》《题十名山·雁宕山》《送汰公雁宕游归》《陈百更雁宕游归剧谈其胜》。释读彻雁荡诗别具一格，颇有特色。试举二例：《华树林》（第六十六首）诗："天台肥于肉，雁宕瘦似骨。可游不可居，莫向寒崖宿。"诗《题十名山·雁宕山》："秀甲峨嵋夺九州，奇观非独让龙湫。峰高遮日来晴瀑！露落无声喝断流。山鸟呼名飞不去，村花问姓冷于秋。老僧崖畔长年住，阅尽人间今古游。"苍雪和尚著有《南来堂诗集》四卷，吴伟业称其诗无浮词，亦不作禅语，"苍深清老，沉着痛快，当为诗中第一，不徒僧中第一"。

雁荡山历代诗词中，除山水诗之外，题画诗也不少。宋李洪《题雁荡图寄二兄》诗："谁知归雁亭中客，鼓翼来游雁荡山。更寄雁图凭雁足，秋风孤雁苦思还。"许景衡《题雁荡山图》诗："别来尝忆旧跻攀，好信迢迢慰病颜。多按地图传药石，不烦魂梦到仙山。尘沙犹在微茫处，云水都归指顾间。看取荡中多少雁，只应飞倦始知还。"明王世贞《袁黄岩寄雁荡图及新诗见示颇怀壮游之感》："高枕柴门掩绿苔，素书惊为故人开。如分雁荡群青过，忽挟龙湫万玉来。康乐恨长乖试屐，河阳诗好任登台。君家夏甫终难慕，双足何曾限八垓。"明嘉靖十六年（1537），太常寺卿兼侍读学士陆深撰《雁山图记》《跋荡南诗》《跋李蒲汀尚书所藏雁山图》。由于缺乏史料记载，不知道所跋的李蒲汀尚书珍藏《雁山图》是谁所作、流转如何。明崇祯五年（1632）秋，理学家、学者、书画家黄道周（1585—1646）自余杭大涤山回漳浦经温州，游雁荡山，绘《雁荡山图》，有诗《七言十首》引言："前在雁宕，见陈木叔送振之诗，有云：寻山如访友，远游如致身。甚爱之。"并赋诗《辞雁荡四章》："与子结奇胜，曭欲置房几。可一不可双，峰峰与水水。顶髻关神明，肩脚相宵窕。化物乘虚舟，往往下木杪。南行有佳宅，今复入山腹。安得蹈清夷，相与坐磅礴。英贤不决胆，十指脑造化。悭彼康乐心，固为物所托。"清宋其沆（1780—1840），字湘帆，清代山西汾阳县人。清嘉庆初举人，中嘉庆四年（1799）己未科三甲第73名进士，官至浙江省布政使，作有《题韩芸舫中丞龙湫宴坐图》诗："万绿参天下无路，高山深谷相盘互。云端百丈泻飞涛，雪浪滔滔喷湿雾。树根石畔坐者谁，飘然具有神仙姿。独对澄潭空念虑，相看岚翠上须眉。旁人谓公真静者，公言此是偶然也。绣谷当初莅越瓯，井蛙水面正嘘呕。频岁乘风飞战舰，几回破浪得安流。兵销复遇哀鸿集，朝暮嗷嗷待绥辑。驰驱无复片时间，纵遇名山何暇入。雁宕龙湫山水清，适逢其会一来行。小憩略谙泉石趣，始惊奇绝冠平生。我闻此言叹且敬，知公勤务由天性。皖藩开府黔中迎，滇海重移闽海庆。黄山云海洞飞云，点苍山雪白纷纷。九曲争传武夷胜，公皆置之如不闻。独为龙湫作图画，兴之所寄成佳话。即今新赋归来辞，政之所被系人思。可知宴坐真偶尔，谢公游屐空耽奇。先忧后乐希文志，以劳得逸逸斯遂。吾谁与归望斯人，展卷超然悟公意。白云遮断树傍山，云自流空山自间。纵然寄迹烟霞外，心在觚棱魏阙间。"林则徐《题韩芸昉抚部龙湫宴坐图》："雁山在郡不能有，康乐枉为永嘉守。西来尊者此开山，掷杖云中玉龙走。涅槃一去蒲团空，但见法雨飞濛濛。黄尘中人那许坐，千二百年留待公。鸣驺拥盖等闲耳，清心誓饮山中水。指月前身见祖师，餠泉余滴参宗指。芙蓉村外升朝霞，按部何当来使车。为除烦恼礼真相，自屏傔从安趺跏。老龙喜公再来者，倒卷银河为君泻。峰端溅玉岩跳珠，雷车隆隆驰风马。三千年雪太古冰，龙髯迸出山风腥。行天日月不敢下，山飞水立云冥冥。剪刀剪水水逾怒，不见波涛见烟雾。回飙裂涧龙身翻，牙爪空中掷无数。是时公为入定僧，潮音千偈浑不应。倏然拄杖一抚掌，龙来听法泉无声。拂衣笑示佛弟子，且为大千

众生起。布袜青鞋留此山，为霖事了吾其还。"

清乾隆四十一年（1776），翰林院编修、贵州学政洪亮吉（1746—1809）过永嘉县城，途经雁荡山，赋诗有《自黄岩至乐清经盘山筋竹十余岭兼望雁荡诸峰作》四首。四部丛刊《附吉轩诗》卷八有《天台雁荡集》。嘉庆三年（1798），李銮宣任温处兵备道，至嘉庆九年（1804）离温，擢云南按察使，任内两次到雁荡山，足迹遍及雁荡山各大景区，赋诗有《乐清县宋王梅溪先生故里》《白沙岭望海》《白箬岭用谢康乐从筋竹涧越岭溪行韵》《马鞍岭》《常云峰》《大龙湫》《大龙湫石壁上有唐杜审言题名》《梅雨岩》《燕尾泉》《灵岩》《玉女峰》《卓比峰》《独秀峰》《卷图峰观朱子摩崖书》《小龙湫》《龙鼻水》《水帘谷》《铁城嶂》《五老峰》《灵峰洞》《维摩洞》《石梁洞》《闻南北阁有散水岩石梁仙桥诸胜欲游未果》《重游雁荡（四首）》《石梁洞小憩》《宿净名寺（二首）》。秦瀛撰《祭李石农抚军文》篇末记："石农备兵温处时，有《雁宕纪游诗》一卷，最工。"秦瀛又有《题李石农游雁荡诗后（四首）》《为李石农题龙湫观瀑图》；李从炯也有诗《题石农师龙湫观瀑图》。可见李銮宣在赋诗之余，还画有《龙湫观瀑图》。

清同治三年（1864），江湜出任乐清长林场盐课大使，曾多次到雁荡山旅游，在写赠清咸丰贡生、福建场盐课大使魏稼孙的《杂画册》中的一幅用水墨挥写的直幅《大龙湫图》上题款："欲写龙湫难着笔，不游雁荡是虚生。弢叔。"画面上两侧悬崖黝黑崚嶒，一条白色的瀑布飞泻而下，颇见功力。名家荟萃的《杂画册》现归藏于浙江博物馆，其中有王福庵、黄宾虹、张宗祥、吴昌硕、冒广生、丁立诚、丁辅之、唐醉石、章劲宇、钱基博、阮性山、张任政等名家的题诗题跋，堪称笔墨荟萃。江湜将《杂画册》赠予魏稼孙，皆因与其为"近今不可多得之友，故留此拙笔，以志交谊之耳"。不过，在数十年的流传过程中，画册经过多位藏家之手，内容更为丰富，也留下了不少故事。画册一度流落到苏州市场上。巧合的是，清光绪三十一年（1905），魏稼孙的外孙、西泠印社创始人丁辅之去苏州游玩时，"偶游吴门，购得是册"。丁辅之之父丁立诚题跋，感慨距离清同治七年（1868）在外舅魏稼孙先生家初见画册时，已有40年，不知何时失去。"今岁，次儿仁友游吴门，得于市上，携归呈阅，爱其用笔奇闢。"丁辅之还把画册拿给西泠印社首任社长、著名书画家吴昌硕，曾任瓯海关监督的冒广生等人赏鉴题诗。丁辅之去世之前，留下遗嘱将其赠予内侄章劲宇。章劲宇是章太炎的堂弟，杭州人，著名收藏家、鉴赏家、西泠印社社员、南社社员。得到画册后，他也请多位名家赏鉴题诗题跋。今存画册封面为《大龙湫图》，右侧钤"福庵见过"白文篆章，可见画册曾经著名篆刻家王福庵鉴赏。第二页是画家黄宾虹题写的"伏敔堂无声诗"。第三页是著名篆刻家、书法家唐醉石写的"叕翁墨妙"四个大字。第十页有钱钟书之父钱基博题诗，其中有"我读伏敔堂诗，涩如谏果味美回；我读伏敔堂画，横笔一扫六合开"之句。后来，《杂画册》又成为张宗祥钟爱的收藏。

张宗祥曾任瓯海道尹、西泠印社社长、京师图书馆与浙江图书馆馆长。画册上他的题跋最多，共计六页。在读到江湜《大龙湫》图及题画诗之后，他不禁感慨题下："二年瓯海一官轻，咫尺龙湫未得行。今日读诗兼读画，不游雁荡是虚生。"张宗祥在温州为官二年，却未能得游雁荡。他晚年曾讲述原因："予官瓯海时，欲游雁荡，畏乐清知事来陪，遂不果行。""永嘉山水之美，古所称道，北雁荡尤胜。然往返须数日，且乐清知事，必须办供张。终予任，不敢游也"。清端木国瑚《题雁荡》诗有"雁峰灵幻状难真，图画青天妙入神"。甚至连未到过雁荡山的李白与苏轼都慕名神游雁荡山水之胜，如苏轼《次韵周邠寄雁荡山图》："指点先凭采药翁，丹青化出大槐宫。眼明小阁浮烟翠，齿冷新诗嚼雪风。二华行看雄陕右，九仙今已压京东。此生的有寻山分，已觉温台落手中。"在《与周开祖书》中这样写道："脱湖北之行而得乐清，正如舍鱼而取熊掌也。寄示山图，欲求善本而不可得者。""百亩新池傍郭斜，居人行乐路人夸。自言官长如灵运，能使江山似永嘉"。对乐清雁荡山与永嘉山水的向往之情溢于言表。雁荡山不少山水诗本身就是一幅绝佳的山水画，如明朝万历二十五年（1597）汤显祖《雁山迷路》诗："借问采茶女，烟霞路几重？屏山遮不断，前面剪刀峰。"清咸丰三年（1853），江湜第一次来游雁荡山，作《大龙湫题壁》诗："嶂连云兮山四围，仰飞瀑兮从天来。倾万斛之珠玑，为我心兮写哀。噫！风尘澒洞兮故里为灰。非龙湫之宴坐，将余生兮焉归？"他题赠给乐清文人黄梦香《大龙湫图》题款"欲写龙湫难着笔，不游雁荡是虚生"，让后辈显宦俊彦争睹为快、络绎于途。抗战期间，"一代词宗"夏承焘在雁荡任教时曾将江湜的这两句话手书为楹联，悬挂于灵岩寺斋堂前，更令这副名联名扬四方，只是将"着笔"写成了"下笔"。这副名联不但在温州流传甚广，受到众多导游、游客的喜爱，也得到很多名人的认可。江湜对雁荡山、大龙

湫情有独钟，他还曾写下"雁荡无卧石；龙湫若悬河""雁荡自奇，不附五岳；龙湫所注，别为一川"等联语。一次，他因听雨又忆起雁荡并写下《大龙湫》诗："卧听檐下瀑，想到大龙湫。得知一宵雨，知添万丈流。壮声应入梦，遥忆亦消愁。莫负山人约，茅庵为我留。"

民国以来，康有为、梁启超、陈叔通、钟毓龙、马君武、张叔梅、郭沫若、朱镜宙、蔡元培、梅冷生、夏鼐、夏承焘、苏步青、苏渊雷、吴鹭山、费孝通、余光中等先后来游，并多有诗词。1932年9月，丁辅之作《梯云谷》诗："入山曲曲深，人已白云上；更从谷中盘，高泉喜中望。"1917年，20岁的郑振铎来游雁荡山，写有散文诗《雁荡山之顶》："红的白的杜鹃花，随意在山径旁开着。我迎着淙淙的溪声，上了瀑布之顶——雁荡山之顶。疲倦了的夕阳光，只照我一个人的身上。偶然有几只归巢的乌鸦，在沉寂的空中，呀呀地叫了几声。凄凉的感觉，突然沁入我全身的细胞中。荒山不可以久留，还是归来好。这样地，我便复归喧嚣的人间。人间虽喧嚣，总把我的心牢牢地维系住了。"年少时游览雁荡山的经历给郑振铎留下了难以忘怀的记忆。胡适晚年的秘书、乐清人胡颂平曾记录两人的一次谈话，1960年胡适提及："从前高梦旦先生对我说，看了庐山的瀑布不算数，一定要看雁荡的大龙湫。他劝我无论如何也要游雁荡一次。"胡颂平说："江弢叔有诗'欲写龙湫难着笔，不游雁荡是虚生'。"胡适笑着感慨："那么我们都是虚生了。"

20世纪20年代，温州籍书法家马公愚（1894—1969）陪同康有为游雁荡山后留有一批诗翰和墨迹，其《天柱峰》诗称："着屐寻幽西复东，雁山山水尽奇雄。超然不与群峦伍，我爱擎天一柱峰。"1936年11月马君武来游，入住雁山旅社，并写诗两首相赠，其一为"夜入灵岩寺，初更月上时。庄严僧拜石，静默叟听诗。门外南天柱，楼前大将旗。象形皆妙肖，造化亦神奇"。

黄式苏（1874—1947），清光绪二十八年举人、同盟会会员，民国初年曾任温州军政分府教育部副部长、遂安县知事、温州师范学堂监督等职，于1926年秋约诗友同游雁荡山，写有《丙子十月偕洪要潜园》《高叟惹园》等多首诗。诗《重游大龙湫》称："记别龙湫三十年，重来又见水如烟。……曾记五度此探奇，鳞爪东西但一窥。……云中招手有山灵，五老三贤共一庭。莫问今朝是何世，巍然犹是数峰青。"

"七七"事变之后，上海、南京和杭州三座城市，在11月、12月相继沦陷，日本军舰封锁了瓯江口海面，温州对外海陆交通几乎断绝，一度成为畸形发展的孤岛，雁荡山因而又一次暂时成为相对平静的"世外桃源"。抗战期间，先后有四所中学在这里办学，分别是杭州私立宗文中学、乐清私立淮南初中、乐清县立师范学校和永嘉私立瓯海中学（今温州市四中前身）。它们或由外地迁来，或在此地创办，或在此地设立分校，雁荡山一度成为东南抗战后方的一个教育基地。青年学生的琅琅书声和慷慨激昂的抗日歌声，给古老沉寂的雁荡山风景区带来了一股青春气息。相应地，一批热心教育事业的人士也因此居住在雁荡山，如钟毓龙、夏承焘等。

钟毓龙（1880—1970），杭州人，清光绪二十九年（1903）举人，曾任杭州宗文中学校长25年，此后任浙江通志馆副馆长、杭州市政协副主席，著有《说杭州》《科场回忆录》等。钟毓龙于1938年秋随宗文中学迁居雁荡山两年，留有诗词多首。

夏承焘（1900—1986），字瞿禅，浙江温州人，毕生致力于词学研究和教学，是现代词学的开拓者和奠基人，出版词学专著近30种。其中《唐宋词人年谱》等都是有词学以来少有的巨著。胡乔木曾多次赞誉夏承焘先生为"一代词宗""词学宗师"。他在雁荡山期间写有诗词十多首，分别收入《夏承焘词集》和《天风阁诗集》等书。其中《鹧鸪天·到灵岩示诸从游》写道："灯火升堂闻笑喧，隔江消息正销魂。未能蹈海逃秦地，那忍看山学晋人。持苦语，却芳辞，君知我有白头亲。从今归梦愁无路，万壑千峰正绕门。"当时在雁荡山同夏承焘交游者有王伯敏、吴鹭山、王季思等人。

王伯敏（1924—2013），浙江台州人，毕业于上海美专，中国著名美术史论家，曾任浙江美术学院教授，出版有《中国绘画史》《中国版画史》《中国美术通史》等，在《与夏瞿禅先生同宿龙壑轩》诗中写道："连云峰下苦寻诗，寻到三更入梦时。梦里寻来吟不住，白龙笑我五分痴。"吴鹭山（1910—1986），乐清虹桥人，曾任教于浙江师范学院，著有《杜诗论丛》《雁荡诗话》等。

王季思（1906—1996），学名王起，浙江永嘉人，著名的戏曲史论家、文学史家。1925年考入东南大学文学系，受业于吴梅，从事戏曲研究。1941年后相继任浙江大学、之江文理学院、中山大学教授，国务院古籍整理规划小组成员，国务院学位委员会第一届学科评议组成员。1962年应教育部之聘，与

游国恩等三名教授共同主编《中国文学史》，著有《桃花扇校注》《王季思诗词录》《玉轮轩曲论》《玉轮轩古典文学论集》等，主编《中国十大古典悲剧集》《中国十大古典喜剧集》《中国戏曲选》《元明清散曲选》等，为当代中国最有影响的戏曲专家之一。王季思戏曲研究著作颇丰，很多作品被译成日语、印尼语，在国内外学术界有重要影响。其间来游雁荡山的文化名人还有陆维钊、夏鼐等人。

画家陆维钊（1899—1980），浙江平湖人，曾任浙江美术学院教授等职，著有《庄徽室诗文集》。当年游雁荡山后，作有《铁城嶂图》及有关诗多首。其中《宿灵岩寺》诗反映出当年的世局和作者的心境："年来世事墨同磨，应惹维僧问我多。鸿雁不知何处去，云山况是客中过。闲翻经卷参来世，静觅幽花供佛陀。饭能沉钟开一镜，惯听人说仰天窝。"

考古学家夏鼐（1910—1985），温州人，新中国考古奠基人，曾任中国社科院考古研究所所长、副院长等职，也在这一时期来游雁荡山。1984年冬，他在《忆故乡温州》诗中写道："故园自有好河山，羁旅他乡两鬓斑。昨夜梦中游雁荡，醒来犹觉水潺潺。"凡游过雁荡山的人，都对雁荡风光怀有美好的回忆和深情的眷恋。而雄奇多姿的雁荡山也始终留存着历代各界人士的游踪与颂赞。

雁荡山是一座问道解疑激发妙笔才情的游记名山，历代墨客文人留下不少于五千篇赋记散文。宋皇祐年间，福建浦城籍的理学家、校书郎章望之实地考察雁荡山，撰《雁荡山记》一卷，为雁荡山志的滥觞。宋永嘉学派创始人薛季宣（1134—1173）撰《雁荡山赋》；宋嘉定二年（1209），陈谦游雁荡山，得所谓"雁荡"者，前人并未"识"之也，撰《雁山行记》一卷。明嘉靖十九年（1540），江西提学佥事何镗编辑刊刻《古今名山游记》十七卷，其中第十卷收录有关雁荡山游记多篇，如沈括《雁荡山记》、袁采《雁山记》《雁山图记》、李孝光《雁山十记》、谢铎《游雁山诗序》、陆深《雁山图记》、侯一元《雁山续集序》、薛应旂《雁荡山志》、王十朋《雁荡山白岩院记》、黄绾《游石佛记》《游散水崖记》，其《总录》名言卷收录《怀素与律公书》："雁荡山，自古图牒未尝言。山顶有大池，相传为雁出……"同年，高鹗巡辖温州，游雁荡山，撰《游雁荡山记》。还有不少图序、诗序，如宋袁采《雁山图序》写道："此山前后向背，皆有奇妙，尽者尤难施工，乃与商较，令背者面，侧者正……"明陆琛《雁山图记》:"古称山河两戒，南戒尽雁荡山，云:'顶上有湖，方可十里，雁至栖之，故曰雁荡。'谢铎《游雁山诗序》曰:"余尝登方岩，望天台、雁荡，盖蓬莱三岛，诸仙人若可招而得，谓极吾山水平生之好，将自兹始矣。复不果遂……度谢公岭，临照胆潭，入灵峰洞，过灵岩，观天柱、卓笔、展旗诸峰，至龙湫水。暮抵能仁寺，宿焉。明日，还过大龙湫，观瀑布，望雁湖绝顶，相与叹息，以为天下之奇观尽矣。"明天启二年（1622），探花、翰林院编修、长洲人陈仁锡（1581—1636）于天启元年（1621）来游雁荡山，非常喜爱这里，作有《自黄岩入雁山小记》，说:"人生不游台宕，如未生一般;不屡游台宕，如未游一般。"曾倡导重建净名寺，书写"花村鸟山"横幅（旧藏蒋氏仰天窝）。明嘉靖十八年（1539），南京礼部尚书兼翰林院学士黄绾（1447—1551）在朱谏、按部温州的御史王献芝等人陪同下游览雁荡山，撰写了《游雁山记》《游石佛记》《游散水岩记》《望雁山》《雁山有感》《石门次韵》《雁山呈诸同游》等诗，同行的王献芝也撰写了《游雁山记》。

明万历九年（1581），侯一元在《二雁山人集序》中写道:"二雁山人集者，诗人康君之所著也。盖雁荡山者，吾温名山也，而南复有一雁荡，竟爽而立。"同年，乐清知县胡汝宁修纂《雁山志》四卷，万历十一年（1583）胡汝宁重辑《雁山志》，增补了一些雁荡山诗词，今存钞本，卷首有胡汝宁序。万历十四年（1586），鸿胪寺卿王士性（1546—1598）自丽水过石门到温州，游江心、南雁、中雁、雁荡，撰有《游雁宕记》《玉甑峰记》等，赋诗有《雁山杂咏八首》《宿灵岩寺》等。同年，翰林院编修、南京国子监祭酒戴洵到雁荡山，撰有《雁荡山重建灵岩佛殿记》《雁荡灵岩寺疏》等。万历二十六年（1598），何白等人陪同都御史郑汝璧游雁荡山，有唱和诗多首，郑汝璧撰《游雁宕山记》，并赋诗《雁山大龙湫》《入灵岩寺眺玉女双鸾诸峰》《自能仁寺抵石梁》《屏霞嶂口占赠何无咎》《龙鼻水》《双鸾峰》《初月洞》《剪刀峰》《僧拜石》《卓笔峰》《常云峰》《照胆潭》等多首。同时期来游雁荡山的还有邹迪光、朱国祚、沈瓒、陶望龄、高攀龙、汤宾尹、李思诚、孙彀、陈邦瞻等人。万历癸未进士第一、翰林院修撰、户部尚书兼武英殿大学士朱国祚有《自北雁荡逾南雁荡观龙湫瀑布》等;翰林院编修、国子监祭酒陶望龄（1562—1609）撰《游台宕路程》《宋雪浪和尚游雁荡》等;东林党首领之一、东林书院院长高攀龙（1562—1626）赋诗有《游雁荡山》;南京国子监祭酒汤宾尹

（1568—？）赋诗《灵峰洞》《大龙湫》等；礼部尚书李思诚赋诗《雁荡山》；学者孙殼撰有《雁荡游记》。万历十七年（1589）状元焦竑途经温州，游雁荡山，赋诗《雁荡看龙湫天柱峰晚宿能仁寺》，并撰《题雁荡图经》："雁山名胜甲一方，往有绘为图者，不甚称。登览题咏之词，亦多轶而不存。玉洞山人生于其地，而济胜之具与品题之才，盖佹兼之。暇日，同友人梁进甫历览山中。挟绘事者，貌其大都而躬指授之，撮其景之最者各为一图，以标其胜。每图为记，而题咏之什附焉。题曰《雁荡图经》，曰《能仁寺》，曰《大龙湫》，曰《灵岩寺》，曰《龙鼻水》，曰《灵峰洞》，曰《净名》，曰《东硐》，曰《梅雨岩》，曰《石门潭》，曰《石梁洞图》，凡十诗，凡若干篇。余观元李孝光、袁采游历兹山，具有图记，而近世陆文裕公言之尤备，然山之佳绝处，往往深阻复绝，非冥搜者不尽得之。古人言：紧绊芒鞋行一月，仿佛见得皮肤耳。况托之豪楮间，而可以罄其美哉？今《图经》虽略，而能撮其胜，会令夙览者可以讨论其奇、卧游者可以想象其处，亦一快也。尝闻潘柱史有言：雁山有峭拔，有空洞，有雄浑渊澄，峭拔者如介，空洞者如通，雄浑渊澄者如旁行不流。意谓非其人不足以当之，斯又出丹青题咏之外矣。山人世以德学名，余知不愧斯语也，辄并及之。"

明万历四十一年（1613）四月十一日至十五日，散文家、地理学家徐霞客第一次游雁荡山，写下名篇《游雁荡山日记》；明崇祯五年（1632）四月二十八日至五月初八日，徐霞客第二次考察雁荡山，二十八日经黄岩、大荆驿，宿章家楼；二十九日经灵峰、真际寺、碧霄洞，宿灵峰；三十日宿灵岩寺；五月一日游小龙湫，宿能仁寺；二日宿凌云寺；三日上雁湖顶，下宿罗汉寺；四日登龙湫背、百岗尖绝顶，仍下宿罗汉寺；五日宿灵岩寺；六日游屏霞嶂，宿灵峰；七日过真际寺，游南阁，宿庄坞（今作庄屋）；八日游洞仙坞，东趋大荆而归。这次考察，徐霞客遍游雁山诸胜，找到了雁湖，弄清楚了大龙湫水源头不在雁湖，写下《游雁荡山日记》后篇，订正了大明《一统志》的错讹，把雁荡山分为东外谷、东内谷、西内谷、西外谷、北谷、南阁、北阁等部分。明崇祯七年（1634）十一月，江西豫章人陈善游雁荡山，撰《游雁荡记》。清顺治十四年（1657），江西布政司参议施闰章（1618—1683）游雁荡山，撰《游雁荡记》，并赋诗《灵岩》《大龙湫歌》《出灵峰洞将往灵岩》等诗多首，其好友、时任浙江乡试正考官的汤斌（1627—1687）画有《雁荡图》卷。清顺治十五年（1658），著名抗清将领张苍水在温州，有诗《吴子佩远游雁荡归备述各胜因为诗纪略亦志余企望之怀也（戊戌）》。清顺治十六年（1659），韩则愈任永嘉知县，直到十一年之后的清康熙八年（1669）始游雁荡山，在其刊刻于康熙二十四年（1685）的《雁山杂记》中写道："予客永嘉十一年矣，雁山近在咫尺，而今年才得一游。"并赋诗《由四十九盘下岭始入雁山宿罗汉寺》《灵峰洞》《灵岩寺》《净名寺》等。康熙元年（1662）冬，朱彝尊来温州，居永嘉十个月，在其《高太常嵞庵遗稿序》中写道："予尝游永嘉，登华坛、青嶂诸山，遥望所谓芙蓉峰者，丰容窈窕，出没林表，思遂揽龙湫、雁宕之胜，并求先生之墓拜焉。"清康熙十一年（1672），李象坤将24年前编纂的《雁山志稿》扩充重辑成三十二卷，得诗732首、集序记文109篇，有戊子年（1648）自序、本年自序，未刊，今仅存残稿十一卷钞本。清康熙二十七年（1688），时任浙江提学使周清源途经雁荡山，撰《游雁荡山记》，赋诗《灵峰寺》《龙鼻水》《天柱峰》《剪刀峰》《石芝峰》等。康熙三十年（1691）五月，康熙十八年举博学鸿词、翰林检讨、著名诗人潘耒游天台山之后来雁荡山，撰《游雁荡山记》《雁荡山志序》（李象坤本），赋诗有《雁山百咏》130余首，题下小记称"游屐所到，各题一绝，意犹不尽，则叠二叠三以至于十，凡百题，得诗百三十首。其非所目睹与目睹而不知其名者，皆不及咏"。尤其对于大龙湫情有独钟，先赋诗五首，再游时又赋诗五首，其《大龙湫》（五首）之二："轻于雾縠薄于绡，碎剪银丝万万条。倒卷回飞难著地，层层盘舞下三霄。"之四："忽为直泻忽横铺，谷口风来应啸呼。忽更斜飞无处所，随风散作满天珠。"非常形象贴切地写出了大龙湫瀑布变化多姿的神韵。清康熙四十年（1701）四月、十月，南山先生、翰林院编修戴名世（1653—1713）先后两次来游雁荡山，追记有《雁荡记》《龙鼻泉记》《游大龙湫记》，其《雁荡记》说："初，余入雁荡自乐清来，宿芙蓉村，是岁辛巳四月也。十月自黄岩来，宿于大荆，皆入雁荡之道。道中望雁荡（山）上插霄汉，仙风灵气，飞堕襟袖，怀抱顿仙。"戴名世还曾为乐清诸生方某作《雁荡纪游诗序》。当代作家石钟扬在《戴名世与他的散文》一文中这样评价道："他为雁荡山写了一个系列游记，《雁荡记》是大幅素描，峰峰谷谷，钩之点之，几无遗漏；《游大龙湫记》是中幅特写，写出了大龙湫的动态美；《龙鼻泉记》则为工笔小品，即使是小品，也写得十分出色。"清乾隆五年（1740）九月，天台人齐周华游雁荡山，撰《雁荡日记》，该日记是雁荡山的又一篇名家游记，叙事纪实，写景状物，大含细入，曲尽其妙，杂以观感议论，有一种浑朴之气，文从天台、雁宕说起，又以台雁结尾，"或问天台与雁宕孰优？予曰：台景散而雁景聚，此雁优于台也"。清乾隆八年（1743），著名古文学家、桐城派创始人方苞（1668—1749）来温州，写下《游雁荡山记》和《记寻大龙湫瀑布》，这两篇游记属于杂感式的文章，其主旨不在于写景记游或介绍名胜古迹，而在于借题发挥，通过叙述自己游雁荡山的感想，来阐发守身涉世之学和成己成物之道，文章结构严谨，文字简练，说理清楚，比喻得当，抓住雁荡山宏观的特点，对比论说入情入理。清道光二十八年（1848）秋，首倡"师夷长技以制夷"的魏源来温州，作诗《雁荡吟》，并称瓯海仙岩为西雁荡，作诗颂之。时年，梁章钜在温州，题刻"大龙湫"摩崖，撰《雁荡诗话》并于咸丰壬子（1852）刊刻，魏源为《雁荡诗话》作序。

近代来游雁荡山并作散文游记的有林纾《记雁宕三绝》、高鹤年《雁荡游访记》、钱名山《游雁荡山记》、蔡元培《雁荡山》、黄炎培《雁荡游记》、邓春澍《雁荡山游记》、李书华《雁荡山游记》、郁达夫《雁荡山的秋月》、萧乾《雁荡行》、孙科《雁荡记游》、傅通先《灵峰夜景》、赵丽宏《雁湖抒情》、王朝闻《雁荡漫笔》、郑振铎《雁荡山之顶》、夏承焘《1942 年天五导游雁山记》、苏渊雷《雁宕山游记》、余光中《雁山瓯水》、舒婷《除却雁荡不是山》等。

雁荡山各处景观留下唐代以来摩崖石刻 400 余处，其中灵岩景区龙鼻洞摩崖石刻就有 96 处，现为全国重点文物保护单位，其中最早的摩崖题刻为唐贞元十年（794）武康县（今德清县）县尉包举题刻于唐穆宗长庆二年（822）的"包举来"题记；朱熹的"天开图画"图被明代慎蒙《游雁荡山记》誉为雁山一奇观；"沈括"题名于 2023 年 8 月被国家文物局公布为全国第一批古代名碑名刻文物名录，该名录中全国入选碑刻、摩崖石刻共 1658 通（方），温州摩崖石刻仅此 1 处入选；龙鼻洞最早的寺院僧人题刻除宋熙宁乙卯（1078）仲夏"僧法成"题名外，还有宋咸淳七年（1271）前后驻锡灵岩寺、后坐化于宁波天童寺的诗僧横川如珙的诗题"石龙滴滴鼻中水，二十名泉类莫齐；头白山翁贪漱齿，杖藜逐日过桥西。咸淳七年八月廿日，灵雁岩主横川如珙书"；温州籍人士题刻中较为知名的有明洪武三十年（1397）进士，累官中书舍人、右春坊大学士、户部尚书、武英殿大学士、太师少保的黄淮题记"荣禄大夫、少保、户部尚书兼武英殿大学士、永嘉黄淮，宣德癸丑冬游"。黄淮也是明代顾氏印本《王十朋全集》序言的作者。徐霞客《雁荡山游记》被收录到学生课本中，使得跟着课本游雁荡山一时风靡，而独特的雁荡山酸性流纹岩地貌及两届雁荡山火山岩论坛吸引了国内外众多地理、地质学家与学子慕名探访。如今，雁荡山每天来研学旅行的在校学生、退休老人摩肩接踵、络绎不绝。远近学子、各界人士慕名而来，俯仰留恋，吟咏不辍，以诧其胜。值得一提的是，清乾隆间地理学家、旅行家、乐清柳市人施元孚（1705—1778）有感于自朱谏《雁山志》以来"二百二十余年，竟无承其意而补其缺遗者"，因发愿编撰一部新的《雁荡山志》，"寝食雁荡三十余年，视峰之长短大小，酌其形似而摹拟之，以绳系长竿量之，榛峰蔓壑，靡不搜记，如三折瀑、连环溪诸胜，得先生始显，故所志较诸家特详"。施元孚的《雁荡山志》吸收了旧志特别是朱谏《雁山志》的成果，并通过深入细致的田野调查，补充了大量的第一手资料，体例完备，裁剪有度。全书共十三卷，卷首为山图；卷一至卷三为山景；卷四为物产、寺宇、山村、城堡；卷五为人物故事；卷六至卷十一为艺文；卷末为游法。施元孚的"游山法"从实践角度提炼并总结了中国古代游览山水活动中回归自然、与大自然往来的精神文化活动，这与清末学者魏源提出的"游山学"不谋而合，是雁荡山值得推广的山水文化遗产。

清嘉庆二年（1797），时任浙江学政的阮元来温州，赋诗有《将由温州至台州过雁荡山前一日宿芙蓉村》《晓过四十九盘岭至能仁寺》《大龙湫歌》《常云峰》《寄雁荡》《过马鞍岭》《净名寺蔬饭》《登灵峰望五老灵芝诸峰》《度谢公岭望老僧岩》《游石梁洞洞深可容千人石梁亘其外》《石门潭》《出山宿大荆营》等，其游线游程可以由其诗作非常清晰地显示。第二年三月，阮元出试温州，再入雁荡山，"渡瓯江，至乐清，宿芙蓉村，登四十九盘岭，入雁宕山，穷极大龙湫、灵岩、灵峰诸胜，奇险怪僻，此境又胜于前"。现灵岩寺入口石头砌筑的墙壁上有隶书题刻"嘉庆三年四月四日，学使阮元偕客来游"。当时随行者有端木国瑚、陆耀遹，他们也各有纪游诗多首。同时期来游的还有时任浙江布政使的谢启昆、乐清梅溪书院山长张振夔、永嘉教谕陈遇春，他们都有诗作。清咸丰十一年（1861），著名书画家赵之谦来温州，在雁荡山遇见诗人江湜，二人从此成为至交，作《瓯江送别图》《异鱼图》《瓯中物产图》《题江弢叔龙湫院行者小像并送之闽》《题江弢叔立马雪中看岳色图依小浮山人韵》等。

每次去雁荡山灵岩景区，我们都会听到不少导游介绍："这是诺贝尔文学奖获得者莫言的题词。"经了解，其实是莫言在获得诺贝尔文学奖前的2008年秋天来游雁荡山，感受到雁荡山的亲切有感而作《雁荡山》诗："名胜多欺客，此山亲游人。奇峰幻八景，飞瀑裁九云。石叠千卷书，溪流万斛金。雁荡如仙境，一见倾我心。"这首诗调皮可爱，出神入化，大气磅礴，令人惊艳。首联写出了莫言自己来到雁荡山，首先发出了感叹"名胜多欺客，此山亲游人"。显示出了作者一见到雁荡山，便喜欢上了，还拿雁荡山与其他名胜相比较，说雁荡山更亲近游人，所以，自己更喜欢此山，调皮可爱尽显其中。为什么喜欢？具体请往下看。颔联和颈联详细写出了自己喜欢雁荡山的原因。有"奇峰""飞瀑""石叠""溪流"四种壮丽奇秀的自然景观，体现出了雁荡山大气磅礴、令人惊艳的景色。对仗工整，比喻惟妙惟肖、出神入化，字字珠玑，堪称写景妙笔。尾联主要抒发自己的情感。通过颈联和颔联的景物景色描写及比喻，相当于举例子证明，雁荡山真真的如仙境一般，作者实在是喜欢得不得了，符合作者的心境。纵观全诗，此诗通过描写雁荡山种种秀美磅礴的景色和巧妙的比喻，写出了诗人对雁荡山的无比喜爱之情，抒发了自己的情绪和心境。这在莫言的作品里并不多见，甚至可以说是难得一见，值得细细品读，感受大自然的生机奥秘。在观看"灵岩飞渡"时，面对表演者在天柱峰上飞崖走壁，犹如山雀，莫言连连惊叹，现场再次挥毫写了一首打油诗："雁荡药工巧如神，飞崖走壁踏青云。采得长生不老草，献给天下多情人。"莫言说，2008年虽是他第一次来温州，但与温州结缘已有多年，曾耳闻目睹温州人在世界各地创业，有感而发写下"世上凡鸟儿能飞到的地方，便有温州人的足迹"。这句话后来广为流传，成为描绘温州人敢闯天下的经典写照，被写进《会飞的家乡》歌词。也许是雁荡山灵气所钟，雁荡山之行成就了莫言获得诺贝尔文学奖的好运，就如明代《牡丹亭》作者汤显祖"雁荡山问路"成就了他戏剧名家的地位。历史上这样的例子不胜枚举，无论达官贵人、文人墨客、诗人画家、儒释道人还是凡夫俗子，在人生迷茫阶段，走进雁荡山、问道雁荡山，都能净化心灵，获得灵感，提升境界，成就自己，如诺矩罗、释怀素、僧一行、薛季宣、赵宗汉、赵抃、王十朋、叶适、沈括、士珪、黄公望、文徵明、李流芳、董其昌、杨文骢等。

2023年4月下旬，全国文学名家采风雁荡，一个个鲜活的故事、一幕幕灵动的场景、一串串远去的身影令他们激动沉醉，酿出一篇篇饱含深情的文字。一座山的文化需要具备三个因素：文化的人、文化的景、文化的事。从某种意义上说，旅游是一种阅历，也是一种生活，而透过文化景观折射的是在地者与来游者的生活。

雁荡山是一座启迪美学思维的书画名山。宋皇祐二年（1050），定远将军、濮安懿王赵宗汉奉命出镇广南，途经雁荡山，便顺道探访辞官退隐在此的同窗好友汪子卿。赵宗汉在雁荡山住了一个多月，临别时，汪子卿拿出笔墨纸砚请他作画留念。五月二十九日，赵宗汉挥笔写就《雁山叙别图》（现藏台北故宫博物院）。这是目前已知最早描绘雁荡山的图画。画中雁荡山奇水秀，楼台亭榭藏在其中，二人设几摊书对坐，一人携杖，童子抱琴随行，渡红桥去。清乾隆皇帝为此题诗两首，其一《题赵宗汉雁山图》诗云："希珍犹见濮王孙，北宋丹青法度存。四大家非望肩背，两将军可溯渊源。不无刻画饶神韵，自有精微契道原。友谊相敦雁山墅，恍看叙别话松轩。"这首诗充分肯定了赵宗汉的画作，末二句写出乾隆皇帝对赵宗汉与汪子卿友谊的嘉许。宋熙宁八年（1075），周邠任乐清知县，作《雁荡图》寄赠苏轼，苏轼有诗《答周邠见寄雁荡图诗》。宋淳熙五年（1178），袁采任乐清知县，撰《雁山图序》《雁荡山记》。

南宋初，乐清人倪端世、善画雁山，又有画家吴真、陈庚生居雁荡山，可能也画过雁荡山。南宋后期，"永嘉施雁山"绘成《雁荡图》，请赵孟坚（1199—1264）题诗。赵孟坚是南宋末年兼具贵族、士大夫、文人三重身份的著名画家，平生嗜好收藏书画，几乎到了疯狂的地步。现藏故宫博物院赵孟坚晚年书法代表作《自书诗》就提及雁荡山，题为《永嘉施雁山以雁荡图求题》。而据业内人士研究，五代关仝的《秋山晚翠图》无论是造型还是视角，都与雁荡山净名谷高度契合；宋代董源的《溪岸图》构图与雁荡西石梁瀑如出一辙；郭熙的《溪山行旅图》画的俨然就是雁荡山中折瀑、上折瀑与下灵岩方洞一带的山水景观。当然我们也不能就此就认定关仝、董源、郭熙笔下的山水就取景于雁荡山，但总觉得冥冥之中有一种古人与今人、画境与实境的穿越时空的不经意的交融与神会。元代李昭《雁荡纪游图》中的一景就是具象的雁荡双峰。

此外，宋代萧照、赵伯驹，明代蓝瑛、王绂、董其昌，清代石涛、巩贤、张崟等人都曾来过雁荡山，其不少山水画画用笔与构图均符合雁荡山画法，然而目前尚未发现这些人落款明确为雁荡山题材的美术作品存世，未免有些遗憾。明清两代，以雁荡山为主题创作的书画作品较多。已知存世的，明代有文徵明、谢时臣、朱邦采、叶澄、李流芳、何白、黄道周、吴彬、杨文骢等人画作，清代有汤斌、项昱、钱维城、章声、曾衍东、蔡家挺、胡九思、项荸、戴熙、江弢叔等作品。其中叶澄、李流芳、吴彬、汤斌、钱维城的雁荡山水长卷，均为引人注目的佳作。有的画家留下的作品不止一幅，如朱邦采有册页《雁荡名山图》，杨文骢有系列画《雁荡八景图》，江湜有《龙湫图》《龙湫院图》《剪刀峰》等。清嘉道时张介航作《愿游图》，为他最为向往而未曾到过的四个地方（西湖、庐山、雁荡、黄山）分别作图，其中第三图为《雁荡探奇》。

明万历年间以画荐授中书舍人、后任工部主事的画家吴彬（1550—1643），于嘉靖四十四年（1565）春游览雁荡山，在西湖作设色青绿绢本山水长卷《雁荡山图》，描绘了明嘉靖年间雁荡山的旖旎风光。据推测，吴彬创作这幅画时应该20岁出头，也即刚离开福建莆田老家前往金陵闯荡时，第一次置身于雁荡山酸性流纹岩地貌的幽谷丘壑危崖险峰之中，受到极大的震撼，于是在他到达杭州之后，便迫不及待地画下了这幅7米长卷。长幅手卷属于山水画中最需要耐心、最费心力的形式，与许多应友人邀约或御供的创作目的不同，吴彬创作此画仿佛就是记录胸中山水，画面布局主线按照东北向西南展开主要景点，次要景点根据画面需要以点状式插入主线，如实将眼中之景、心中之景东石梁洞、灵峰、响岩门、铁城嶂、灵岩、马鞍岭、飞泉寺、常云峰、大龙湫、能仁寺、筋竹涧、丹芳岭、含珠峰、宝冠峰、雁湖、瑶岙岭等还原于楮素，堪称南朝齐梁时期画家、绘图理论家谢赫《画品》中提出的"经营位置"章法布局的成功典范，这无疑是吴彬一生中非常重要的一幅作品。

明嘉靖年间画家叶澄（1522—1566）的《雁荡山图卷》现藏于北京故宫博物院，纵35厘米，横290.3厘米，自识："雁荡山图。嘉靖丙戌燕山叶澄作。"作品所绘景观，自大荆石门潭起，计有章毅楼、石佛岩、石梁洞、灵凤洞、罗汉洞、净明寺、蓼花峰、响岩等，景色描绘真实，各具奇姿，山间林木、点景人物乃至溪边乱石均刻画细致，山岩的外轮廓线方折挺劲，山体内部用尖峭而锐利的短皴线与短促劲健的小斧劈皴结合，以墨加色，淡施晕染。繁密细劲的用笔与丰富多变的用色使画面气氛趋于活跃，表现出雁荡山奇异、秀美的景色特征。远山空勾轮廓，染以花青，山间云气迷蒙，增强了画面的层次感，很典型地展现出"东南第一山"的奇秀特色和壮阔气势。作品画法与直仁殿待诏戴进（1388—1462）有相似之处，但笔墨更见繁细，并呈现出对景写生、随景而运之迹，很像一幅实地写生稿，这在"浙派"后学中极为罕见。长卷后有清梁清标（1620—1691）题记："论画之道，笔意愈高而派益著，其故在当代从游者众，又后人摹仿混珍，希图射利者辈出，是以真伪虽则杂陈，而追本穷源犹有识者。至明代叶原静，其笔墨近古无双，著作罕见，如高人混迹阛阓，俗眼莫识，求之数十年，未获一观；询于同志，未经见者过半。余于庚戌四月，得其'雁荡山图'，堪称稀世宝，大抵山水宗乎北苑而雄健过之，人物出入马远、夏珪而精神过之。虽未必超出唐宋元人之名迹，而真迹之仅见，无贾之混真，直不啻超出乎唐宋元各大家名迹矣，谨题其末，以志所重。镇州梁清标。"卷尾有清道光焦友麟题记："久熟叶原静名，而未见其画，今从太原温氏而此卷，为焦林相旧藏，观其笔墨渲染，犹有古人规度，图馈宝鉴，称其师戴文进而得其神髓，信然！道光丙午嘉平月，展阅于都门寓舍之味谏轩，因题，时鑪篆初凝，盆梅正放。笠泉焦友麟。"

明崇祯二年（1629），杨文骢（字龙友）跟随时任浙江布政使司右参政的父亲杨师孔游天台、雁荡，称雁荡山"奇不足言，几于怪矣；怪不足言，几于诞矣"。崇祯十四年（1641）春，杨文骢由青田知县转任永嘉知县。南京博物院藏有杨文骢的《雁宕八景图》册页，该册于1931年2月归藏著名鉴藏家庞莱臣，封面题签为"杨龙友雁宕八景虚斋珍秘辛未二月松窗"，其中《灵岩寺图》的题款为"灵岩寺在雁山之中，左为展旗，右为天柱，此雁中冠军也"；而《大龙湫图》题跋为"大龙湫水流之奇，天下无多，相对者为'看不足亭'"（现"看不足亭"早已不存）；《石门潭图》则题"石门潭是雁山门户，余往来其地，颇有家焉之意"；《谢公岭图》题曰"谢公岭即在石梁寺之右，昔人谓灵运开山遗却雁宕，吾坚持此为谢公自嘲也"。可见杨文骢当时来游雁荡是停留过一段时间的。该画枯笔皴擦，淡墨渲染，以形写神，即景抒情，情景交融，表现了雁荡山苍润险峻的风貌，准确体现了雁山胜境的特色，堪称妙品。董其昌在《山水移引》中评说，"龙友生于贵州，独破天荒，所作《台》《荡》等图，有宋人之骨力去其结，有元人之风韵去其佻，余讶以为出入巨然、

惠崇之间，观止矣"。此册页于清光绪二十一年（1895）夏由著名书画鉴藏家狄学耕（1820—1899，字曼农）题跋并附《望海潮》词一首，"前明杨龙友先生写雁山八景一册，清澈灵秀，绝后空前，尝读明季稗史，载先生殉节事甚悉，因观此册有感，附填小词于右"。

乐清诸生施元孚《雁宕山志》十三卷刊刻，清乾隆十年（1745）状元、浙江学政钱维城（1720—1772）作序，在序言中这样写道："东南之山，其在浙者，首推天台雁宕。雁宕虽晚出于宋，而其名已见于唐，其奇尤非天台比，余幼而耳熟焉。壬午冬，奉命视学浙江，冀得一游。"钱维城又撰《中山书院记》《中山书院题壁记》，赋诗有《十六日晨达温州》《窑岙岭》《芙蓉村》《上四十九盘岭遥见凌云峰》《大龙湫》《锦溪词三首》《宿能仁寺》《连云嶂》《灵岩寺》《谢公岭》《净名寺》《灵峰寺》《上郑家岭回望雁荡山》等。当时，钱维城离开雁荡山可以说是依依不舍，频频回首，在《大荆晓行微雨》诗中写道："信宿能仁最有情，别来犹梦锦溪行。雁山知我频回首，有遣朝云送一程。"在《雁荡纪游六十四韵》题下小序中写道："雁山奇绝，无可名言，方士侈谈海上三神山，未必过此。"第二年他再游雁荡山，赋诗《上盘山岭遥见雁山》《小龙湫》《剪刀峰》《自灵峰沿溪五里至碧霄寺》《真济寺》《宿芙蓉村》《宿琯头》等八首，《再游雁荡》诗曰："前游未经年，奇趣常贮臆。今来温旧踪，复似乍相识。"回程宿芙蓉村，又写道："入山心若忘，出山心若醉。未忍解征衣，衣上有积翠。"生动活脱地写出了对雁荡山的一往情深。

古往今来，多少画家来雁荡山写生而激发创作灵感，才思泉涌，师法传统，师法自然，衰年变法、成名成家。元代著名书画大师赵孟頫在《天台雁荡四时图跋》中写道："乃余顷者为天台、雁宕之游，登历所至，穷极幽奥，觉山中景色阴晴变幻，时或异形，盖瞬息中而备四时之气者，宇宙间奇观，当无以如此，归而遥忆大略，而成斯图。"清乾隆年间钱维城的《雁荡五十三景图》于2010年北京保利春拍成交价1.3亿元，画面呈现雁荡山从双峰寺、西高峰到石门山、石门渡、老僧峰等53处景观，其中不少寺院、峰岩景观的名称与现有的景观已经对不上，从长卷画面可以看出，此画追摹李唐风格，采取点斫、勾砍、皴擦、晕染结合的画法，主要突出中近景峰峰岩岩，重重叠叠，相互掩映，有的突兀高耸，有的相互揖让，有的硕大丰厚，有的风骨奇崛，再以淡墨晕染画出远处的山峦，又添上树枝树干以活跃画面的气氛，画风苍逸厚

40

朴，构图跌宕多姿，画面千岩万壑，层峦叠嶂，危崖险峰，流泉飞瀑，古寺幽洞，翁郁古树，人物细腻，云气氤氲，刻画精妙，气蕴沉厚，山水胜境，令人神往。此画卷落款为"臣钱维城恭摹李唐本"，上面钤有乾隆御览之宝、乾隆鉴赏、石渠宝笈、石渠定鉴、御书房鉴藏宝、三希堂精鉴玺、宜子孙、嘉庆御览之宝、宣统御览之宝等鉴藏印。钱维城书法宗苏轼，山水画得元人笔意，尤有重名，为一时画苑领袖。清同治六年（1867）四月，被吴昌硕誉为"富于笔墨穷于命"的晚清著名画家蒲华在一幅题为《雁荡山色》山水扇面上题款"乘兴来为雁宕游，飘零书剑过东瓯；况当千古谁知己，孟浩然楼抱客愁。丁卯四月之杪独游孟楼，归棹写此"。此扇面今被温州瑞安市博物馆收藏。

民国以来有关雁荡山的画作有林纾的《北斗洞图》《灵岩道中》《雁荡图轴》，张大千的《西石梁瀑》《大龙湫图》，李可染的《雁荡山》《雁荡山下村舍》《雁荡合掌峰》，黄宾虹的《雁荡三折瀑》《雁宕龙湫》《雁荡山村》《雁宕纪游》，等等。

1928年，原籍四川西昌的回族画家、上海美术专科学校教授、"邛池渔父"马骀（1886—1937）历时五年写生创作的《马骀画宝·名胜山水画谱》由上海世界书局出版发行，高野侯署尚、黄宾虹作序，康有为、但懋辛、张大千题词，书中收录《灵峰》《灵峰洞》《长春洞》《天柱峰》《小龙湫》《梅雨泉》《燕尾瀑》《龙溜山之第三叠泉》《雁湖下将至石门村远望之山景》等雁荡山写生画稿17幅。《马骀画宝》有山水画诀、名胜山水画谱等分册，共收录作者山水、花鸟、虫鱼、走兽、人物等1000多幅范画，把画人物的要领、画山水如何皴染、画花鸟怎样取势、历史题材范画的出处等概括地写在每幅范画之上，不仅可以让初学绘画之人一目了然，还可供研究、鉴藏与欣赏绘画之人参考，被业界誉为继清剧作家、戏剧理论家李渔（1611—1680）《芥子园画谱》之后的又一杰作。如何画雁荡山成为绘画领域的一个热点与焦点，此后几乎国内所有山水画家、山水诗人、美学专家都纷纷莅临雁荡山实地感受、泼墨挥毫。世界书局在《马骀画宝》弁言中写道："本局主人有鉴于斯，特商请当代名画家马骀先生著成最适用最完备之画谱，以解除学校及研究画学者之困难。马先生学识渊博、画理精深，凡南北宗派十八皴法，山水人物，仕女佛仙，鬼怪勇侠，名将，翎毛花卉，走兽虫鱼，博古爪果，梅兰竹菊，楼阁界画等无一不长，尤精透视透影，折衷写生，凡古今中外各法，可谓无所不能，无所不妙。"

黄宾虹在序言中写道："马君企周，画宗南北，艺擅文词，众善兼赅，各各精妙，编订成帙，用广流传。行见纸贵洛阳，共争先于快睹；何翅堂开宝绘，集名画之大成者耶！"对马骀的评价之高在中国画界极为罕见。他的著作除《马骀画宝》外，还有《马骀画问》四卷、《马骀画诀》二十卷、《企周画胜》《马骀画集》等。民国著名学者田桐评价马骀："大江南北一游人，天外昂头自在身。收拾烟云洗兵甲，书生胸臆有经纶。"康有为评价他的画为"凤毛麟角"。1930年开始，马骀先后应邀赴日本、英国、法国、巴拿马等地举办个人画展。《马骀画宝》问世后，世界书局几乎年年再版，供不应求。中华人民共和国成立后，北京荣宝斋、上海书店、中国书店、人民美术出版社等先后再版，成为美术类出版业界的一大盛事，雁荡山中国画派也随着该书的一版再版而走进千千万万名绘画鉴藏家和初学者的心里，"如何画雁荡山"这个命题在书画艺术界的影响不容小觑。

不少画家将雁荡山作为传道授业的第二课堂，边对景写生、边传授技法笔法，形成自己的墨法心法，如陆俨少；而不少画家则系统探索雁荡山美术创作的画法，形成颇具见解、意义深远的皴法墨韵，如黄宾虹。雁荡山成为众多艺术名家采风写生之地，留下许多经典书画作品，佳作迭出，群星闪烁……他们或书法，或水墨，或油画，或泼彩，一幅幅气韵生动的作品展现了雁荡山这一壮美瑰丽的自然遗产。现代著名画家余任天一生钟爱雁荡山水，中年开始多次赴雁荡山写生，并题诗道："每于画里寄诗情，雨后看山思更清。随意拈来多好句，偶然写去气浑成。""名山未遂遍游屐，雁荡天台一到之。风物故山最亲切，少年画到白头时"。上海书画出版社副编审、《书与画》杂志副主编、中国诗书画研究院研究员周阳高画有《雁荡八景图》，为便于广大初学者掌握表现雁荡山的绘画技巧，于2006年1月编撰出版了《中国画技法通解——雁荡画法》一书，以工笔和大、小写意画法入手，采取步骤图的形式，详尽介绍了三种不同画法的表现程序与技法手段，书中附有雁荡山实景图和示范图，并选配了一些历代名家如宋赵伯驹、萧照，元赵孟頫，明叶澄、王绂，清龚贤、渐江、石涛、张崟等人的技法赏析图供读者学习参考。张大千创作了很多以雁荡山为题材的作品，如《雁宕话旧》《雁宕大龙湫》《雁宕观瀑图》等。李可染先生也是雁荡山的常客，留下了《雁荡合掌峰》《石门潭写生》等作品。画家陆俨少更是一辈子钟情雁荡山水，在其自叙中写道，"世人都重黄山，故黄山画派大行于世。我独走雁荡,认为远较黄山入画,它的雄奇朴茂,大巧若拙,厚重而高峙,似丑而实秀,为他山所无。"从其高峙厚重、雄奇朴茂的山水云雾中感悟艺术,形成了自己独特的表现形式,创作出了《雁荡云瀑泉石》《雁荡奇峰》等。尤其需要浓墨书写一笔的是黄宾虹,他曾三游雁荡,第二次在灵岩景区早晨观景时,他觉得四围的山峰都在活脱脱地跃动着,便对人说:"过去我以为山只是静态的,这次看山,让我从静态中悟出了动态来,懂得了什么叫万壑奔腾。"由于对雁荡山的静心倾听与细心领悟,其画面开始呈现出元气满满、浑厚华滋的湿墨、积墨效果。我们从黄宾虹现存的雁荡山水作品中可以看出,其每一幅作品均有所本,却又与实景不同,具有一定高度的抽象。1931年5月,年届64岁的黄宾虹二游雁荡山,正是"清游日日雨纤纤""漠漠云烟雨不收"的初夏,对于喜作雨雾中的山及晨昏暮色中的山的黄宾虹来讲,正是可以体验雨雾中雁荡山神韵的最佳时机,可以更好地领略山川树木在雨中的动态变化。黄宾虹从四十九盘岭入山,经能仁寺、马鞍岭到灵岩寺逗留一周,游净名寺、仰天窝、灵峰、紫竹林、苦竹洞、碧霄洞、真济寺,又上东石梁,到过三折瀑、道松洞、大龙湫、罗汉寺、梅雨瀑、西石梁、梯云谷等处,最终在上马石村借住胡仲侯家,而后经琯头坐轮船赴温州市区。这次游览对黄宾虹动感山水与墨法变化影响极大。他曾说:"纵游山水间,既要有天马腾空之劲,也要有老僧补纳之静。"一次他冒雨翻越谢公岭去看接客僧岩,结果被雨淋得像落汤鸡似的,他却毫不在乎,说:"看到了雁荡山的奇峰怪石,做个落汤鸡又有何不可?"作为传统中国画的总结者与现代中国画的开拓者,黄宾虹精准地攫取笔墨精神乃中国画精神之所在这一要领,系统提出用笔平、圆、留、重、变"五笔"之法与用墨浓、淡、破、泼、焦、宿、渍"七墨"之说,妙于用水,形成融洽分明、墨彩生动、意境深远的独特山水面貌,十分明确主张"内美"这一突破古典美学窠臼的审美观点,认为对自然山水的各种属性如阴阳、向背、轻重、动静、疏密的表现不仅在于形似,更在于表现"山之骨髓"的神似,在传统刮铁、斧劈、披麻、折带等皴法的基础上独具匠心地尝试乱柴皴,提出"凡画山,不必真似山;凡画水,不必真似水。欲其察而可识,视而可见也"。

当然,值得浓墨重彩书写的还有许多画家,这里不得不提现代著名美术教育家、画家潘天寿先生,他一生与雁荡山结缘,雁荡山的奇峰异石、花鸟虫草,都是潘天寿笔下创作的元素。我们十分熟悉的《灵岩涧一角》《雁荡花石图》《小龙湫下一角》等潘天寿的名作,都与雁荡山密切相关。可以说,在潘天寿的创作生涯中,雁荡山是绕不过的地标。1923年,27岁的上海美术专科学校国画系教授潘天寿初次来雁荡山写生,画了一幅《雁荡山水图》,请吴昌硕指点,吴昌硕在画上题写了《读阿寿山水幛子》长跋,其起首云:"龙湫飞瀑雁荡云,石梁气脉通氤氲。久久气与木石斗,无挂碍处生阿寿。"1955年6月,由浙江美术学院彩墨画系主任朱金楼带队,潘天寿与教师吴茀之、顾坤伯、陆俨少、潘韵、诸乐三携学生方增先、宋忠元赴雁荡山写生,回杭州之后还专门召开雁荡山写生观摩会。自此之后,他们多次赴雁荡山写生,笔下的雁荡写生与创作融入了自家诗心,各有情致。潘天寿创作出了《灵岩涧一角》《梅雨初晴》等重要作品,并写下了十余首诗,汇集在《乙未初夏与茀之等八人赴雁荡山写生,遂成小诗若干首以纪游踪》里,其中的小诗后来成为国画巨作。其中《大龙湫》:"如钵一湫水,龙住意何云?莫再贪酣睡,云中自有君。"潘天寿的指墨画《雄视图》就是源于雁荡山大龙湫。此后,潘天寿又多次赴雁荡山。他的一批以雁荡山为题材的作品,如《记写雁荡山花》《百丈岩古松》《小龙湫一截》《雁荡写生图》《写雁山所见》《雁荡花石图》《小龙湫下一角》等相继诞生。正是这些作品进一步奠定了潘天寿在中国现代美术史上的大师地位。潘天寿先生酷爱雁荡山,将黄山与雁荡山相提并论,他在《听天阁画谈随笔》中写道:"山水画家,不观黄山、雁山之奇变,不足以勾引画家心灵中之奇变。然画家心灵中之奇变,又非黄岳、雁山可尽赅之也。"他特别推重雁荡山的飞瀑流泉,他说:"雁荡之飞瀑,如白虹之泻天河,一落千丈,使观者目眩耳聋,不可向迩。"雁荡山千姿百态的瀑布深深打动了画家的心,使他反反复复、不厌其烦地多次创作大龙湫图、小龙湫图。1961年,潘天寿带领美院师生来雁荡山采风写生,在《雁荡写生图卷》之《灵岩寺晓晴口占一绝》中写道:"一夜黄梅雨后时,风清云白更多姿。万条瀑布千条涧,此是雁山第一奇。"潘天寿雁荡山系列书画作品在构图上善用造险与破险的手法;作山石不是套用现成的传统皴法,而是通过对山水实景的仔细观察与静悟,用刚劲有力的线条概括。他主张"自古画师无秘本,得来各自有千秋"。用转折之笔,将雁荡山突兀见方的火山流纹岩形态适当地予以表现。著名画家余任天戏题:"雁山尽是潘公石,莫谓潘公已白头。"除石头之外,潘天寿还常以雁荡山间的山花野草为题材绘制巨幅作品,他说:"予喜游山,尤爱看深山绝壑中之山花野卉、乱草丛篁，高下攲斜，纵横离乱，其姿致之天然荒率，其意趣之清奇纯雅，其品质之高华绝俗，非平时花房中之花卉所能想象得之。"雁荡山的一系列作品，由诗意到画境，开启了潘天寿创新创作的真正转折期，作品气势撼人，在千年画史中别开生面，把中国画推向了一个新的高度。

1969年，潘天寿在最后一首诗中写道："入世悔愁浅，逃名痛未遐。万峰最深处，饮水有生涯。"中国绘画的神奇之处在于"观"。山川之大，瞳眸之小，如何睹其形？理当澄怀以味象。潘天寿开始进入雁荡山的时候，正是国内旅行写生热方兴未艾之际。写生热的兴起着重解决的是中国画面对现实的问题。与当时流行的西方式写生不同，潘天寿到雁荡山后不是坐下来对景描摹，而是饱游饫看、体察感受。这种感受更多的不是通过写生稿而是通过诗来体现的。即使是写生，潘天寿也自有其方法：他不拿毛笔对景写生，最多用铅笔记一点具体的形状。总结起来，就是画得少，看得多。所以，潘天寿笔下的雁荡与众人今天看到的雁荡不甚相同，那是因为潘天寿是将整座雁荡山烂熟于心，把这片山水在胸怀里融通，之后再"吐"出来。"记在心上，嚼碎了，再和盘托出"，如此才能画出真正意义上"中国山水"所推崇的"全山""立山""烟山"。相比鸿篇巨制，潘天寿更注意的是雁荡山局部的花草、石头，然后用极其概括洗练的笔墨在画面上表现出来。这也让潘天寿在写生问题的彷徨中，找到了自信，使他在解决了写生问题之后开始考虑中国画的前沿问题——中国画的创新。雁荡山之行让潘天寿找到了自己的方式：山水与花鸟的结合。山水与花鸟的结合是潘天寿的一个重大创新，如取材于小龙湫景观的《小龙湫下一角》，创"空山无人，水流花开"之意境，堪称潘天寿融山花野卉入近景山水的代表作。如此"一角"，以小见大，对画坛产生了深远的影响。尤其是潘天寿画中石壁上的山花野草，如赪桐、百合花、大蓟、箬竹、车前草、蒲儿根、石菖蒲等在雁荡山随处可见。"对物写生，要懂得神字。懂得神字，即能懂得形字，亦即能懂得情字。神与情，画中之灵魂也，得之则活。"这就是潘天寿的写生观。潘天寿到雁荡山的这段时期，也是他艺术创作的最高峰，他最重要的美术教学理论和代表作都发表于这个时期，许多创作灵感与绘画实践均源自在雁荡山写生期间产生。在"民族翰骨——潘天寿诞辰120周年纪念大展"上，共设置了六大板块，其中"雁荡山花"独占一位。我们可以认为，潘天寿"塑造"了雁荡山，雁荡山也成就了潘天寿的艺术。时至今日，仍不禁让人想起花草蔓生的小龙湫下一角，在僻远天地中，"蕴含着一种尊严和质朴，一份自由与生机"。

老一辈画家影响下的一代代美院师生、全国各地美协、美术馆画院的画家及温州籍的画家书法家纷纷追寻着前贤的足迹来雁荡山写生，汲取艺术情趣、审美因子与创作灵感，如刘旦宅、林曦明、吴思雷、黄嘉善、周沧米、吴佐仁、刘海勇等都出版了雁荡山作品专集，著名瓷板画艺术家杨学棒创作了系列雁荡山题材的瓷画作品。近年来，在全国有影响力的画家如吴山明、吴永良、陈天龙、许江等，纷纷组织美院师生来雁荡山采风写生，以雁荡山为题材进行专题授课创作。雁荡山风景旅游管理委员会先后于2018年、2023年举办走进雁荡山——当代著名画家写生作品展、"雁荡的山"美术研究作品展等。展览通过当代画家的笔墨，把雁荡山大山之精神、灵魂，再次展现在大家的视野中，同时向外传播颂扬雁荡山的山水之美及雁荡山的人文精神。2023年3月中旬，当广西美协主席谢麟、山西美协主席王学辉、中国美协维权部主任朱凡、福建省美协副主席李伟、山西大学美术学院院长兼山西省美协副主席刘彩军、陕西省美协党委书记兼常务副主席吕俊涛、河南省美协副主席兼郑州美术馆馆长封曙光等画家再次走进雁荡时，雁荡山风景旅游管理委员会党委委员胡念望提出能否打造中国画雁荡山画派的想法，他们的思路不谋而合，初步进行了探讨与交流，并就方法、步骤等交换了意见。雁荡山风景旅游管理委员会随即将"建立中国画雁荡画派研究院（会）、推动中国画雁荡画派研究"的思路写进了《温州市雁荡山重振雄风三年行动计划》，鼓励全国美院、美协艺术家与师生走进雁荡山，并于2023年10月10日在美术报刊发了《雁荡山画派形成的必然性与意义》一文。

除国画之外，南宋以来还有以木刻版画形式反映雁荡山的绘画作品，多见于各类山志插图。近代以雁荡山为题材创作的油画、水彩画、现代版画作品也开始出现，并呈现出蓬勃发展之势。据薛季宣《雁荡山赋·序》载录，南宋雁荡山图版画有三种，分别为建炎年间的谢升俊石刻图、隆兴年间乐清洪姓县丞刻图、创作年代不详的叶氏刻图。均已佚。据袁采《雁山图序》载录，南宋《倪端世刻雁荡山图》版画刻制于淳熙年间，已佚。明嘉靖五年（1526）刻本朱谏《雁山志》附图正文前有图21幅，其中总图1幅，十八寺图各1幅，另有大龙湫图和剪刀峰图各1幅。明万历时乐清县令胡汝宁据朱志和章玄梅《雁山志续集》重纂的《雁山志》亦附图多幅。明章潢（1527—1608）编辑的

《图书编》(又名《论世编》《古今图书编》)辑录历代书籍中图谱及释文,类编成帙,起自嘉靖四十一年(1562),至万历五年(1577)完成。其第六十四卷收录《雁荡山图》一幅,占两页。按图中峰名,所绘应即雁荡山之东外谷。又收《雁荡山图》四幅,每图两页,大抵自东内谷依次至西外谷;其下有文字说明10页。该书有广陵书社2011年7月影印本,上述图文在第2301~2305页。刻图又见于《明代舆图综录》第二册(星球地图出版社2007年,第706~715页)。明万历三十七年(1609),武林夷白堂刊刻钱塘人卧游道人杨尔曾撰著、陈一贯绘图、新安汪忠信镌刻的《新镌海内奇观》十卷共收录山水图版130余幅,其中收录雁荡山图说版画20幅,每一幅均标出具体峰、岩、寺、瀑、岭的名称,后附雁荡山题咏。明代另一木刻山水版画杰作《名山图志》上下两册收录雁荡山图、天台山图、富春山图等山水版画61幅,记有山名或奇峰、溪流、名胜、花园的名称,在中国山水志中占有极为重要的位置。明崇祯六年(1633)武林墨绘斋刻本《天下名山胜概记》全书附插图55幅,其中雁荡山2幅,一幅《雁宕山》,一幅《龙湫》,每幅图两页。清乾隆二十八年(1763)施元孚辑成《雁荡山志》,附图有《东瓯雁荡山方位图》《乐清县雁荡山四境图》《四谷总图》及二十景图。施元孚《雁荡山志》未及刊刻,附图被乾隆五十四年(1789)曾唯编纂的《广雁荡山志》采用,曾唯又增加东外谷、东内谷、西内谷、西外谷图4幅,该志书共收录木刻版画雁荡山方位图、雁荡山四境图、雁荡山四谷总图、能仁寺图等27幅,除四谷总图为4页外,其余每图2页,每一图均详细标明景点与地名。清光绪二十一年(1895),石印《天下名山图咏》由上海沈锡龄辑并绘画。此书按地域编排,每山一页文字,配以一图,图亦一页。雁荡山图1幅,画山间古刹,题咏为宋人吕夷简、赵师秀诗。1925年,急先学社版《雁荡山图》为台州黄岩人罗九峰(觉清)绘,共收录26幅图,多以山峰为主题,兼及山下建筑,均做细致描绘,每图1页,均在卷中配短文说明所绘图景及简况,唯《灵岩寺》做全景描绘,说明文字另作一页。

以雁荡山为题材的油画作品有:朱士杰《雁荡山中学》《雁荡山龙头岩》;方干民于1963年创作的《雁荡山》;胡善余20世纪70年代作的布面油画《雁荡写生》;林达川《雁荡山》同题布面油画共有3幅;费以复《雁荡山风景》《雁荡山合掌峰》;冯法祀《雁荡山》,原画于抗日战争期间因故破损,由徐悲鸿粘补修复。其实还有不少油画家、水彩画家创作了大量雁荡山题材的作品。

除了美术作品，历代文人墨客、书法家每以笔墨传写雁荡山水、人事，留下众多书法作品，留存于摩崖碑刻、楹联匾额、墨迹拓片、图书文献等。从留存作品来看，有三类情况。一类为游后感叹而作，大部分均属此类；一类为被他人诗文、图画描绘所吸引而作；一类为朋友间交游酬答而作。唐代有怀素大历十三年（778）书于雁荡精舍的狂草《四十二章经》。宋代有传著名理学家朱熹草书"天开图画"题刻。明代书家有本邑书法名手李经敕、"诗书画三绝"之布衣何白，以及张素养、张文熙、李光春、张惟任、杨宗业、陈仁锡等。清代有郑板桥、阮元、梁章钜、赵之谦、江弢叔等。近现代以来，有康有为、郑孝胥、黄宾虹、王震、章炳麟等。

民国以来，随着雁荡山景区的开发、宣传日渐兴盛，对外交通条件亦随之改善，雁荡山文化交流活动更见频繁。其中，1915—1931年乐清当地乡绅对雁荡山景区的开发、宣传不遗余力，并邀请国内名流来游雁荡山，吟诗作文挥毫，留有大量书法作品，单是康有为就留有墨迹及题刻20余件；邑人朱镜宙邀请海内外挚友和文人墨客为其"咏莪堂"咏诗题词，至少有章炳麟题刻，马一浮、沈尹默等《咏莪堂》多幅墨迹存世。1985年，雁荡山书画社在杭州挂牌设立。1992年，成立乐清市政协雁荡书画院。2005年，雁荡山能仁寺竺摩纪念馆建成开放。2009年，林曦明艺术馆在雁荡山灵峰景区原灵峰饭店改建开馆，均有数量可观的藏品可供观赏。

雁荡山留存的相关书法作品，书体齐全，正、草、隶、篆、行五体具备；风格形式多样；字体大小不一，有字大径尺的摩崖题刻，有蝇头小楷诗稿；内容丰富多彩，文章有长有短，长的有多达几千字的长卷，短的只有数字题词；作品艺术价值高，多有书法史上大家，特别是近现代以来，会集了20世纪众多书法大家。书法作品除以纸、绢质保留外，有部分古人书法以摩崖碑刻保存，另有部分仅在早期书刊著作中可见。

现存比较知名的雁荡山相关书法作品有宋开庆元年（1259）赵孟坚行书自作诗手卷"永嘉施雁山以《雁荡图》求题：未返烟霞旧隐居，故将荡景写成图。孤烟遥起客空老，得似臣心念巩无"；明代董其昌行书"闲寻书册应多味，得意鱼鸟来相亲"七言题联；明弘治九年（1496）李经敕行书自作诗手卷；明代何白行书自作诗《七绝·水帘谷》条幅；清郑板桥行书《陆种园夫子诗》手卷《咏雁荡》诗、郑板桥行书《咏雁山》绝句镜片；清江湜雁荡题材书法作品2件，

48

其一为清咸丰十一年（1861）四月写赠赵之谦的"雁荡无卧石，龙湫若悬河。㧑叔老兄将为雁荡之游，书寄寄语。请往证之。时咸丰辛酉四月。弟江湜"；清赵之谦行书江湜联句条幅；清道光二十七年（1847）梁章钜行书"古称渌水今白纻，南入龙湫北虎溪"七言联；清郭尚先"雁荡天台看得足；墨池书枕兴无穷"七言联；清刘燕庭行书《雁荡山能仁寺铁浴镬题字》拓片跋及梁章钜信札；1924年，康有为行草书《游天台雁荡自作诗》四条屏、行书"一峰拔地起，有水自天来"五言联等；黄宾虹雁荡题材书法2件、王震雁荡题材书法2件、章炳麟行书"山中龙窟贮霖雨，海上蜃气成楼台"七言联一幅、沈尹默雁荡题材书法作品2件、张大千1927年行书"樵客出来山带雨，渔舟过去水生风"七言联，原件由私人收藏，《笔墨人生——书法家徐伯清传》有刊载。还有马公愚、郭沫若、费新我、顾廷龙、钱君匋、陆抑非、赵朴初、吴鹭山、饶宗颐等人的作品，不胜枚举。每一位来过雁荡山的旅游者，心中都会有一座属于自己的雁荡山，山的秀美、灵动、伟岸、雄阔，都会成形在各自的内心深处，不少人则会拿起手中的笔或敲击桌上的键盘，挥毫书写雁荡山给予自己的惊喜。你对雁荡山的惊喜越多，说明你越充满生命的活力。在雁荡山的每次旅行都不是孤独的，无论你从哪里出发，无论你处于何种状态，在雁荡山水间的每一刻都会让你领略大美雁荡的神奇，那将是一种独一无二、与众不同的原创的审美旅程，在雁荡山的每一刻都会让你回到自己的童年，每一刻都会让你重新定位你自己。

　　除了书画雁荡，颇值一提的是中国戏曲研究院吴春沣、屠楚材记录整理、何为校阅的著名京剧曲谱《雁荡山》，这里对其简要作一番介绍。剧情讲的是隋文帝开皇九年（589）反隋朝统治的人民起义英雄孟海公率领农民起义军英勇追击隋朝贵族、雁荡山守将贺天龙的故事。剧目分前奏曲；第一场追踪、幕间曲；第二场夜袭酣战、幕间曲；第三场水战、幕间曲；第四场攻城等。该剧目曾在全国戏曲观摩演出大会上公开演出，是著名演员梅兰芳、程砚秋、周信芳三人具有代表性的演出剧目，也是中华人民共和国成立以来中国戏曲改革方面较为成功的新编剧目。据1999年1月4日《戏剧电影报·梨园周刊》创刊号称，1956年京剧电影《雁荡山》为"至今无人超越的经典"。京剧《雁荡山》的排演最初是1951年东北戏曲研究院京剧实验团（简称东北京剧团）根据院长李纶的提议，由该团副团长徐菊华编写剧本初稿后，经李纶定名为《雁荡山》，并在1952年4月正式投入音乐（文场）和武打创作。当时的创作目的和排演任务都很明确,即招待来访的外宾及留沈工作的苏联专家,因此在设计之初便以全剧不使唱念,只用音乐、舞蹈、动作,以能表达剧情为创作标准。《雁荡山》的音乐设计主要由高永福、张少卿、于印堂、尹瑞泰、张朔、何长青等人根据传统曲牌《耍孩儿》《哪吒令》等改编和节选而完成。由徐菊华、李春元、崔庆禄、李福有、张全奎、尚云亭等人设计了一套"陆战""水战""攻城"的武打动作。据该剧音乐设计者之一何长青介绍,就这样经过短短不到一个月的时间完成了排练任务,并在1952年"五一"节后首演于沈阳人民体育场。当时剧中孟海公与贺天龙分别由张世麟、李春元扮演。由于该剧演出反响强烈,所以东北戏曲研究院决定这出戏和尹月樵、秦友梅主演的《梁山伯与祝英台》代表东北京剧团的创作剧目参加1952年10月在北京举行的全国第一届戏曲观摩演出大会。为了提高剧本质量,戏曲研究院又组织了姚怡德、苏扬、刘珠(文场)和何荣崐、石枫、陆殿国(武场)以及崔维玉、李俊玉、刘云鹏、景长生(武打设计)等人联同《雁荡山》第一稿的创作者集体在一稿的基础上对音乐、武打、服装进行了修改和加工,从而增添了"前奏曲""贺天龙败上"和"夜袭";后来全国通用的白靠、紫靠和豹衣豹裤也都是当时根据该剧的服装设计赵荣琛与李春元研究设计后,由李春元绘制的小样而确定的。为提高演出质量,戏曲研究院又从东北各省市借调王明成、王春义、八龄童、白金城等一批武功基础过硬的演员参加剧组排练,并一同赴北京参加全国汇演。1952年10月,《雁荡山》在第一届戏曲观摩演出大会上获得演出一等奖,主要演员张世麟、八龄童分别获表演二、三等奖,据该剧总导演徐菊华获荣誉奖状。该剧执行导演李春元回忆,在大会闭幕式上周恩来总理还特别指出:"东北演出的《雁荡山》给京剧武戏开辟了一条道路。"汇演结束后,《雁荡山》剧组应邀到武汉、上海、北京、天津等地巡回演出90余场,观众达12万余人次,所到之处无不受到观众的热烈欢迎。中国戏曲学校(今中国戏曲学院)还特地把《雁荡山》作为实用教材,并拍成电影。1953年,李少春代表中国京剧院赴布加勒斯特参加第四届"世青节"曾演出此戏,同年李春元、田中玉等参加的第二批东北人民慰问团也带此戏跨过鸭绿江慰问了志愿军战士,受到了一致好评。1954年,东北京剧团《雁荡山》的原排剧组随东北歌舞团赴东德访问演出;1955年,该剧组又随中国艺术团赴法国巴黎参加第二届国际戏剧节,并到比利时、荷兰、瑞士、意大利、英国、捷克、南斯拉夫、匈牙利八个国家进行了访问演出，其间，共演出129场，观众达23万人次。一时间，一出《雁荡山》轰动了整个欧洲，各大报刊争相报道，看过演出的观众无不为剧中演员纯熟、精湛的绝技而惊叹。更值得一提的是，在演出的百余场中，无论受到哪种舞台和剧场的限制，每一次演出的时间相差总是不超过1分钟。不过，现在知道京剧《雁荡山》的除了京剧票友，似乎很少有人知晓这段故事。

1955年11月，上海电影制片厂来雁荡山拍摄电影《雁荡山》；1957年4月11日，《浙南大众》报道了雁荡山灵岩飞渡表演节目；1960年，邓拓来游雁荡山并写下四首诗，其中之一为《灵峰观音洞》："两峰合掌即仙乡，九叠危楼洞里藏。玉液一泓天一线，此中莫问甚炎凉。"1964年5月12日，郭沫若先生来雁荡山，下榻在灵峰招待所，进行为期三天的考察活动，并与灵峰招待所所有工作人员合影留念。郭沫若此行游览了灵峰、灵岩、大龙湫、三折瀑等景区，留诗四首，墨迹三幅，其中五言诗《游雁荡》为当地人耳熟能详，具有雁荡山"代言诗"的地位，现在该诗的手迹就刻在中折瀑内侧崖壁上，游人一进中折瀑抬头即见，后面将会为大家详细介绍这首诗。另写了一幅"雄鹰踞奇峰，清晨化为石。待到黄昏后，雄鹰看又活"诗轴，送给陪同郭沫若全程游览雁荡山的机要秘书施成安。

当您置身于雁荡山一条条古道线、一列列山脊线，会发现雁荡山很神奇、很美妙、很旷远、很幽奥。雁荡山除了自然景观与文化遗存，还有丰饶的物产。雁荡山附近就是向有"海上牧场"之称的乐清湾，山珍佳肴、海鲜美味异常丰富，观山景、吃海鲜成为到雁荡山旅游的客人难忘的经历。今天的晚餐我们就安排在乐清湾北部的雁荡镇西门岛，西门岛海洋特别保护区是中国第一个海洋特别保护区。西门岛滩涂湿地总面积为18.7平方千米，有缢蛏、泥蚶、彩虹明樱蛤、珠带拟蟹守螺等37种岩礁生物和92种泥滩生物。乐清湾滩涂湿地（包括西门岛滨海湿地）被国际鸟类保护联盟列为重要鸟区，拥有世界级濒危鸟类黑嘴鸥、黑脸琵鹭，国家二级保护动物黄嘴白鹭、斑嘴鹈鹕以及大量湿地水鸟。西门岛的红树林区是全国分布地域最北端的一片红树林。

春游西湖、秋游雁荡，其实雁荡与西湖一样，四时景观俱佳。春的美丽，请您悄悄陶醉；夏的风采，请您紧紧追随；秋光里，请您欣赏色彩的绚丽；冬景中，请您品味自然的深情。温州雁荡山，请您身临其境。

雁荡山概况英语导游词

Ladies and gentlemen, welcome to Mt. Yandangshan. It is an honour for me to be your English tour-guide interpreter on such a clear, sparkling autumn day. As the Chinese saying goes: "Nothing is more delightful than to meet friends from far away." Firstly, allow me to give you a warm welcome on behalf of the Wenzhou Yandangshan Scenic Tourism Administration Committee. There is an old saying that goes, a hundred years' efforts lead us to the same ferryboat. But I think that it is a once-in-a-thousand-chance to tour in Mt. Yandangshan together with all of you.

Next, I'd like to introduce myself, your tour guide interpreter. My surname is Hu, and my English name is David. My job is to make your trip as smooth as possible, take care of your well-being, answer your questions, and be your guide and interpreter during the trip. I will do my best to warm the cockles of your heart. I'm looking forward to your understanding and cooperation.

Mt. Yandangshan is suitable for tourism all year round. I am sure the beautiful Mt. Yandangshan will leave a wonderful impression on you, and I hope you will enjoy your stay here.

Now please allow me to provide you with the trip schedule and some general information about the mountain.

Mt. Yandangshan is located in Yueqing, under the jurisdiction of Wenzhou Municipality. It is bordered by Yueqing Bay to the east and Nanxi River National Park to the west. The mountain is considered one of the top ten mountains in China and known as "the well-known mountain on the sea" and "the pure land of romantic love. "It is one of the few coastal mountainous scenic areas in the country. In 1982, Mt. Yandangshan was listed as one of the first National Scenic Areas by the State Council. In 2005, it was designated as a Global Geopark by UNESCO, and in 2007, it was named a National Tourist Attraction on the AAAAA category.

Mt. Yandangshan covers an area of 450 square kilometers and includes eight scenic areas: Lingfeng Peaks, Lingyan Rock, Dalongqiu Waterfall, the Three-folded Waterfalls, Yanhu Pond, Xianshengmen Stone-gate, the Immortal Bridge, and the Horn Cave. Among them, the Night Charm of Lingfeng Peaks, the Rope dance at Lingyan Rock, and the Dalongqiu Waterfall are considered the "Three Wonders of Mt. Yandangshan". The name Yanhu refers to the pond of wild geese, and Yandang means the wild geese sojourning swamp with reeds and other aquatic plants. On the mountain's summit, there is one pond and five bogs filled with reeds and aquatic grasses. Wild geese often gather here during the Autumn, giving rise to the name. Unlike the more solemn names of other famous mountains in China, this name has a romantic, and rustic yet amiable feel to it. The average temperature of Mt. Yandangshan is 17°C and the annual rainfall is nearly 2000 mm. The content of negative oxygen ions in the air of the core scenic spots is more than 26,000 per cubic centimeter. There is no severe cold in winter and no intense heat in summer here, suitable for tourism all year round.

In ancient times, Mt. Yandangshan was renowned as "the mountain next to none in South-eastern China", "the best resort in the world," or "the most beautiful mountain under heaven". During the Ming dynasty, it was considered one of the three most famous mountains in China, along with Mt. Huangshan and Mt. Lushan. In modern times, the mountain is known as "the geological wonder of the world, and "China's famous mountain for night viewing".

Mt. Yandangshan is not only a beautiful mountain but also a mountain of scientific importance. Beneath its picturesque surface, there are various geological strata. It is a Rim-Pac-Cretaceous revived caldera, and its formation and evolutionary pattern are exceptional representatives of calderas in Asia. These geological formations provide insights into the volcanic, evolution that occurred between 128

and 108 million years ago. Through numerous eruptions, cutting, lifting, weathering, erosion and collapses over hundreds of millions of years, the mountain has acquired its unique and distinctive landforms that we see today. Renowned for its diversified landforms bearing spectacular features. They have been highly commended since ancient times. Mt. Yandangshan landforms developed from Mesozoic rhyolitic volcanic rocks stratigraphic facies and structures with layers, circles and belt distribution pattern, affected by crustal uplift, undercutting of faults and joints, collapse and water erosions, a unique landforms combining stacked-like mountains, sharp peaks, stone gates, valleys, arches, caves, waterfalls of different stages, streams, and lakes were formed. It is representative, typical, intact and systematic compared with other similar rock landscapes at home and abroad, thus known as "Mt. Yandangshan Landform". There are 225 geological heritages in Mt. Yandangshan, of which 85 are classified as Class I, 43 as Class II, 97 as Class III. In respect of structure and evolution process, Mt. Yandangshan caldera exhibits its similarities, representativeness and typicality when compared to contemporary calderas of the world. Though undergone weathering and erosion, Mt. Yandangshan calderas has not been affected by folding, mineralization alteration and coverage by redeposition, as a result, the exposures are distinct. The enormously thick rhyolitic rock layers have developed into many unusually wonderful and exquisite landscapes which other cretaceous volcanoes have not been reported. Mt. Yandangshan is regarded as the natural model of Cretaceous caldera.

  The rocks found on Mt. Yandangshan are predominantly volcanic rhyolite, and almost all types of the rhyolite mentioned in scientific textbooks can be found here. This has earned Mt. Yandangshan the nickname "the museum of landform" and "the natural museum of rhyolite". In 1996, the mountain was selected for geological investigation during the 30th International Geological Congress. Scientists from many countries such as the USA and Australia expressed great interest in Mt. Yandangshan, considering its unique and exotic natural landscape to be of significant scientific value. They believed it deserved as much attentions as mineral resources.

  During the Global Geopark assessment in 2004, Dr. Eder of UNESCO enthusiastically proclaimed that Mt. Yandangshan is a symphony of rocks, water and life. Describing it as a wonder of the world. To offer tourists a better view of the mountain, helicopter tours were initiated in 2015, providing a bird's eye view of its breathtaking scenery.

From 2004 to 2014, many UNESCO geological experts such as Mckeever P., Escher H., Komoo I., Mattini G., Frey M. L., Border M.have been to Mt. Yandangshan for inspecting and evaluating, they all have given high appraisals to the mountain. National Volcanology Conferrence was held at Mt. Yandangshan in 2005 and Mt. Yandangshan Sustainable Development Forum was held in 2011. In 2015 and 2023, two sessions of Chinese Volcanic Geoparks Forum were held at Mt. Yandangshan. All the experts and scholars at home and abroad have been deeply astonished and shocked by the unique Natural Heritage Sites, highly praised the exotic geological and geomorphological landscapes of Mt. Yandangshan. The scientific value of the natural geological heritages of Mt. Yandangshan can be expounded from ancient volcanology, volcanic petrology and petrography, regional petrology and tectonics, geomorphology and other aspects. From the perspective of natural heritages, Mt. Yandangshan is an outstanding example of volcanic events in the geological evolution of Mesozoic Era of the Asian continental margin. It is of universal significance and is important area of exceptional beauty and natural aesthetics.

One distinctive feature of Mt. Yandangshan is its popularity for night tours. The highlight of the mountain is the night view of the Lingfeng Peaks. As night falls, the curtains rise, and the scenery in the Lingfeng Peaks Area transforms with an enchanting allure. In the moonlight haze and the mysterious night, the peaks and caves resemble the traditional Chinese ink-wash paintings. The magnificent "Peak of Husband and Wife" or "Peaks of Lover", and the vivid "Peak of Late-life Love" create a romantic atmosphere, earning it the reputation of being a true mountain of love. The night view of Lingfeng Peaks is a rare and natural scene that showcases the beautify of the mountain without any artificial construction.

Apart from its scenic attractions, Mt. Yandangshan is also rich in cultural

significance. The exploitation and development of the mountain began in the Eastern-Han Dynasty over 1,800 years ago, reached its peak during the Tang Dynasty, and flourished in the Song Dynasty. Over the past 1,500 years, the mountain has accumulated numerous historic sites, cultural relics and intangible cultural heritages as well.

In the Eastern-Han Dynasty, the Indian monk NaKula arrived at Mt. Yandangshan with his three hundred disciples to preach and practice Zen, earning him the title of "the first cultivator" of Mt. Yandangshan's Buddhism development. The famous poem "Trudge along the Creek from Jinzhu Gully", written by Xie-Lingyun, known as the forefather of Chinese landscape poetries, is the earliest known depiction of the beautiful landscape of Mt. Yandangshan, making it the cradle of Chinese landscape poetry. Yixing, a monk astronomer from the Tang Dynasty, drew a map of ancient China's rivers and mountain ranges and identified Mt.Yandangshan as the southern mountain's endpoint. Huai Su, a renowned calligrapher from the Tang Dynasty, mentioned in his calligraphic masterpiece that Mt. Yandangshan had not been mentioned in ancient times, and there was a large pond on its highest plateau where wild geese were said to linger. It was in the Snow Cave at the Linfeng Scenic Area that he copied the invaluable "Theravada Buddhist Sutra of Forty-two Sections" with his brush.

These cultural references and historical events add to the significance of Mt. Yandangshan as a mountain of cultures, showcasing its deep-rooted heritage and contributions to literature, religion, and fine arts throughout the centuries.

During the Song Dynasty, Mt. Yandangshan reached its pinnacle of development and cultural significance. The mountain was adorned with 18 temples, 10 courtyards, and 16 pavilions, attracting numerous renowned scholars and poets. Lv Yijian, Mei Yaochen, Dai Fugu, Shen Kuo, Xue Jixuan, Zhou Bin and Wang Shipeng were among the many who visited Mt. Yandangshan and wrote beautiful poems and essays inspired by its breathtaking scenery.

Shen Kuo, a famous scientist in the Northern Song Dynasty over 1,100 years ago, particularly praised Mt. Yandangshan in his essay "Meng Xi Bi Tan"(Brush

Talks from Dream Brook). He described it as an incredibly beautiful mountain unlike any other, highlighting its unique characteristics. Shen Kuo's scientific investigation on Mt. Yandangshan also led him to propose the Normal Erosion Theory, which was 700 years ahead of its European counterparts. Therefore, Mt. Yandangshan is considered the birthplace of this theory.

Xu Xiake, a great traveler and geographer from the Ming Dynasty, visited Mt. Yandangshan three times and documented his experiences in two travel diaries. He marveled at the majestic sight of steep peaks towering over each other, creating an array of magnificent attractions. Xu Xiake declared Mt. Yandangshan as a true wonder of the world, highlighting its exceptional beauty and grandeur.

These accounts from historical figures during the Song Dynasty further cement Mt.Yandangshan's reputation as not only a mountain of scenic attractions but also a mountain of rich cultural heritages and intellectual contributions.

Since the Ming Dynasty, Mt. Yandangshan, has continued to attract countless literati, artists, scholars and politicians, who have composed numerous popular poems and essays inspired by its beauty. In fact, incomplete statistics show that over 10,000 poems, 5,000 essays, 5,000 paintings and calligraphers have been created about Mt. Yandangshan. Additionally, more than 400 cliff carvings have been discovered on cliffs and steles since the Tang Dynasty.

Many renowned painters throughout history have also made pilgrimages to Mt. Yandangshan, including Zhao Zonghan in the Northern-Song Dynasty, Li Zhao, Zhao Mengfu, Huang Gongwang in the Yuan Danasty; Tang Yin, Wen Zhengming, Huang Daozhou, Li Liuying, Dong Qichang, Ye Cheng, Yang Wencong, Wu Bing in the Ming Dynasty, Qian Weicheng, Zeng Yandong, Han Yunfeng, Chen Tianzhang, Jiang Taoshu, Pu Hua in the Qing Dynasty; Lin Shu, Wu Changshuo, Huang Binhong, Pan Tianshou and Zhang Daqian, Lu Yanshao, He Tianjian, Zhou Changgu, and many others in more recent times. These artists have made significant contributions to the field of painting and calligraphy, and many believed that it was the inspiration from Mt. Yandangshan that fueled their artistic creativity and achievement.

In addition, many scholars and officials have sought solace, inspiration, and

solutions to their problems by visiting Mt. Yandangshan. Notable individuals include the Indian Monk Nakula, the great geo-scientist Shen Kuo, renowned scholar Wang Shipeng, famous dramatist Tang Xianzhu, well-known traveler Xu Xiake, Nobel Prize winner Mo Yan, among others. They have found inspiration, relief, and personal growth by immersing themselves in the natural beauty and cultural heritage of Mt. Yandangshan.

As you know, over the course of our life, we will find that things are not always fair, and the more righteous we fight, the more opposition that we will face. You will find that things happen to you that you do not deserve, and that you are not always warranted, but you have to put your head down, and fight, fight, fight, never ever ever give up. Nothing worth doing ever ever ever comes easy, and never stop doing what you know is right, don't back down, don't give in, adversity makes you stronger and stronger, you can't let the critics and the naysayers get in the way of your dreams, you can't let them get you down, things will work out just fine. Mt. Yandangshan close and friendly to every visitor. In 2008, when the famous writer Mo Yan came here first time, he was deeply moved by the exotic beautiful natural landscape and abundant cultural heritages of Mt. Yandangshan, he wrote in his poems, "Many places of interest that deceive, and this mountain is close and friendly to tourists. "

Furthermore, Mt. Yandangshan is known for its diverse cave buildings, particularly the one in Lingfeng Cave. The ancient wooden archway buildings in Nange are well preserved and are considered the finest of their kind in the country, adding a significant cultural flavor to Mt. Yandangshan.

Overall, Mt. Yandangshan has played a significant role in inspiring artistic creation, providing solace in times of adversity, and preserving cultural heritage.It continues to be a welcoming and friendly destination for visitors from all walks of life.

Mt. Yandangshan is also a culinary paradise. Yueqing Bay located near Mt. Yandangshan, is a natural aquafarm rich in seafood, such as oysters, fish, crabs, and clams. These delicacies from the sea and mountains will satisfy any food lover.

Yandang cuisine has a long history and offers a wide variety of dishes. Yandang fragrant fish, one of the five Yandang delicacies, was designated as an imperial tribute during the Qing Dynasty. Another well-known dish in Mt. Yandangshan is the Dendrobe dish, which is hailed as the "No. one herb on earth". Rice noodles, wheat cakes, sweet potatoes and bamboo shoots are also worth trying. It is a great pleasure to enjoy the stunning mountain scenery while savoring the delicious seafood in Mt. Yandangshan. Recently, domestic tours have become popular, taking advantage of Mt. Yandangshan's exceptionally green mountains, crystal waters and other ecological resources spring up. It is a wise choice to visit Mt. Yandangshan for leisure activities such as climbing the mountains, breathing in fresh air, indulging in delicious food, stargazing, immersing oneself in nature, experiencing the pastoral life, and reminiscing about one's childhood.

Ladies and Gentlemen, Mt. Yandangshan is not only a combination of geological and natural landscape beauty, but also boasts unique historical and cultural heritage sites and ruins. It belongs not only to China, but also to all of mankind. It is not only just a part of the past, but also holds significance for the future. As the poet Jiang Taoshu from the mid-Qing Dynasty aptly stated, it is difficult to describe the beauty of the Dalongqiu Waterfall, but life would be incomplete without experiencing Mt. Yandangshan.

Now, I would like to present you with brief information about several major tourist attractions of Mt.Yandangshan .

1. Daytime Lingfeng Peak Scenic Area

Ladies and gentlemen, welcome to the Lingfeng Peak Scenic Area. Covering an area of 46 square kilometers, Lingfeng is the eastern gateway to Mt. Yandangshan. Due to its unique landscape, the area has attracted many visitors since ancient times. Scientists, men of letters and statesmen such as Du Shenyan, Ye Shi, Zhu Xi, Li Xiaoguang, Huang Huai, Fang Bao, Huang Yanpei and Guo Moruo have visited here, leaving behind a large number of poems, essays and inscriptions. The cultural sites and the natural sceneries here constitute a scroll of splendid landscape paintings.

Crown Peak

Standing tall in front of us is "Crown Peak". Rising 120 meters high and stretching 150 meters wide, it resembles an ancient style of hat, hence the name. On the top of the peak, there is a clear trace left by a flow of lava approximately 121 million years ago. The lower part is made of rhyolite containing rubble and air bubbles, which easily peel off and form caves. The cave opposite us was formed in this way. Please take a look at the cave. Doesn't it look like a tiger's mouth with one tooth missing? That's why this scenic view is called "Plucking a Tooth from the Tiger's Mouth". Looking inside from this bridge, we can see two peaks resembling two bamboo shoots breaking through the soil. Hence the name "Peak of Twin Bamboo Shoots". Facing this peak is "the Ship in the Desert", resembling a dromedary or an Arabian camel.

Greeting Elephants

The landscape of Mt. Yandangshan is not only beautiful but also filled with a human tonch. Look, aren't those elephants over there greeting us? That is "Trunk Rock", also known as "Greeting Elephants". Sitting on the peak to the right of the elephants, is an elderly man in ancient costume who looks exactly like Jiang Ziya, an ancient strategist in the fictional novel legend of Deification. The legend says that Jiang Ziya fished with a straightened hook, ready only for those willing ones who take his bait. Where is the willing fish then? Please look back at the elephants. That's right, the fish among the elephants is the very one Jiang Ziya has caught.

The two small peaks in a V-shape on the top left look just like two fighting hens. Therefore, their name is "Peak of Fighting Hens". What are they fighting for? It turns out that they have lost their eggs and are blaming each other. Who has taken the eggs then? Look, the thief is right under their noses. The stealthy mouse is stealing an egg away, and raising its tail in the air complacently. When a mouse is seen on the street, everyone tries to kill it. Look, on the rock face here, there are several frightened mice running toward their holes. That is called "Five Mice Struggling for the Hole".

In a word, every mountain here is a scenic sight and every rock is interesting.

Three Candy Box Scenes

Here, the pavilion, bridge and rock here are respectively called the Candy Box Pavilion, Candy Box Bridge and Candy Box Rock, together known as the "Three Candy Box Scenes". The Candy Box Pavilion is for visitors to rest in. The couplet on the pavilion's pillar was written by Ma Gongyu, a famous calligrapher. On the rock opposite us, there are several examples of calligraphy written by renowned individuals, including the four large Chinese characters "Yan Dang Qi Jing", meaning the wonderful scenery of Mt. Yangdangshan, inscribed by Gu Mu, the former vice premier. The inscription was written by Yao Gengyun, professor at the Chinese Academy of Fine Arts, in 1984, and the peak's name was written by Zhang Suyang, an official during the Ming Dynasty.

The Candy Box Bridge is an old stone arch bridge. It was first built in 1884 and reconstructed in 1982. The rock next to the bridge, with a crack in the middle, is called the Candy Box Rock because it is shaped like a candy box at home. The rock also resembles a millstone, with the bridge pointing right towards the crack, resembling a handle. The deep pool below it is filled with "bean milk" flowing out from the millstone. The name of the pool was written by Yu Youren, a founding member of the Chinese National Party. It's perfect combination of peaks, pools, pavilion, bridge, rock and inscriptions that make you feel like you are in a picturesque garden.

Lingfeng Ancient Caves

On the left is a geological hazard point named Lingfeng Ancient Caves emerging in the Yuan Dynasty. The caves were formed from an earthquake and rockfall that in 1341. Legend has it that hundreds of years ago, there was a temple under this huge cliff, called Lingfeng Temple, where the monks did evil things and bullied the local people. A prophet knew Lingfeng cliff was going to fall and destroy the temple. The monks would be in danger. So he decided to tell the truth to the monks. It came a big day according to the lunar calendar on September 19, the day of the Buddhist festival, the monks took the opportunity to put on a big banquet in the temple. It goes that the prophet came to the temple appeared as a beggar to beg for food, but no monks would receive him or give him any alms, but gave him a beat.

A little monk was friendly and generous to him, secretly pinch a rice ball to him, the beggar did not say thank you, just said a sentence inexplicable words: "Golden Rooster song, Ling Feng down". Then he left without looking back. In the evening, when the little monk who had been very tired for a whole busy day was taking off his shoes and preparing to go to bed, a dog suddenly appeared and ran away with his shoes. The little monk chased after the dog with a blowpipe, just out of the temple gate, only to hear a boom, the cliff collapsed, Lingfeng Temple was pressed under the peak, and the kind little monk was the only survivor. This is a story of persuading people to be good. The highest point resembles a platform from which you can have a panoramic sightseeing of the whole area. Further more, it is one of the best locations for shooting movies and TV series. The TV series "the Return of the Condor Heroes" and "Yun Zhi Fan" from the "Legend of Sword and Fairy" series, as well as the movie "the Legend of Sword and Fairy", were filmed here.

Lingfeng Peaks

The peaks right in front of us are regarded as the landmark of Mt. Yandangshan. They are named "the Holding Palm Peaks". Rising with 270 meters above the sea level, the right peak is named "Lingfeng Peak". The left peak leans closely against the right one, hence the name "the Peak Leaning against the Sky". The two peaks together resemble the palms of a monk in prayer. That's why they are named "the Holding Palm Peaks". However, the peaks appear as two lovers at night. There is a saying that goes like this: during the daytime, they pray for everyone's delight, and at night, they date in the moonlight.

Between the Palm Peaks there is a crack that looks small and narrow from a distance. But in fact, it is the largest cave on Mt. Yandangshan. It is a cave that is 113 meters high, 76 meters deep and 14 meters wide. It is named Lingfeng Cave, but the local people usually call it Guanyin Cave or Goddess of Mercy Cave because a statue of Guanyin is enshrined in it.

Whether the Palm Peaks are split from one peak, or they are two peaks clinging to each other? This has been a very interesting question for geologists. Scientific research has revealed that it used to be one peak of rhyolite but later split into two due to fracturing. Guanyin Cave is the result of the fracture. Amazingly, the ancient people had a nine-story temple built in the cave which fits perfectly well in it.

"Lingfeng Cave" is the previous name of the Guanyin Cave, which is so deep that in the Tang Dynasty, monk Shan Zi thought there were demons living in it, and he chanted Buddhist sutras day and night to drive them away. In 1106, local people had a nine-story temple built in the cave and named it "Arhat Cave", because at that time a statue of an arhat was enshrined here. In the late Qing Dynasty, the statue of the arhat was replaced by that of Guanyin, hence the present name "Guanyin Cave". During "the Cultural Revolution", the temple was severely damaged. In 1982, as the tourism developed, it was renovated and rebuilt.

On the right crag by the gate, two Chinese characters meaning "Wonderland Tour" were written by Lin Ximing, a renowned Wenzhou-born painter. Hanging over the gate is the name of the cave, Guanyin Cave, written by Zhao Puchu, the late chairman of the Buddhist Association of China. The couplet on the gate is by Xie Zhiliu, a celebrated modern scholar and painter. Coming towards the gate, we can see a couplet on the wall of the hall of the Four Heavenly Kings. It was written by Pan Shou, a famous calligrapher from Southeast Asia.

Coming up here, we can see a poem inscribed on the left cliff. The poem was written in 1960 by Deng Tuo, a well-known literary figure, when he visited the cave. In the poem, the author says, "In this wonderland with palm peaks, a temple in the cave, pools and a clear sky, I don't care whether it is cold or hot outside".

Climbing further up, we come across another poem written in the cursive calligraphy by Yang Zongye, a general of the Ming Dynasty. The poem obviously expresses the loyalty of the author to the Emperor.

The fourth floor has more inspiring plaques and couplets written by celebrities at different times. From the seventh floor, if you look out from the right, you can see "an old monk standing" standing on the cliff. It is the elaborate work of the Mother Nature. The rock is called "Monk Rock".

In the hall behind us, the Medicine Buddha is worshiped. When we come to the eighth floor, we can see a notable plaque saying "the Perfect Realm". Why

notorious? Because it was written by Qin Hui, the treacherous prime minister of the Southern Song Dynasty.

The front hall on the top floor of the cave houses the statues of Skanda and Maitreya. Between the front and back halls, there is a waterfall named "Jade Washing Spring". Enshrined in the back hall is the Goddess of Mercy in different images. The one in the center is the Goddess of Mercy in her usual form. In front it is the Goddess of Mercy with one thousand hands and one thousand eyes, flanked with Sudhana and the daughter of the Dragon King.

The one on the left is the Goddess of Mercy on the sea. She holds a purified-water bottle from which sweet dew pours out, saving all the living creatures from pains and sufferings. Here, we can also see the statues of Liu Yunsheng, the host of the cave and his two daughters. It is said that he had to sell his two daughters to raise funds for the construction of Guanyin Cave. On the two sides, there are the statues of the 18 Arhats. On the rock face, there are small sculptures of 300 monks. They are said to be the 300 disciples of Nakula, the earliest developers of Mt. Yandangshan.

Lying by the right of the hall is a spring named Heart Cleaning Spring or Soul Purifying Spring. The three characters were written by Zhou Cangmi, an outstanding painter and calligrapher at the Zhejiang Academy of Fine Arts. Water from the crack flows all year round and is rich in minerals. It purifies one's soul and refreshes one's spirit.

Ladies and gentlemen, the tour to the first cave of Mt. Yandangshan has come to an end. However, you can continue your tour to other caves like Big Dipper Cave, Kuzhu Cave or Changchun Caves. Thank you very much.

2. Night View of Lingfeng Scenic Area

Good evening, ladies and gentlemen. We have been amazed by the Lingfeng Peaks during the daytime. However, you will be captivated by the scenery of Lingfeng Peaks at night. In the hazy moonlight and the mystery of the dark, the peaks and rocks all appear as fantastic Chinese ink-wash paintings. It takes three prerequisites to appreciate the night view of Lingfeng Peaks to the fullest: the time, the viewpoint or location and your imagination. I have taken care of the first two for you. Now just prepare your imagination and come along with me.

Mt. Yandangshan is a mountain of romantic love. We have held several Couples Cultural Tourism Festival previous years, as you know, harmonious peaceful family brings prosperous, we held the festival to promote the harmonious relationship between husbands and wifes in the case of the global economic cold wave triggered by the subprime mortgage crisis in the United States in 2008. Introduce three recommended tourist routes to the domestic market, such as Mt. Yandangshan Qishan Romantic Tour. etc..

Rhino Gazing at the Moon

First, let's look at the peak in front of us. It looks like an old rhino gazing towards the east, waiting for someone, lost in thought. With the moon in the sky, this view is called "the Rhino Gazing at the Moon". When the moon wanes, it is called "the Rhino Longing for the Moon". The best time to enjoy this view is on the 15th of August according to the Chinese lunar month when the moon is full and bright, evoking sentimental and nostalgic feelings.

Eagle Rock

Now, everyone, let's move on to Eagle Rock. We are currently standing under the eave of the Yandangshan Art Gallery. Please turn your back to the gallery and look up. Doesn't it resemble a giant eagle? It is watching and protecting the entire area. In the 1964, the renowned scholar Guo Moruo was captivated by this view and wrote: "The rock on the peak is an eagle in slumber. But wait until night, it becomes full of might." This vividly illustrates the contrast between the view during the day and night. But let's continue and see what else the eagle will reveal to us.

Breast Peaks

Now, please look up again. The eagle has flown away. The Holding Palm Peaks have turned into two rounded peaks. What do they resemble? Yes, they resemble the most sacred and magnificent symbol in the world, a woman's breasts. This view is aptly named "the Breast Peaks". Not only does it enhance the picturesque mountains and water in Mt. Yandangshan, but it also nurtures its hardworking people. The locals have bestowed upon it an elegant name: the Venus of the Orient.

Lovesick Girl

Viewed from here, the Venus of the Orient has turned into a Lovesick Girl. On the right of the crack in front of us there is a girl leaning against the Lingfeng Peak, facing north-eastward. She is adorned in a Qipao (Cheongsam), with her hair pinned up, displaying her graceful figure. She is well-shaped and gentle. The yearning and anticipation in her eyes indicate that she comes from a noble family and is waiting for her beloved. She looks a little sadly into the far distance. Let's hope she will meet the boy of her heart soon.

Lovers Peak

"Jack shall have Jill, all shall be well". The girl finally met her sweetheart. Now, look at the Holding Palm Peaks again. The peak on the left represents the girl, and now has flowing hair. She stands on her tiptoes, her head tilted upwards, and her arms wrapped around the boy's neck. Who stands on the right. Let's now focus on the boy. Handsome, with a prominent forehead, he must have just returned from a far. Despite still wearing his backpack, on the right. Now look at the boy, please. Handsome with a full forehead, he must have just come back from far away. He still has his backpack, he tightly embraces the girl at her waist. This enchanting scene is known as "Lovers Peak". We should not disturb them. Let's go on and continue our journey.

The Peeping Cowboy

Some of you can't help but peep back. It's okay now because they are not as intimate as they used to be. Why? What happened? It turns out that a cowboy is peeping at them. Look, the little boy is standing on a rock, his body lying on another rock, his neck craned as he watches the couples. No wonder they feel embarrassed.

The Old Lady Peak

Regarding these views, the locals have come up with a folk rhyme: "The rhino sleeps quietly on the peak, the lovers hug each other in the moonlight; the peeping cowboy hides behind the rock, the old lady is embarrassed into leaving. "But where is the old lady? Let's go and find out.

The Twin Bamboo Shoots Peak during the day has now transformed into an old lady. With a knot of thin hair, the wide forehead, high cheekbones, and the puckered mouth, everything about her indicates that she is indeed an old lady. Why is she still here at night? She is searching for her grandson. She did not expect to find him peeping at the dating lovers. Witnessing this, she couldn't help thinking of her old husband. So where is her old husband then? Please follow me to fetch the next scene.

The Old Man Peak

Look. Here is her husband. Actually, the husband and the old lady are the same peak looked from different angles. From this perspective, the hair knot is no longer visible. The face appears longer and the eyes deeper. With curly hair and high cheekbones, he looks Caucasian. Mt. Yandangshan is the mountain of romantic love. Now let's see how the old couple demonstrate their love in their later years.

The Late-life Lover

"Give me your hand to hold and live with me till old". Once again, let's observe the old lady and her husband. The husband on the right is looking lovingly at his wife on the left, who wears a scarf. They stand face to face; gazing at each other. It seems they are reminiscing about their sweet past. They are showing their true love for each other. "As the setting sun is beautiful, the late-life love is valuable". We name this scenic spot "the Late-life Love".

Now we will encounter another Goddess of Mercy. Look, she has arrived at the cliff over there. Dressed in white garments, adorned with a crown and holding the water-purifying bottle. It seems that she is praying and gives us all with a good luck.

The Dancing Girl

To the right of the Heavenly Crown Peak, there is a dancing girl with a skirt flying and ribbons twirling. I believe she is the tallest dancing girl in the world.

The Seeing-off God of Longevity

To the right of the dancing girl, there is an aged man with a white beard, dressed in a long gown. He faces eastward resembles the God of Longevity. He is here to bid farewell and wish you good luck and healthy life.

Ladies and gentlemen, the night tour of Lingfeng Peaks now comes to an end. Thank you very much.

3. Lingyan Scenic Area

Hello, ladies and gentlemen. Welcome to Lingyan Rock Scenic Area. Situated in the central part of Mt. Yandangshan, Lingyan Rock Scenic Area covers an area of 9 square kilometers. To the east, it is connected with the Lingfeng Peaks Scenic Area and in the west it borders with Yanhu or the Wild Goose Pond Scenic Area. Among all the attractions on Mt. Yandangshan, the Lingyan Rock Scenic Area is the best known for its extraordinary and lofty rocks, yet tranquil and serene environment. Since the Yuan Dynasty, the scenery of Lingyan has been well depicted and lauded by many scholars and artists. Here, we can not only enjoy its natural beauty but also appreciate one of the three wonders in Mt.Yandangshan, the Rope dance between Tianzhu Peak and Zhanqi Peak at Linyan Scenic Area. Now, let's go in and enjoy the scenery.

Simultaneous Sound of Bell and Drum

As an old Chinese saying in ancient poem goes, "most of the famous mountains are occupied by monks". Mt. Yandangshan is no exception. By the entrance, what comes into our sight first is "Zhong Gu Qi Ming", four big Chinese characters meaning "the simultaneous sounds of bell and drum". They were written on the spot in 1964 by Zhu Wenlong and five other visitors from Shanghai. Please turn your eyes to the right. The whole rock looks like a giant bell. On the top left of the mountain, there is a rock in the shape of a drum. The stone bell and drum seem to tell us that the temple is not far away. On our right in the gully, there lies a rock on which there are two Chinese characters that read "Lingyan", undersigned with "Written by Woyun (Cloud Sleeper) in the Year of the Pig". Since there are several persons named Woyun and even more years of the pig throughout history, it is almost impossible to identify who wrote these words or when they were written. But in my viewpoint according to years investigation and research, the two Chinese Characters "Lingyan" was written by the Monk Woyun from the Luohan Temple in the late Ming Dynasty, and at that time, when the most famous traveller Xu Xiake visited Mt. Yandangshan the second time for field-investigation of the water source of the Dalongqiu Waterfall, it was the monk Woyun who accompanied Xu Xiake climbed up to the top of Longqiubei Gully, Baigangjian Peak, Yanhu Lake, in order to find out whether the source of Dalongqiu Waterfall originated from the Yanhu Lake.

Poem Tablet by renowned Painter Pan Tianshou

Standing at the end of Huang Gong Bridge, we can see an inscription on the stone tablets embedded in the cliff. It is an inscription of a poem written and given to the abbot of Lingyan Temple in 1955 by Pan Tianshou, a master of traditional Chinese painting. "A whole night of spring rain makes the green peaks and white clouds more charming; the waterfalls flying along the ravine offer us the best scenery." The poem vividly depicts the special scene of Mt. Yandangshan when the sun shines again after rain in Spring. Pan Tianshou, being born in Ninghai County, under the jurisdiction of Ningbo, showed profound love for Mt. Yandangshan. After many years of observation and study, he painted a host of immortal paintings about Mt. Yandangshan, leaving us a treasure trove of fine arts.

Statue of the Ming Dynasty Traveller Xu Xiake

This is the statue of Xu Xiake, a great traveler, writer and geographer in the late Ming Dynasty. Unlike many others of his time, he showed no interest in officialdom and instead desired to explore the great mountains and rivers throughout the motherland. Among the places he travelled, there were very few that he visited more than once. However, Mt. Yandangshan is an exception as he visited three times.

Xu Xiake first visited Mt. Yandangshan in 1613 when he was only 27 years old. He entered the mountain from the eastern outer valley and climbed Lingfeng Peaks, Lingyan Rock and visited the Dalongqiu Waterfall. He went up to the top of the Dalongqiu Waterfall attempting to find the Yanhu Pond but had to end his trip abruptly due to his concern for his 69- year-old mother.

Twenty years later, in 1632, he returned to Mt. Yandangshan to continue his search for the lake from March 20th to April 16th. But he did not leave any words about this second trip. However, just 12 days later on April 28th of the same year, he came back to Mt. Yandangshan from Linhai. During his third visit, his main goal was to climb up to the Yanhu Pond and explore the headwater of the Dalongqiu Waterfall. Where there was a will, there was a way. With determination, he started

from the western outer valley and successfully reached the Yanhu Pond. He made it to the Yanhu Pond, solving the long-standing mystery. He rectified the traditional mistake that "the water of the Dalongqiu Waterfall comes from the Yanhu Pond" by proving that the headwater of the Dalongqiu Waterfall was from the valley between Baigangjian Peak and Changyunfeng Peak. Throughout his three visits to Mt. Yandangshan, Xu Xiake took detailed notes on the peaks, caves, waterfalls, and rocks. He wrote more than 7000 words about his visits in two Travel Diaries, which serve as priceless materials for modern research on the history and customs of Mt. Yandangshan.

As we walk along the path and breathe in the fresh air, we come across two interesting rocks. One is higher than the other. The lower one appears to resemble an old praying monk and is named "Old Monk Worshiping the Pagoda".

Monument of Pan Yaoting

Further along the path, colse to the bamboo grove, there stands a monument dedicated to Mr. Pan Yaoting. Su Dongpo, a great poet, once wrote in his poem, "I'd rather live with no meat on my table than to have no bamboo by my house". Bamboo symbolizes modesty and moral integrity, qualities that Mr. Pan had demonstrated throughout his life. Born in Mt. Yandangshan, Mr. Pan resigned from his official position due to disagreements with his superior on tax increases. He loved Mt.Yandangshan so much that he devoted himself wholeheartedly to its construction. This monument was set up as a memorial to his contributions.

Flag Peak/Heavenly Pillar Peak

Moving forward, we see two peaks of interest, the Flag Peak and the Heavenly Pillar Peak. The Flag Peak also called Zhanqi Peak, is on the left, rising 260 meters high, appears like a flag fluttering in the wind. Hence the name is "the Flag Peak". However, when viewed from a different angle, it resembles a pagoda, earning it the name the Pagoda Peak. Standing opposite the "Pagoda" is a peak resembling a huge eagle ready to soar into the air. As we move to the front of Lingyan Temple, the "Eagle" seems to have flown away, leaving only a "Pillar" behind. The Pillar Peak stands at 270 meters high and bears inscriptions from masters of different dynasties.

This peak is the result of repeated volcanic eruptions, with traces of lava flow still visible on the rock face. You can still see the trace of lava flow on the rock face.

Between the Pillar Peak and the Flag Peak, there hangs a cable where the Rope Dance at Lingyan Rock is performed. This performance is listed as the highest sky stage in the world. The tradition of ropedancing started as a means for farmers to gather valuable herbs growing on the shady cliffs of the mountains. With the times went on, the farmers became skilled climbers, and since its debut in 1916, the performance has become a characteristic part of the tourist program in the Mt. Yandangshan. Nowadays, the performers not only perform here but also tour to other places to showcase their skills and courage. I'm sure you will be deeply impressed by their abilities.

Colorful Screen Peak

The peak behind us is called "the Colorful Screen Peak". Thanks to the colorful stripes on it, the top of it still bears the trace of lava flow. To the right of it, there are two identical peaks. Actually they are just one peak with a crack in the middle. A top each of the peaks, alights a bird, watching and dancing with each other. Therefore, the peak is referred to as "the Twin-bird Peak". The "Golden Cow and Jade Hare" on the other side of the screen peak, however, adds some solemnity to the area.

Lingyan Temple

This is Lingyan Temple, one of the 18 ancient temples in the Mt. Yandangshan. It was originally built in 979 in the northern Song Dynasty. In 999, the Song Dynasty emperor granted it a name plaque "Lingyan Dhyana (Zen) Buddhist Temple". Again in 1032, another Song Dynasty emperor granted 1,000 volumes of Buddhist scriptures to the temple. Through ups and downs, the buildings we see today were rebuilt in the 1920s. Many famous individuals, such as Huang Yanpei, Yu Dafu, have stayed here. In and around the temple, there are numerous plaques, inscriptions and couplets written by calligraphers, scholars and artists at different times. They all contribute to unfolding a wonderful scroll of the landscape of the Mt. Yandangshan to the world. Behind the temple, there is a grove of square bamboo which is said to be able to bring good luck to those who touch it. Stepping out from the Lingyan

Temple, we can see a lower peak to the west of "the Twin-bird Peak". It is called "the Jade Maiden Peak" because it looks like a girl standing there gracefully. Further west, there is a peak facing south like an old man. Hence the name is "the Old Man Peak".

Xiaolongqiu Waterfall

The Xiaolongqiu Waterfall is located in the eastern inner valley of Mt. Yandangshan. Xiaolongqiu means the lesser Dragon Pool in Chinese. The waterfall has a drop of only 70 meters high and is less than one meter wide. However, as the saying goes, "the spirit of the water lies not in its depth but in whether there is a dragon living in it". Is there a dragon here? Please look at the left side of the waterfall. The lofty and majestic peak is just like a dragon. Furthermore, on the right of the waterfall, there is a trestle road winding to the valley like another dragon. The peak dragon, the road dragon and the waterfall in between form the scene of "two dragons playing with the pearl".

Ladies and gentlemen, now you may either take the lift to the headwater of the Xiaolongqiu Waterfall or return to the front of the Lingyan Temple to wait for the Ropedance Performance. See you soon!

4. Dalongqiu Waterfall Scenic Area

Ladies and gentlemen, welcome to the Dalongqiu Waterfall Scenic Area, Dalongqiu in Chinese means the Great Dragon Pond. As the Dalongqiu Waterfall being one of the three wonders in Mt.Yandangshan, the area spans 28 square kilometers and consists of Nengren Monastery and Jinzhujian Gully as well. The Dalongqiu Waterfall is the longest single-stage fall in the mountain and one of the four most famous waterfalls in China. Nengren Monastery, the first among the 18 ancient temples in the Song Dynasty here. Once housed over 1,000 monks and visitors can stayed here freely as an accommodation hotel. The monastery still holds a 19 tons big iron wok from the Song Dynasty. Jinzhu Gully offers pristine landscapes perfect for adventure tours. Xie Lingyun, the pioneer of landscape poetry in the Northern and Southern Dynasties,even wrote "Trudge along the Creek from Jinzhu Gully" during his visit here. Centered around the Dalongqiu Waterfall and the upper and lower reaches of Jinxi streams, the main attraction of this area is water. In our land, one of the people's principles of a motto is "上善若水", the highest good virtue is like water. As the saying goes, to truly understand contemporary Mt. Yandangshan, one must witness the night view of Lingfeng Peaks; to understand modern Mt. Yandangshan, the Lingyan Rock scenic area is a must-visit. And to comprehend ancient Mt. Yandangshan over thousand years ago, the scenic area of the Dalongqiu Waterfall is the good place to investigate and sightsee.

Changyunfeng Peak

The group of peaks in front of us forms a picturesque Chinese landscape painting, especially during the rainy season, they are enveloped in mists and clouds. The peak on the upper left is called "the Chang Yun (always shrouded in clouds) Peak", it is so named because it is always shrouded in clouds. Legend has it that if one climbs the peak with faith, the clouds will disperse immediately magically, earning it the nickname "Efficacious Peak".

Thousand Buddha Cliff

At the lower part of the peak, there is a cave, and the surrounding area is ideal for tea cultivation. To the right of the peak, there are numerous Buddha statues images gathered together, known as the "Thousand Buddha Cliff". The most renowned painter Huang Gongwang in the Yuan Dynasty visited here to create a landscape painting Longqiuyanzuo according to the scenery of the Thousand Buddha Cliff. The painting is now treasured in the Taibei Palace Museum in Taiwan Province of China.

Baby-in-Mother's Arm Peak

On the left side of the crag, there is a white stone pillar resembling a young mother in a skirt, holding a baby in her right arm. Hence the name is "Baby-in-Mother's Arm Peak".

Georgical Investigation Sites

The stone tablet in front of us marked the "Investigation sites for the 30th International Geological Conference". In 1996, after the 30th International Geological Conference held in Beijing, scientists from six countries came to Mt.

Yandangshan to conduct an investigation. They highly recognized and appreciated the natural beauty and scientific value of Mt. Yandangshan . Throughout the area, you can see rocks with a wavy surface, giving the impression that the area was once submerged by the sea. In fact, these are magmatic rock formations, formed from extruded rocks and the condensation of lava. The lines on these rocks indicate the direction of the lava flow. Many tourists compare them to the layers of a famous snack in Ningbo called "the thousand-layer cake" .

Crocodile Peak

The peak before us resembles a crocodile, hence its name "Crocodile Peak". Among the 102 peaks on Mt. Yandangshan, this peak stands out as the most elegant and astonishing one. It is elegant due to the stream that flows alongside it, and astonishing because it is the most versatile peak, showcasing at least eight distinct poses as we journey from the entrance to the Dalongqiu Waterfall. Each pose is vivid and captivating. Now, let's ascend along the stream and unveil the mysteries it holds .

Shears Peak/ Scissors Peak

As we cross the bamboo bridge, the "Crocodile Peak" disappears. The crack on the peak widens, transforming it into a pair of shears. Now, take a few steps forward and observe the right side of the crack, where you can see a girl in ancient costume resembling the ancient beauty Wang Zhaojun. She selflessly volunteered to marry a Khan of the ethnic minorities beyond the northern boundary for the sake of her motherland. This scene is known as "Wang Zhaojun Going beyond the northern Boundary Fortress", a true tale of patriotism in history. When we enjoy the Shears Peak, I want to tell you a very famous story about the great dramatist Tang Xianzu in the Ming Dynasty, when he was the magistrate of Suichang County, one time, he was puzzled about his officialdom development future, when he was on his business trip to Wenzhou, he visited Mt. Yandangshan by the way, and when he came to the green tea farmland at the entrance of the Dalongqiu Scenic Area, he didn't know which ridge leading to the Dalongqiu Waterfall, he saw a girl picking the tea leaves, he stepped forward and ask: "Would you like to tell me how many roads and misty hills will I have taken to reach the destination? " And the tea picking girl answered: "The cliff shaped like a screen can't block your direction, it is where there is the Scissors Peak ahead of you." And the dramatist Tang Xianzu wrote a poem titled "Asking for the way in Mt. Yandangshan",put it into Chinese, it is "雁山迷路", I want to enchant the poem in Chinese: "借问采茶女，烟霞路几重？屏山遮不断，前面剪刀峰。" In history, many many scholars and artists came here to find out the way to solve their puzzles. Now please walk a few steps forward and look at the right side of the crack where there is a "girl" in ancient costume. Ladies and gentlemen, if we continue our journey, we will encounter many other peaks in various peculiar forms.

Rhyolite Rock

Now ladies and gentlemen, direct your attention to the rock wall on the right. You will notice numerous balls of different sizes, ranging from the size of a basketball to that of a fist. What are they? Are they dinosaur eggs? Or are there gemstones? In reality, these balls are hollow structures known geologically as "spherical bubble structure". Over a hundred million years ago, thick and viscous rhyolitic lava mixed with the air and bubbled out from the volcano's crater, forming balls of different sizes, resembling bubbles on boiling porridge. As for the volcano crater, let's momentarily set that aside.

Drgon Gate

There is a very famous Chinese saying, it is said, Liu Yuxi, a great poet of the Tang Dynasty, wrote in his Epigraph for my Humble Room: "山不在高，有仙则名；水不在深，有龙则灵。" Quoted by scholars of all ages, we put it into English, it is "The fame of a mountain lies not in the height of it but in whether there are immortals in it. The spirit of the water lies not in the depth of it but in whether there is a dragon in it". The two peaks in front of us, standing opposite each other, form a gate, known as the Dragon Gate. Paying attention to the dip in the middle, you will discover a big secret. This is the aforementioned crater. Around 121 million years ago, the lava oozed out from this point.

Mast Peak

Now, ladies and gentlemen, "the Shears Peak" have completely vanished, replaced by a mast towering approximately 200 meters high. The "boat" is ready for

your departure. However, before you leave, allow me to show you one more view.

Dalongqiu Waterfall

When people mention waterfalls, famous ones like Niagara Falls in North America and the Huangguoshu Waterfalls in Guizhou come to mind, known for their width. However, when it comes to sheer drop height, the Dalongqiu Waterfall surpasses both Niagara and Huangguoshu. As one of the four largest waterfalls in China, it boasts a descent of 197 meters. The waterfall originates from Baigangjian Peak and cascades down Lianyunzhang Cliff like a gentle ribbon. When the water flow is abundant, it thunders all the way down to the Dragon Pond. During times of lower flow, it transforms into mist before reaching the pod. This phenomenon is eloquently described in a poem written by poet Yuan Mei in the Qing Dynasty."From the cliff high as the sky, the water starts to fly. Within a drop of five meters, the fall remains still a water-column, but from ten meters downward, it spreads all into droplets. When it goes hundreds of meters down, you can't tell neither it is smoke, cloud, fog nor mist."

The Dalongqiu Waterfall is beautiful, and the beauty lies in its seasonal variations. In spring, it is charming. In summer, it is majestic. In autumn, it is plain and in winter, it is cool and clear.

The beauty of the Dalongqiu Waterfall also lies in its cultural significance, as numerous scholars and artists have visited throughout the centuries, leaving behind humanistic stories and valuable inscriptions.

Guanpu Pavillion/Wanggui Pavillion

Lastly, let's take a look at the two special pavilions on the sides. One is Guanpu (Watching the Waterfall) Pavilion and the other is Wanggui (Forgetting to Return) Pavilion. The former is where Nakula, the Forefather of Mt. Yandangshan, passed away while listening to the waterfall. On the posts of both pavilions, you will find couplets written by master calligraphers or painters like Sha Menghai and Zhou Changgu. You can enjoy the abundant and profound cultural connotation of the couplets on the pavilions while watching the wonderful waterfall landscape.

Ladies and gentlemen, time goes so quickly and your trip to Mt. Yandangshan is drawing to a close. This afternoon you will be leaving Mt. Yandangshan by high-speed rail. Parting is so sweet sorrow, happy to meet, sorry to depart and happy to meet you again. Before we part, I would like to express my gratitude for your co-operation, friendliness, and understanding throughout your visit to Mt.Yandangshan. In these three days, you have visited the four most important scenic areas of this mountain, including Lingfeng Peaks, Lingyan Rock, Dalongqiu Waterfall and Fangdong Cave. I think you have touched by your heart and enjoyed with your eyes the exotic geological landscapes, abundant cultural sites, the fresh air and delicious food as well. Hope the Mt. Yandangshan will give you a deeply impression.

Friendship is not one-sided but reciprocated, and it always benefits. The point is that we should treasure our friendship and the experiences shared. You are always welcome to visit Mt. Yandangshan at any time of the year, and may it become your personal sanctuary beyond your home and workplace. I will be here, eagerly waiting for your return.

And may the road rise to meet you, may the wind be always at your back, may the rain fall softly upon your fields, may the sun shine warmly upon your face, and until we meet again at Mt.Yandangshan, may you have safe travels and all the best. Bon-Voyage!

大龙湫景区（含沿途）

> **导游内容（仅列重要景点）：**
>
> 景区概况—马鞍岭—华严岭古道—龙湫院—雁山茗—地质考察点—剪刀峰—龙门—大龙湫瀑布—连云嶂摩崖题记—张大千、潘天寿等作大龙湫图实景地—忘归亭—龙壑轩—能仁寺—竺摩法师纪念馆—雁荡山茶文化馆—丹芳岭古道—筋竹涧

【景区概况】各位游客朋友，大家好！今天上午我们将游览著名的大龙湫景区，从雁荡山动车站到大龙湫景区大约20分钟车程，现在我简单介绍一下大龙湫景区的基本概况。

大龙湫景区东起马鞍岭，西至桐岭，南起筋竹涧口，北至龙湫背，总面积28平方千米。龙湫以前也叫作灵湫，与灵峰、灵岩并列，龙湫的"湫"字不是瀑布，而是水潭或水池，因此龙湫通常不是指瀑布，而是指瀑布泻下来在水面上形成的游龙状的水花。当晴空万里时，万丈光芒映照瀑布会形成五光十色的美丽彩虹，并且有时候会在水面上升腾起金光闪闪的彩色游龙，这也是大龙湫最神奇之处，不过需要特定的时间节点与时令气候。2009年8月的一天下午，我在陪同韩国HANATOUR旅行商采风大龙湫景区时，曾目睹此神奇景观，时间持续也就几十秒钟，转瞬即逝。龙湫飞瀑与灵峰夜景、灵岩飞渡并称为"雁荡三绝"。假如说灵岩是雁荡山的明庭，那么大龙湫就是雁荡山的明眸。游山如读史，游水若赋诗，大龙湫在雁荡山的重要地位，不仅是因山水之美，更多地体现在厚重的历史文脉。在这里，山水诗的鼻祖谢灵运创作了《从斤竹涧越岭溪行》，有开山祖师印度僧诺矩罗率300名弟子飞锡龙湫的美丽传

大龙湫景区（含沿途）

说。相传印度高僧诺矩罗率300弟子来雁荡山，后在大龙湫观瀑坐化，成为雁荡山开山师祖。在雁荡山的"十八古刹"中，大龙湫景区就有七座。人们常说看当代的雁荡山，灵峰夜景是不能不看的；看近代的雁荡山，灵岩景区是不能不看的；而要看千年之前的雁荡山，大龙湫景区是不能不看的。1937年秋初，著名学者、北大校长蔡元培来游雁荡山，在题《大龙湫》诗中写道："天台之瀑以大胜，雁荡之瀑以长优。天下之瀑十有九，最好唯有大龙湫。"

看大龙湫和其他景区不同，如果只是到此一游，一般游客往往只游览大龙湫景区中剪刀峰至大龙湫瀑布一段，即使有的游客再到能仁寺、筋竹涧去访古探幽，仍难游遍大龙湫全景，难免留有诸多遗憾。其实游大龙湫需要了解大龙湫景区的山水全貌和历史文化。马鞍岭、丹芳岭、西岭和大龙湫瀑布之间的山谷，旧时称"西内谷"。全景区以大龙湫瀑布为主景，以大龙湫瀑布上下溪流为轴线，以西内谷为主腹地，构成了以观瀑玩水为主的景观特色。如果我们以大龙湫瀑布为起点，大龙湫瀑布之上有湫背潭、龙溜、茶园、竹园，并可溯源至凌云尖、百岗尖，古时候还有"白云院""云静庵"等庙宇。大龙湫瀑布之下的溪流为"锦溪"，锦溪东面有化城嶂、千佛峰、常云峰、石城嶂，西面有芙蓉峰、诵经岩、华严岭、西岭、蟒蛇岩等景观。在这些奇峰叠嶂之间，古时寺院可谓星罗棋布，溪东有"普明寺""天柱寺"，溪西有"罗汉寺""华严寺""瑞鹿寺"。锦溪南流至能仁寺前，称为照胆溪，溪畔有燕尾瀑、雁荡毛峰茶叶科普馆。照胆溪两边有火焰峰、戴辰峰诸景和能仁寺、飞泉寺等古迹。照胆溪东下雁渡堤称"经行峡"。经行峡下游便是筋竹涧。现在，我们游览大龙湫，东来的游客过马鞍岭隧道，沿锦溪边而上，西来的游客过桐岭入大龙湫。过去游大龙湫，多数是翻丹芳岭过能仁寺再到大龙湫，特别是唐宋时期。因此，雁荡山开山之初，最热闹的是大龙湫，诗文中也常见"龙湫"与"雁荡"相对，可见其位置之重。

【雁荡镇白溪街】各位游客，现在我们经过雁荡镇的这条街叫白溪街。白溪水源出雁荡山东谷，经白溪街村北部入海，白溪街村因溪而得名。白溪街分老街与新街，白溪老街是历史上商贸繁华的街市。历史上雁荡镇附近是没有山货交易市场的。白溪街市始于北宋，当时在白溪驿附近设有村店，附近农民把农副产品拿到这里进行交易，逐渐形成街市，每日上午集市，称为"草市"。而街市所在的这条老街，便成了方圆百里最热闹的地方。曾经的白溪老街是

石板小路，青瓦石墙，街道两旁的木屋、木楼，一间紧挨着一间，一幢紧靠着一幢。那弯弯曲曲的街道，那鳞次栉比的店铺，那古色古香的门匾，那斑驳陆离的墙面，还有那屋顶上疯长的瓦松……它们组合在一起，如同一幅江南水墨画，意境深远，耐人寻味。现在白溪老街上还有老面馆、老药铺、糕点铺、米酒铺、布店、裁缝铺等。远近村民总习惯来白溪老街逛逛，喝一碗豆浆，吃一碗海鲜面。白溪新街两边是雁荡小镇，各类酒店餐馆非常繁盛。

【雁山路】各位游客，我们的车子现在行进的道路是雁山路，大家看前方有一座条石砌筑的门台，上面镌刻着"雁荡山"三个大字，两边楹柱上镌刻着现代著名美术教育家潘天寿的一副对联："四壁岩花开太古，一行雁字写初秋。"背面镌刻的是晚清乐清长林场盐课大使江湜题《大龙湫图》联句："欲写龙湫难着笔，不游雁荡是虚生。"为西泠印社社长、现代书法泰斗沙孟海书写。

车子左侧的这条路叫振松路，直通傍白溪而行的松垟大道、雁荡山博物馆、雁荡山研学基地。现在经过的这个村是松垟村，历史上松林郁茂，雁山路与松垟路是该村的主要道路，雁山路与松垟路沿线有很多酒店客栈、民宿餐馆。不少外地旅游者喜欢来这里下榻，品尝雁荡山的海鲜美食、土特风味。

【松垟路廊】各位游客朋友，左边这座建筑古朴、三间木石结构的路廊初建于清代中期，以前从白溪老街去雁荡山景区的道路从中间穿过，南侧有古香樟树一株，前几年路廊修缮之后，通行道路改从路廊的南面与北侧经过。路廊是长亭乡土建筑的一种形式，浙闽交界的泰顺、庆元、屏南等地跨溪流而建的廊桥也是长亭乡土建筑的一种形式，也有些路廊建在驿道旁边，同间面朝道路。历史上温州各地乡村几乎村村都有路廊，有些路廊还兼具南什杂货销售、义茶或伏茶供应，一般路廊都有"美人靠"供远道而来的客商歇坐纳凉、躲风避雨。我们通常说"十里一长亭、五里一短亭"，以前当地村民还在路廊的柱子上挂着草鞋，供长途跋涉的旅客取用。当地村民农闲时或者晚饭后也喜欢到路廊坐坐聊聊，俗谚有"坐路廊头，讲闲白文"。据说松垟村曾经有三座路廊，现仅存此处。左侧的桥过去便是雁荡山旅游集散中心、建国度假酒店。

【雁荡山响岭头酒店群】各位游客，现在我们经过的村庄就是响岭头村，是雁荡山四座景中村之一，现代著名画家李可染曾在此画有《雁荡山下村舍》，他还有以响岭头村与灵峰景区相融的名作《雁荡山》图。响岭头目前也是雁荡山三大民宿集聚区之一，是雁荡山酒店客栈比较集聚的村落。比较著名的酒店有雁荡宾馆、芙蓉宾馆、银鹰山庄、花园酒店、朴格酒店、雁荡山山庄、银苑饭店、雁旅饭店，久负盛名的朝阳山庄年久失修，现在已经拆了重建。雁荡宾馆的旁边就是著名的响岭头休闲步行街，路两侧集聚了上百家民宿客栈与餐馆商店。响岭头村的民宿客栈除步行街之外，主要集聚分布在朝阳洞口、谢公岭脚，其中比较有品位的民宿有从前慢、静凡居、客堂间、君安里等。

【雁荡宾馆】雁荡宾馆是雁荡山颇负盛名的酒店。雁荡宾馆的前身是1934年温州实业银行在原雁荡中学旧址创办的雁山旅社，曾接待广东旅行团等。当时雁荡山有竹轿140余副、黄包车数十辆，作为游雁荡山的辅助交通工具，由雁山旅社调用，并于1935年建立人数达300名的雁荡山轿车夫工会。1937年2月，著名画家张大千、谢稚柳、黄君璧、方介堪、于非闇等来游雁荡山，曾住宿在雁山旅社与雁影山房。卢沟桥事变之后，雁山旅社停办，雁荡山建设委员会也停止办公。1958年秋，雁荡山各寺院庵堂僧尼道人集体创办雁荡山福利旅社，以灵峰寺为主社，灵岩寺、北斗洞、白云庵、罗汉寺、龙湫院等各处皆设分店，接待游客膳宿。1959年9月，雁荡山管理委员会筹建雁荡山招待所，于国庆节期间开业，总所设在灵峰寺，在灵岩寺设分所，后雁荡山招待所迁建于响岭头，改称响岭饭店。1960年春节，雁荡山招待所正式对外营业。1964年5月14日，郭沫若来游雁荡，下榻灵峰招待所。同年中共温州地委在灵岩景区小锦屏峰下建房舍一幢，归雁荡山招待所使用，作为接待首长和贵宾之用。1981年春，雁荡山管理局在上松垟村建成管理局招待所并对外营业。1982年以来，三折瀑招待所、雁荡中学招待所、雁荡林场招待所、雁湖林场招待所分所、白云餐馆、苍松楼旅社、灵秀楼旅馆、朝阳山庄等先后建成开业。1983年灵峰招待所改名灵峰饭店，1986年又在响岭头建成芙蓉宾馆、银鹰山庄。1987年4月，雁荡山招待所（响岭饭店）改建后，改称雁荡宾馆，店名由郭沫若题写。2004年11月16日至12月中旬，《神雕侠侣》在雁荡山拍摄外景，导演、演员共200多人入住雁荡宾馆；2005年1月中下旬电视纪录片《大山的女儿》在雁荡山拍摄外景期间，演员全部入住雁荡宾馆。

2023年3月，雁荡宾馆开始与全季酒店管理公司合作，改造成为全季最新版的酒店。全季酒店是华住酒店集团旗下高端酒店品牌，是国内第一家多品牌的连锁酒店管理集团，全球酒店12强。2010年3月26日，"华住酒店集团"的前身"汉庭酒店集团"（NASDAQ：HTHT）在纳斯达克成功上市。全季酒

店秉承传统文化中的"五德"——温、良、恭、俭、让的理念。全季酒店共有132间客房、1个雁山宴大厅与12间餐饮包厢,雁山宴主推雁荡山乡土山珍与特色海鲜,既可承接婚宴,也提供经济小吃等各式餐饮,是各地旅游者青睐的雁荡山美食体验场所。雁荡山全季酒店坐落于雁荡山国家级风景名胜区中心地段——响岭街,交通便利,环境清幽,是休闲度假、会务雅集、研学疗养的首选之地。

【浮生半日茶馆】偷得浮生半日闲,且喜人在草木间。雁山有五珍,"雁茗"即雁荡毛峰茶,素居其首。古往今来,凡是来雁荡山旅游观光的人,在游山之余,定会寻一处幽静之地,浅饮一盏清茶,不觉间,齿颊生津,一身疲累顿消。响岭头有一家叫"浮生半日"的小茶馆,位于灵峰路30号,与通往灵峰景区的道路隔一溪流水,修竹掩门,清雅有致,因主人只在午后才姗姗来店,慢升炉、轻煮茶,故起名"浮生半日"。小茶馆的主人,一个素手布衣的雁山年轻女子,痴迷并研习中国传统茶艺十余年,既能随时随地泡野茶,又能细研慢琢宋式点茶,其性情淡然,温婉又率真,从来不以混"茶圈"为荣,只做自己喜欢的事而安居一隅,从其微信签名"借茶修为,以茶养德"这句话中,便可窥其一斑,她被誉为雁山最低调的茶苑仙女。

【山李咖啡】雁荡山有一家不起眼的山李咖啡馆,位于响岭头村灵峰路81号(朝阳洞口停车场斜对面),是年轻人在自己家开设的夫妻店,老板姓李,家又在山里,故名"山李咖啡"。该咖啡店装修风格以满墙复古绿为主色调,搭配木质门窗桌椅,复古花色地砖,角角落落看得出都是精心布置,小小院子也堆满了绿植。点上一杯咖啡,坐窗口听着风铃声,放眼望去便是壮观的万象嶂,特别是雨天,山间云雾缭绕,数十道飞瀑直流,甚是惬意。店虽小,时常会聚满文艺青年们茶谭清淡,其与众不同处不在咖啡本身,而是这家男女主人有趣的灵魂,热情又好客。女主人爱好摄影,喜欢给山里的仙女们拍拍山水自然之间的美照,曾为雁荡山公众号提供了无数影像。男主人聪明勤奋,爱好机车,交得众多摩友,院子里时常一群摩友一排机车,一边品着咖啡一边聊着聊不完的骑行趣事。总之,山李咖啡是一家有趣味、有温度的咖啡馆。

现在响岭头沿街有许多早点或夜宵小吃值得体验,如佬香馄饨店的馄饨、饺子、长排面条,雁旅蓝山咖啡、星巴克咖啡、雁旅肯德基,等等。

【雁荡中学旧址】现在我们右侧是抗战时期淮南中学、杭州私立宗文中学、瓯海中学雁荡分部的旧址，后来一直是雁荡中学的校园所在地，前几年因雁荡中学迁建，这里基本上成为雁荡山文化广场用地。

现在我简单介绍一下抗战时期雁荡山办学的历史。1938年3月，日本军舰入侵瓯江口，飞机投弹，炮轰黄华、岐头、磐石等地，战火烧遍乐清全境。当时乐清西乡平原地区学校几乎无法上课，纷纷将学生遣散。1937年12月，杭州沦陷，杭州私立宗文初级中学被迫停课，学生分散到温州、台州各地学校求学，更多学生因此失学。是时，大荆的仇岳希、白溪的吴子卿与宗文初级中学校长钟毓龙是旧同事，于是请钟校长来雁荡山办学。1938年秋，宗文中学在雁荡招生，租赁雁山旅社（后雁荡中学校园）作为本部，用作办公用房和部分教师宿舍；租借北斗洞道观和净名寺作分部。这学期分部招新生3个班，春招2个班。随着学生人数的增加，原租赁的房屋不够，再租赁灵岩寺及雁荡旅馆为分部，添做学生宿舍，天井搭大茅棚暂作教室。到1940年，宗文中学共有教师26人，10个班级（大荆6个班，净名、灵岩各2个班），学生444人，毕业学生四届。学生除乐清本县外，其他来自温州、玉环、温岭、黄岩等地。

1941年春，因各种原因，宗文雁荡中学停办，部分学生归并建德宗文中学分部。宗文中学迁走后，大荆仇约三等人于1941年春，商议创办私立雁荡战时初级中学，地点在雁荡山净名寺，招生6个班，200余名学生，教师约20人，首任校长郑以真。根据《浙江省教育厅战时高、初中学生补习学校办法》"补习学校独立设置者以专办初中为原则"的规定，学校改为"私立雁荡战时初级中学生补习学校"。到了1942年6月20日，浙江省教育厅接教育部电函要求改名雁荡中学为淮南中学，以纪念张淮南。征询该校校董会同意，改"私立雁荡战时初级中学生补习学校"为"乐清县私立淮南中学"。1944年秋，日寇进犯乐清西乡，乐清又一次沦陷，乐清县政府迁到虹桥区黄塘的寿昌寺，乐清师范随县府东迁，先抵黄塘，再迁至雁荡山。初至雁荡山，借用灵岩寺和雁荡旅馆为临时校舍，1945年上半年转迁于灵峰，借灵峰禅寺（今林曦明艺术馆）、北斗洞、白云庵、紫竹林等处为校舍。校长俞天民，是一代词宗夏承焘先生的学生，恰巧夏承焘先生也从浙江大学避乱到乐清南阳吴天五先生家，住在"来禅楼"。当时乐清师范缺国文教师，俞校长亲自到"来禅楼"敦请这位学海名师。夏承焘先生作《鹧鸪天·雁荡山中诸生迎予至灵岩》："丘壑招邀仗故人，正愁归梦堕胡尘。林峦劫外家家好，陶谢心头字字真。闲粥饭，谢沙

门。流离尚有舌堪扪。救饥援溺看谁验,待唤牛翁细讨论。"夏承焘先生除在师范上课外,也经常应邀到雁荡山淮南中学、瓯海中学雁荡分部演讲。私立乐成初中学生补习学校(为当时县城唯一一所中学,1941年已有6个班,300多名学生)也于同年迁至芙蓉,次年4月转迁至雁荡山,与瓯海中学分校联合上课,直至抗战胜利,迁回乐清白鹤寺。1945年3月,该校校长赵烈(竞南)先生在虹桥惨遭日军杀害。

1945年9月,乐清县私立淮南中学学校正式批准命名为淮南中学,1949年5月改名为雁荡中学。瓯海中学在温州城区第三次沦陷,迁永嘉瞿溪(今属瓯海区)上课。1945年春,瓯海中学在雁荡山灵岩寺设立分部,有高中6个班,初中6个班,分春招班、秋招班,共有学生300多人,教职工28人,校长谷旸(谷寅侯)驻本部瞿溪,雁荡分部主任方宗苞(字式溪)负责常务。1945年6月,日寇撤退,瓯海中学瞿溪本部和乐清分部于8月间迁回温州九山原校。

【雁山书院】各位游客朋友,车子右侧的建筑是前几年新建的雁山书院,作为中国艺术写生基地、中国美术学院乡土学院。大门口岩石上镌刻的"雁山书院"四字是原中国美术学院院长、中国美术学院学术委员会主任、中国美协副主席许江教授题写。庭院式建筑空间分上下两层,启门入内,静闻琴声,临窗盘坐,焚香插花,悦读品茗;信步内庭,茶座画廊,品赏茶艺、自在观画。建筑中间有一水池,可以临流赋诗、清沼赏鱼。推开小门,内设展厅,可休闲雅聚、座谈交流等。2023年5月31日,"当米兰遇上温州"中国意大利艺术家雁荡山采风写生交流座谈;11月5日,"艺汇丝路"亚洲知名画家访华采风创作活动闭幕成果展示暨中外艺术家研讨交流活动等均在这里举行。雁山书院西面的峡谷内有著名的石井潭景观,山间溪涧内有一水深幽碧的深潭掩映在茂密的森林植被之中,若隐若现。前人曾写有《石井潭记》作为记录。

【雁荡山革命烈士墓】各位游客朋友,车子右侧的建筑就是雁荡山革命烈士墓,位于三折瀑景区与净名谷景区之间,背靠狮子山,前临碧玉溪,东西两侧有三折瀑和铁城山之水分流左右,形成三面绿水、四壁青山的幽静环境。1953年,中共乐清县委为纪念五四以来牺牲的革命烈士而建。三折瀑景区入口即在烈士墓围墙外侧,顺溪流而上,依次可游下折瀑、中折瀑、上折瀑景区,右侧可以顺古时当地村民砍柴的小道通往朝阳洞背与灵峰景区,左侧可顺山上石砌古道通往净名谷景区。

【净名谷口老猴披衣岩、灵鹫峰、龙头岩、铁城嶂】各位游客，现在车子右侧有一处峡谷，就是雁荡山闻名遐迩的净名谷，因净名寺而得名。净名初月是雁山十景之一。现在大家看到右侧净名谷口右侧廖花嶂外侧有一老猴披衣岩，著名画家潘天寿曾专门画了此景。老猴披衣峰内侧往上分别有伏牛峰，数峰相连，前方高、后方低，中间呈弧形凹下。前方高的岩体轮廓线形似牛的额头、鼻梁、嘴巴，整体形状如一头巨大的水牛面向东南方向坑口俯卧。蓼花嶂下净名寺对面山脊上，一高耸的巨岩，呈深赭色，南高北低，如一只体形硕大的秃鹫雄视南方，这就是灵鹫峰，随着旅游者观赏位置或角度的变化，分别呈现灵猴、卷螺、鹰嘴等形状。净名寺对面右前方南山峰体呈上下两截，状如一尊半身的侧面人像，下半截峰体雄壮，上半截略小，形如古代裹有头巾的士人，当地人称石居士或龙头岩，净名寺的僧人们则称之为大佛峰。

净名寺往里便是雁荡山国家森林公园。净名寺后面崖壁上有宋代以来摩崖石刻题记20余处，右侧壁立如屏的悬崖即是颇负盛名的铁城嶂。1937年春，四川张大千、山东于非闇、江苏谢稚柳、广东黄君璧在参加第二次美展之际，相会南京，遂同赴东瓯雁荡山游览。时任乐清县县长张玉麟出纸墨索画，张大千游兴颇浓，挥毫立就铁城嶂泼墨山水，因旅途均未携印章，即由陪同游览方介堪立镌"东西南北之人"一章以应急，盖四人籍隶东西南北。张玉麟题《顾一樵丹青引赠张大千先生》诗，对"东西南北之人"作了生动的介绍，迄今仍传为佳话。

【净名禅悦】右边的院落式建筑名净名禅悦，意为让人清净、愉悦的地方。温柔婉约，山石树木，青松绿苔；曲径通幽处，处处匠心独运，高树矮丛交相辉映，清幽而宁静。这座由雁荡山千年古刹净名寺的显宝法师和祖成法师精心打造的宋式小院，以禅修、禅茶、素食等方式，让游客体验禅悦、放松心灵。缓步徐行在雁荡山间，清和之风、清明之雨，让万物皆清洁而明净。走进净名禅悦，600平方米的空间小巧而精致，孤寂而玄妙，抽象而深邃，背靠着林木葱茏的奇峰异石，佳景天成，可谓名山当户翠为屏。到了夜晚，月亮挂上树梢，月色中的禅院则更显幽静。曙月落松翠，石泉流梵声，吸引了不少住在附近民宿村的游客庭前信步。"净名禅境"在设计时，巧用减法，摒弃繁复的园林布景，选用常绿树、苔藓、沙土、砾石等元素，营造枯山水庭园，达到简

朴、清宁的禅意境界。两个彼此独立的小院子呈现出两种风格。一种是祖成法师的枯山水，另一种是显宝法师的菜园。在显宝法师看来，真正的禅意是回归自然、回归生活。篱笆墙、菜园、茅草屋，在小院内看炊烟袅袅，同时也考虑到现实情况，为防御台风，院门口用了比较厚重的瓦当。院中的踩踏石都是在小溪中就地取材，几十块景观石则选用雁荡山山边有岁月痕迹的石头。每天清晨，祖成法师会抽出一两个小时打理小院。她先用耙子整理黑砾石，平整的状态代表平静的水面，再用耙子给黑砂石做造型。而后浇水、割草、养护苔藓，希望把最好的状态呈现给游客。净名禅悦依托雁荡山的自然人文资源，经常组织茶会雅集、禅修静心、修行体验、禅意插花、文化分享、音乐交流等活动，让游客在这里能充分感受传统技艺与禅修文化的创意相融，体验奇秀雁荡深厚的文化底蕴。

【响岩】现在我们车子行进在两山并立成门的道路，这里就是雁荡山响岩门，位于响岩与云霞嶂之间。在溪涧对岸有一块巨大的崖石，高30多米，用石块敲击，会发出"砰砰砰"的响声，故名响岩。云霞嶂面对响岩，因嶂色灿若云霞而得名。嶂间有洞叫霞嶂洞，洞宽而浅。雨后，洞顶有水珠如雪花随风飘洒，因名雪花开。明张佳胤诗云："何如长啸当空谷，万窍俱成鸾凤音。"现在请各位朋友看崖壁上"响岩"两字摩崖题刻，高约2米、宽38米，自右而左，行书，横写，字迹清晰，左面落款因岩面风化剥蚀，不易辨认，"盛"字下应该是"配"字。盛配，字山带，温岭人，抗日战争初期，杭州宗文中学迁移雁荡山，盛配任语文教师，因而筑精舍于响岩之巅而居，俯瞰山川，颐养性情，此摩崖为盛配执教宗文中学时题刻。

雁荡山响岩门处的星宿花海进入盛花期，30余亩硫华菊、千日红、百日菊等各色花卉陆续盛开，彩蝶飞舞、蜜蜂忙碌，映衬着青翠山色，引来众多游人观赏打卡。星宿花海是2023年启动的雁荡山"重振雄风三年行动计划"核心景区道路沿线景观提升工程之一，也是迎杭州亚运会的亮点工程。

【美女绣罗、石相岩】在云霞嶂旁向西侧看，在响岩门北侧的山脊上，一岩体形细长，状如一位少女在引针刺绣，故名"美女绣罗"，而当你站在响岩门内看时，此岩形状又如一位身穿铠甲的武士，故又称"石相岩"。

【朝天鲤、听诗叟】响岩门内500米回望，仰头观看，可见山脊一石酷似鲤鱼朝天，名"朝天鲤"。"朝天鲤"西侧，两石并立，仿佛二仙对谈，名"二仙谈诗"，边上一石特立，酷似一位面容清癯的老者，侧耳倚立崖巅，故名"听诗叟"。

【西谷里、月轮崖】各位游客，现在车子右侧窗外是雁荡山工人疗养院——灵湫酒店。酒店后的山谷是西庵里，宋代曾在这里建有西庵寺院，现仅存遗址。高处天柱峰北面陡峭险峻的是摩霄嶂，摩霄嶂顶上是景天湖，又称仰天窝。从谷底顺溪涧边的便道登山，不时可见串串红色呈椭圆形的野果，右侧山上有鸳鸯峰、石笋峰，有古道经仰天湖通往灵岩景区，顺古道往左往南走100余米便到了造型奇特的月轮崖，崖壁底部有现代著名文学家夏承焘的墓地，墓是从崖壁间凿出来的。

"一代词宗"夏承焘对雁荡山情有独钟，称之为"家山"，多次在诗文中表达归隐雁荡之意。据《夏承焘年谱》记载，夏承焘在雁荡山期间，和灵岩寺住持成圆上人交往密切，曾应邀帮助编辑灵岩寺藏经目录。1986年5月，夏承焘在北京逝世后，夫人吴无闻遵照夏公遗愿，托族亲费尽心思在紫霄嶂南麓的月轮崖壁间凿穴立碑，安葬游柔庄夫人和夏公部分骨灰，亲自手书"月轮楼夫妇墓"，墓碑上镌刻着夏承焘手书的《紫霄曲》："屏开霞绮，有银河倒挂，家山画里。此生归兴属灵岩，何意扁舟梦西子。猿公教我，乞紫霞片席，好安顿、吟魂稳睡。五车身后且休论，一壑自专聊窃比。"不但赞美了雁荡山的如画景色，也表达了他期望安顿雁荡山的心境，为雁荡山增添了一道人文景观。

【小剪刀峰、瓢饮谷】各位游客朋友，车子右前方有一座状如石笋拔地而起，不依附于方洞悬崖绝壁的小山峰，当地人习称小剪刀峰。小剪刀峰过去，右边有一条岔道顺着大鼋坑（俗称吴家坑）上山通往方洞景区、雁荡山最高峰百岗尖。小剪刀峰外侧东面有一片凹进去的山坳，称为瓢饮谷，又称乌洞谷，内侧有一挂穿弧形从崖壁倾泻而下的瀑布。早期的雁荡山"山间人事，日就衰落，琳宫梵宇，触目荒凉"，于是当地的一位建设者"雁山抱磊落欹奇之慨，怀清拔幽寂之致"，立志振兴雁荡山。为增添雁荡山景观数量，他特意从灵岩村一吴姓山农处购得乌洞，后将此荒芜之地加以整修，外侧曾建有房子，以增添雁荡山游览景观。与此同时，他还大打名人牌，曾邀游张元济、蒋维乔、康有为、黄宾虹、黄炎培等数十批次贤达来雁荡山旅游，并无微不至地盛情招待，"凡所游览，皆君为预计表而说明之；登高临深，君扶之掖之，无须臾暇。君豪于饮，兴酣言论摇五岳。时或舟行客眠，而君方独醒防盗；余等或醒而起，君乃解衣当风而舁"。这些社会名流游览雁荡山之后，留下了大量的诗词字画，给雁荡山增添了一笔宝贵的无形资产，极大地提高了雁荡山的知名度与美誉度。《雁荡质疑》一文中记录多年来雁荡山经营种种及变化："昔谢康乐守永嘉时，辟奇境殆尽，而雁荡无与焉……游客少，香火绝。名胜古迹，逐渐颓废。非但无建设之希望，即求其暂保本来之面目而不可。则蓁莽荒芜，不能入胜。今日之中国内政不修，民财日蹙，欲于深山穷谷之中，立呈兴盛之象，本非易事。惟雁荡自二十年来则颇有振作气。计民国二年（1913）道人蒋宗松兴北斗洞，五年阮石泉兴长春洞，七年舍弟季哲起屏霞庐，七年僧良德兴观音洞，十一年僧成圆兴灵岩寺，同年僧了恩兴罗汉寺，十二年又化兴能仁寺……现在游客戾止，则到处可以栖宿。大多数之游客，则灵岩寺、净名寺、罗汉寺、能仁寺、北斗洞、南碧霄等皆可宿也。"

【百岗尖】各位游客，右侧矗立的山峰就是玉霄峰，当地人也称观音峰，越过玉霄峰那边最高顶就是雁荡山海拔1108米的百岗尖。百岗尖也是雁荡山最早看到日出的地方，百岗日出、百岗云海、百岗冰凌为雁荡山绝景。百岗尖又称百岗三尖，分别是东面乌岩尖、中间百岗尖、北面凌云尖，其实西面还有白云尖，以百岗尖海拔最高，顶上有户外驴友们堆叠的石碓，凌云尖上有高耸云天的云碑石。徐霞客在明崇祯五年（1632）三游雁荡山时，在罗汉寺卧云师父陪同下登上百岗尖与凌云尖，其《游雁荡山后记》中曾写道："而观音、常云二峰正当其下，已伏杖履下，惟北峰若负扆然，犹屏立于后，北上二里，一脊平峙，狭如亘墙昂起，北颓然而下，即南阁溪横流界，不若南面之环互矣。余从东颠跻西顶，倏踯躅声大起，则骇鹿数十头也。其北一峰，中剖若斧劈……从此再西，则石脊中断，峰亦渐下，西北眺雁湖，愈远愈下……"随着运动休闲旅游的发展，雁荡山穿越乌岩尖、百岗尖、凌云尖、雁湖尖的四尖越野赛，颇受国内外户外运动爱好者的青睐，已成为雁荡山颇负盛名的一大休闲体育赛事。

【马鞍岭古道】各位游客，现在我们车子经过的村庄是灵岩村，这里有一位传统弓箭制作技艺非遗传承人、国家工艺品设计（二级）技师，名叫吴士全。他传承推广弓箭文化，是ACAC（射击俱乐部联赛）、APCC（室外射箭冠军联赛）等众多赛事的金牌获得者，也是一名射箭教练。2017年开创中华传统文化弓箭传习所，2019年在上海成立雁山道文化传媒公司，主要研究西方三指、东方拇指两种射法,研发制作射箭所用的弓箭、护指、扳指等器材,从事传统弓箭技艺传承公益推广项目。

前方就是历史上闻名遐迩的马鞍岭。右侧过溪涧有一条石头砌筑的盘山古道,就是天梯岭古道与马鞍岭古道。其实马鞍岭古道与天梯岭古道有很大一部分是重合的,因着马鞍岭隧道开通、开山采石,一条古道被折成了两段,从现在的通景公路内侧的古道登山,转过几个弯便到岭头的路廊遗址,过路廊遗址往下不远处就到了马鞍岭隧道的另一侧。从历史上马鞍岭古道起点登山,便会直接转到天梯岭,直通飞泉寺旧址与昆仑寺旧址,并可以转向环山古道、飞泉岭古道,继而到达能仁寺、经行峡、筋竹涧、四十九盘岭、西岭古道等地。历史上马鞍岭古道是从沿海到内地、雁东到雁西的驿道,也称官道,是雁荡山的交通要冲。现在开凿了隧道,虽给出行带来了方便,游客却不能再沿古道登岭览胜。站在岭上,环顾四周,石指峰、玉霄峰、玉屏峰、芙蓉峰等三嶂八峰尽收眼底,古人对此做了十分恰当的比喻:"及最高处,则此岭如大父,而众山皆儿孙绕膝;此岭如天阙,而众山皆大海波纹矣。"

【马鞍岭】各位游客,因为车子还在转弯爬坡,因此趁着这点时间,请大家坐好,并系好安全带,我简要给大家介绍一下马鞍岭。马鞍岭又名石城岭,是雁荡山腹地灵岩、大龙湫两大景区的分水岭,位于雁荡山石城嶂向南延伸的山脊两侧。明代朱谏(号荡南)在《雁山志》里写道:"马鞍岭,一名石城岭。在能仁寺东北五里许,逾岭至灵岩寺。岭背石,状如马鞍,故名。"清代施元孚也在《雁山志》里说:"马鞍岭,岭为东西谷中界,北有大石嶂,故又名石城。人行背上,一望十余里,皆丹峰翠巘,最为伟观。"旧时,马鞍岭以东称雁荡山的东内谷,以西则称西内谷。从东往西行,岭的起点是雁荡镇上灵岩村,终点为能仁村三官堂自然村,岭长1700米,海拔335米,相对高度160米。马鞍岭古道路宽2米,为块石路面,拼砌精细,石级规整。

马鞍岭最早见诸南宋淳熙五年(1178)乐清知县袁采的《雁山图序》一文,说明近850年前雁荡山已有马鞍岭的地名。但马鞍岭古道路况如何,是盘山泥路还是石块砌筑?今人已无法知晓了。不过有一点可以肯定,那就是本来从雁荡山外围白箬岭和筋竹岭经过的温台驿道,在南宋时,改从雁荡山腹地通过,而马鞍岭恰是必经之地。这样,马鞍岭古道也就成为温台驿道的一部分,道路的扩建或修建势在必行,所以,后世学者都认为,马鞍岭古道是在南宋建成的。

从上灵岩村的仁堂登山，古朴的石道在山林间蜿蜒盘旋而上。马鞍岭古道的起点是几个深嵌在溪流中的石矴。一条从山间迤逦而来的小溪流，观其所处的环境，应该是大鼋坑的支流。大鼋坑从马鞍岭北侧的雁荡山主峰百岗尖顺势而下，据说，当年在这条溪坑里曾有珍贵野生水生动物大鼋生活，因而得名。

过石矴前行不远，只见右边的山脊像一条黑色的大蛇在游动，雁荡山人称这条山脊为蛇冈。蛇冈顶端有一巨石，远看像一只朝天卧坐的猫，前足驻地，后腿打坐，神态栩栩如生，甚是可爱，当地人称之为"下山猫"。清代乐清知县何士循《朝天猫》诗曰："鸾凤栖迟在荆棘，无端鸡犬尽升天。猫儿也作飞天想，翘首茫茫只望天。"上山逾50米，见蛇冈旁有一岩石似乎往山上蹿去，如一只大老鼠，尖嘴短须，探头探脑，被称为"上山鼠"。清代袁枚在《望天猫》里写道："仙鼠飞上天，此猫心不许。意欲往擒之，望天如作语。"

马鞍岭古道两侧树高枝茂，石道大多掩映在茫茫林海中，据资料介绍，这里森林覆盖率已达90%以上，是绿色植物的天然储藏地。春天，桃李争妍，一路花香，玉兰花、山杏花白如飞雪，映山红、山茶花艳过流云；夏天，万木垂荫，林木如盖，香樟、枫杨、柳杉绿意盎然，浓荫蔽日；深秋，那间或在绿荫中的枫香、槭树、乌桕树叶绯红点点，层林尽染；寒冬，偶遇大雪降临，山峰白雪皑皑，树丛白里透绿，翠柏竞秀，傲梅含笑。而茂密的森林，多层次的林相，变化丰富的地形地貌，也是无数珍奇可爱的小动物生活、繁衍的天堂。在马鞍岭古道，一路上能看到野鸡、野兔、松鼠在岭上出没，画眉、黄莺、山雀、相思鸟于林中啼鸣，颇有一番热闹景象。

雁荡山最珍贵的野生动物猕猴就生活在这条岭右前方的玉霄峰脚下密林里。据考察发现，雁荡山的猕猴有两群，共20多只，它们分布在大龙湫背和观音峰侧茂密的阔叶林里，过着群居生活，平时喜欢在悬崖上活动。它们十分精灵、轻巧，遇到群集游人时，立即攀崖越壁，顷刻间跑得无影无踪。不过，猕猴也有单独活动的时候，在春季的早晨，有些猕猴常跃出茂林，到山农的耕地里嬉戏。

马鞍岭古道并不长，只需三四十分钟就可到达岭头。站在岭头，放眼望去，方洞栈道隐隐可见，百岗尖遥遥可及，玉霄峰气势巍峨雄伟，使人不由得赞叹大自然的鬼斧神工。

马鞍岭头有一座叫作息征亭的路廊遗址，息征亭是1932年由当时的浙江省政府建设，现已坍塌，匾额也无处可觅，唯有两端的石砌拱门墙还整齐完好。不过，亭中间靠南面的崖壁上，仍留有"共登青云梯"的摩崖题记，落款是"乙丑季秋马鞍岭蹬道工竣重游，宜兴徐麟祥题"。民国乙丑年即1925年，徐麟祥是当时的乐清县县长，可见马鞍岭是先修蹬道再建路廊的。

古人描绘马鞍岭的诗词非常多。据考证，历史上第一位诗吟马鞍岭的是南宋温州知府楼钥，他在《登马鞍岭》诗里写道："轧轧轻舆上马鞍，半天岚翠逼人寒。从教宿霭迷清嶂，明日晴空取意看。"从诗中看，此君是坐轿上去的，并没有认真看过马鞍岭周围的风光，所以，诗就写得不像他另一首《连云亭望海中诸山》那样想象丰富、大气磅礴。稍后，同朝代的乐清文人郭君举也在《观音岩》一诗中提到了马鞍岭，他写道："上问马鞍岭，奇峰应接频。遥看孤绝处，分现普陀身。纳月瓶泉冷，娇春柳黛新。却疑吴道子，貌出此岩真。"朱焯度的《马鞍岭》诗："朝游玉霄峰，策策屐一两。夕望石城山，昂昂如掉鞅。烟霭弄轻霏，松篁散清响。林密无疏荫，壑邃得幽赏。只手扪藤萝，危蹬力可上……"有意思的是，许多诗人都将马鞍岭描述得十分险峻而难以攀登，如吴稼竳的《度马鞍岭探灵岩》："悬蹬阻参错，峻岭何连绵！连绵不可穷，仰徙若攀天。草根结飞霞，树杪溜哀泉。俯从烟岚中，蔼蔼见平阡。来奇信已袭，去美惜不延。崇构何崷崒，列嶂相回环。巨石峙千级，荒藤蔓百年……"清代李銮宣（1758—1817）的《马鞍岭》诗："众山如奔马，此山扼其颠。横跨作马鞍，鞯鞯好似整。无数汗血驹，驭之不得骍。髟髟石蹬纤，步步松径引。攀折困难到，回眸陋前岭。迷漫雁湖水，天际淡云隐。大海杯罟宽，衣带一条影。罡风挟银湖，不复辨渔艇。左右群麓低，连绢眉黛靓。唯有常云峰，高压驮騄顶。"

一条其实并不怎么奇险、高崇的马鞍岭，在文人的游记散文里，被无限扩大、夸张到崇伟险绝的地步。如明代延陵人吴子孝在《大龙湫记》中写道："马鞍岭高十余里，曲十余折，其初上也，众山以渐而低，及最高处，则此岭如大父，而众山皆儿孙绕膝；此岭为天阙，而众山皆大海波纹矣。"明湖州嘉靖进士，后官至监察御史的慎蒙也说："一步一折，真为蛇行。其高峻比前岭又过之，削刻瑰诡，异状绝态，不可尽述。"

马鞍岭往三官堂方向的古道现只剩短短的一段，其余的都被马鞍岭隧道贯

通时新修的公路所侵吞。原先下坡的路上有许多古建筑,如雁荡山十八古刹中的普明寺和天柱寺。普明寺建于宋咸平三年(1000),1937年僧谛闲曾扩建。天柱寺距普明寺250米,宋太平兴国二年(977)初建,元代毁于兵燹,明代朱谏在天柱寺遗址建雁山书院,后其子朱守宣改为六贤祠,后人又改为七贤祠。这两座寺院都在熙宁元年(1068)由宋神宗赐过匾额。雁荡山有一首民谣流传,专说这十八古刹的:"本觉凌云到宝冠,能仁古塔上飞泉。普明罗汉石门里,瑞鹿华严天柱边。古洞灵峰真济并,灵岩霞嶂净名连。石梁不与双峰远,十八精兰绕雁巅。"朱谏创办雁山书院的举措,得到了时人的好评。正德进士、后官至吏部尚书的江西人夏言,就曾寄来贺诗:"闻君书院雁山中,却在西雁第几峰。何日青鞋访灵谷,白云端拜荡南翁。"黄岩人、南京礼部尚书兼翰林学士黄绾寄来《雁山书院七贤祠兼忆荡南》诗:"忆昔寻幽天柱日,茆茨户牗始经营。今看俎豆崇先贤,千古风流此谷中。"

各位游客,这里右侧有一条路通往山里,可到达雁荡山著名的民宿羊舍。

【常云峰、西石城嶂】各位游客,现在展现在大家右侧高处的山峰叫常云峰,峰高触天,因时常云雾缭绕,峰名常云。当地也有叫祥云峰、藏云峰的,因为在雁荡方言或温州式普通话里,常、祥、藏三字的发音相似。常云峰奇峰耸秀,怪石峥嵘,层峦叠嶂,树木葱茏。据传说,如有游人抱着至诚之心登山,弥漫全山的云雾会自行消退,因此又叫仙府山。唐宝历年间,温州刺史张又新《咏常云峰》诗云:"仙府灵岩莫漫登,彩云香雾昼常蒸。君能到此消尖虑,隐豹垂天亦为澄。"仙府山下面是西石城嶂。西石城嶂内有一处两山并立如门的地方,叫西峣阙,当地村民俗称"镬灶门"。西石城嶂底下有石城洞,又名兜率峒,兜率峒内曾建有祥云庵,也称将卓庵。

抗日战争时期,著名学者马一浮的入室弟子仇约三(1891—1967)曾隐居雁荡山祥云峰祥云庵。1940年,仇约三致马一浮《祥云庵记》:"曩者一夕,余忽梦之海上,见彼岸净土,极目无际,窃好之狂喜而觉,则为一梦。明日,黄君嘉修、胡君承乔自祥云峰来,告余以所遇,即余梦境也。黄君诸友请乩仙。仙曰:宜住祥云,皆不知其地。曰:观音峰之旁,马力(马鞍)山之附近。展舆图阅之,果有祥云峰者,即在雁山之中。按图而索,越山过岭,二日程,遂于龙湫、天柱之上得之。祥云,土人呼为藏云或火扇炉。此地四面山峰耸峙,天成魏阙。登群峦,观大海,海上云来朝于南阙之下而止,天上云来仁于北阙之上而止。日升于东阙，月上于西阙。而降大雪，四山皆白，惟此不冻；暴风撼山，惟此不受。其正位乎天地之交，得阴阳之中和者欤？祥云之名，信不虚也。山高路峻，寇不能入，游人罕有至者，可以安身。至于香洌之泉、云雾之茶、红煨之芋、肥绿之蕨，饮啄所须，无不备具，人间天上矣。既得山，问谁主，则为故人朱氏铎民、迪民兄弟所守祖业。山下盘古，良田美池，烟火数家，村民天柱，今有七贤祠。盖朱氏先世与友人读书处。朱氏以余世交，慨然以其地见借。余将与黄君嘉修、周君希平、胡君承乔、卢君重明五人者，结茅于此，以为共学之所。所学不必同，各求其志，亦无分于门户。余则每日读《论语》一章，余力学医种药，亦不计其年月，以毕吾志，不必其成功。将入山，奉书蜀中峨眉，乞湛师为题咏祥云，不知得如所请否？民国二十八年八月朔日。"

马一浮欣然挥毫命笔篆书"祥云庵"三字，款署"约三贤友属题，庚辰春蠲叟"，并附信："北崖得雁荡一峰曰'祥云'，将卓庵隐居，书来乞题，为作此以寄之。谢客寻山不到家，千山空自踏云霞。罗汉西来觅山住，遂传好事驱龙蛇。雁山久泄天池蕴，尚留丘壑贻樵隐。祥云五阙喜摇奇，披图忽觉云居近。一庵卓地临中阙，坐见双丸时出没。南峰插海北依辰，东是天根西月窟。虚空无尽出身云，普贤身是云中君。识心流注太古瀑，吞吐元气长氤氲。瀑流不住齐生灭，云起无心现分别。过梦来云悟等观，弥勒深肩弹指微。忆昔曾窥肘后方，山居养性君能详。但寻种药孙思邈，不羡还丹魏伯阳。绿葵紫藜看盈亩，相逢何必论罕有。湖水应怜劫后灰，辙还已类丧家狗。峨眉雪冷巫峡高，岷江瓯海不通潮。书来且喜家山在，云外蒲团早见抬。庚辰孟春蠲戏老人书于鸟儿山下濠上草堂。"

石城洞的朝向及周围的环境很适合茶叶生长，这里出产的茶叶名"斗窟茶"，色香味形俱佳，"斗窟茶"产量很少，芽细味浓，被誉为雁茗中的极品，明清时期曾作为朝廷贡品。石城洞右侧的山峰叫嵯峨峰，上面林木茂密。

【普明寺】车辆右侧坡上便是宋时雁荡山十八古刹之一的普明寺。《雁荡之游程·马鞍岭至大龙湫》一文中提到："南行里许为普明寺，更里许抵大锦溪。"普明寺原名普明院，又名普门寺、普明庵，雁荡山十八古刹之一，位于雁荡山核心区大龙湫景区能仁村镬心窝自然村西北山岭间，坐北朝南，右侧有两座一字形带院落的民居建筑。普明寺始建于北宋真宗咸平三年（1000），神宗熙宁元年（1068）赐额。南宋孝宗隆兴初（1163），永嘉学派创始人薛季宣入雁荡，作《雁荡山赋》，曰："指普明而回御，探龙窟于飞泉，勒马鞍而东之，望奇峯之隐天。"明代寺毁废。明代文学家陆深（1477—1544）在《雁山图记》中记载雁荡山，"西内谷有寺七：曰能仁、罗汉、飞泉、普明、天柱、华严、瑞鹿"。清乾隆五年（1740），天台齐周华游雁荡，过普明寺，时有瓦屋三间；乾隆三十三年（1768），浙闽总督崔应阶在《雁山行》诗中写道："普明天柱与华严，未能一一穷其往。"乾隆六十年（1795）重建。咸丰年间，乐清不食肉氏《普明寺》诗写道："能仁寺北一精蓝，曾额普明挹远岚。影入飞云穿壁口，声随走瀑近秋酣。残碑字可凭人认，喝棒禅应向佛参。岩上宝香风自透，诸天钟板合和南。"清末时期，普明寺曾归并灵岩寺，由灵岩寺僧功纯兼管。1922年，江苏金山寺僧静圆游雁荡山，作《普明寺》诗："我游普明寺，轧轧闻布机。何年大日山，不挂一丝衣。寒菜映户碧，枯桑临径飞。鸟鸣山更寂，日午烟逾微。汲涧自通竹，樵山傍猎围。经鱼斗室静，砧磨人间依。疏巾留客盥，紫罗摘瓜归。溪流任大锦，空色两俱非。"1935年，灵岩寺僧谛明重建普明寺，由尼释静莲、释谛如住持；1937年，成圆法师（1879—1945）奉天台宗祖师谛闲大师（1858—1932年）之命，扩建普明寺，有大殿3间，东厢房3间，西首有柴房2间，土木结构。近人《宿普明寺》诗曰："投宿普明寺，寒灯照室明。森森石嶂耸，决决锦溪鸣。村远山犬吠，更深星斗横。老尼做昏课，夜静木鱼清。"普明寺现住持为毕业于上海师范大学政治专业的正法师父，他主张佛教寺院是研究佛学的地方，而非烧香拜佛之处，因此普明寺基本上不做法事，也不以经营香蜡获取收入。2015年1月31日，普明寺新浪官方微博发布重修寺院倡议书；同年9月16日创办普明书店，雁荡山本觉书院名誉院长、原哈尔滨师范大学校长王佐书教授题写牌匾；同年9月19日，成立普明读书会。2017年4月22日，华东师范大学宗教与社会研究中心雁荡山实践基地在普明寺挂牌。

　　车子外侧有两座桥，分别是能仁桥、罗汉桥，过能仁桥可以到达能仁茶园、能仁寺、筋竹涧、四十九盘岭、西岭方道，过罗汉桥则通往罗汉寺、石门村、雁西村、芙蓉镇、岭底乡楠溪江等地风景名胜。

　　【罗汉寺】罗汉寺位于现在的芙蓉峰脚下的罗汉自然村。据清永嘉知县韩则愈《杂记》载，"罗汉寺为唐诺讵那芙蓉庵故址"。南朝梁大通元年丁未（527），《昭明文选》的作者、梁武帝萧衍的长子昭明太子萧统（501—531）在此建昭明禅寺。宋咸平二年（999）僧全了建罗汉禅院。南宋绍定二年（1229），南岳下十八世释智朋住持雁荡山罗汉寺，著有《介石和尚初住温州雁山罗汉禅寺语录》，赋诗《送雁宕庆藏主》《珙上人求》等。罗汉寺因寺前方岩绝壁间旧有一倚壁而立、形似罗汉的石头而得名。相传该石罗汉自福建漳州航海来此，碰见樵夫，就飞上高山，化为一石。明洪武六年（1373）重建罗汉寺。洪武二十四年（1391）并入凌云寺。天启年间僧正智（即卧云）迁建罗汉寺于芙蓉峰下，在掘地时挖到一方南朝梁大通元年镌刻的碑记："昭明太子肇基建，号昭明禅寺。及造宝塔一所，以奠温麻康盛者。大梁大通元年丁未岁上元志。"徐霞客于明崇祯五年（1632）第三次考察雁荡山，就是罗汉寺住持僧卧云陪游龙湫背、百岗尖、雁湖岗的。徐霞客在《游雁荡山后记》中载："出连云嶂，逾华岩岭（华严岭），共二里，入罗汉寺。寺久废，卧云师近新之。卧云年八十余，其相与飞来石罗汉相似，开山巨手也。余邀师穷顶，师许同上常云，而雁湖反在其西，由石门寺为便。时已下午，遂与其徒西逾东岭，至西外谷……初四日，早，望常云峰白云濛翳，然不为阻，促卧云同上……既饭，诸峰云气倏尽，仲昭留坐庵中，余同卧云直跻东峰……初五日，别卧云，出罗汉寺，循溪一里，至龙湫溪口。"明崇祯七年（1634）十一月二十六，豫章人陈善在卧云陪同下，畅游雁荡山东西内外四谷风景，陈善《游雁荡记》这样记述："予以甲戌秋九，裹粮作雁荡游，欲了十余年饥渴之怀，抵永嘉，李宁侯（象坤）则时时道龙湫、二灵不置，展齿逾跃，会卧云师从山中来，遂订偕杖履。"卧云导游雁荡山的经验相当丰富，令陈善感赞不已，在游记的最后，他写道："盖灵岩为雁山明庭，众寻萃止，无不欲先睹，以为游色壮，而卧云独留为兹游殿，不如是，无异于常游矣。吾于是得蔗境焉，得游山之经济焉。"清康熙十五年（1676）僧汉梅重新迁建罗汉寺于故址，以诵经岩为神灵，对原寺座稍作变更。清嘉庆举人、嘉善教谕、钱塘人陈善《罗汉寺》诗："溪路行回接化城，松声时杂石泉声。小桥苔滑稀人迹，开尽梅花月自晴。"后来几经兴废。1923年，僧谛闲将罗汉寺移建于现址，寺院朝向做了变更，有大殿三间，厢房七八间，殿前视野开阔，山门围墙长达30余米，为他处所不及，前面还建了照壁。寺前还有建于宋淳祐八年（1248）的石桥，条石侧有镌刻文字。清程浩的《芙蓉庵》概括性总结了昭明禅寺以来历代罗汉寺兴建情况：

"芙蓉峰下旧时庵，十八刹中胜独探。隋志早经收古翠，梁朝曾此构精蓝。讵那初地人谁忆？全了闻经俗共谈。我欲摩崖书古迹，任他妄语自喃喃。"

【雁山书院旧址】现在前方有一座小桥，过桥往前便到了大龙湫景区入口停车场，现在车辆右边有一条小路沿着溪涧往天柱村通行，宋代十八古刹之一的天柱寺旧址便在此处。明正德年间，弘治九年（1496）进士、年近花甲的乐清瑶岙人朱谏辞官回乡，因深爱天柱寺环境清幽，令其子朱守宣在寺旁建了三间房屋，创办了雁山书院。之后10余年，朱谏在此讲学著述、接待亲朋好友。康熙《徽州府志》卷四"歙职官"载："朱谏，字君佐，浙江乐清人，进士，弘治十二年任。"朱谏的辞官回乡事关明宁王朱宸濠之乱。明太祖朱元璋的五世孙宁王朱宸濠，于明正德十四年（1519）在南昌兴兵叛乱。而之前两年时任吉安知府的朱谏早已觉察宁王宸濠有异图，于是广积粮，练士卒，固城墙，挖壕沟，预防范，暗中备战。朱谏辞官两年后宸濠果然反叛，因早有防范，王守仁从吉安率兵平叛，"竟得其力"，仅43天就生擒宁王，平息叛乱。事后朝廷论功行赏，王守仁认为吉安兵精粮足，城池坚固，平叛时无后顾之忧，是这次军事行动迅速胜利的根本原因之一，就奏请朝廷升朱谏为分守庐陵道，而朱谏历经二十年宦海沉浮，看尽人生百态，以年事已高为由谢绝了王守仁的提议，"偶不得于当道，即谢病归，归即杖策入山中。"朱谏回到家乡乐清，结庐雁山，徜徉山水间，超然尘世外。史料均记载朱谏为官清廉、善政惠政，政绩显示了他的卓越才能。朱谏的著作完整流传至今的仅为《李诗选注》《李诗辨疑》与《雁山志》。《雁山志》是雁荡山历史上第一部体例规范、内容完备的志书。清乾隆时列入《四库全书》史部地理类存目。朱谏在《天柱寺改为雁山书院》中诗云："毁壁颓墙只数椽，住缁流散是何年？西乾俟尔堙三宝，东鲁居然祀大贤……"天柱寺改为雁山书院后，书院内设有古今名贤神位。明永嘉项乔《瓯东文录》记载："过雁山书院，见院门内山木湾环，问之，则天柱寺改为之也。中设谢灵运、王梅溪、李五峰、章恭毅、谢逸老、谢方石诸公神位，县征山寺田租，遣校官春秋祭之，实自荡南朱公谏始。"可见最初"雁山六贤"的名单里，谢灵运是排在首位的。只是后来增列了胡彦卿和朱希晦（朱谏七世祖，元末乐清瑶岙的隐逸诗人，雁山三老之一）两位本土籍乡贤，减去了谢灵运。明嘉靖六年（1527），朱谏之子、时任湖广郴州知州的朱守宣将六旬晋六的父亲接回家奉养，至此在雁山书院废址上建雁山七贤祠，祀北宋兵部侍郎胡彦卿，南宋状元、龙图阁大学士王十朋，元秘书监李孝光，元朝列大夫朱希晦，明礼部右侍郎谢铎，明礼部尚书章纶，明兵部员外郎谢省，史称"雁山七贤"。

天柱村沿着大坑往山上石城洞古道一侧的岩壁上有一处高137厘米、宽66厘米的诗刻。此诗的作者为朱铎民，此摩崖诗刻的书丹者为陈衍（1856—1937），字叔伊，号石遗，福建福州人，清光绪八年（1882）举人，曾担任清廷洋务运动的著名代表人物张之洞的幕僚及官报总编纂、学部主事等职，主张中国应设立洋文报馆，介绍西方国家的各项要务，著《戊戌变法榷议》十条、《闽侯县志》《石遗室诗话》《石遗室诗》等。

石城门为一座局部损坏的石砌二层碉楼式建筑，二层四面设窗，楼板与楼梯早已撤去，一条通道直接穿过石城门。石城门位置地势险要，一夫当关，万夫莫开。传统石城门洞，一块巨石赫然在眼，顺着右边古道拾级向上然后顺山间平缓小道往前不远，有一片空旷的耕地，北侧有不少早已毁废的石头砌筑民居建筑的断墙残垣，藤蔓缠绕，边上林木郁茂，俨然一处与世隔绝的山间桃源。石城洞下来在瀑布前步道往右边登山，外侧是绿油油的一片茶园，山坳头往左再顺着蜿蜒的山道走大约十分钟，便到了兜率峒。外侧有石头砌筑的两道墙垣，一道为防御墙垛，一道为围合石城洞的外墙，墙上开设一道门，开门进去，石城洞里面空荡荡的，沿着崖壁有台阶可以上到以前的二楼，楼房也早已毁弃，洞窟不大，不过可以足够一家人在里面生活。可以想见，在战争年代，这里可是一处隐秘安全的栖身之所。雁荡山山民说的排名第一的兜率峒斗窟茶园就位于石城洞外侧不远处的坡地。

【华严岭古道】现在各位看到停车场的左侧有一座石板桥，这就是著名的华严岭古道，古道不长，坡度也不是很陡，历史上古道连接着山这边的华严寺与山那边罗汉村的罗汉寺，也是从西外谷到大龙湫景区的必经之路。现在华严寺连同基址早已不存，被开辟为一片茶园，而山那边罗汉村的罗汉寺初建于宋咸平二年（999），宋熙宁元年（1068）赐额，宣和年间毁于山寇。明洪武六年（1373）重建，后归并凌云寺。明天启年间僧人正智迁建于芙蓉峰下。清康熙十五年（1676）僧汉梅迁回旧址。现存的为1927年僧谛闲募资、徒成圆重建。楹联出自名家之手。罗汉寺前面不远处还留有一座条石砌筑的宋桥，上面镌刻的字已经漫漶不清，依稀可以看出建桥的时间为南宋"淳祐戊申建"

（1248），铭文正书阴刻，字径8.4厘米，五字平列桥眉左侧，字右侧薛萝纠绕，桥名不详，当地人习称宋桥。石桥为单跨伸臂式，桥面由五根条石并排铺砌，桥全长3.6米，桥面净宽2.3米，条石厚0.27米。过华严岭便是罗汉村，继续往前便可到达芙蓉峰。据传，雁荡山开山祖师诺矩罗最早建芙蓉庵便在此处，而沿着罗汉寺往外走，便可达连通能仁村、雁西村的雁荡山西入口通景公路，经雁楠公路可直通楠溪江、芙蓉池等地。沿着华严岭右侧上山可沿山脊线到达龙湫背茶园、芙蓉峰、石门村，乃至雁湖村、雁湖岗等风景名胜。

【龙湫院】各位游客，现在大家看停车场右侧有一座外墙黄色的寺庙，这便是龙湫院，相传龙湫院原是雁荡山开山祖师诺矩罗的弟子为纪念祖师而建，不知何故没有发展成大的寺院，也没有跻身于十八古刹行列。历史上龙湫院曾建在大龙湫瀑布前，也叫龙湫寺、龙湫庵。元代诗人吴志淳《宿龙湫庵怀友》诗："高情久矣念离群，独向山中礼白云。龙送雨来邀客住，鹿衔花去与僧分。疏星出竹昏时见，流水鸣渠静夜闻。却忆故人江海去，题诗谁是鲍参军。"明代陈栐《秋夜宿龙湫古寺赠上人》诗："绝壁俯寒秋，禅房一径幽。山空凉露下，天近火星流。水壮蛟龙气，风高鸿雁秋。清圆坐明月，若与远公游。"写出龙湫院秋凉天气与坐禅心静如水的情境，而其《龙湫寺即景》诗："物外幽栖堪我老，闲中佳兴少人知。坐临流水雨晴后，看到前山云起时。万壑斜阳摩诘画，千峰黄叶谢公诗。明朝回首龙湫路，白鹤元猿系我思。"则表述了龙湫院四周景色旖旎、如诗如画的意境。明代诗人李显、张书缙、何白、林宗元等都曾写诗赞颂。古时候气候寒冷，雁荡山一带多雨雪天气，大龙湫又地处偏僻深谷，院屋上面积雪常数月不化，元代李孝光称龙湫院为雪屋。同时，由于龙湫院近无邻，古代游人又相对稀少，因此院中钱粮经常遭受强盗歹徒打劫，院僧苦不堪言，于乾隆二十四年（1759）迁于今址。

【瑞鹿寺旧址】各位游客，我们现在已经来到大龙湫景区入口，左边是一片雁荡毛峰茶叶种植园，右侧便是雁荡山三大民宿集群之一的大龙湫主入口民宿群，分布着各类主题民宿、精品民宿20家。这座桥过去有一条石头砌筑的游步道，这是通往瑞鹿寺、道松洞、龙湫背与百岗尖的古道，宋代十八古刹之一的瑞鹿寺、白云院的僧人与龙湫背的村民就从此处上下山。瑞鹿寺建于宋淳化二年（991），由僧人法通募捐建筑，宋熙宁元年（1068）赐额。宋元丰五年（1082），住持僧道亲进药有灵验，予以重建。宋晁端彦《瑞鹿寺》诗

98

大龙湫景区（含沿途）

云："古寺无碑几岁年，阴廊雨积翠苔藓；衔花瑞鹿今何在？饱饭残僧不解禅。泉绕竹间声嗽玉，柱标云外势擎天。停车欲了痴儿事，借得晴窗隐几眠。"元代李孝光曾借宿瑞鹿寺，并写有《同杨明仲宿瑞鹿寺》诗："北风吹雪南山下，行子洗除衣上尘。绕屋枫林无落月，隔溪梅树俟幽人。重逢毡笠寒如旧，相侯壶觞意甚真。煨芋煮茶俱不恶，灯前又见宰官身。"明洪武二十四年（1391），瑞鹿寺并入双峰寺，后损毁，只留下基址。前几年因为龙湫背村移民下山，现在基址上建有几间民房，基址外侧为瓦砾堆与芥菜园。

【龙湫背】龙湫背在大龙湫瀑布的顶上，徐霞客第二次来游雁荡山，欲穷龙湫之源，登上龙湫背、百岗尖等处。旧有龙湫背村，后因经济社会发展且山上交通不便，村民早已经全部下迁，上面尚有茶园、竹林与民居建筑的断墙残垣与石砌古道。古道可通芙蓉峰山脊线与百岗尖、凌云尖、雁湖尖等山脊线，不少原龙湫背村民采茶季节便上龙湫背采摘茶叶。历史上龙湫背还有著名的白云院。明代著名戏曲家汤显祖来游雁荡，曾登临龙湫背与道松洞，写有《龙湫白云院》诗："飘摇白石梯，试蹑苍龙背。风雨隐寒岩，孤清白云内。"白云院也叫龙湫背庵，明嘉靖初年（1522），游僧白云、云外适会山下，相与扪萝据胜，结庵种茶，茶称绝品。明代著名学者李经敷《登龙湫背》诗："盘纡鸟道上青天，万朵真疑太华莲。自笑野人狂太甚，春风三宿白云边。"薛应旂《至龙湫下以诗射投二云》诗："白云云外住山隈，欲往从之莫扣扉。有悟不须相对面，无缘犹自愿留衣。人当了处方知汝，事未休时肯息机？我自尘凡难解脱，桃园咫尺路皆非。"想拜在白云、云外二僧门下，以诗射投，似乎有些浪漫。朱惠云《龙湫背》诗："一峰回绕一峰巅，直立龙湫背上天。历乱川原分野色，迷离溪树带村烟。神州鹤羽横秋水，空谷鲛珠洒碧泉。奇幻应从银汉下，恍疑身倚斗牛边。"雁荡山每一处景观都留下历代文人墨客的诗词歌赋，是名副其实的诗山诗境。

【白云岭】白云岭向来有两种说法，一种说法认为白云岭是天柱村经兜率峒至道松洞的山岭，一种认为是大龙湫入口到东园村至龙湫背的山岭，全长约2000米。从东园村登岭至玉笋峰下，有两条路交叉，一条通往道松洞，另一条通往龙湫背。从左侧山岭继续登行约750米便到了龙湫背，有一条小路直通龙湫背村白云庵旧址。登白云岭沿线险峰耸秀、怪石崚嶒，石门柱、石景观众多，有的亭亭玉立，有的大气磅礴，边走边饱览旖旎山色，可以增添游兴而舒

缓登山的疲惫。石门柱因壁立如削的山崖对立成门而得名，光洁如人工斧劈刀削而成。南朝山中宰相陶弘景曾登白云岭，并赋诗："山中何所有？岭上多白云。只可自怡悦，不堪持赠君。"

【道松洞】道松洞广且深，相传为僧道松所辟，由此得名。明代时道松洞就已颇负盛名，明万历四十年（1612）进士、顺天府丞戴澳有《赠道松洞觉迟上人》诗。清徐廷献于乾隆三十九年（1774）撰立《重建道松洞碑记》，碑原置洞中，后断为二，为东园村一朱氏村民收藏，残碑高93厘米、宽46厘米、厚6厘米，楷书，正文连款十二行，额正书"重建道松洞碑记"。碑文为："钦升分府乐清县正堂、加三级纪录六次、又纪大功一次，讳廷献撰。乐成之境，莫奇于雁荡。余自下车之始，即思□槌而得之而未获隙。逾年，政稍暇日，乃揭侣从小芙蓉扪深岩，度回溪，历尽龙湫诸胜，然尚以未游道松洞。遂自念，从大龙湫行数百步，至其处，幽深旷渺，果绝境也。顾其寺宇，佛像倾坏特甚，余甚惜之。今年秋，余再游雁荡，意欲捐资募僧重葺其寺。不谓行出西谷，则见寺宇已焕然一新，入寺礼佛，则妙相已端严久矣。询其由来，则曰：'有僧佳城者六十口，己卯秋自太平县万寿寺来，托钵募化，建宇镌石佛：且开芜田十余号计三亩零，永隶兹寺。'余曰：'是僧可以不朽矣！'及出而谒余，顾如韵有道气，余与盘桓久之。时已将暮，僧遂款余宿寺，且作文以志其事，曰：'衲非好名也，聊以示后之嗣是业者耳。'余嘉其志，且悯其□，遂不辞，为之记。时乾隆三十九年，岁在甲午，无射月榖旦立。"撰文者徐廷献，江苏江宁人，举人，据清光绪《乐清县志》载，乾隆三十二年至四十年（1767—1775）任乐清知县，永嘉花坦水岩村建于乾隆三十八年（1773）的一座单间两柱冲天式仿木石构建的百岁坊右侧阴刻"邑主徐讳廷献通详宪恣部奉旨旌表"，左侧阴刻"百二岁耆民林子秀立，大清乾隆癸巳正月谷旦"。乾隆癸巳为乾隆三十八年（1773），时徐廷献在乐清知县任上。

【雁山茗】各位游客，我们现在过了石板桥，前面是大龙湫景区的游客咨询中心，右边的溪涧叫锦溪，左边几座民房改建的客栈民宿边上便是大片葱绿的茶园，借此机会我简单向各位介绍一下雁荡茶叶。茶叶指茶树的叶子和嫩芽。茶叶源于中国，最早被作为祭祀用品，民间也通常将陈茶用于解毒消毒。茶叶中含有茶多酚、咖啡碱等成分，具有醒脑提神、利尿消肿、防暑降温等功效。茶叶中的茶多酚可以改善人体的微循环，对脂肪代谢有一定的促进作用，可改善胃肠消化吸收功能。

雁荡山茶叶品种主要有雁白云、能仁茶、雁荡云雾、雁荡毛峰、智仁早茶等，产地主要为雁湖岗、龙湫背、百岗尖、能仁寺、西泠村、上灵岩、莲花洞、智仁乡等处。雁荡山茶叶的种植最早可以追溯到东汉时期，传说是诺矩罗来雁荡山修行，有神仙赐茶种。隋代，雁荡山植茶、饮茶之风随京杭大运河通航开始兴起。唐朝是茶业发展较快的一个历史时期，有"茶兴于唐，盛于宋"之说，中国茶走向世界，最早也是从唐朝开始沿陆上与海上丝绸之路向各国传播。唐代陆羽《茶经》云："永嘉东三百里有白茶山"，白茶山应指雁荡山。唐代茶仙卢仝在《茶歌》中写道："……惟雁山水为佳，此山茶亦第一，曰：去腥腻、除烦恼、却昏散、消积食。"宋代是雁山茶种植史上的兴盛期，据北宋科学家沈括《梦溪笔谈》卷十二《本朝茶法》："嘉祐六年，睦、湖、杭、衢、温、婺、台、常、明、饶、歙州，敬茶共四十二万四千五百斤，以上为土贡。"北宋刘弇《龙云集》二十八卷《策问三六·茶》对当时的十余处宋代贡茶产地均有记载，其中就包括雁荡山。据此表明，自宋嘉祐年间始，雁山茶作为贡品，已成为皇室用茶，而宋时温州最有名的就是雁山茶。宋梅尧臣《颖公遗碧霄峰茗》诗："到山春已晚，何更有新茶。峰顶应多雨，天寒始发芽。采时林狖静，蒸处时泉嘉。持作衣囊秘，分来五柳家。"诗中颖公是指临济宗第七世衣钵传人，悟道之后历主金山寺、灵隐寺、雪窦寺的北宋达观昙颖禅师（989—1059）。有人认为梅尧臣写的"碧霄峰茗"是指安徽五华山的，而非雁荡山的，因为当时颖公正驻锡在五华山的"隐静禅林"和隐静寺。

对于自然山水生态绝佳的雁荡山而言，海拔每升高100米，气温就会下降0.6℃。明代进士章元应有《雁山茗》诗赞："雁山春茗味通仙，恰在清明谷雨前。珍重露芽分御品，摩挲石鼎试新泉。"清人黄汉纂《瓯乘补》载："宋徽宗赵佶撰《大观茶论》云：'茶之为物，擅瓯、闽之秀气，钟山川之灵禀，瓯茶擅名，盖已久矣。'"

南宋迁都临安（今杭州），雁荡山更是成为重要茶区之一，据《宋会要辑稿》第六册载："温州永嘉、平阳、乐清、瑞安五万六千五百一十一斤（《中兴会要》）。乾道年间浙东路……温州、永嘉、瑞安、平阳、乐清，四万七千八百五十斤（《乾道会要》）。买茶额：温州七万八千一百九十斤，台州一万三千五百斤，处州三千八百二十四斤。"史料数据表明，温州买茶额是台、处两州的数倍及十数倍。南宋乐清籍状元王十朋《会稽风俗赋》云："生两腋之清风，兴飘飘于蓬岛。"在《万季梁和诗留别再用前韵》中有"搜我肺肠茶著令"，并自注："余归，与诸子讲茶令，每会茶，指一物为题，各举故事，不通者罚。"据《中国风俗辞典》记载：茶令流行于江南地区，饮茶时，一人为令官，饮者皆听其号令，令官出难题，要求人解答或执行，做不到者，以茶为罚。从王十朋诗作中可见南宋时乐清茶风之盛。宋代"永嘉四灵"之一的徐照（字灵晖）嗜茶近于偏执，"嗜茶疑是病，羸瘦见诗形"，"病去茶难废，诗多石可镌"，曾作《游雁荡山八首赠东庵约公》："白发白髭须，僧年八十余。已成重阁在，别置一庵居。客喜逢煎茗，童寒免灌蔬。小师南北去，近日各无书。"徐照常往雁荡山晤"永嘉四灵"中的老三翁卷（字灵舒），翁卷"困尝苦茗不论杯"，可见其也是嗜茶如命。

两宋时期，饮茶之风渐成气候，茶成了人们日常生活的重要组成部分，茶叶的生产加工方式也日趋完善，以茶饼和散茶为主，饮用方式也呈现出多样化，民间逐渐以冲泡散茶的饮用方式代替了饼茶煮饮方式，茶品形态渐渐由饼茶向散茶转变。到了元代，雁山茶虽然作为岁贡芽茶，但由于是土贡而不甚见诸文字，而在民间，雁山茶仍是人们吟咏唱和的对象。《元杂剧·萧淑兰情寄菩萨蛮》："哥哥下三千贯正彩礼钱招张云杰为婿，羔雁茶礼，断送房奁，尽行出办，足满姐姐平生所望。"其中提到"羔雁茶礼"是结婚大典上宴客的必需品。

"柴米油盐酱醋茶"，茶是开门七件事中的第七件，是万万不能缺少的。中国人一般认为茶是一种极为纯洁的植物，古代婚姻以茶为礼，亦取其"不移志"之意。因"茶性最洁"，可表示爱情"冰清玉洁"；"茶树多籽"，象征子孙"绵延繁盛"。在诸多的民间仪式中，都可看到雁山茶的身影。元张可久《凤栖梧·游雁荡山》写道："两袖刚风凌倒景，小磴松声，独上招提境，碧水流云三百顷，白龙飞过青天影，折脚铛中留苦茗，野菊生花，犹记丹砂井，吹罢玉箫山月冷。"在当时，雁山茶仍是"国民好茶"。明朝，雁荡山产茶区开启了散茶采制的全盛时期，不仅芽茶沿袭岁贡，更是在诸多贡茶里脱颖而出，声名远播，据明弘治《温州府志》载："茶，五县俱有之，惟乐清雁山者为最佳入贡。"雁山茶更是一时成为评判茶品高下的标杆，明万历《温州府志》载："茶产楠溪之五十都及五十一、二都，地近雁山，色、香、味与雁山茶无异。"

明隆庆《乐清县志》载："近山多有茶，惟雁山龙湫背清明采者极佳。"明代朱谏所著《雁山志》载："浙东多茶品，而雁山者称最，每春清明日采摘茶芽进贡。"明代戏剧大师汤显祖游雁荡山作诗四首，有两首诗与茶有关。明代许次纾《茶疏》载："浙之产，又曰天台之雁宕，括苍之大盘，东阳之金华，绍兴之日铸，皆与武夷相为伯仲。"徐霞客在《游雁荡山日记》中写道："隙地尚多茶树，故坎石置梯，往来其间耳。"雁山地势险陡，坎石置梯，需付出之人力物力非常，可见雁山种茶之不易。清劳大舆《瓯江逸志》载，温州每年要进贡茶芽十斤，其中五斤出自雁山。"凡瓯中所贡方物，悉为题蠲，而茶独留。"明嘉靖时，永嘉张璁任内阁首辅，茶叶被列为重要朝贡物品，数量只限几十斤。雁山茶是雁山五珍之一的说法，也始于明朝。明隆庆进士冯时可《雨航杂录》曰："雁山五珍，谓雁茗、观音竹、金星草、山乐官、香鱼也。"明朝有关雁山茶文学作品不少，史料记载也很多，无一例外都是好评。在明朝，雁山茶可以说是零差评的"爆品"。

清代，随着茶叶市场需求量的增多，茶叶产区进一步扩大，开始畅销海内外，优质的雁山茶叶得到了进一步发展。清劳大舆《瓯江逸志》载："瓯地茶，雁山为第一，去腥腻，除烦恼，却昏散，消积食。"康熙《温州府志》载："贡茶：永嘉县岁进茶芽一十斤；乐清县岁进茶芽一十斤；瑞安县岁进茶芽五斤，平阳县岁进茶芽五斤。"清浙江学政阮元《试雁荡山茶》诗："嫩晴时候碾茶天，细展青旗浸沸泉。十里午风添暖渴，一瓯春色斗清圆。最宜蔬笋香厨后，况是松篁翠石前。寄语当年汤玉茗，我来也愿种茶田。"清道光《乐清县志》卷五载："明，岁贡茶芽拾斤。国朝，岁贡茶芽陆斤……乐邑雁荡龙湫茶品与岕茶埒，然所产无几，故我朝特减贡额，以纾民力。"清光绪《永嘉县志》卷六载"唯乐清岁贡雁山茶"，可知雁荡山是清代贡茶的核心产区。郭钟岳《瓯江竹枝词》云："立夏晴和四月天，与郎商酌岁支钱；红花盐菜俱难缓，更买新茶过一年。"雁山茶区不仅将优质的茶叶销往海内外，雁山茶农也将世代传承、研发的新品名茶及种茶、制茶方法和经验传授至外地。据《湖州茶史》载，清代中期太平天国运动时期，乐清的大批茶农为逃避战乱，移居至浙北及皖南各地。从乐清带去的种茶与制茶技术，与当地茶农相互交流，相互印证，采集各家所长，相得益彰。

清光绪二年（1876），《中英烟台条约》开辟温州为通商口岸，茶叶成为

大宗出口货物之一。洪炳文于光绪二十三年(1897)在上海《农学报》发表的《瓯越茶述》云:"温州之茶,色味以平阳之南雁、乐清之雁荡、瑞安之集云山、泰顺之雅阳为佳。"清末瑞安人池虬在向温处道宗源瀚提交的《瓯茶利病条陈》中提道:"色、味以平之南雁、乐之雁荡、瑞之集云、泰之雅阳为最。"明清以来,雁山茶作为皇室贡品,身价倍增。民国初年,借着外销市场进一步拓展,瓯茶得到了迅速发展,而雁山茶仍属瓯茶中最负盛名者。1915年,浙江巡按使屈映光对雁荡山茶叶的发展提出倡议,并寄予厚望。《雁荡山志》卷六"植物"部分以茶开篇,详述雁山茶种类、藏茶方法:"雁荡产茶,味不甚厚,而极清香。茶本无种类之可分,以其采摘之粗细别之,则最细者称茶米,或曰茶谷;已放芽者,曰旗枪;次者为白毛尖,此皆在清明前采者。至雨前,则已粗大,称为元枝,然味较浓矣。"1937年成立温州茶业同业公会,雁山茶迎来了更好的发展契机,产销两旺,各大媒体竞相刊载报道雁山茶,如1939年2月28日上海《申报》刊载王了的《雁茶谈屑》一文,该文曾多次被当时的主流媒体转载。1940年,雁荡山茶园面积650亩[①],总产量25吨,外销20吨。1941年,南阁人在大荆龙避岙、雁芙长山头设店收购茶叶,挑选整理后从舟山头、白溪和芙蓉下船,远销辽宁营口、大连等地,也曾由温州古港码头装箱远销英国、美国、德国、法国等地。1946年4月,乐清县苗圃与雁荡山真际寺合作种植茶叶。改革开放以来,雁荡山茶叶得到了长足的发展,乐清市专门成立了茶叶文化研究会,在能仁村建设茶文化展示馆。

据清乾隆《广雁荡山志》载,雁荡山茶叶除雁山茶外,还有白云茶、紫茶、斗窟茶、白山茶等。而雁荡山茶叶到底是雁湖岗的为上,龙湫背的为上,斗窟山的为上,还是百岗尖的为上,自古各有说辞,所谓仁者见仁,智者见智。明弘治《温州府志》载,温州五县茶叶以"乐清雁山龙湫背者为上"。清施元孚《雁荡山志》载:"产龙湫背白云庵,亦称龙湫茗,味绝佳。斗窟,山名也,在能仁寺东南,山脊上两山排夹里许,中有茶圃,云雾时流其间,茶色味不下龙湫白云茶。"明朱谏《寄茶与万学使》诗:"雁顶新茶味更清,仙人采下白云英。直须七碗通灵后,习习清风两腋生。天造明茶出雁峰,贡余自合到王公。老夫借取通仙力,搅动先生锦绣胸。"诗中"白云英"指雁山茗的嫩芽。

[①] 1亩≈666.67平方米。

大龙湫景区（含沿途）

明代学者何白六游雁荡，其《灵峰洞烹龙湫顶新茶歌》是中国茶文化中最美的茶歌之一："雁顶东南天一柱，上有天池宿雷雨。夜半光飞一缕霞，海色金银日初吐。仙茶盘攫於其巅，雪啮霜饕枝干古。石根濺濺养灵芬，云表瀼瀼滋玉醴。挹烟掇露出万峰，禀性高寒味清苦。山僧军持汲白泉，活火新烹香泼乳。玉华甫歠灵气通，一洗人间几尘土。粉枪朱旗殊失真，凤饼龙团何足数。白茅珍品说洪州，紫笋嘉名传顾渚。宁知此地种更奇，僻远未登鸿渐谱。啜罢临风忆旧游，天末相思独延伫。呼龙欲载小茅君，斫冰共向云中煮。"何白茶歌书法长卷现归藏于温州博物馆。

【化城嶂、抱儿峰】各位游客朋友，现在请大家将视线从常云峰、石城嶂转往右边，一面气势雄阔、山石耸秀的悬崖叠嶂很像中国的山水画，运笔自然、清新，讲究神似、含蓄。若碰上阴雨季节，山间云雾缭绕，就更为传神，这便是化城嶂。化城嶂似乎有许多佛像聚集在一处讲经说法，也有人称之为千佛峰或千佛岩。元代著名山水画家黄公望《龙湫宴坐图》便取景于此，现此画收藏于台北故宫博物院。化城嶂的顶部有朝天鲤，活像一尾鲤鱼头尾起翘。化城嶂右侧高处矗立的山峰叫削玉峰。化城嶂下面龙湫背白云岭古道下侧为瑞鹿寺遗址。化城嶂中间，两个山峰之间呈暗色的壁立岩石，仿佛是一位母亲抱着自己的婴孩，这就是抱儿峰。

顺着抱儿峰往下面近处右侧看，矗立着一座岩峰叫石碑峰，石碑苔绿记名贤；抱儿峰左侧的崖壁间便是著名的道松洞。道松洞古时所建的石砌门台与院墙如今和往昔毫无二致，其外面就是悬崖峭壁。这一带也是历代以来文人墨客喜欢登临赋诗挥毫泼墨的胜境。

【地质考察点】在大龙湫景区检票口入内，大家可以直观地欣赏左侧崖壁上非常典型的横纹状的流纹岩地貌。为了更加全面地了解雁荡山地貌的成因与种类，各位游客朋友不妨稍微浏览一下雁荡山世界地质公园地貌概况与成因示意标志牌。过石板桥，大家可以看到右侧又是一处非常典型的流纹岩地貌景观，稍微往前右侧的崖壁间立着的一块石碑上写着：第三十届国际地质大会考察点。1996年，第三十届国际地质大会在北京召开，会后来自美国、南非、澳大利亚等六个国家的地质学家对雁荡山的大龙湫景区和方洞景点进行了考察，六国的地质学家对雁荡山的自然美景和白垩纪四期火山喷发形成的酸性流纹岩科学成因给予了充分肯定和高度赞赏。特别是通往大龙湫瀑布的沿途，我

们可以看到一组十分典型的球泡流纹岩、流纹构造和一处亿年前的火山通道。现在大家看到路边的两个果树分别是柿子树、栗树,右侧的果园里还栽植着不少柑橘树。雁荡山本地居民自古以来与全国其他地方一样,总喜欢将果树与民俗喜庆结合在一起,寄托着对美好生活的希冀,栗子加柿子意为"利市",橘子加栗子意为"吉利"。

【流纹岩】我们来到大龙湫景区,看着这一层层状如水纹的岩石,这类岩石因此特殊构造被称为流纹岩,在地质成因上被归类为酸性喷出岩,其有三个特点:一是流纹岩中二氧化硅(与水晶成分相同)的含量超过63%,这使得酸性岩浆整体黏度大,岩浆流动时速度较慢;二是流纹岩中含有丰富的矿物钾长石,使岩石整体呈现出蜂红、肉红、灰黄等色;三是在岩浆活动时,酸性岩浆喷出地表后迅速冷却。

流纹岩因流纹构造而得名。流纹构造的成因主要为熔岩在地表流动冷凝后,留下的由不同颜色、不同矿物成分等定向排列形成的,或者也可理解为先后喷发的酸性岩浆一层层叠加形成的,留下了当时熔岩流动的痕迹。很多游客说流纹岩特别像名小吃千层饼!各位觉得是不是这样呢?

【球泡流纹岩】这里的石球泡曾引起许多人的关注,大的如篮球,小的如拳头,当地老百姓众说纷纭,有的说是恐龙蛋,有的说这些石球里面有宝石……其实这些石球是空心的,在地质学上称为"球泡流纹岩"。这与附近的火山通道有关。一亿多年前,岩浆从火山通道中涌出,因流纹质岩浆二氧化硅含量高、黏度大,岩浆一边沿火山通道缓慢地滚动流溢,一边向矿物质点中心凝聚。溢出地表后,岩浆在流动的过程中包裹气体,使得气体局部集聚,形成空腔的球泡,形成的时间越早,滚动时间越长,石球就会越大,所以我们才会看到大小不一的球泡。这些空腔球泡的形成,其实和我们熬粥的理论有异曲同工之处。后期,球泡中的空洞为矿物聚集生长提供了理想的空间,所以常在球泡中见到水晶晶簇以及长石等矿物聚集体。对了,这里发现了球泡流纹岩,是不是能找到火山通道呢?我们继续前行。

【雁荡茶园】各位游客,现在大家看到的一片茶园,就是雁荡毛峰茶,而不远处的峭拔高耸的险峰就是著名的剪刀峰,很多画家画过,很多诗人写过。明代著名戏剧家汤显祖在任遂昌知县时,一次来温州向知府述职,由于感觉前路迷茫,便来雁荡山游览,路遇采茶女打听去大龙湫的路怎么走,于是展开了对话。为此汤显祖专门写了《雁山迷路》诗："借问采茶女，烟霞路几重。屏山遮不断，前面剪刀峰。"汤显祖是明代戏剧名家，《牡丹亭》的作者，江西临川人。明万历十一年（1583）进士，官礼部主事、遂昌知县。他另外还写有雁荡山的三首诗，其中《雁山种茶人多姓阮偶书所见》诗："一雨雁山茶，天台旧阮家。暮云迟客子，秋色见桃花。壁绣莓苔直，溪香草树斜。凤箫谁得见？空此驻云霞。"可见，汤显祖可能去过龙湫背白云院茶园，或者其在问路采茶女时也顺便问及采茶女姓氏及雁山有关茶叶生产的情况。

【瑞鹿峰】各位游客朋友，茶园右侧山上，有一座山峰，质润色素，因峰形似鹿，故名瑞鹿峰。相传瑞鹿寺落成时，有瑞鹿衔花，行于峰下，因此以峰名寺。清人方尚惠《瑞鹿寺》诗："仿佛衔花至，呦呦鹿食苹。山林多好伴，莫恋数峰青。"

【剪刀峰】屹立在涧水之中，此峰在雁荡山102峰中以秀、奇见长。明代朱谏称其为"峰之最秀而奇者也"。剪刀峰秀在有水相伴，奇在移步易景。清人陈楚明确指出："三峰只一峰，易地三变其形，入则视为剪刀，中立则视为天柱，尽处如展旗。"从大龙湫谷口直到瀑前，一路上剪刀峰不同的造型不少于十种。清代钱宾王有诗云："百二奇峰各不同，此峰变化更无穷。岂将惑乱迷人目，真欲腾挪造化功。"一般来讲，剪刀峰一峰有十变，分别似鳄鱼、剪刀、含苞待放的玉兰花、昭君出塞、啄木鸟、熊掏蜜、桅杆、一帆、双笋、少女。大龙湫景区最大的特色就是绕着剪刀峰看一峰十变，步移景换。

现在让我们沿锦溪而上，一睹剪刀峰的风采。在售票亭外，仰望此峰拔地而起，状如鳄鱼，形态逼真。前行至桥旁，这是观望剪刀峰的最佳位置。遥望峰顶，中有裂隙，很像园丁用来剪枝的剪刀，所以被称为剪刀峰。清代诗人袁枚有诗："远望双峰截紫霓，尖叉棱角有高低。倘非山中藏刀尺，那得秋云片片齐。"前行几步，在剪刀峰裂缝的右侧可以很清楚地看到一位少女的模样。她脸朝右前方，眉毛、睫毛依稀可辨，身着披风，此景为"昭君出塞"。继续往前走，还会看到含苞待放的玉兰花、栩栩如生的啄木鸟以及憨态可掬的狗熊。来到快活林，刚才剪刀峰的裂缝已全然不见，只见挺拔、秀美的桅杆已矗立在眼前。清代诗人方尚惠欣赏了一帆峰后，留下"风行云作线，天地一孤舟"的赞叹。他把天地比喻成大海，可见诗人的胸怀之宽广。一帆峰寓意"一帆风顺"，祝愿所有来雁荡山观光度假的朋友们"直挂云帆济沧海"，一帆风

顺,事事顺意。

其实这种一峰多名的景观背后,还蕴含着更深刻的科学意义。剪刀峰不同侧面为何出现不同的造型呢?构成剪刀峰的岩石为巨厚层状流纹岩,它由几次连续的火山喷溢的岩流组成。原本它与周边的巨厚流纹岩嶂为一体,经两个方向断裂切割、破裂,旁侧岩石呈碎块崩落使之离立,孤立于周围峰崖之间的谷溪中。剪刀峰边上的那条色彩斑斓、静静流淌的锦溪就是一条地质学中的断裂,它的作用绝不像表面看到的那样温柔。走近大龙湫瀑布,您会发现锦溪中有越来越多的巨型石块。其实这里的岩石就是从剪刀峰周边山体岩石崩落下来的碎块。剪刀峰中间一条裂缝上半部裂缝间已有少量岩石剥落,平行这一条裂缝的方向看,一峰有开裂剪刀之形,从斜交或垂直这一条裂缝的方向看,则不见裂开的剪刀状,而为一帆、天柱之形态。

【雁荡素心兰】现在各位游客朋友看到的这几丛兰花,就是久负盛名的雁荡素心兰,俗称雁荡素,也叫四季兰素心,原产于雁荡山,至今已有600多年的栽培历史。清施元孚《雁荡山志》载,雁荡山兰花品种甚多,"缘樟木而生,叶短香盛,名樟兰,又名挂兰,又名风兰,长徼山外及小芙蓉村,各有大樟,兰生几遍,花发,香连数里,相传为法师包雷渊遗迹"。清江湜《风兰》诗:"深山有阴谷,千古无太阳。寒气透石骨,生兰一寸长。根危缀悬崖,瘠小寒欲僵。如何亦出山,来登君子堂。本无土膏分,盆盎培他芳。独为倒悬花,开作风檐香。尔根何不植?尔叶何不扬?尔花又琐细,空以芳名彰。赋予有偏薄,天道原难详。所贵保幽姿,不希萧艾光。终缘出山误,物性乖其常。吾知世有人,对尔行自伤。"其诗序云:"产温台阴谷中,根悬崖壁,不受土气。土人取挂檐下,背日受风,时溅以水,至三月开小花,甚香,叶长只一两寸,盖兰之极其瘠小者。"

雁荡素心兰属于秋兰,据有关史料记载,其与明英宗时的名臣章纶有深厚的渊源。章纶为官清正,多次弹劾宦官佞臣,为官20年不得升迁,明成化十二年(1476)辞官。回到乐清家乡后,章纶常与老友赏梅品兰,并将兰花移到家中精心栽养。每当朋友来访,章纶就以兰花回赠。时人仰慕章纶人品与素心兰的风采,皆以得赠为荣,日久南村至大荆一带养兰成风。因章纶又叫章大经,后人称此兰为"大经素"。清以后章纶族人衰微,"大经素"流入民间。100多年前大荆兰花爱好者经过选育,培育出这种叶片碧绿、秀美纤巧、叶姿飘逸洒脱的兰花，每年8—11月开花，黄白相间，色清如玉，素洁雅致，异香扑鼻。一到集市，便被乐清兰友们争相购置，大量莳养。由于取材于雁荡山，兰友们一致将其命名为雁荡素。近年此花在温州、台州一带的民间十分普及，因为雁荡山大荆镇种植数量最多，所以雁荡素心兰又被称为大荆素。

【雁荡山铁皮石斛】雁荡山铁皮石斛简称雁山石斛，俗名吊兰、万丈须，中国五大名斛之首、中华九大仙草之首，是兰科石斛属的草本植物。铁皮石斛主要产于温州雁荡山景区范围内，台州地区也有出产。20世纪70年代，惯于走南闯北的雁荡山人外出到广西、云南、贵州、安徽、河南等地传授或栽培石斛，但是品质均不如雁荡山的铁皮石斛，这里涉及铁皮石斛栽植的土壤、光照、湿度等多方面因素。民国时期，雁荡山为旅游开发需要，将原来山民采摘悬崖绝壁石斛的方式演变为一种旅游项目，即闻名遐迩的灵岩飞渡。1955年彭德怀视察雁荡山时，曾专程慕名观看了灵岩飞渡。雁荡山铁皮石斛大多生长在潮湿背阴的峭壁或裂缝处以及生长青苔的树上，一般呈黄绿色，有明显的节和纵草纹，叶片长椭圆形，生于茎的上部，夏季开花，花白色或淡黄色，微带紫红，可盆栽观赏。雁荡山铁皮石斛富含多糖、氨基酸和石斛碱、石斛胺碱等十多种生物碱。经中国医学科学院药用植物研究所鉴定，其多糖含量为12.745%，总生物碱含量为0.029%，能有效提高机体免疫功能，可延缓衰老。其根可清热解毒、疏肝化郁，有助于治疗神经衰弱、精神分裂症、热症抽搐、心悸、记忆力减退等多种疾病。

雁荡山早在明清时期就开始种植生产石斛，新鲜雁荡山石斛长10~35厘米，粗0.5~0.8厘米，制成干品即为铁皮枫斗，螺旋状，粗0.7~1.2厘米，外有白色覆膜。新鲜雁荡山石斛的外在感官特征为，茎直立，铁青色或紫绿色，圆柱形，有明显黑节，节凹进，节间微胖，节间长1.3~1.7厘米，嚼之黏感浓厚；叶二列，纸质，6~10枚，矩圆状披针形或椭圆形，长3.5~5.4厘米，宽0.9~1.5厘米，叶片正面颜色绿，背面颜色灰绿；叶片基部下延为抱茎的鞘，叶鞘常具紫斑；总状花序常从叶的老茎上部发出，具花2~5朵；花黄绿色，唇瓣中部具红色斑块。加工成铁皮枫斗后，呈黄绿色或略带金黄色。略具清香气，味淡，后微甘，嚼之初有黏性，继有黏滞感，无渣或少渣滓。呈螺旋形或弹簧状，通常为2~5个旋纹，茎拉直后长3.5~10厘米，直径0.2~0.3厘米，易折断，断面平坦。铁皮石斛干条为灰绿色或黄绿色，味感与铁皮枫斗近似，表面有细纵皱

纹，质坚实。

铁皮石斛品质目前执行浙江省地方标准《铁皮石斛生产技术规程》（DB33/T 635—2015）。雁荡山铁皮石斛农产品地理标志地域保护范围，东至大荆镇，南到北白象镇，西起芙蓉镇，北至智仁乡，地理坐标位于东经120°48′41″~121°15′15″，北纬28°2′42″~28°32′18″，包括乐清市大荆镇、智仁乡、湖雾镇、仙溪镇、龙西乡、雁荡镇、芙蓉镇、淡溪镇、岭底乡、北白象镇、乐成街道、白石街道等10乡镇2街道的342个行政村。现有种植基地800万平方米，年产铁皮石斛鲜条1200吨，铁皮枫斗400吨。目前，雁荡山比较有名的石斛品牌为铁枫堂、聚优品、雁圣源等，如果各位旅游者去雁荡山南阁、北阁、散水岩，可以顺道去雁荡方洞景区雁圣源、大荆铁定溜溜聚优品国家4A级旅游景区、龙西铁枫堂石斛博物馆参观。2023年11月17日，国家卫生健康委、国家市场监督管理总局联合发布公告，将铁皮石斛与党参、肉苁蓉、西洋参、黄芪、灵芝、山茱萸、天麻、杜仲叶共9种物质纳入按照传统既是食品又是中药材的物质（简称食药物质）目录。

【雁荡山金星草】金星草，别称七星草、凤尾草，历史上，金星草与雁茗、观音竹、山乐官、香鱼合称"雁山五珍"。金星草植株高15~45厘米。根茎细长，卷缩成条，密生披针形鳞片。叶远生，柄长5~20厘米，禾秆色；叶片近革质，披针形或矩圆状披针形，长10~25厘米，宽2.5~4厘米，先端渐尖，基部阔楔形或圆楔形，边缘软骨质，无缺刻。侧脉两面明显。孢子囊群大，圆形，靠近主脉。生于阴湿山谷中石上或树干上。明李时珍《本草纲目》曰："即石韦之有金星者。喜生背阴石上净处，及竹箐中少日色处，或生大木下，及背阴古瓦屋上。初出深绿色，叶长一二尺，至深冬背生黄星点子，两两相对，色如金，因得金星之名。无花实，凌冬不凋。其根盘屈如竹根而细，折之有筋，如猪马鬃。五月和根采之，风干用。叶如柳而长，作蔓延，长二三尺。其叶坚硬，背上有黄点如七星。采无时。味苦、性寒，无毒。药用价值较高，主治发背痈疮结核，解硫黄丹石毒，连根半斤，酒五升，银器煎服，先服石药悉下。亦可作末，冷水服方寸匕。涂疮肿，殊效。根浸油涂头，大生毛发。解热，通五淋，凉血。疮毒，皆可服之。然性至冷，服后下利，须补治乃平复。"

【龙门】"山不在高，有仙则名；水不在深，有龙则灵。"我们在欣赏大龙湫之前，会看到一扇龙门，龙门之名是因为它的天然造型很像一个"龍"字。

大龙湫景区（含沿途）

您看它的岩石凹陷一笔一画连在一起，俨然是繁体"龍"字。也有人说它像一个"福"字。也许您不太在意这大自然鬼斧神工造型的绝妙，但当您知道它的身世之后，您就不能不为之动容。您看出来了吗？这里就是我们要找的火山通道，这也是雁荡山目前已经考证的为数不多的火山通道——岩穹。大龙湫的流纹岩是距今1.21亿年前从这里喷溢出来的。告诉你们一个秘密，您将来还可能成为火山岩的专家呢。那就是火山喷发的熔岩的流动构造是近乎水平的，而这里的流纹却是从下而上，由直立到弧形，所以表明岩浆就是从这里挤出地表的。眼前所见碑刻是温州已故书法家蔡心谷用鸡毫笔所题："岩立偏多人鸟兽，泉飞莫辨雾云烟。"前句的人、鸟、兽诸景在剪刀峰的不同造型中已体现出来，而后句的雾、云、烟意境将在大龙湫的不同姿态里展现得淋漓尽致。

【雁荡龙须草】各位朋友，现在请大家看右边崖壁上挂下来的线状的草，叫作龙须草。龙须草是一种多年生草本植物，初夏开花，茎叶可以做蓑衣、绳索、草鞋等，亦可织席、造纸。有些地方也叫蓑草或蓑衣草。明朱谏在退隐雁荡山之后，长期行走在雁荡山间，对这里的一草一木非常熟悉，在看到石坡上的一丛丛龙须草时便有感而发，赋诗《龙须草》："江东有细草，土人织为席。传为古轩辕，骑龙游八极。群臣援龙须，须坠着石泥。神人种灵根，移向江南植。萋萋动清泉，茸茸发深碧。云埋晓气寒，风抑岚光湿。抽之软若丝，经疏纬遂密。旧日荐东宫，独坐当震位。公侯与庶民，不敢侧目视。由来古帝王，珍宝用传世。晋祚起遗风，而今或稍异。我尝觐储君，出入文华地。但见毬罽光，铺陈及阶陛。孝宗俭德昭，贻谋及来裔。元宵饰宝山，一言即麾去。而今四十年，德泽已罩被。陋晋不足言，克俭如五帝。宾天有余光，孤臣颇能记。扳龙恨无阶，但下龙须泪。白发倚空林，日斜忘归去。"清施元孚《雁荡山志》载："龙须草，茎细，与田间所种席草不同。始出缙云，晋时织席入贡，今惟瓯为盛。郡人每织席，取半浸泥水中变紫，再浸变黑，织为花卉云物，谓之花席，暑月寝之，可当蕲簟。产雁山者更细而秀。"其实这里"始出缙云"的说法不对，龙须草是一种分布十分广泛的植物，南方各省自不必说，连河南、陕西等北方省份也有出产，有些地方还把龙须草列入"三宝"，如湖北十堰三大宝：苞谷、红薯、龙须草；淅川三件宝：南瓜、红薯、龙须草。雁荡山龙须草于清康熙年间列为贡品。龙须草还是一味药材，《本草纲目》将其列为上品，李时珍说它可以主治"心腹邪气，小便不利、淋闭风湿，鬼疰恶毒。久服，补

虚羸，轻身，耳目聪明，延年"。温州一带还经常将龙须作为制作豆皮的拉绳。

【雁荡石菖蒲】各位朋友，现在大家看这溪涧边生长着的便是雁荡山石菖蒲，菖蒲分石菖蒲与水菖蒲，历史上文人墨客热衷于案头把玩的是雁荡石菖蒲。菖蒲作为中国花草四雅之一，有着2500年的文化历史记载，最早可以追溯到春秋、秦汉，文字最早记载于《诗经》："彼泽之陂，有蒲与荷。"这里的蒲就是菖蒲，不过不是石菖蒲，而是水菖蒲。菖蒲莳养源于秦始皇、汉武帝寻找长生不老药，开始将菖蒲作为仙草引入宫廷苑囿栽培。唐代文人开始将庭园中的菖蒲缩入案头山水盆景，并极尽赞美之词："有山林气，无富贵气。有洁净形，无肮脏形。清气出风尘以外，灵机在水石之间。此为静品，此为寿品，玩者珍惜。"温州盆栽石菖蒲有着十分悠久的历史，历代温州石菖蒲深受文人士大夫们的喜爱，尤以雁荡山和楠溪江的菖蒲最受欢迎。南朝刘宋时期，中国山水诗鼻祖、永嘉郡守谢灵运看到溪边的菖蒲，写道："出篁苞绿箨，新蒲含紫茸。"晚唐诗人罗隐在隐居雁荡山时写道："解吟怜芍药，难见恨菖蒲。"南宋状元王十朋在《书院杂咏·石菖蒲》诗中写道："天上玉衡散，结根泉石间。要须生九节，长为驻红颜。"翁卷《次徐灵渊韵赠赵灵艇》诗曰："一轴黄庭看不厌，诗囊茶器每随身。三年在任同仙隐，一日还家只旧贫。种得溪蒲生似发，教成野鹤舞如人。出门便是登山路，更要遥山翠色匀。"说是养了三年的菖蒲越养越小越密，如发丝。徐照《拔蒲曲》："拔蒲心，叶再抽。拔蒲根，种不留。"富有童趣。宋僧释宝昙《画石菖蒲》诗："太湖与雁荡，相去二千里。六月吾几间，风雨一弹指。"释蕴常《石菖蒲》诗："细水围棋石，纤纤手自移。几年离雁荡，万里到天池。浮玉春风后，小姑烟雨时。它年怀胜绝，魂梦亦清奇。"释文珦《采菖蒲》诗："雁荡高寒处，穿云采得来。岂能同野草，容易有花开。瘦节偏宜石，纤丛不受埃。幽人知尔性，晓涧汲泉杯。"由此可见，不仅文人墨客，连宋代的僧人都喜欢雁荡石菖蒲。雁荡山现在大龙湫、显胜门、筋竹涧等处还可以看到生长在溪涧的雁荡菖蒲。钱仲联校注《嘉泰会稽志》："今会稽有一种，叶有脊如剑，谓之雁荡菖蒲。"这些自然生长的石菖蒲，由于缺乏人工打理修剪，大都显得"腰粗膀圆"，缺少"九节菖蒲"的细密风骨。

石菖蒲生于山涧，以清泉蛮石为伴，自然具备野趣、纯洁、淡雅、素净的气质，且散发一股清雅的幽香，一直为文人雅士所喜爱，自然就成了书房案头清供的好物。石菖蒲自古以根节短密"一寸九节者良",叶坚瘦"以虎须为美"。案头清供的石菖蒲还必得与石头为伴,最好"并石取之",置于紫砂或青瓷盘上,以清澈的清水养之,可终年不枯。《吕氏春秋》:"冬至后五十七日菖始生。菖者,百草之先生者。于是始耕。"每年的农历四月十四为菖蒲日,五月为菖蒲月,在温州民间,端午节这天家家户户有在门头挂菖蒲与艾叶、吃粽子的风俗,寓意驱邪避毒,祈福平安吉祥,所以端午节又名菖蒲节。

【观瀑亭】各位游客,现在我们来到了大龙湫观瀑亭,以前瀑布水量大时,一般旅游者都站在这里观赏瀑布。"观瀑亭"三个字由已故温州书法家蔡心谷所写,现观瀑亭是在原"宴坐亭"遗址上建造,历史上观瀑亭位置在晏坐亭后面山肩上。宴坐亭因开山祖师诺矩罗观瀑坐化成为千古奇谈而建。亭中有对联"雁荡经行云漠漠,龙湫晏坐雨蒙蒙",此联取自唐代高僧贯休的《诺矩罗赞》。对联中提到了雁荡山、龙湫水、经行峡等景点,后人根据"宴坐"两字修了宴坐亭。

大家看旁边有一方碑刻,上面"白玉烟"三字为明万历十四年(1586)乐清知县吴华题写,形容大龙湫瀑布在水量小的时候飞泻而下,形如玉白色的烟云,现在如果大家站在大龙湫瀑布水潭背面的游步道上即可领略"白玉烟"的神韵。"白玉烟"选自明戏剧家汤显祖的《大龙湫》诗:"坐看青华水,长飞白玉烟。洞箫吹不去,风雨落前川。"诗虽短而意义很深,看似写景,却为见情。在明万历二十五年(1597)秋冬之交,临川才子、大戏剧家汤显祖来了一次雁荡之行。当时他在今丽水遂昌当县令,此次来雁荡山并非专程赏景,而是到温州向知府述职,顺便游览雁荡山水。从他留世的四首关于雁荡山水的诗文可见,他当时的足迹都在雁荡山的西内谷,大龙湫一定是他的目的地。

著名画家赖少其于1987年5月应邀为雁荡山风景旅游管理局挥毫的《大龙湫图》,从取景角度来看,应该在现观瀑亭后面山脊对景创作,大龙湫瀑布夹在壁立千仞的悬崖之间。清代中期曾衍东《雁荡龙湫图》、晚清江湜《大龙湫图》、现代周昌谷《大龙湫》等均对景创作于观瀑亭。

现在请各位游客来看两方碑刻。其一为明胡继升诗碑,位于大龙湫观瀑亭左侧,碑体高151厘米、宽79厘米,行书,竖写。"余也到东瓯,东瓯绝胜地;人道海大观,我言山挺翠。异哉一奇峰,剪刀正崒嵂;傍观张虎啸,劈面观天工。四十九盘蠛陡下,三十三天凌霄跻。危崖支斗室,看不足层峦。殊可讶!

讶甚九岭，讶甚五山。讶甚三三曲，讶甚六六湾。讶甚巫山十二峰，讶甚秦关百二重。讶甚蓬瀛觅海岛，讶甚岱岳垲乔口。险江寻幽磴，老僧指迷径。雁荡有主人，龙湫喜欲奋。初到日初晖，万线一线飞。瀑布多变态，瞬息不可知。静观飞絮红绿丝，万仞壁立善下之。无壁安砥柱，无下奚适归。壁立善下，山水何期？人生行乐，念兹在兹。我偕老子出尘寰，把酒豪念壮叠关。写不尽无边山水趣，得趣还在茫茫山水间。按部，同藩司李端和过雁山龙湫看不足亭，调古风纪胜。西蜀胡继升。"

该碑原置观瀑亭右下方，与"白玉烟"碑对立，后被置于大龙湫小屋内，再后移至现址。碑青石质，诗连款共计十一行、满行二十六字，自右而左，字迹略有剥落，尚可辨认。题诗者胡继升系西蜀人，四川重庆府铜梁县（今属重庆市铜梁区）人，明万历三十二年（1604）进士，历任江西道御史、巡盐两浙、河南到御史、太仆寺少卿，来游雁荡山并题诗时间为万历四十四年（1616）在巡盐两浙任上。

另一方碑刻为清余筠《重建观瀑亭记》碑，位于观瀑亭背侧，碑高180厘米、宽72厘米、厚13厘米，正文连题款计十三行，每行三十五字，隶书，直写，竖排。碑下部石头剥落，右下角有折裂痕，部分字迹难辨，碑座高29厘米、宽82厘米。碑文内容为："重建观瀑亭记。戊申夏，余捧檄权瑞安也，浙中寅友贺余曰：'此行得游雁荡矣。'及至瓯，登孤屿，似逊于舟山之普陀，游瑞之仙岩，亦不及西子湖之灵隐，终以未得游雁荡为歉。己酉秋，复移宰乐清县，才拙不愿复仕，因有雁荡名胜，权为管领，亦颇不恶。接篆越二日，适有道松洞僧人□□□事，遂作游雁山之始。道出大荆，入老僧岩，陟观音洞，宿净名寺，历灵岩寺，跻道松洞，□□□峰，已阅奇峰数十朵。在他方之人，固见所未见。余皖之新安人也，新安有黄山、白岳，较□□胜，雁山虽佳，不足以饫余之目，意欲折回。老僧伴游者曰：'盍进观瀑乎？'始勉行，攀芒□□□杖，折北入大龙湫。见悬泉千丈，变化万端，倏忽而成五色，洵奇观焉！使余忘其所之，始信雁山之名驰天下者，此欤。立观移时，适天雨，衣履尽沾透，无可憩息。闻昔有诋那亭，颓废□□百年，余心拟复之而未果。值禁烟令下，督拔阅四月，卒竟全功，复经此地者数矣。拨禁烟余款以兴复之，更其名曰'观瀑亭'，聊为游人避风雨、坐观之一助。布置经营者大荆周君□坡，朱粮廉树吾之力也。余瓜期已届，无复重游，略叙数语，留作鸿爪云尔。是为记。

114

大清宣统二年秋七月，休宁余箎立，东嘉马寿洛书。"

　　撰写碑文者余箎，字挺生，安徽休宁人，清光绪三十四年（1908）任瑞安知县，清宣统元年（1909）正月十四，曾以临场监督身份宣布停办瑞安公立中学堂，结束了长达半年之久的争论，同年七月调任乐清知县，接管乐清知县第二日便应雁荡山道松洞僧邀请来游雁荡山。从大荆出发，先后游览了老僧岩、观音洞、净名寺、灵岩寺、道松洞等诸多名胜，都觉得景观一般，不及家乡安徽新安之黄山、齐云山，及至在伴游老僧建议下游览大龙湫之后，始觉雁荡山驰名天下源于大龙湫。由于时值天雨，无处避雨，衣服鞋子尽被淋湿，听说以前雁荡山开山祖师诺矩罗晏坐观瀑的讵那亭早已颓废，便专门拨出禁烟余款重建讵那亭，更名为"观瀑亭"，并于宣统二年（1910）七月撰写《重建观瀑亭记》并立碑。书写者马寿洛（1869—1962），字祝眉，谱名雋诜，晚号菊叟，温州书画传家三百年之马氏家族第十世，是现代著名书画艺术家马孟容、马公愚的父亲，浙江省文史馆馆员，工诗文，擅隶书，善奏古琴，通中医，为浙派古琴名家，著有《春晖堂琴谱》《桐君录》。

　　【大龙湫瀑布】提起名瀑，人们自然会想到久负盛名的北美洲尼亚加拉瀑布、中国的黄果树瀑布等。它们均以宽度誉满全球，但是落差与大龙湫相比，前者只有大龙湫的1/4，后者是大龙湫的1/2。自然天成、单级落差197米的大龙湫瀑布，与黄果树瀑布、壶口瀑布、吊水楼瀑布合称中国四大名瀑。一般瀑布从科学成因上来分析都有三部曲：造瀑层、瀑前峡谷、瀑前深潭。

　　大龙湫的造瀑层属于巨厚的流纹岩层。登顶观望，可以看到水从龙湫背的湫背潭中流出。那么龙湫背的水又是从哪里来的呢？历来不知有多少文人墨客慕名前来观赏探寻大龙湫，因古书记载"龙湫水自雁湖来"，所以从来没有人刻意去探寻过它的源头。唯独我国明代著名的旅行家、地理学家徐霞客为了探明大龙湫的源头，历尽千难万险，做了三次考察，终于弄了个水落石出。原来大龙湫水与雁湖风马牛不相及，它出自雁荡山最高峰百岗尖，而龙湫背是大龙湫瀑布的承水区和储水层。接收了地表水和雨水后，一部分渗入岩层，另一部分沿着连云嶂下流，就形成了大龙湫瀑布。因龙湫背上流域面积仅0.98平方千米，晴天时，大龙湫只能依靠不到1平方千米的地下水进行补给，一旦降雨少了，没有地下水补给时，瀑布水量也会变小。而当雨水充足时，在连云嶂上就不仅仅只有一条大龙湫瀑布了。暴雨过后，忘归亭旁还会有一条珍珠瀑与大

龙湫为伴。

明末有姜垓赋《雁山瀑布歌》一诗。明崇祯十三年（1640）进士、山东莱阳人姜垓（1614—1653）慕名来游之后认为，雁荡山大龙湫瀑布变幻莫测，非天台石梁瀑布可比，作《雁山瀑布歌》："近见司马孙尚书，为言瀑布天下殊。莫测此水真形状，天台石梁俱不如。今我披榛冀一见，颇惊天际云成片。削铁凿空蛟龙吼，补天倾柱银河转。急如震怒掣雷电，缓复凌虚飞霜霰。细如鲛人轻丝绸，粗亦吴江千匹练。□□神弓更开辟，静观瞬息应万变。剪刀一帆俱不同，参□月窟昆仑中。鸣金击鼓转疾驰，万里散尽洪涛风。濯足不吝白玉案，堆面何惜青玲珑。安得张骞奉使出异域，乘槎直抵支矶石，天汉欲洗甲兵息。"

人们来到大龙湫，会想知道"湫"字作何解。《康熙字典》中有"悬瀑水曰龙湫"。其实，"湫"字不是指瀑布，而是指瀑布下来之后形成的水潭或水池。大龙湫从连云嶂顶悬空跌落，水大时，直捣龙潭，势如排山倒海，声如夏雷怒吼，数里之外，常为瀑声所震慑。水小时，瀑水不到深潭就已随风飘洒，犹如烟雾。正如清代诗人袁枚在诗中描绘："龙湫山高势绝天，一线瀑走兜罗绵。五丈以上尚是水，十丈以下全为烟。况复百丈至千丈，水云烟雾难分焉。"是的，大龙湫是美的，它的美体现在四季的变化。春天，它娇媚多姿；夏天，它雄伟壮观；秋天，它潇洒素淡；冬天，它冷艳孤清。古人江湜还作有《大龙湫》歌："天下名瀑凡几处，皆从高壁倾惊波。自来文人巧言语，比以曳练翻银河。独此龙湫不缘壁，挂空千丈风荡摩。风吹水散作碎点，惊飘乱飑无奈何。乃凭风力作飞势，天矫翔舞于岩阿。虽然极变化，总是一气呵。人愁沾洒莫偪视，各述所见殊偏颇。谓如白云只形似，谓如翻雪犹无佗。谓如倒下积灰者，比喻鄙俚吾所诃。须知悬水得风无定相，比以神龙掉尾差无讹。更受日光发奇采，倏现五色理则那。我昔尝以午晷至，赤日正射山嵯峨。此时看此瀑，如倾八万四千佛舍利，杂以牟尼之珠万串多。琉璃璎珞亦糅入，争飞竞泻交相磋。宝光晕眼叫奇绝，自诩平生胜赏无蹉跎。惜哉此境晚乃辟，谢公屐齿曾未过。庐山之瀑遇李白，后又继以苏东坡。此独不逢名手笔，世无人诵龙湫歌。名山急切待名作，我亦才尽空吟哦。独思将身作尊者，宴坐学彼诸矩罗。但听瀑泉不琢句，净洗尘世诸愁魔。山人许我结庵处，为问曾否牵云萝。"

大龙湫瀑布春夏秋冬变幻多，阴晴雨雪奇景浓。假如您坐在瀑前，静观瀑布,瀑水因风起舞,再飘落龙潭时就像一条白龙在水面游弋。大龙湫的美还体现在文化价值上,古今的文人墨客无不为雁山的大龙湫所折服。

清浙江学政阮元写有《大龙湫歌》:"山回路断溪谷穷,寻湫阴闭龙所宫。眼前无石不卓立,天上有水皆飞空。飞空直落一千尺,鬼神不在疏凿功。绝壁古色划尔破,山腹元气冲然通。有时静注绝不动,春阳下照神和融。有时飞舞渐作态,已知圆嶂生微风。一瓯春茗啜已尽,水花未散犹复摇玲珑。飒然乘飙更挥霍,随意所向无西东。不向寻常落处落,或五十步百步皆蒙蒙。岂料仙境在人世,谁作妙戏惟天公。云烟雨雪银河虹,玉尘冰縠珠帘栊。万象变幻那足比,若设拟议皆非工。石门飞瀑已奇绝,到此始叹无能同。惟有天柱矗立龙湫中,屹然百丈与此争雌雄。"该诗入选《清诗选》。这是一首歌行体的"禁体诗",所谓"禁体诗",即作诗前指明某某字不得入诗。宋代欧阳修《六一诗话》记载着这样一个故事:"有进士许洞者,善为辞章,俊逸之士也。因会诸诗僧,分题出一纸,约曰:'不得犯此一字',其字乃山水风云竹石花草雪霜星月禽鸟之类,于是诸僧皆阁笔。"此首禁用何字,因未指明,不得其详。诗的开头四句,先写大龙湫瀑布的位置。在山回路断溪谷穷尽之处,神奇的大龙湫隐蔽在龙宫水府,瀑布流经的悬崖笔直而立,天上之水飞空而来。紧接着的四句诗,用顶真格重复四句末的"飞空"二字,写瀑布飞空直落,一泻千尺,这是大自然的造化,即使鬼斧神工也不能担任疏凿之功。"绝壁"两句,写悬崖绝壁的千年青紫之色被一条银白色的瀑布划破,好像在山体的腹部垂直开了一刀,冲开了山腹,伤了山的元气。"有时静注绝不动"以下四句,写瀑布的多姿风采,有时静静地流注看似绝然不动,在春天阳光的照射下显得神态温和;有时渐作飞舞之态,此时圆如屏障的山峰上已经生起微风。"一瓯"以下六句,继续刻画瀑布的多态多姿。瀑布飞空而落,水花四溅,有时一杯茶已经喝完了,澄明透亮的水花仍然未散,继续摇动着。有时忽然遇到暴风,瀑布的飘洒更无定向,随意向四面飞溅,如流风回雪一般飞舞。这时瀑布的垂落已离开平时的轨道,在寻常落处的五十步之外或一百步之外皆是飞舞的水花,看上去白蒙蒙一片。这六句写飞出的水花之态及暴风吹动时瀑布的四溅远射,逼真传神,历历如在目前,刻画十分精细。"岂料"两句,插入议论,使对瀑布的描写作一停顿,在议论中对瀑布在意念中加以赞美,把瀑布比作人间仙境和天公的妙戏杰作,笔法由实转虚,显得曲折多变,错落有致。在二句一顿之后,忽

又缀以"云烟"以下四句，写瀑布之美，任何事物皆不可比拟，云烟、雨雪、银河、长虹、玉尘、冰縠、珠帘，都不能与瀑布的万象变幻相比。在排除了瀑布与其他事物的可比性之后，结尾四句又收到类比上来，即将大龙湫瀑布与天下著名的瀑布相比。

作者提到了两个瀑布：一是浙江永嘉县石门瀑布，作者认为石门瀑布比不上大龙湫瀑布；一是在雁荡山雁湖景区含珠峰北天柱门，门内有梅雨瀑，高四十丈，可与此瀑布决一雌雄。我国古典诗歌中描写瀑布的作品很多，其中不乏名篇佳制，但像此首长篇大论来专力描写瀑布的，并不多见。阮元是清代经学大师，清代学者对汉学是做了总结的，但诗让于唐，词让于宋，曲让于元，在诗歌创作上未能突破前人。不过也不乏精妙之作。如此诗在描写瀑布方面，继承了唐代大诗人李白等描写瀑布的艺术手法，如诗中的"飞空直落一千尺"，显然是化用了李白的名句"飞流直下三千尺"（《望庐山瀑布》）。"银河""白虹"等比拟也来自李白诗。"绝壁古色划尔破"句，化用唐人徐凝《庐山瀑布》诗"一条界破青山色"的名句。葛立方《韵语阳秋》在总结比较瀑布诗写作时提出两种手法：一是"凿空道出"；一是利用"比拟"。就阮元此篇来说，这两种艺术手法他都吸收了并加以运用，所谓"凿空道出"即"赋"法，所谓"比拟"即运用"比兴"之法，二者不可偏废。阮元写瀑布多用赋法而少用比拟，他认为用比拟，未足以描写瀑布的"万象变幻"，此艺术见解，与葛立方接近，但在创作实践上，他是赋比兴兼用的。

其实大龙湫不是指瀑布，而是指瀑布下来的水花在叫作"湫"的水面上形成的变幻莫测、左右移动、伸缩自如的游龙，当有阳光照射时，白色的游龙有时候也会幻化成金色的游龙，这就是"龙湫"。

【连云嶂摩崖题记】各位游客朋友，大龙湫所在的岩壁叫连云嶂，崖壁上留有历代摩崖题记。"大龙湫"三个字是清道光二十八年（1848）春文学家梁章钜来雁荡山时题写的。梁章钜曾任江苏布政使、甘肃布政使、广西巡抚、江苏巡抚等职。他是坚定的抗英禁烟派人物，曾积极配合林则徐严禁鸦片。他来雁荡山也属因缘际会。早在清代嘉庆年间，他的老师祖舫斋尚书，闲聊中说起自己在武夷山时，夜宿天游观，曾梦见由天游峰顶飞临雁荡，"梦境甚奇"。祖老师问梁章钜："你能为我记录雁荡山吗？"祖老师的意思是他自己未曾去过雁荡，希望自己的学生能把雁荡的实景描述下来，印证自己的梦境。当时梁章钜也不曾游过雁荡山，但他答应一定去雁荡山游玩。恰好祖老师桌上有两本《雁荡山志》，他就借回去读，一读就满心欢喜。一晃40余年过去，梁章钜也开始告老还乡。清道光二十七年（1847），在温州任知府的第三子梁恭辰将他迎养至温州，在温州闲居期间写了许多著作，其中《浪迹丛谈》及《续谈》《三谈》中有许多关于温州的记载，写有《雁荡诗话》。当时同游雁荡山的还有儿子梁丁辰、梁恭辰等人。两个女儿筠如、婉惠虽然未曾同游雁荡，但是女儿筠如读到父亲的雁荡山日记和诗作，深为雁荡山胜景陶醉，便赋诗："摹写龙湫烟雾宽，想象雁湖云水漾。一百二峰离复合，五十四岩奥亦旷。"婉惠也和诗一首："春闺昼长一事无，忽闻高堂说雁荡。闺中分无出游缘，虽不能从心亦壮。"

右侧"天下第一瀑"五字篆书题刻是清湘阴人李桓于同治十一年（1872）所题，落款是"同治壬申二月初九日，前署江西巡抚、湘阴李桓，偕乐清县丞、吴江金枚，大荆营守备、西安程梦熊来游，因摩崖题"。

李桓（1827—1891），字叔虎，号黼堂，又号桐华吟舫主人、桐华道人，籍贯湖南湘阴，其父李星沅为清道光朝重臣，与林则徐交情甚笃，曾参与抗英禁烟，官至两江总督，加太子太保，并有文采，与陈鹏年、陶澍并称湖南"以经济而兼文章"三君子，曾是湘军老帅。李星沅十分受曾国藩推崇，清咸丰元年（1851）奉命督师粤桂，卒于广西宣武军中，谥文恭。咸丰五年（1855），李桓由父难荫以道员，拣发江西，署广饶九南兵备道。咸丰六年（1856）二月，兼署按察使，未几，改任督粮道。同治元年（1862），擢任江西布政使兼巡抚，整饬财政赋税，制定抽厘规章，定点设局，以制止随地设卡、滥收厘金之弊，卓有成效。同治二年（1863）春，奉调陕西布政使，即返乡变卖家产，组建楚军义胜营。同治三年（1864），率部途经武昌，因登船失足跌倒，致左肢中风麻木，旋请辞归田养病。与兄李仲云观察相依林下，专意著述，有《国朝耆献类征》七百二十卷、《国朝贤媛类征》十二卷、《宝韦斋类编》一百卷。同治十年（1871），李桓以病痊可，乃勃发游兴，汗漫苏浙，以补平生游屐之阙。登焦山，游灵隐，泛西湖，谒严子陵祠，迤至温州，已是次年三月。时温处道方鼎锐设宴洗尘，海防同知郭钟岳殷殷作陪，觥筹交错，极尽欢洽，李桓感赋二章以赠，其中之一为"海内论知己，神交十载深。搏沙今日聚，酾酒故人心。露冕君持节，游装我谢簪。永嘉山水窟，取次快招寻。"心慕雁荡山水

已久，心向往之，匆匆辞别，作《留别郭外峰司马叠用赠子颖韵》："匆匆分袂去，诗向雁荡寻。"夜宿芙蓉村，欲睡而忽闻钟声起，恍若神驰其中。次日，追寻谢灵运踪迹，过筋竹涧，至能仁寺，乐清县丞金枚、大荆营守备程梦熊在雁荡山迎候。由寺僧导览，相偕逾四十九盘岭，饱览西外谷诸景，复由原路返回，便览大龙湫、灵岩、灵峰诸多胜景，游屐所至，触景会心，皆一一笔之于诗，汇集曰《雁荡杂咏》。其尝见大龙湫之瀑，横壁千丈，竖崖万仞，瀑布从空中掷下，金霏碧耀，雾散烟腾，转步瞬息，百态呈现。而蹲地饱看，逾五刻而不知倦意，非天下第一，何能若此？遂相度位置，于潭右"大龙湫"摩崖左侧壁间作小篆"天下第一瀑"，末刊岁月姓名，以作纪念。适郭钟岳为方鼎锐广招手民，汇刻《雁山题咏》，因便雇匠凿平崖壁刊刻，历时一月而成。又尝以大龙湫山口大石坡梗路，遮蔽瀑布下半，不能尽览，虽有石齿，惟容足趾。攀岩扪壁，涉登为难，复习请郭钟岳雇匠将石坡凿平六十余步，取容足而止。从此坦行入山，利后人之眼福。

　　李桓游罢雁荡山，经谢公岭、老僧岩，东出大荆，继北游天台，东渡普陀。归后，友人问及三山胜处，答以雁荡奇胜、天台雄胜、普陀幽胜。曲园居士俞樾赞之曰"山灵有知，必以为知己也"。"天下第一瀑"五字字体圆润，曲线饱满，行笔的力度与结体的内敛所形成的丝带当风、飘荡多姿，颇有韵味，令人目不转视。清光绪二年（1876），其子李辅耀以道员分发浙江。次年，即随子就养杭州，在孤山南麓置地构室，遍植修竹，取名"小盘古"，与曲园居士俞樾之俞楼毗邻。清光绪五年（1879），诗兴大发，乃用元白旧体赋《何处生春草》三十首，其一追述《旧游雁荡山》云："何处生春草，春生揽胜中。酒尊山水窟，衣袂海天风。备卫居停雅，留题洒翰融。龙湫新辟路，游屐往来丛。"现浙江大学图书馆藏梁章钜"大龙湫"、李桓"天下第一瀑"摩崖题刻拓片。而连云嶂大龙湫瀑布右侧崖壁间有"同治辛未三月仪征方鼎锐子颖、郑沅芷馨、江都郭钟岳叔高来游"的摩崖题刻。同治辛未为同治三年（1864），可以想见，李桓来游雁荡山大龙湫当为前一年来游并题刻的方鼎锐、郭钟岳极力推荐并刻意安排的。

　　大家再看右侧，"天外飞来"四字行楷题刻，自右而左，一气呵成，字体舒张，锋颖飘逸，字为清代江苏吴县人孙熹任黄岩知县时来雁荡山所题。

　　"审言来"，楷书，横写。唐代大诗人杜甫的祖父杜审言曾于唐永昌元年

（689）来雁荡山"到此一游"。据明代按部来温的安徽歙县人王献芝《游雁山记》所载："近崖有潭，潭畔乱石磊落，石上有题'杜审言来此'字。"到了清代，"杜"字只剩"木"旁，而"此"字已不见。雁荡山400多处摩崖石刻当中，明确是唐代的摩崖石刻共有2处，另一处在灵岩景区的龙鼻洞。

"审言来"摩崖题字的背面有"李审言行部来"摩崖题记，楷书，竖写。题字人叫李复圭，字审言，徐州丰县人。宋康定三年（1042）赐同进士出身，初授澶州通判。宋嘉祐七年（1062）在两浙漕运使任上来游雁荡山，爱其山水，奏立净名院，并在灵峰景区雪洞、东石梁洞都留有题记。

"醉"字是1984年作家魏雅华所题，已成为大龙湫网红打卡点，许多游客在瀑布前留影。"醉"的字面含义似乎与山水很搭配，行于山水醉于心。"醉"字缺少了传统中国书法内在的书风韵味，这也是最近几年雁荡山风景旅游管理委员会在摩崖题刻内容选择方面比较重视的地方，绝不能滥涂乱刻，好心干坏事。

大龙湫瀑布后面崖壁上镌刻的"张瓌唐公游"摩崖题记是宋庆历年间所题。题刻者张瓌（1004—1073），字唐公，滁州南谯人，宋天圣二年（1024）进士，庆历八年（1048）正月丁未祠部员外郎秘阁校理张瓌为两浙转运使，累迁左谏议大夫、翰林侍读学士，《宋史》卷三百三十有其传。该刻题写时间正是张瓌在两浙转运使任内。清金石家戴咸弼《东瓯金石志》卷三录有"张瓌大龙湫题名"。雁荡山雪洞和天窗洞两处有"唐公题名"。

"苗振伯起、常鼎宝臣"是宋皇祐三年（1051）的摩崖石刻题名。题名者苗振，字伯起，宁波四明人，仁宗时进士，召试馆职，不选，人称"倒绷孩儿"，后历任光禄卿、知明州，熙宁初致仕。常鼎，字宝臣，宋仁宗年间任阁门祗侯之职。皇祐三年（1051），他们同游缙云仙都、青田石门、雁荡山大龙湫、雪洞等景区，均有题刻。

"张中"是明洪武十九年（1386）张中游雁荡山时题刻。张中，江西临川人，字景华，一字景和，人称"铁冠子"。应进士举不第，遂放逐山林、寄情山水，佯狂玩世。遇异人授数术之学，论祸福每每奇中。

大龙湫观不足亭内旧有明嘉靖二十六年（1547）巡按浙江监察御史裴绅题写的诗碑，高65厘米、宽61厘米，楷书，直写："《瀑布歌》：瀑布喷流千仞岗，僧言中有者龙藏。吞云激电下东海，随风洒润如飞霜。我来到此看不足，古殿阴森毛骨凉。疑是素丝挂绝壁，倒悬银汉注石梁。屏风九叠锦霞张，影落澄潭青黛光。老僧指点矜奇绝，忽如雷雨来苍茫。深山大泽人迹荒，夕曛风起驿路长。万山回首转羊肠，空留余润沾衣裳。《别雁荡》：观风喜历名山胜，写景惭无灵运才。天□□□□□，□□应是五丁开。龙头巧透银河水，凤翼高□□□□。□□□□拼易得，肩舆何日更重来。皇明嘉靖二十六年秋九月十又三日。"

"万泉惟一"刻于大龙湫瀑布后壁，是清福建温陵（今晋江）人倪鸿范（1683—1759）所题。倪鸿范为清康熙五十年（1711）武举人，康熙六十年（1721）台湾朱一贵起事，鸿范承父命招募丁壮，率兵千人奋力冲杀，因功授千总。清雍正四年（1726）十一月受总督高其倬送部举荐，授予蓝翎侍卫。乾隆年间，曾任乐清总镇。清乾隆十四年（1749）六月调任南澳总兵，从潮州运米赈灾，让灾民安居。乾隆二十二年（1757）修建南澳总镇署。乾隆二十三年（1758）五月升任浙江提督，第二年九月卒于浙江提督任上。"万泉惟一"应题刻于浙江提督任上。

各位游客朋友，现在稍微给大家介绍一下"嘉靖辛亥十月武进薛应旂到此"这方摩崖题记。薛应旂（1500—1575），字仲常，号方山，江苏武进（今常州）人。明嘉靖十四年（1535）进士。历任南京考功郎中、慈溪知县、九江府儒学教授、福建乡试主考。嘉靖十六年（1537）署白鹿书院。嘉靖十八年（1539）起任南京考功清吏司主事等职。嘉靖二十四年（1545）奉例考察南京五品以下官员，因事得罪权相严嵩，改任江西建昌府通判，并讲学于道一书院。嘉靖二十五年（1546）南京吏部等科给事中游震等集体上奏说薛应旂"考察去留官员甚当"，应恢复其原职。嘉靖皇帝准奏，并诰敕一道褒奖薛应旂，称其"廉以律己，慎以莅官，惟明惟允，不吐不茹，时论雅重焉"。授予承德郎。嘉靖二十九年（1550）补礼部祠祭司员外郎，擢膳司郎中，十月补浙江提学副使。摩崖石刻中的"嘉靖辛亥"即嘉靖三十年（1551），可知薛应旂来游雁荡山时在浙江提学副使任上，并撰《雁荡山记》："雁山有大小龙湫。又有上龙湫，在大龙湫上数里，飞流悬瀑，亦数百尺。山岩壁立，中有穴可居，人迹罕至。正德间，五台二僧白云、云外居其上。予至其下欲访之，陡绝不能登，投诗而返。"可见，薛应旂不仅来游大龙湫，并且尝登龙湫背饱览上龙湫，并欲拜访白云、云外二僧，因山崖陡峭，难以登临，遂留诗而走。嘉靖三十一年

（1552）九月巡历平阳岁考，平阳知县、教谕、训导"率诸生请予为文，以纪其事"，撰《平阳县重修庙学记》。顺便说一下，薛应旂是明代著名东林党人顾宪成的恩师。

薛应旂摩崖题记的右侧是清代同治年间温处道方鼎锐、温州海防同知郭钟岳等人来游的题记，"同治辛未三月，仪征方鼎锐子颖，郑沉芷馨，江都郭钟岳叔高来游。"方鼎锐，字子颖，号退斋。江苏仪征人，清咸丰二年（1852）中顺天府乡试第五十名，保和殿覆试钦定一等第八名。方氏学识才气均佳，身兼诗人、书法家、藏书家等多重名誉，真可谓"方家"。同治六年（1867）承乏瓯栝，任温处道。方氏曾是温州开关后首任关道。同治八年（1869）秋，赵之谦由杭州赴温，游乐清城西沐箫泉，寓居永嘉城区积谷山下张瑞溥如园，与方鼎锐等唱和，有诗多首，其著作《悲盦居士诗賸》前有方鼎锐的题跋。方鼎锐与郭钟岳在温州任职期间，问俗采风，搜集民间逸事，合编成集《东瓯百咏》，同治十一年（1872）东瓯天倪斋刻本。在温州期间著有《且园唱和诗》等，并撰《青田县志序》《江心屿宋高宗题字"清辉"碑刻及跋文》等，题写"孤屿"二字于温州江心屿。在游览雁荡山之后写有《超云峰》《一帆峰》《初月洞》《鸣玉溪》《观音岩》《和阮文达净名寺蔬饭》等16首诗。郭钟岳，字叔高，号外峰，自号天倪子，江苏江都（今属江苏扬州市）人，监生，善画，工诗。清同治七年来温州。同治十年（1871）三月四日，方鼎锐与郭钟岳二人相约由大荆入雁荡山，在大龙湫作《雁山游览记》一篇和《筋竹涧》《洗心泉》《观音洞》《谢公岭》《展旗峰》《天柱峰》等诗。清同治年间作温州竹枝词百余首，名《瓯江竹枝词》。清光绪十九年（1893）曾代理乐清知县。清光绪二十四年（1898）三月，郭钟岳在瑞安知县任上，监督筹办"中西学堂"正式开学，"开设经学、史学、算学、英文四个科目，以中学为体，西学为用，师夷长技以自强为办学宗旨"。后任温州海防同知，绘有《浙江省温州府海防营汛图》。从郭钟岳《雁山游览记》一文可知，郭钟岳与方鼎锐游览雁荡山不止一次。"天倪子之始来温州也，知雁荡之胜往游，谓可必也。八年秋，雁山主观兵于沙角山，归游雁荡，从者甚众。""越明年，天倪子回武林，意再来温州，将游雁山。""十年春，雁山主自宁绍台使者回温处，任檄，天倪子来，谓将游天台、雁荡……同治十年辛未春，三月初四日甲午，早发大荆驿，雁山主约同乐清士人张桂尊月波，刻《雁山便览》者也，彼生于大荆，常游雁荡,故约为向导。乐清县丞金枚吉人、守备程梦熊渭贤从行。"可以想见,当时他们游雁荡山从者甚众的场面。

大龙湫右侧连云嶂崖壁"方鼎锐等题记",居崖壁左侧边缘,有"景州窥园吴谦亨同弟谦光到此"题记,楷书,竖写,字体较小,字口较浅,游客通常难以注意到如此细小且隐蔽的摩崖题记。且该处题记内容在清戴咸弼纂辑的《东瓯金石录》、孙诒让《东瓯金石志》等摩崖题刻相关书籍均未见收录,乐清市文物部门之前也没有对这两处摩崖题记作任何清洗或摩拓。据清乾隆《景州志》卷五"选举"载:"吴谦亨,景州人,万历年间贡生,仕至学正。""窥园"应该是吴谦亨的字,其弟吴谦光生平不详。该处摩崖题记右侧有"民国玖年瑞安中校旅行到"楷书题记,字迹大得多,"到"字之后应该还有字迹,但已经看不清楚。"民国九年"为1920年,民国时期为雁荡山开发的中兴时期,国内政要文人纷至沓来,并先后留题摩崖题刻,"瑞安中校"具体所指何人,未见著录。雁荡山不为人所知的摩崖题刻还有很多,除大龙湫摩崖题刻之外,还有灵峰景区雪洞、东石梁洞、经丘谷等处2023年以来均有不少新发现的内容,尤以宋刻为多。

"白龙飞下"这四个大字是晚清重要的政治家、思想家、教育家康有为所题,落款"天游化人康有为"。1924年2月,66岁的康有为逐渐淡泊俗世,四处游历名山大川。东南名山雁荡山是康有为游历的目的地,由于生活困窘,他借了两千块钱,从杭州出发,途经天台来游雁荡山。康有为在大荆逗留了两日,来到雁荡山,住在屏霞庐。在游览灵岩景区时,与书法家马公愚不期而遇,于是马公愚陪同他登览雁湖,据1943年8月《大上海周刊》创刊号刊发署名白华的《马公愚谈康有为在雁荡山轶事》载:"……康老体又胖,怅望白云,真不能举足,后来经六名空手的轿夫扶持了上来,他已不胜气喘了。可是一到上面,豪兴又鼓了起来,随身边他带着许多纸笔的,立望之顷他作了不少诗,匆匆地字迹写得颇歪乱,我想代他誊抄,他说不要,从此,他仍旧返上海,不久他死了,而这许多雁宕的纪游诗永远散失了……"当地有位读书人赵丹秋持介绍信拜见,康有为不予接见。次日,赵丹秋漫步灵岩寺,康有为一行也在灵岩寺,不期而遇。康有为出了几副上联,向同行人征对,赵丹秋都对答如流。康有为说:"对得好,你是何人?能吟诗吗?"赵丹秋回答说:"雁荡山地灵人杰,能诗善词者岂止丹秋一人。"康有为忽然想起昨日友人介绍信中写有赵丹秋的名字，觉得有些怠慢。没料到赵丹秋脾气不小，赠诗讽刺康有为的傲慢："奇峰孤拔真高士，瀑布飞扬总下流。斗酒正谋分雅俗，春风江上促归舟。"康有为读后，为自己轻慢了赵丹秋深感内疚。事后，他写了一条幅："天下几名士，瓯东一狂生。"托人赠给赵丹秋，留作纪念。康有为在雁荡山摩崖题刻共有七处，除大龙湫连云嶂西壁上"白龙飞下"四个大字外，还有"蒋仁济堂药店""大荆通俗图书馆""灵岩寺"、灵峰景区会贤谷原紫竹林后面石砌门额"天阶"，东石梁洞"天然第一""耆英"，现仅存"白龙飞下""蒋仁济堂药店""天阶"三处。

"千尺珠玑"是台州温岭人阮季良于1934年所题，形容瀑布从高千丈的绝壁落下时像颗颗珍珠。阮季良名尚傅，字良弼，季良是他的号，人称"八老爷"，是当时温岭首富，捐县尉一职，不久辞归，经营实业。抗日战争时期，他捐款制造飞机。1949年，阮季良离开故土，1955年卒于他乡，飞泉寺附近有其衣冠冢，人称"八老爷墓"。雁荡山摩崖石刻中与阮季良相关的共有三处，其中有一处是他陪同台州名士屈映光来游的题刻，在雁湖景区的罗带瀑，还有一处在燕尾瀑。

"缥渺空濛"刻于连云嶂右壁，形容瀑布的形态，落款是"甲子孟春，偕吴君宝、宗廉甫三兄仁锷同游，宜兴徐麟祥题"。甲子年即1924年，徐麟祥当时任乐清县县长。

"矫若游龙"刻于连云嶂右壁，形容瀑布雄伟磅礴的气势，巧妙地点出了大龙湫瀑布下跌时长度、形态、速度、动作及入潭后漂浮在水面上的白色水花像神话传说中的游龙一样。1924年秋，由温州名士、实业家吕渭英题刻。清光绪十五年（1889）中举后，吕渭英先后在北京、福建、广东等地任职，曾任福州知府，官至候补道台。清光绪三十四年（1908）卸任，先后出任广东官银钱局总办、广东实业银行行长、浙江地方实业银行总理，直至1920年返回温州。吕渭英曾同瓯海道尹卓如、乐清知事澄秋等同游雁荡山大龙湫，一同刻石其上，并作有《大龙湫观瀑》诗："暮年如惬平生愿，五岳归来才识面。危峰飞瀑抱龙湫，为洗寰区龌龊遍。穿云谢屐来今朝，山灵拱揖将无嘲。衣冠不是汉家旧，芒鞋竹杖肩吟飘。七十七峰在何处，但见岩峦辄留步。云霄得路看飞仙，邱壑娱情归退傅。我抗尘俗二无一，林下孤踪亦难及。入山偶随采药翁，洞府何曾为我阙。瀑飞天半倾银河，云中出现龙首多。岱云霄寸雨天下，不知此瀑将如何。匡庐武夷伯仲耳,潨潨自鸣羞涧阿。开山祖师姓氏杳,僧家所尊惟诅那。山中境界到眼异,果有好诗胜游记。诗多集亦不胜收,过眼云烟荡空际。我来不复携图经,免毫茧纸祛零星。胸中空洞无一物,洗以潭水双眸清。三雁从兹多喜色,留迹千秋南海客。官能到此吏亦仙,落笔兴酣案叫拍。摩崖大字剜斑苔,陡惊瀑响轰怒雷。入山几日出山去,待寻泥爪他年来。"他惊诧于这里水量的丰沛和清澈,可以洗净尘世间的肮脏。他又说,僧家认为雁荡山的开山始祖是诺矩罗,他认为还有更早于他的人,只不过姓名不曾流传下来罢了。我们觉得吕渭英的这个观点还是有一定道理的。

"活泼泼地"刻于连云嶂右壁,是1924年,湖北黄冈人,曾任瓯海道尹的沈致坚题刻。他用白话拟人化地表达了大龙湫瀑布的生动生趣,不过也有人持不同的看法。到底是败笔还是点睛之笔,仁者见仁,智者见智。不过从书法角度,确实题刻得不怎么样。只是留诗题刻"到此一游"是人的天性使然,也有书写不错而镌刻工匠力有不逮所致。雁荡山其他景区也有沈致坚的摩崖题刻,瓯海茶山五美景园有其摩崖题记"顾公洞纪游"。

连云嶂还有三处民国时期的摩崖题记。现在大家看到的是乐清县县长张叔梅的诗刻,高132厘米、宽106厘米,连诗款共六行,自右而左,正书,直写:"康乐寻山擅逸才,清游高咏满温台。如何千百余年后,雁荡题名待我来。长沙张叔梅,时民国二十二年七月十三日。"

另一题记高300厘米、宽310厘米,正书,直写:"岳阳李奇汸、贺执圭、阳羡汪筠、嘉善夏翀、钱塘吴宗、伊梁溪、周伦暨、阳缚缵、岩益阳、吕苾筹偕从孙恢祺,民国二十一年七月二十三日,与乐清县长徐庆嵩、乐清□□□、蔡旅平同来观瀑,徐县长题名刻石。"第三处题记高180厘米、宽180厘米,行书,直写:"民国二十三年八月,上海延平队楼服莱、徐博泉、朱如城、郑宝琛、史流芳、宋庆培、盛君寿、沈士英、林翊师、冯庆标、张平山记游。"

【丁辅之等人摩崖题记】丁辅之等人同游雁荡山题记旧有两处,一处在连云嶂右侧崖壁康有为题词下面,"壬申九月,杭州丁辅之,嘉兴郭和庭,乐清□□□、徐堇侯,永嘉方介堪同游此。"高70厘米、宽130厘米,自右而左,隶书,直写;另一处在三折瀑景区的净名谷口烈士墓西侧小镜屏崖壁上,"壬申九月,杭州丁辅之,嘉兴郭和庭,乐清□□□、徐堇侯,永嘉方介堪同游,杭州王福庵书。"高70厘米、宽200厘米,隶书,直写。丁辅之(1879—

1949），名仁，号鹤庐，杭州人。清光绪三十年（1904），与王福庵、吴石潜、叶为铭创议成立西泠印社，辑有《西泠八家印存》。1932年9月，与嘉兴郭兰祥（和庭）、永嘉方介堪等同游雁荡山，曾从上海募款辟显胜门栈道，筑散水崖、湖南潭游步道。并作雁山纪游诗《马鞍岭》《听诗叟》《北斗洞》《南坑口》《章恭毅墓》《散水潭》《湖南潭》等四十余首，集殷契文字并附释文，于1937年春连同其他纪游诗近200首缮一长卷，加以装裱以为展玩。此卷为吴振平所见，再三恳求代为付印，遂由旧时同游之郭和庭作序，由墨缘堂出版《观山游水集——集商卜文》一册行于世。

书写者王福厂（1880—1960），西泠印社创始人之一。初名寿祺，字维季，后更名禔，字福庵，一作福厂。王福厂幼承家学，于文字训诂、诗文，皆富修养。十余岁即以工书法篆刻闻于时，好蓄青田旧石，所藏极富，自称"印佣"。得未刻之石，暇则奏刀以自存。其印初宗"浙派"，后又益以"皖派"之长，复上究周、秦、两汉古印，自成体貌；整饬之中，兼具苍老浑厚之致；偶拟明人印格，亦时有会心。

同游者郭兰祥（1885—1938），字和庭，一字善徵，号尚斋，别号冰道人。能诗词，工画花卉及山水，又工篆刻，善治印，浙江嘉兴人。弱冠即能写花卉，活色生香，颖海胶山，斗室之中如入波斯藏也。成年后尤擅山水，宗南北两派。花卉点染生动，山水略有倪瓒逸品遗意。后挟艺游苏州，结识顾鹤逸、吴昌硕等名画家，画艺大进。其画以摹旧本为主，不出古人町畦一步。画室名"一隅风雨砚斋"。1924年前，由南浔富室张石铭聘为宾客，鉴别书画，声誉籍甚。后随张石铭去上海居住，以鬻画为生。著有《尚斋画集》（已刊）、《尚斋诗草》（未刊）。

同游者方介堪（1901—1987），名严，原名文榘。浙江温州人，工书，能画，尤长于篆刻。曾为故宫博物院编辑。40岁后写松梅竹石。历任上海美专、新华艺专、中国艺校教授及教育部二次全国美展会审查委员。著有《玺印文综》《两汉官印》《古印辨伪》《秦汉对识拾遗》《介堪论印》等书。先世居泰顺县，祖父养卿进府学，始著籍永嘉。父冠英，精书法，有名于时。因经商失利，家道中落。介堪幼进蒙塾，15岁为鼎源钱庄学徒。两年后依父设摊刻字。1920年，从金石家谢磊明治印，协助选刻整篇古文辞印章，谢氏家富收藏，五年中得以广览印谱。1926年，随邑绅吕文起（渭英）赴沪，师事赵叔孺，并以邻居关系结识经亨颐、柳亚子、何香凝等人，以刻玉印驰名上海滩，加入西泠印社。上海美专校长刘海粟聘其任教篆刻，续在文艺学院（艺专）兼课，和郑曼青、黄宾虹、张大千、马孟容等共事，广结墨缘；与张大千尤称莫逆。全国首届美展在南京市文庙举行，聘为评审委员。沪上收藏家求鉴定古印书画者趾踵相接。凡遇珍印异章，必钩摹保存，积久得古玉印摹本 300 多方。自 1952 年起，任温州地区（市）文物管理委员会副主任，历年征集故家遗藏，抢救出土文物，保护珍品，策划展览陈列，筹设温州博物馆，成绩卓著。拨乱反正后，被推荐为中国书法家协会名誉理事，西泠印社副社长，温州市文联副主席、市书协和美协名誉主席。毕生从事艺术创作，擅长金石，先后治印 2 万余方，郭沫若评其印章"炉火纯青"，堪称篆刻大师。

【张大千、潘天寿等作大龙湫图实景地】各位游客朋友，过了这几步过溪矴步，就是几层可以供旅游者茶歇观景的露台，边上有一个红色驿站，这里就是张大千、潘天寿等知名画家画大龙湫瀑布时的对景创作位置，各位游客如果有兴趣，不妨也站在这个角度留下你们最美的瞬间。

【忘归亭】现在我们看到的这个亭子名为"忘归"，有观瀑忘归之意。忘归亭上忘归去，忘归亭下忘归客。亭上有元代林泉生所作的对联，由当代台州籍书法家张野萍所书"六龙卷海上霄汉，万马嘶风下雪城"，将雨后的大龙湫气势表现得淋漓尽致。以前边上曾有"观不足亭"，意为大龙湫瀑布一年四季、早晚晦明，变幻多姿态，形态各异，一生看不足。假如您是枯水期来大龙湫，也可以有不一样的游山观瀑感受。正如当代女诗人舒婷游后写道："游山不如观瀑，观瀑不如听瀑。"告诉我们在大龙湫不仅可以看瀑，还可以听瀑，与古人讲的听雨是一个意思。听瀑宜静，然而清代康熙年间，当时乐清县令蒋埴敲锣打鼓高举火把进山。据记载，那时雁荡山多虎，那天蒋埴带了一帮人游雁荡，翻过四十九盘岭，到能仁寺时已是傍晚时分。能仁寺的和尚请县太爷留宿。蒋埴忽发奇想，欲宿大龙湫。和尚说：雁山多虎。蒋埴令众人举火以进，这位县太爷一夜不眠，赏瀑至天亮，开创秉烛夜游大龙湫之先河。蒋埴告诉我们另一种游大龙湫的方式——闹瀑。所以说游大龙湫有很多方法，不知您会喜欢哪一种？

【龙壑轩】连云障摩崖石刻的右侧便是珍珠瀑，瀑布水量不大，从陡峭的崖壁上飞洒倾斜而下，俨然颗颗晶莹剔透的珍珠，落入下面一片水草丰茂的洼地。珍珠瀑右侧便是龙壑轩。龙壑轩初建于唐代，曾称讵那庵、龙壑庵、龙湫院，又名观瀑庵，元李孝光名之为雪屋。明代改名龙壑轩。明嘉靖八年（1529）进士、台州推官吴子孝《龙壑轩夜坐》诗："日入紫霞没，天空玉露清。万境尽奇绝，诸峰更分明。海鹤静夜梦，山虫高秋声。步蟾起缀句，灵洞孤云生。"明嘉靖二十三年（1544）进士、刑部主事、福建按察使佥事、广西布政使章朝凤《龙壑轩次韵》："露下刊牛斗，阴阴毛骨清。霜寒山鬼泣，风细绛河明。孤亭患夜榻，万籁送秋声。隐几谈元罢，山头新月生。"明万历四十六年（1618）孟夏，浙东备兵使者、前翰林院国史编修、广陵李思诚在曾在此立有题刻诗碑。碑文内容为："石磴云烟列嶂开，褰帷紫翠扑舆来。有峰拔地虚擎汉，是水从空怒泻雷。雁影春深疏草木，鹿群日夕下莓苔。探奇眺尽仙灵窟，俯首东观海似杯。《游雁荡》。秀竞千岩看不穷，银河忽倒挂飞虹。淋漓碧縠当筵落，掩映苍烟入峡空。直上山头依雾气，更于雨后见波容。人间浊浪滔天地，意在潺湲岂易逢。《游龙湫》。"1924年，康有为来大龙湫，在此信笔挥毫题写"龙壑轩"匾额及"一峰拔地起，有水从天来"楹联。"一峰拔地起"中的峰，指刚才我们沿途看到的剪刀峰；"有水从天来"中的水，指的是大龙湫瀑布。1932年，民政厅长吕宓筹等人重建，1974年毁于火灾，1986年重建成现今的钢筋混凝土结构，平房三间，硬山顶，脊饰龙吻与三官塑像，两侧山墙为块石垒砌。整座建筑古色古香，与这里的环境协调和谐。置身龙壑轩，两处景观一览无余，若再品上一盏"雁山五珍"之首的雁山茗，实在是各美其美、美美与共、鸟乐人亦乐、泉清心共清的最美时光。

【雁荡山植被】各位游客，我们参观完了大龙湫景观，现在顺着右侧的栈道往外走。栈道两边有很多耸秀挺拔的柳杉、马尾松、润楠等树种。雁荡山国家森林公园栖息着7科27种两栖类动物、9科44种爬行类动物、8目49科82种鸟类动物、7目19科57种兽类动物。雁荡山种子植物丰富多彩，共有种子植物160科1281种，以柳杉、马尾松等针叶林为主，间有香樟、枫香、苦槠、青冈、枫杨、乌桕、五角枫、玉兰、杜鹃、桂花、紫薇、含笑、梅花等阔叶林、灌木林，经济类植物有石斛、毛竹、茶叶、油茶、油桐等，水果类植物有杨梅、枇杷、柑橘、柚子、文旦、梨子、柿子、板栗、银杏、葡萄等，观赏类植物则有杜鹃、兰花、玉兰、迎春花等。雁荡山可供药用的植物多达500余种。此外，雁荡山还是乐清毛蕨、雁荡马尾松等8种植物的原产地和模式标本

采集地,具有十分重要的研究价值。历史上,人们对雁荡山的物产非常重视,清乾隆五十四年(1789)编纂的《广雁荡山志》的"物产卷"中,就列出了茶、蔬、果、木、草、花、药、禽、兽、鱼、介等12目,记载各种物产85种。

【能仁寺】能仁寺是宋代雁荡山十八古刹之首,始建于宋咸平二年(999),由雁荡山释氏开山二主全了所建,当时名常云院。咸平四年(1001)赐名承天寺,政和七年(1117)改能仁寺。南宋初期进入鼎盛时期,宋高宗绍兴十二年(1142),经朝廷批准,能仁寺改为禅院,并获皇帝赐额,列为国家重要寺院行列,位列全国30所著名寺院,属"教院五山"之一。绍兴十九年(1149),福建长乐人释祖元住持雁荡山能仁寺,事见《五灯会元》卷二,《全宋诗》收录其诗六首。南宋时期外地僧人来住持能仁寺的有释从瑾(1117—1200),曾住持宁波天童寺,乾道七年郡守曾逮请其主雁荡山能仁寺,世称雪庵和尚;释文礼(1167—1250),家在天目山麓,又号天目,民间习称天目师和尚,留有《送僧归雁山》诗作,见《全宋诗》卷二八二九,事迹见《天童寺志》卷七《天目禅师行状》;释了惠(1198—1262),作品有《温州雁山能仁禅寺语录》《雁山出队上陈侍郎》等,《续藏经》第一辑第二编第二十七套第二册为《西岩了惠禅师语录》;释元肇(1189—?)曾住持江心寺,有诗《雁山夏夜》《次水心先生雁山韵》《马宋英画松》等,《续藏经》第一辑有《淮海元肇禅师语录》;释可湘(1206—1290),曾住持江心龙翔寺,著有《绝岸可湘禅师语录》一卷及《温州雁山能仁禅寺语录》,《全宋诗》卷三二九九收录其诗《送珙首座归温州》。宋嘉定十七年(1224),夏元鼎撰《南岳遇师本末》,其诗《题壁二首》之二:"崆峒访道屈尊乎?万卷丹书看转愚。着破铁鞋无觅处,得师全不费功夫。"由此看来,我们常用的俗语"踏破铁鞋无觅处,得来全不费功夫"应源于此。现在我们看到的这座仿宋式建筑风格的寺院在当代高僧梦参长老的组织下于1999年重建,总投资1000多万元,占地面积25亩,现有大雄宝殿、天王殿、藏经楼、钟鼓楼、竺摩法师纪念馆等建筑。梦参长老为能仁寺做出了重要贡献,被誉为"深山中的一盏明灯"。2006年,在梦参长老、了法法师和社会各界人士的大力支持下,能仁寺得到全面恢复。

这里顺便介绍一下丛林、宝刹与寺院的区别,丛林原意为草木不乱生乱长,表示其中要符合一定的规矩与法度,后通常指佛教禅宗寺院,也称禅林。丛林设立之初,只立法堂,不设佛殿,建立佛殿是后世的事;寮舍是僧人的宿舍。宝刹原指佛塔顶部的装饰,又称寺刹、梵刹、僧刹,后通常指规模较大的寺院。而寺院一般指出家人修炼生活作息的建筑,是提供学习知识、内证智慧的学校,是修行养性、获得开释的所在,是祭祀神灵、自证因果的场所。

【能仁寺山门】这是一座前几年重新修建的能仁寺山门,山门上的"能仁寺"三个字和对联"能立无上正教法,仁为世间良福田"是梦参长老题写。山门的来由一是源于寺院通常依山而建,进入寺院的第一道门,叫山门。同时也是因为一般有一定规模的寺院门口有三座门而故名"山门",如杭州灵隐寺。

【能仁寺天王殿—大雄宝殿—藏经阁】与国内所有常规寺院建筑一样,能仁寺的建筑也讲究中轴对称,在中轴线上分别布局天王殿、大雄宝殿、藏经阁。这第一进天王殿,正面供奉的是弥勒,以宋代宁波岳林寺的布袋和尚为原型塑造,以欢喜入相,"大肚能容,容天下难容之事;开口便笑,笑天下可笑之人。"两侧为四大天王,分别是塑像白色、手持琵琶的东方持国天王,塑像青色、手持宝剑的南方增长天王,塑像红色、手绕一蜃的西方广目天王,塑像绿色、右手擎伞的北方多闻天王。据佛教传说,印度神话中须弥山(妙高峰)中部有一座犍陀罗山,山有四峰,各有一天王居住,分别护持一方天下。天王殿弥勒的背面是韦驮,据说韦驮原为南方增长天王手下八将之一,在四大天王三十二部将中以勇武著称,塑像面向大雄宝殿,被称为护法,常于东西南三洲巡行,因北方是天地万物的主宰、万主之主的宝座所在,不需要巡行。因此通常天王殿北门的题额为"三洲感应"或"威震三洲"。韦驮塑像一般有两种:一种是双手合十,横降魔杵于两腕,双足平立;另一种以左手握杵拄地,右手叉腰,左足略向前踮立。这两种不同的韦驮塑像表明寺院给来往僧人挂单的不同待遇。有些寺院在天王殿与大雄宝殿之间还建有金刚殿,如天台国清寺。能仁寺不设金刚殿。第二进是大雄宝殿。大雄宝殿是寺院最主要的建筑,大雄意为"大勇士",里面主要供奉释迦牟尼及两位弟子迦叶、阿难,也有供奉横三世佛,或竖三世佛,或三身佛。这组塑像是释迦牟尼给众弟子讲法,释迦牟尼拈花,众弟子不解,唯独迦叶会心一笑,释迦牟尼说迦叶已明法悟道。雁荡山唐宋以来形成的寺院与宁波的天童寺、台州的天台寺、温州的江心寺交往密切,并且与日本、韩国佛教往来较为频繁。第三进是法堂和藏经阁,法堂是法师们讲经说法和举行大型佛事活动的场所。藏经阁藏有各种不同版本的大藏经,《乾隆大藏经》《续大藏经》以及各种不同版本的佛经,等于现代的图书

馆,是供僧人们阅读的场所。藏经阁楼上开辟有能仁寺书画院与现任住持了法大和尚的工作室。

【钟楼和鼓楼】两侧是钟楼和鼓楼。钟鼓楼悬挂着钟和鼓,晨钟暮鼓,警示世人一天生活的规律和作息时间。大殿两侧还有祖师殿、客堂、斋堂和僧寮。祖师殿供奉着开创道场的历代祖师,让僧人们不忘开山祖师的功德,以示饮水思源。客堂是接待僧人和香客的办公地点,斋堂和僧寮是僧人用餐和休息的生活区域。

【竺摩法师纪念馆】竺摩法师纪念馆于2002年开始筹建,占地300余平方米,是一座双层的文物馆。2005年10月29日,举行了隆重的开馆仪式。馆内展出反映竺摩法师一生经历的图片以及他生前的书稿和诗画作品、勋章等300多件,还存放着法师的舍利子。竺摩法师于1913年8月出生在雁荡山山麓的虹桥,俗名陈德安,别名"雁荡山僧"。12岁出家,16岁拜宁波观宗寺谛闲上人为师,20岁毕业于闽南佛学院。得中国佛教协会理事长太虚大师的教诲,后来南渡东南亚,创建了马来西亚佛教总会,创办了马来西亚佛学院,为佛教的创新和传播交流做出了卓越的贡献,被誉为"马来西亚北传佛教之父"(大马汉系佛教之父)。竺摩法师不仅精通佛法,而且精通诗文和书画,脱俗入化,自成一格,才华横溢,被称为诗书画三绝,是继苏曼殊、弘一法师之后的又一高僧。其著作有《竺摩长老佛学全书》《篆香室诗集》《篆香室书画集》,作品广为流传。竺摩法师是一位爱国爱乡的僧人。1937年,日本侵略中国,竺摩法师毅然放弃赴日留学,积极投身于抗日救亡运动,主编《觉音》《无尽灯》等杂志,边弘扬佛法,边宣传抗日救国的思想。竺摩法师虽然身在海外半个世纪,但时刻关注故乡的建设和发展,曾两度回雁荡山,多次想归根家山。2002年2月4日,竺摩法师在马来西亚槟城圆寂,享年89岁。讲到竺摩法师,不得不提一下他与弘一法师交往的一段往事。1925年,弘一法师驻锡温州城下寮,在庆福寺闭关,年仅13岁的雁荡山僧竺摩法师跟随师祖万定禅师前往拜谒,深受弘一法师喜爱,获赠"息恶行慈"墨宝一幅,后又在厦门收到弘一法师亲笔题写的联语一副"欲为诸法本,心如工画师"。

【千年铁镬】在很长一段时间里,人们不知能仁寺,只知雁荡山有大镬寺,主要就是因为这口被称为"亚洲第一"的大铁镬,高165厘米,口径270厘米,厚3厘米,镬的口沿可立人,内壁铭文记载,该镬重37000斤(18500千克),

系北宋元祐七年（1092）十一月铸造，所以能仁寺又称大镬寺。

此千年铁镬放在这里到底有什么用意，煮饭？沐浴？储水？大家不妨猜想一下。很多游客都会被表象所迷惑，以为镬就是煮饭的嘛！再加上南宋以来，能仁寺在全国乃至日韩、东南亚佛教界的影响越来越大。鼎盛时期，曾有僧人三百，香客每日千人，成为全国30所最著名寺院之一。这么多人吃饭自然是很重要的问题，可是您注意一下镬沿，它上面可站人，可想而知镬壁有多厚，用这样的锅煮饭一定很难烧熟。因此基本上可以否定这个答案了。其实铁镬内壁的铭文记载"铸造浴镬一口，舍入嘉福寺"已经把用途说清楚了：一是和尚圆寂时沐浴之用；二是平日贮水用于消防。能仁寺对面的山峰形状似火焰而得名火焰山，按五行相克的风水原理，水能克火，水能克火；而且铁镬建造于宋元祐七年（1092）壬申十一月初九戊子日，都符合阴阳原理。千年古刹有过的辉煌历史，只有大铁镬依然屹立在这里见证历史。能仁寺自宋以来，高僧云集，如士珪禅师、无学祖元、枯木祖元、谛闲法师、梦参长老等，他们的薪火传承，为能仁寺积淀了丰厚的历史文化，使其成为雁荡山一个重要的人文景观。

据《续修四库全书》第1526册《思伯子堂诗集》卷三载，清张际亮（1799—1843）写有《能仁寺宋元祐铁镬歌》："飓风夜卷崖山波，西台遗老徒悲歌。竹如意碎白雁啄，六陵石马寒嵯峨。此镬胡不铸干戈，膏敌血使邦无他。郁此百炼不折气，千年万载荒山阿。牛觑砺角鬼火灼，无有缺裂无偏颇。一尺之水惨绀绿，使我一见千摩挲。元祐壬申十一月，刘氏铸此施维那。立高五尺周七尺，计千斤重以镇魔。是时垂帘得尧舜，平反旧政群贤和。自从宫中赐麦饭，交口绍述仍踵讹。毒延神霄宝鼎拆，青衣北去愁如何？康王即位异灵武，避寇往复温台过。此山绵亘界二郡，此时杀气缠藤萝，此镬顽然乃不磨。金牌杀将玉孩赏，刑政刺谬承婥婀。撒星椿困襄樊失，大江不守如阳逻。到今西湖蟋蟀尽，冬青不减黄柑多。我曾临安吊故关，我曾严濑攀松柯。山川冷落各无色，此镬岂有佛护呵。少年妄意天下事，论兴亡若除夙疴。熙宁稷契实祸始，二惇二蔡绳烦苛。一朝命移天水碧，祗使龙种投蛟鼉。沧桑历劫成古物，抚此奚啻百磊螺。高后安民惜不作，不然毁此镑奸科。惊飙满地拥日落，萧萧荆棘鸣坡陀。呜呼人代俱已矣，且索残僧倾叵罗。"

接下来我想为各位游客朋友介绍一下宋代能仁寺几位比较著名的高僧。

【士珪禅师】我为大家介绍一下宋代绍兴年间雁荡山能仁寺的住持士珪禅师（1083—1146），他是雁荡山佛寺中第一位由朝廷任命的住持。宋高宗绍兴十二年（1142），能仁寺列入国家重要寺院行列，朝廷在全国大丛林中选拔高僧大德来主持能仁寺，选中的就是著名高僧士珪禅师。士珪禅师13岁出家，来雁荡山之前在福建鼓山涌泉寺驻锡。来到能仁寺时，寺内和尚担心新来的住持清规戒律约束严格，所以一把火烧了能仁寺，一夜之间能仁寺变成一片废墟。面对这个下马威，士珪禅师泰然处之，靠着大树搭了个简易屋子，升座说法，并说："爱闲不打鼓山鼓，投老来看雁荡山。杰阁危楼浑不见，溪边茅屋两三间。"那年禅师60岁，在他的眼里，涌泉寺巍峨的殿宇和能仁寺的两三间茅屋差异不大，表达的是"无念、无相、无住"的禅理。之后，大家踊跃捐资出力，不久能仁寺得以重建，焕然一新。士珪禅师在历史上不是特别有名的高僧，今人知道他的人可能也不多，但是有两句大家都非常熟悉的俗语，"落花有意，流水无情""一朝被蛇咬，十年怕井绳"源于士珪禅师的偈语。他的原句是"落花有意随流水，流水无情恋落花""一朝被蛇咬，三年怕井绳"。士珪禅师借用落花流水的关系来阐述禅理，以落花比眼见，以流水喻真心，眼见有限，而真心则如流水，心要体验的是佛性，当然不能以有限的所见自设局域。不过为世情困扰的世人却常将禅师的偈语用来比喻俗世情感。

【无学祖元】无学祖元是宁波人，13岁时，在杭州的净慈寺出家，后来在灵隐寺、阿育王寺等寺院修行。南宋兵祸连年，他为了避乱来到能仁寺。宋德祐二年（1276），元军占领了乐清雁荡山，能仁寺僧人都四散逃命了，寺里唯剩住持无学祖元一人。一天，一群元兵冲进能仁寺，元将以刀架在祖元大师脖子上，大师神色泰然地吟出《临剑颂》："乾坤无地卓孤筇，且喜人空法亦空。珍重大元三尺剑，电光影里斩春风！"意思是说，这天地间万物四大皆空，无我无相，何况我已彻悟，世间已经没有我无学祖元存身之处。你们还是爱惜一下手中的刀剑吧，你们即便是砍下我这个"人空法空"手无寸铁老朽的头颅，难道与用刀剑砍杀春风有什么区别，又能显示你什么本领？元兵一下子被祖元大师的威严震慑，灰溜溜退兵而去。无学祖元于祥兴二年（1279）应日本人邀请，东渡日本（这时他已经54岁了），之后成为日本佛光派始祖，被称为日本临济禅的奠基者，在日本佛教史上影响极为深远。

【谛闲法师】谛闲法师是台州黄岩人，他毕生洁身护法，讲经育才，被尊为天台中兴之祖。他多次前往雁荡山游览传道，曾率众信徒先后重修几大寺院，为雁荡山佛教的振兴做出了重大贡献。1926年至1934年，谛闲法师和徒弟成圆法师重建能仁寺。能仁寺后来在岁月的长河中又遭破坏，仅存残殿一幢和宋朝的大铁镬一个。

【梦参长老】梦参长老生于1915年，年仅13岁便自谋生计，16岁出家，自此展开传奇的修行生涯。他之所以出家是因为曾梦见自己坠入大海，有一位老太太以小船救他脱离困境。这位老太太向他指示两条路，其中一条路是前往一座宫殿般的地方，说这是他一生的归宿。醒后，经过询问，得知梦中的宫殿境界就是上房山的下院。遂于1931年前往北京近郊上房山兜率寺，依止修林和尚出家；修林和尚的小庙位于海淀药王庙，于是梦参就在药王庙剃度落发，法名为"觉醒"。但是他认为自己没有觉也没有醒，再加上是做梦的因缘出的家，便给自己取名为"梦参"。之后，梦参在海外弘法15年，1999年主持恢复重建雁荡山能仁寺，使千年古寺重放异彩。

【燕尾瀑】燕尾瀑又名飞泉瀑，俗称开裆瀑，地处火焰山西面、能仁寺东北角。锦溪之水缠绕西龙门触岩分流而下，状如燕子的尾巴，故名燕尾瀑。瀑下一潭名霞映潭，潭水幽碧，广一亩许，潭中有巨石，形如大铁锅，侧倚水底，隐约可见。每当夕阳西下，晚霞映照水面，清丽可爱，因潭水下游的筋竹涧内有东龙潭，故亦称此潭为西龙潭。燕尾瀑左侧崖壁上镌刻着"燕尾瀑"三字，落款为："黄岩柯璜题，同游者：泽国阮季良，黄岩邱仲玉、程健行。"燕尾瀑西侧有一块诗碑，镌刻着原扬州国画院副院长葛昕在游览燕尾瀑后题写的诗句："燕尾瀑下奔腾急，锦溪双水汇深潭。天开明镜群山舞，佳境迷人不欲还。"瀑布周边，环境幽静，民宿环绕，能仁客栈（能仁书院）、云台贰号、借山居，依山傍水，能仁寺旁，坐听禅声，素心无尘。

【能仁书院】能仁寺前面隔溪的化身亭村有一家颇负盛名的民宿能仁书院，创建于2012年秋，是雁荡山最早开办的特色山居客栈。2018年央视九频道摄制组将其作为雁荡山在地生活方式，收入《跟着唐诗去旅行》中孟浩然篇的专集中而使其名声在外。能仁书院位于能仁村，与雁荡山十八古刹能仁寺隔岸相望，由一座百年民居修整而成。山，云，门前的溪水，对面寺院的晨钟暮鼓，都在它旁边。女主人阿婕性格开朗，活泼大方，是雁荡山下芙蓉镇土生土长的女子。她热爱家乡，是个自由穿梭于厨娘、传统女红、诗书琴画之间的民宿

掌柜。闲时煮茶、养花草、做衣衫、美食，采野果与松针酿酒，静下来读书写字，也会为拍一只蝴蝶，在山里走很远的路。能仁书院还有一位会做各种当地特色家常菜的大姐，家酿炖蛋、炒粉干、烤香鱼、石榴土鸡汤等是她的拿手好菜，经常会有人驾车几个小时，就为奔这一口而来。各位游客朋友下次如果自驾亲子出游，不妨来能仁书院体验一下。能仁书院隔壁还有特色民宿借山居。

【雁荡山茶文化馆】各位游客朋友，大家一定知道历史上"雁山五珍"中有雁荡云雾、雁荡毛峰、雁荡白云等茶叶闻名遐迩。接下来我们参观一下雁荡山茶文化馆，让大家系统了解雁荡山茶叶栽培的历史以及种茶、采茶、制茶、品茶、茶诗等文化。雁荡山的特产多不胜举，除香鱼干及各种药材外，云雾茶也很闻名。雁荡山之茶叶产于龙湫背、兜率峒诸地，与福建省之武夷山及本省之天台山等所产者，均以"云雾茶"称呼。茶树生于温带，性喜潮湿，而于云霭弥漫、日光缺少的地方，它的生长分外良好，故凡高山深谷的茶叶，因云之所赐，环境优良，品质特佳，云雾茶的得名也就在此！

雁荡山云雾茶又名雁荡山毛峰，具有"翡翠绿、月光白、兰花香"幽香清甜的独特品质，品质较好的有斗寙茶、白云茗、龙湫顶、黄金芽等。茶叶的品质与土壤、光照、雾气、采摘、炒制等有十分密切的关系，如清明谷雨期间采摘的有所谓明茶、雨茶。特级雁荡毛峰外形卷曲嫩绿，细紧微曲，显锋苗、显毫毛，色泽嫩绿鲜润，匀整洁净；汤色清澈，滋味清醇，口感甘鲜。干茶细嫩，每芽一到二叶，色泽深绿，芽头身披白毫。冲泡雁荡毛峰茶，宜选用玻璃杯或白瓷茶杯。"雁荡茶、龙湫水"，茶香汤清，久负盛名。冲泡用水宜选用洁净山泉水或优质矿泉水。冲泡前，宜先用开水将茶具温洗一遍，使杯壁温热，以便更好地激发茶叶的香气。雁荡毛峰嫩度较高，毫毛较多，宜用80~90℃的水冲泡为宜，如果长途出差则建议用冷开水冲泡。云雾茶有所谓上投法与下投法两种冲泡方式，上投法是在温杯之后注水到七分满，再上投适量茶叶，欣赏茶叶缓慢下沉，茶汤清澈明亮，茶香四溢；下投法则在温杯之后取适量茶叶放置杯中，倒少许开水浸润，轻摇玻璃杯，让馥郁的茶香充分地释出。沿着杯壁倒水至七八分满，茶叶在杯中轻轻旋转，冲泡待2~3分钟品饮最佳。品尝云雾茶通常先观其形、次闻其香、再品其味、后留其韵，回味隽永。

云雾茶采摘的季节，多在谷雨前后，这时茶树之新芽正开为四叶，选摘尖芽及上部的三叶，而留其一叶，也有等新芽开成五叶时，选摘前端的三叶。采摘嫩叶可分三次，第一次芽质优良，制作上等茶，收获不多，第三次芽收获量达第一次之六倍，但其制成之茶叶品质就差了许多。茶叶于晴天选取后，即分别其优劣，芟除粗梢杂物，加工制造。午后采得之茶，亦须于夜间制造完毕，倘若一时制造不及，便须设法储藏，使勿凋萎与酿酵。乡人因无大规模工场，又不懂科学方法，为确保茶叶品质，制茶均墨守手工炒制旧法，约需经过蒸调、搓揉、干燥及精选等手续而后可，八斤之焙炉生叶，能制干茶二斤。茶制成后，宜保持干燥，不受潮湿，盛器以锡制为好。倘若保藏不当，微生物侵入，则香气逃散，茶味寡淡。若为节省成本放阳光下晒干，即为下等品。

据农业分析报告，云雾对于茶叶生长的影响很大，因为当茶树抽芽至取茶的月余时间内，所受日光少而阴霾多，则茶汁之苦味就少，云雾茶的宝贵就在这里，云雾茶得名的底蕴也在此处。

因为兜率峒、龙湫背二地出产茶叶不多，茶季时即被人定购一空。茶叶品质好、产量少，更显弥足珍贵，因此外面市场上难免出现以次充好、冒充雁荡毛峰的茶叶。茶叶品质鉴审，须视形、色泽、火度、水色、蒸热度、香气、味道、贮藏培养等数点而判定。但有会品茶的，一饮便知物之优劣。

【丹芳岭古道】丹芳岭也称四十九盘岭，位于乐清芙蓉东岙村东北首，自古以来，是从芙蓉入雁荡的必经之路，也是历代画家诗人经常登临、挥毫抒情的驿道。元代李昭《雁宕纪游图》、清代陈天章《雁荡十二屏图》上都清晰标明丹芳岭。明朱谏在《雁山志》里写："一名四十九盘岭。在能仁寺西入西内谷，寺在岭下。岭路盘转四十九折，山极陡峻，故名。"戴澳（明代奉化人，万历进士）记："上四十九盘岭，俯大海，恍蹑蓬莱，临弱水，盘尽则拥出诸峰，肃然迎客，冠云披霞，望之神举。"清施元孚也在《雁山志》中记："在小芙蓉北，地多花木，因名丹芳。"宋乐清县令袁采在《雁山图序》里说："出清江，皆峻岭，自石门来者曰东岭，自芙蓉来者曰丹芳岭，自筋竹来者曰飞泉岭，达于东谷者曰马鞍岭。"

《芙蓉镇志》记载，北宋时期，自大荆盘山岭经白箬、筋竹二岭入芙蓉驿，越瑶岙岭至瑶岙驿，温台驿道走的是筋竹岭，不从四十九盘岭出入。南宋初年，北段驿道改从雁荡山中出入，自雁东经谢公岭、马鞍岭、能仁寺过丹芳岭经陌西、西门进入芙蓉驿（南宋时期，温台驿道走的是四十九盘岭）。南宋末年，山中驿路废去，仍由大荆经白箬、筋竹二岭至芙蓉驿，周而复始，反反复

复多次。明清多以四十九盘岭为主干道，原因已无从查考，估计经筋竹岭至芙蓉驿虽无须四十九盘岭般登山盘绕，但路径较远，而从山中出入经四十九盘岭路程缩短不少。

四十九盘岭南起东岙水电站，北至能仁寺，全长2.4千米，块石路面，宽约3米，岭背海拔311米，岭虽不高，但盘旋曲折，行走费力。清代诗人袁枚在《过四十九盘才到雁山》一诗中写道："四十九盘岭，盘盘欲上天。不教双足苦，难到万峰巅。"极传神地写出了四十九盘岭的高峻气势。东岙水电站是上岭的起点，据《芙蓉镇志》记载，芙蓉至雁山能仁寺有四十九盘岭山脚路廊、半岭路廊和岭头路廊。山脚路廊位于水电站前方不远处，现已重新修建过，水泥平顶，从廊基依然可看出当初的规模。遥想岁月深处，人们穿越芙蓉去雁荡山，多半走的就是这条驿道，他们一定会在路廊里稍作休憩，再一鼓作气去攀爬回旋而上的山岭。丹芳岭古道是由一块块青石拼筑而成的台阶山路，虽历经千年风雨沧桑，青石路看起来依旧完好，窄处近2米，宽处达3米。整条古道路面平整，没有一处陡坡或险崖，路形前扭后弯，上升坡度平缓，驿道的色彩非常明显。中途有路廊一座，残破不堪，不能再为行人挡风避雨了。《芙蓉镇志》载，四十九盘岭中段路廊，1931年海口村周定良建，原为5间，门朝西南，后改建为3间，门向东南。四十九盘岭既然又名丹芳岭，那么岭旁自然多生花木。王十朋曾作《七绝·丹芳岭》："携手丹梯语话长，不知身到碧云乡。行人相见如相识，赠得岩花十里香。"四十九盘岭在古时就有"霜枫红似锦"的浓烈景象，明代礼部侍郎章纶在《再过丹芳岭》诗里写："千古丹芳岭，游人去复来。霜枫红似锦，春树碧于苔。幽鸟逢人语，寒花待日开。风光还复旧，正遇一阳回。"他在《过丹芳岭》里说自己有如"身登三岛外，足蹑五云端"的感受，又说这里是"素练悬崖瀑，琼珠漱石湍"。

在众多描绘四十九盘岭的诗中，明代乐清布衣诗人何白的《自丹芳岭至能仁寺》最能贴切地表达这里的风光："叠岭疲攀缘，逶迤历幽缅。屡憩及层巅，游观稍忘远。蹬尽险乍穷，路仄林初转。碧涧疏寒流，枫篁媚清浅。紫茸蔚蒲渚，芳蕤冒兰阪。深径已夕霏，悬岩犹薄晛。迥合敞精蓝，中峰抗高馆。微钟度遥岑，游云互舒卷。列虎休人徒，夕憩聊栖偃。"山巅有一处特别开阔空旷之地。一块大石倚在路边，引得行人回首眺望。深浅不一的金色稻田拼接成一幅油画的底图，点缀上白色的房子和青黛的树影，再加上柔和的光线，以及从村庄外蜿蜒而过的芙蓉池,俨然一幅色彩艳丽的田园风景画。

【经行峡】从能仁寺出发前往筋竹涧,要经过照胆溪、三京湾、翠云亭,度行春桥,下有雁渡堤,前面为正对能仁寺的戴辰峰,也叫对仁峰,然后至经行峡。经行峡指从雁渡堤至东龙门的一段涧谷,"经行"二字取自唐僧贯休的"雁荡经行云漠漠,龙湫宴坐雨蒙蒙"赞语。"经行"原指经术和品行、行程中经过,在此谓修道者旋绕往返或径直来回于一定之地,或为防坐禅时睡眠,或为养身疗病,或表示敬意;"宴坐"又作"燕坐",意为安身正坐,指坐禅。唐代诗人钱起《同王錥起居程浩郎中韩翃舍人题安国寺用上人》:"慧眼沙门真远公,经行宴坐有儒风。香缘不绝簪裾会,禅想宁妨藻思通。曙后炉烟生不灭,晴来阶色并归空。狂夫入室无馀事,唯与天花一笑同。"

经行峡两岸峰峦险峻,崖壁陡峭,环境清幽,景色宜人。瀑落为潭,潭溢为溪,溪跌为涧。在能仁霞映潭下,锦溪水穿过西龙潭门,向南延伸,因山势终跌落成一条涧溪,中下游这段就是筋竹涧,最终归入清江。

【行春桥摩崖题刻】各位游客朋友,现在请看右边崖壁上有"行春桥"三个宋体字摩崖题刻,说明这经行峡上面历史上建有一座由四十九盘岭、筋竹涧、能仁寺入飞泉岭古道上飞泉寺、昆仑寺的古桥——行春桥,行春桥早已损毁,桥墩遗址还依稀可辨。清王思任《游雁荡山记》载:"逾数溪,至能仁寺,雁山万木奔呼。至寺后,忽亭静如凝靛。从左岭绕下,一溪头泻入八尺水屏,声声月珮。由行春桥入寺,望火焰峰,不可向迩。戴辰峰则手可以摘星矣。燕尾泉裂玉飞潭,时生空雾。看大镬二只,可饭千僧。云是宋官家物。意当年梵宫鼎丽,游屐必多。而今不能无铜驼野棘之感也。"行春桥建于能仁寺前的照胆溪上,仅寺前溪中巨石上还留有两排榫眼,旧为立桥墩石所用。可见历史上行春桥是从筋竹涧经经行峡到能仁寺的必经之路,旧时桥上曾建有翠云亭。宋永嘉学派创始人薛季宣在《雁荡山赋》注引章望之《雁荡山记》中写道:"西南一水,右正南一水,会于寺后,前有翠云亭。"明万历乐清县尹徐待聘《雁荡志胜》载:"行春桥,旧名会源。"民国赵叔雍《雁荡十八潭通海传为建文奔滇处其地有迎春桥亦建文书》诗云:"逊荒甘作老头陀,间道潜行狎海波。细看迎春桥上字,仓皇著墨正无多。""行春桥"得名源于"行春"的民俗。立春是农历每年的第一个节气,为一年农事之首。历代统治者和百姓都很看重立春,汉时太守还有"行春"之文,以示政府对农耕的重视。以后,"行春"逐

渐演变成为民俗活动,以前民间有行"迎春礼"等行春风俗。有趣的是,行春桥行使的职能并不是"行春"而是"行秋"。据说每年中秋节晚上,月亮清澈的光辉直照到经行峡潭水的水面上,波光粼粼,站在行春桥翠竹亭可以欣赏月亮的影子在波心荡漾,形成"雁行秋月"奇景。清初邑人林元栋《行春桥》诗:"芳树连绵隔锦溪,绿荫深处驾虹霓。游人辣屦频来往,时带残虹过水西。"

【化身亭】经行峡谷右边为火焰峰,火焰峰东麓的坡地茶园内侧有一座始建于宋代的化身亭,也称"化僧亭",是始建于宋代的砖砌建筑,供僧人圆寂后火化之用。化身亭平面呈八角荷叶形,通高 4.7 米。亭身中空,呈圆筒形,上部逐渐向内收拢,直径 2.4 米,亭壁厚约 47 厘米,北面开一门,西南和东南两面设投柴口。下置束腰须弥座,亭檐叠涩外挑 4 层,亭顶高 1 米许,呈圆锥形向上收缩,开 4 眼出烟孔。亭内砖面有烟火焚烧的痕迹。化身亭现为乐清市级文物保护单位。清代康熙年间翰林检讨潘耒曾游此地,并赋诗《火焰峰》:"群峭都如火树尖,兹峰焰动更纤纤。化为慧炬灯灯续,无相光中有妙严。"

【筋竹涧】筋竹涧又名斤竹涧。筋竹涧全长 3000 米,见著甚早,古道开凿历史悠久,由于属于未开发景区,游人罕至。筋竹涧两岸峰峦险峻,树木茂盛,水流清澈,十分清幽。这里不仅是雁荡山观赏自然景观的处女地,也是驴友喜爱的徒步线路,单程在 2 小时左右,可以选择由北向南下山线路,也可选择由南向北上山线路。上连经行峡,下至清江,溪涧两岸岩石错落,鸟语花香。从经行峡、顺着溪涧边上的羊肠古道往下走,一路上,悬崖壁立,水声淙淙,涧中有悬瀑飞泉,又有初月、峡门、葫芦、漱玉、下培、菊英、连环等十八个潭,潭与潭之间有浅滩、陡崖、峡谷、栈道和竹桥。涧水经过陡峻的峡谷时,奔腾湍急,浪花翻飞。离开化身亭,走不多远,面前巨石崚嶒,峭壁耸峙,登溪畔大石往下看,有一形长而水不深的潭,名"头潭"。继续往下走,便到了一处溪涧边上的卵石滩,溪涧右侧山水耸峙,为排云嶂。嶂下有潭狭曲而深碧,形如初月,名"初月潭",当地人又称之为"牛轭潭"。往前 1000 米左右,溪涧岩石渐束如门,宽达二丈,门内溪水浅而圆广,中有巨石矗立,俗称"蛤蟆岩",即《雁荡山志》中称为"菊英潭"者。继续往前,疑无去路,越涧而渡水,逾峡分岔而下,有瀑布下垂约十丈,名"涌翠瀑"。瀑布底下有"峡门潭""锵金潭"。再下,沿着山崖而行,下面有一形似葫芦的深潭,名

大龙湫景区（含沿途）

"葫芦潭"。继续前行，溪涧愈束，岩门中有一深潭，形似眼镜，即"眼镜潭"，潭面宽约五六丈。右边石壁陡峻，行人需要拉着野藤而上。过眼镜潭外侧石门，门下崖壁上飞瀑肆意下泻，如散珠，其下为"漱玉瀑"，漱玉潭潭广可三亩。沿山径行约三四里，谷底愈狭，水声轰鸣，伏崖下瞰，下为东龙潭门。门外有潭，诡异怪奇，莫可名状。大潭中有二小潭作连珠形，如同双井。小潭外侧岩石突出水面，若井栏状。井中之水溢至潭中，顺势下泻，高度约数十丈，溪涧两侧崖壁陡峭，壁立千仞，望之令人心战。石壁溪床以前呈现多个瀑潭相接的连缸潭，由于后来造水库蓄水发电，建了拦水坝，现在拦水坝下部依然可见数个瀑潭相连的壶穴景观。顺着右侧山径快到溪涧出口处时，有一水潭名下培潭，而该地名也因此叫下培坑。下培潭外侧溪涧中建有过水矴步。走过矴步即到停车场，然后一路顺着溪涧边上砌筑的景区车道往外走2000多米即可到达雁楠公路，雁楠公路外侧的隧道口即是久负盛名的筋竹岭古道。

各位游客朋友，筋竹涧在雁荡山的位置有三个最：一是雁荡山地理位置最南面的景点，二是雁荡山有史料文字记载时间最早的景点，三是雁荡山飞泉深潭最集中的景区。

南朝刘宋永初三年（422）永嘉郡守、山水诗鼻祖谢灵运尝登筋竹涧，并写下《过斤竹涧越岭溪行》诗："猿鸣诚知曙，谷幽光未显。岩下云方合，花上露犹泫。逶迤傍隈隩，迢递陟陉岘。过涧既厉急，登栈亦陵缅。川渚屡径复，乘流玩回转。苹萍泛沉深，菰蒲冒清浅。企石挹飞泉，攀林摘叶卷。想见山阿人，薜萝若在眼。握兰勤徒结，折麻心莫展。情用赏为美，事昧竟难辨。观此遗物类，一悟得所遣。"谢灵运沿着溪流徒步观山玩水，并登上高高的山峰，看见山里人在辛苦地结兰折麻，但是心情并不是很愉快。不禁在心里打了一个问号。最后由此推断诗人玩水之余，关心民间百姓的疾苦。当时朝政昏腐，也没有好的解决办法。谢灵运这首诗，刻画山水，穷形尽达。读起来如目睹耳聆，引人入胜。同时还有对民生疾苦的人文关怀。现在的雁荡山民进入了新时代，过上小康的幸福生活了。诗中"菰蒲冒清浅"指的是雁荡石菖蒲，现在若去雁荡山筋竹涧，还可以看到不少石菖蒲。

走出筋竹涧峡谷，大家可以登筋竹岭古道，也可以去筋竹涧农业观光园参观，观光园种满应季鲜花，还有峡谷拓展、儿童乐园等游乐项目。

灵岩景区

导游内容（仅列重要景点）：

景区概况—"钟鼓齐鸣"题刻—双珠谷—双鸾峰—天柱峰—灵岩飞渡—灵岩寺—玉女峰—小龙湫—卧龙谷—龙鼻洞摩崖题记—莲花洞—天窗洞—响岩门

【景区概况】游客朋友们，大家好！现在我们将游览的是灵岩景区（灵岩景区是雁荡山的"明庭"），景区东起响岩门，西至马鞍岭，南尽飞泉寺，北达百岗尖，面积9平方千米，山峰雄壮浑庞，形态万千。元代著名文学家李孝光曾说雁荡山"雄壮浑庞，莫若灵岩"。灵岩在雁荡山诸景中以岩石峥嵘、环境清幽著称。这里除了可以欣赏到自然景观的奇崛而不失灵秀之外，还能观赏到令人惊心动魄的飞渡表演。灵岩在现代人眼中是休闲度假的好去处，而在历史上却是文人骚客们题诗作词的绝佳之地。南宋状元王十朋赞"雁荡冠天下，灵岩尤绝奇"；清代施元孚寝食雁荡山中二十余载后说"灵岩，雁荡山明庭也"，明庭是指房屋的大庭，此喻灵岩是游人最多的地方之一。现代散文家郁达夫著有《雁荡山的秋月》，描写的是月夜下灵岩的景色。国画大师潘天寿喜欢雁荡的石、花等小景，有《雁荡山花》《灵岩洞一角》《小龙湫一截》等很多作品。这些不同的表现形式都把灵岩的雄伟、幽深、奇特及秀丽展现给了后人。灵岩景区也是雁荡山摩崖石刻题记最丰富的景区，现存摩崖石刻130余处（碑刻28方），其中有唐代题记1处、宋代23处、元代1处、明代24处、清代11处，龙鼻洞摩崖石刻题记群现为第八批全国重点文物保护单位。

【"钟鼓齐鸣"题刻】我们现在看到的"钟鼓齐鸣"四个大字，摩崖题刻高335厘米、宽140厘米，"钟鼓齐鸣"四字是指灵岩谷口东西山上的钟岩、鼓岩，字高75厘米、宽60厘米，正书，直写。抬头望左面山上一石形体似钟，名为钟岩；右面山上一岩形体似鼓，名为鼓岩。鼓与钟是中国寺院常见的法器，这四个字也有双关之意：一是应景而题，因灵岩景区的入口处屹立着天然的石钟与石鼓；二是警世作用，千年古刹灵岩寺的晨钟暮鼓警醒世人的沉迷之心。上款为"甲辰年秋月"，落款为"上海陆文龙题"。"甲辰年"为1904年，其实"陆文龙"是指上海朱文龙、计学为、俞礼坤、张趁闲、王南山、顾林莪6位来自上海的老年人，他们于1904年结伴来游雁荡山，在灵岩景区入口与天窗洞均留下题刻。"钟鼓齐鸣"的落款原有朱文龙、计学为等6人姓名，今刻"上海陆文龙题"系1981年镌刻时所误。灵岩景区天窗洞的摩崖题刻位于天窗洞台阶左侧崖壁底部，内容为"甲辰年秋月，天窗奇洞，朱文龙、计学为、上海俞礼坤、张趁闲、王南山、顾林莪。"高85厘米、宽99厘米，"天窗奇洞"四字，字高15厘米、宽25厘米，隶书，直写。字迹清晰，保存完好。

【"伟雄怪奇"题刻】各位游客，现在请大家看"钟鼓齐鸣"摩崖题刻所在巨石的背面，有一处摩崖题刻"伟雄怪奇"，应是题字者记对灵岩景区游览后的总体感受与精练概括。摩崖题刻高120厘米、宽135厘米，字高、宽各20厘米，行书，直写，字迹清晰，保存完好。上款为"民国丁丑，海城陈兴亚游雁荡经旬，以此四言志胜，未知当否？"题字者陈亚兴（1882—？），字介卿，辽宁海城腾鳌堡人。清光绪三十三年（1907）学于日本振武学校。1912年以来先后任京师宪兵营长、宪兵司令、陆军少将、国务院咨议兼东北三省宪兵司令、京师警察总监等职。1928年随张作霖由北平回东北，在奉天就任东北宪兵司令，此后协助少帅张学良创办海城同泽中学，任副董事长，在落成典礼上代表张学良致辞。"九一八"事变之后，闲居在家。1937年夏，陈亚兴与曾参加重庆政治协商会议的无党派人士莫德惠、鲍毓麟等3人来游雁荡山，历时一旬，先后登临灵岩、灵峰、大龙湫、显胜门、散水岩、百岗尖等，穷幽探胜，无所不至。他对灵岩景区"伟、雄、怪、奇"四字的概括，不知各位游客领略了灵岩景区全貌之后，是否会有同感？也许各位游客会有新的视角与新的发现，待会儿在离开景区时不妨告诉我。

【"灵岩"题记】各位游客，现在大家看右边卧龙溪涧内的一块巨石上面镌刻着"灵岩，癸亥卧云书"摩崖题记，其中"灵岩"两字线条粗大、刚健挺拔、保存完好、引人注目。"灵"字高170厘米、宽150厘米，"岩"字高

160厘米、宽140厘米，正书，横写。右款"癸亥"二字横书，"卧云书"三字直写。此题刻只有干支纪年，并无朝代年号。因此"卧云"是谁，历来颇有争议。今见于史志者，名"卧云"者有三位。一是明代徐霞客《游雁荡山后记》所载，明崇祯五年（1632）三月至四月游雁荡山时，遇罗汉寺僧卧云，"年八十，其相与飞来石罗汉相似，开山巨手也。"此卧云即重建罗汉寺、迁寺址于芙蓉峰下，掘地得"大通碑"的和尚正智，法号卧云，清初曹学佺（1574—1647）《卧云上人过山池别之雁宕》诗中的卧云亦指此僧正智；该卧云曾于崇祯七年（1634）陪同豫章人陈善畅游雁荡山东西内外四谷，并且因专业的导游与周密的线路安排而受到陈善赞赏。陈善在《游雁荡记》写道："予以甲戌裹粮作雁荡游……会卧云师从山中来，遂订偕丈履……取道入罗汉寺，今为卧云驻锡地。"二是清康熙二十四年（1685）进士、康熙三十年（1691）来任乐清知县的江南人蒋堉，字旷生，号卧云翁，能诗，工书翰，性耽山水，曾来游雁荡山十数次，撰《雁山游记》。三是《雁荡山志》中记载，1924年，卧云与徐麟祥有《春日雁荡山同游山水窟》联句，此卧云为江苏金山寺住持，作有《东游诗钞》，内有雁荡山诗百余首，而1923年亦为癸亥纪年。据吕渭英癸亥二月撰写的《卧云东游诗钞序》记载，"今之卧云法师，博极群书，酷好吟咏，捷才天授，傲李白而睨枚皋，三藏澜翻不轻滥入韵语，信乎！法之不能缚者，境所不能拘也。闻稿本积十许册，英皆未见。所见之《东游诗钞》四册，如今所示者十九皆纪雁荡之游者，奋厉瑰奇，堪与三雁并峙天壤间，多而且工，无所不有，一洗昔人寒俭清疲之陋。诗事至此，皎然灵澈其奈之何？法师来瓯，仅及半载，其至雁荡亦不过数月，乃足之所至，诗亦随之。于百二峰之谲诡恣意镌刻，所谓奇极怪诞者，已无遁形，难乎其为造化矣……英也未及为雁荡之游，将以此册为图经……"由此观之，而比照镌刻书体之拙劣，似乎与这位"博极群书"的天才诗僧不符。仔细察看此摩崖题刻已出现轻度风化现象，似非现代所题刻，故此我们认为该"灵岩"两字应是明末罗汉寺僧卧云罗汉寺僧所题刻，并且从字迹来看，也不算规范的书法字体。这块横卧在卧龙溪里的岩石是灵岩景区的流纹岩峰嶂经过漫长的地质年代，巨厚的流纹岩出现断裂，周边的岩石崩落到溪涧，后经流水的冲刷侵蚀而形成表面光滑、内部质地紧致丰富的岩石。所以这些石头被国画大师潘天寿的慧眼发现。他的画作中最常见的"潘公石"就取材于此。

灵岩景区

【潘天寿诗刻】站在黄公桥旁,我们可看到一处诗刻,上书:"一夜黄梅雨后时,峰青云白更多姿。万条飞瀑千条涧,此是雁山第一奇。"落款为:"守觉法师两正,乙未初夏天寿。"这首诗是国画大师潘天寿于1955年在雁荡山写生时,书赠灵岩寺住持守觉法师的诗,诗中描写的是雨过天晴时雁荡山的独特景观。他在雁荡山留有11首诗,这是其中一首。而灵岩、小龙湫等景点也是潘天寿最喜爱登临静对、挥毫泼墨的画境,其著名的作品《小龙湫下一角》《龙湫飞瀑图》等都描绘此处景观。雁荡山静态的山与花,在动态的雨和水的融合下,为潘天寿的艺术创作带来了灵感。潘天寿是浙江宁海人,其亲属曾在乐清工作过,他对雁荡山有很深的感情,在对雁荡山做过长期观察体验之后,有了独特的感受。他说:"山水画家,不观黄岳、雁山之奇变,不足以勾引画家心灵之奇变。"潘老从雁荡景观的奇变中得到了启迪,创作了一幅幅不朽的作品。他留下的这些以雁荡山为题材的绘画珍品,也给雁荡这座名山增光添彩。

【徐霞客石雕像】前方我们看到的这尊石雕像是明代大旅行家、文学家、地理学家徐霞客,石雕像于1985年5月由雁荡山管理局邀请上海著名雕塑家陈道坦设计、温岭市古建筑公司雕刻而成。徐霞客是江苏江阴人,一生不愿入仕,向往"问奇于名山大川"的生活,专心旅行。在他一生的游历中,重游的地方不多,但雁荡山他却来过三次。第一次游雁荡山是在明万历四十一年(1613),那时他27岁,从东外谷入山,至灵峰、灵岩、大龙湫,上龙湫背寻找雁湖未成,因心中挂念69岁高龄的老母,匆匆结束了行程。第一次登雁湖未成,霞客一直不甘心。19年后,即崇祯五年(1632)的三月二十日至四月十六日再来雁荡,时年46岁。这一次由于没留下日记,难知详细的游历情况。第三次游雁荡是同年的四月二十八日,也就是第二次游雁荡的十几天后,他从临海折回重访雁荡山。这次徐霞客游览雁荡山的重点是登雁湖和寻找龙湫源头。功夫不负有心人,徐霞客这次从西外谷登上雁湖冈,终于找到了雁湖,揭开了多年未解的疑团,考察清楚大龙湫的源头出自绝顶(即百岗尖)之南、常云峰之北的夹坞之中,纠正了前人"大龙湫水出自雁湖"的错误结论。

徐霞客四游雁荡,对雁荡山的峰、洞、瀑、嶂进行了详细考察,并写下了两篇《游雁宕山日记》,共计7000字,为我们今天考察研究雁荡山的历史和风土人情留下了宝贵的资料。前人评价《徐霞客游记》为"世间真文字、大文字、奇文字"。天台、雁荡山古时候常常连称"台宕",因此可以说,徐霞客的《游雁宕山日记》和《游天台山日记》，共同构成了《徐霞客游记》这部奇书的精彩开篇。

离徐霞客石雕像不远的右侧崖壁上，镌刻着"热爱祖国，献身科学，尊重实践"十二个字，对徐霞客一生遍历名山大川、不畏艰险、勇于探索的求实精神给予了高度评价，徐霞客精神至今依然激励着一代又一代雁荡山人为雁荡山风景旅游事业的发展而坚持不懈地努力拼搏。

【顶珠石】站在徐霞客雕像前，抬头向北仰望，双珠谷崖顶有一岩石，形如珠，俗称顶珠石。顶珠石，原名绀珠峰，又名顶珠峰。明代郑汝璧《游雁荡山记》载："谽谺（hán xiá）似累贝者为绀珠。"清代施元孚《雁荡山志》载："一名顶珠。在展旗峰外，峰顶有小圆石如珠。"象形之石，形似神合，今日导游称之为"鲁迅头像"。绀珠峰南面山脊上大小岩石朝西散列着，背青腹白，状似青蛙，俗称"青蛙聚会"。都说雁荡山自然景观三分形象、七分想象，此话信不诬也。

【卧龙亭、普同塔】看过"青蛙聚会"，往双珠谷里面走，过石拱桥，映入眼帘的是卧龙亭和普同塔。卧龙亭建于1985年秋，因山路右侧是卧龙溪而名"卧龙亭"。亭名"卧龙亭"由中国美术学院国画系教授周沧米题写。亭子的右侧是一座用青石垒成的六角束腰塔，塔身中间券形门洞上首镌刻着"普同塔"三字，落款为"乾道九年二月十一日"，当为宋乾道九年（1173）。塔刹上面镌刻着"雪岩瑞禅师塔"六字，说明该塔是南宋曹洞宗寺院东庵住持雪岩瑞禅师普同圆寂后埋葬舍利的塔。塔名"普同"，取佛语"普度众生，同登彼岸"之意。普同塔现为乐清市级文物保护单位。普同塔外侧即为宋代东庵遗址，普同塔内侧的双珠谷有一拱形的山洞，似乎是以前佛教寺院高僧坐禅修炼的地方。

【双珠谷】走进双珠谷，觉得恍入世外桃源。双珠谷原名锅洞，在展旗峰外（东北侧），谷深150余米、宽20余米，岩石峭立，外缺为门，上有石如盖，下有圆池如锅，壁内突石状如锅面，故名；后因谷内有白珠泉和隐珠瀑二景，遂改名双珠谷。双珠谷有谷外与谷内之分。以前由于双珠谷环境幽静，谷深路险，再加上谷口有高峻陡峭的绝壁陡坡阻挡，游人极难进入谷内，所以谷内之景观一直与谷外隔绝。虽然明代旅行家徐霞客多次游览灵岩，其足迹也只是在谷外走走，以至于他在《游雁宕山日记》中这样写道："桥外含珠岩在天柱之麓，顶珠峰在展旗之上，此又灵岩之外观也。"1984年，雁荡山风景旅游管理局在谷口绝壁处垒石筑路通至谷内，才使谷内美得以呈现。谷内之景，别有洞天。细细数来，有隐珠瀑、白珠泉、戟剑门、贝壳岩、观泉洞、锅洞诸景。面对贝壳岩，岩下为锅洞，岩上为隐珠瀑（抬头仰望），左侧为白珠泉，右侧为观泉洞，背后为戟剑门。绕着贝壳岩，移步换景，其形似花蛤、青蛙、锅盖、龙头等，随形想象，越看越像。石砌游步道被溪涧内一块巨石分开，须从两侧绕行，巨石将双珠潭与双珠瀑隐藏在幽谷深处。双珠瀑落差118米，瀑水源自莲花洞东侧山涧，从半圆穹谷形的悬崖峭壁上飘洒而下，宛如碎玉般落入彩虹潭中，其形态与中折瀑有异曲同工之妙。谷内有戟剑门、观泉洞、贝壳岩诸景。隐珠瀑前右侧岩壁上有一处题写于1986年的摩崖石刻："雁荡如仙境，群峰叠翠薇。奇观每尽处，流连不思归。韦纯束、王祝光，一九八六年十月四日。"韦纯束、王祝光分别曾任广西壮族自治区主席、副主席。摩崖石刻高55厘米、宽84厘米，草书，直写。双珠瀑正对面巨石下边的崖面上镌刻着"奇石飞瀑，万斗珠玑"八个行草大字，署款为"李子、李佳、杨廉，一九八四年五月廿一日"。

离开双珠瀑，顺着右侧山崖石砌游步道往右前方，在徐霞客雕像右侧的崖壁上，镌刻着"徐霞客纪念碑"。

【老僧拜塔】走在通往灵岩的林荫小道上，右侧有一高一低的两块岩石。低的那块形似老僧，向东南方做合掌礼拜状，所以称老僧拜塔，有人称之为米芾拜石，古时又称僧拜石、僧抱石。"天下名山僧占多"，好客的老僧正在此欢迎来自五湖四海的游客到名山做客。从地质成因来看，"老僧"为流纹岩经断裂、节理切割后，外侧岩石崩塌剥落，残余剩下的流纹岩，后经风化剥蚀后整体呈现出老僧状的外形。

【潘耀庭纪念碑】这里是一片片竹林，古人云"宁可食无肉，不可居无竹"，竹子的高风亮节正好是潘耀庭先生一生的写照。潘耀庭（1886—1967），名球，字耀庭。少从岁贡大荆蒋燧堂读书于雁荡山净名精舍、楼村冠山书院。1914年，任天台统捐分局局长，目睹苛杂繁多，百姓病之，力争取消对农民种植的、商贩售卖的橘子征税。遂无意仕途，辞职返乡，锐意建设雁荡山。他与有意共同建设家乡的人士筹资赎回灵岩寺产，修葺屋宇，广植松柏，寺院顿改旧观。1922年，诸人应成圆和尚之请，无偿归还寺产。1930年，移家山中，筑绮阁于朝阳洞之旁，与名山朝夕相对。1934年，雁荡山建设委员会成立，受浙江省建设厅聘任委员。举凡修筑道路、整理名胜、开办旅馆、架设电话、接待游人、出版地图等，殚精竭虑，力事经营，无时或息。雁荡山面目为之大改，游客络绎于途。抗战时期，在雁湖种植茶树两万株，发展农村经济。继振兴文教，协助杭州宗文中学南迁山中，开雁荡中学之先河。复发起创办私立雁荡战时补习中学校、私立淮南初级中学，到处奔走，筹募经费，建筑校舍。1948年，潘耀庭任雁荡山风景区管理处主任，未几辞职。中华人民共和国成立后，当选为乐清县第一届二、三次人民代表会议常务委员会委员。著《雁荡百景选辑》，附咏景诗百首，已佚。由于他酷爱雁荡山水，锐意雁荡建设，定规划、修道路、筑桥梁、架电话、办旅馆，建树颇多，功绩显著。他是近代雁荡山建设者之先驱，所以特立此碑，以资纪念。

【莫言题记】2008年秋天，诺贝尔文学奖获得者莫言来温州参加第一届当代中国文学批评家颁奖典礼后，来到雁荡山。他对这座名山一见倾心，即兴写下两首诗，并留下题记。他游览了大小龙湫，观看了灵岩飞渡，称自己去过全国很多名山，但在游历的过程中发现雁荡山的人讲诚信，雁荡山的景让他着迷。

【屏霞嶂】西北面看到的就是屏霞嶂，也称锦屏嶂，嶂壁五彩相间。嶂顶还保留着火山喷溢时熔岩流动的痕迹。中部有不少小洞，是因岩石中含有角砾易于风化所致。地质专家指出，屏霞嶂与卓笔峰、天柱峰之间是断裂作用的结果。嶂下有灵岩寺，周围群峰环拱。嶂的右边依次是龙鼻洞、独秀峰、小龙湫、玉女峰、双鸾峰、天柱峰等景；左边依次是金乌玉兔、天窗洞、展旗峰等景。

【双鸾峰】双鸾峰在成因上也是多个方向的断裂合围并切割流纹岩层，形成独立的山峰，而又有一断裂正好经过山峰中部，形成两个距离很近的独立山峰，两个山峰在流纹岩岩层的分布特征上具有一致性，表示同根同源。峰顶各有一石，如鸾鸟，相顾对舞。明代诗人刘芳誉《双鸾峰》诗云："青鸾双起近云霄，对舞雍雍兴自饶。镇日乘风飞不去，应知有意太平朝。"诗人通过对双鸾的描述，表述了对太平盛世的向往。清代方尚惠咏《双鸾峰》诗："两峰当碧汉，五色耀文章。月到辉如镜，双双势欲飞。"对景一读怎能不增添遐思？

【金乌玉兔】在屏霞嶂的左上角，我们可以看到名为"金乌玉兔"的岩石，其代表日月同辉，给整个景区增添了一份庄严肃静又光辉灿烂的美好景象。

【展旗峰】嶂的右侧像一面随风飘扬的旗帜，所以称展旗峰。展旗峰的右侧就是天窗洞。清代著名诗人袁枚借黄帝战蚩尤的故事引申得诗："黄帝擒蚩尤，旌旗不复收。化为石步障，幅幅生清秋。"

【天柱峰】双鸾峰南侧的天柱峰因体圆而直、势若擎天而得名。在天柱峰壁上刻有清同治十二年（1873）孟春黄岩知县、吴县人孙熹书题的"壁立千仞"四字，源出宋杜范《天柱峰》诗："一峰挂中天，壁立千仞直。"题记高170厘米、宽660厘米，字高160厘米、宽130厘米，自右而左，正书，横写，左款三行，直写。此题记是雁荡山摩崖石刻中较大的一处，用笔丰润，保存完整，引人瞩目。天柱峰底部有当代著名书画家赖少其的"天不塌，赖于挂其间"等摩崖石刻。由于天柱峰的气势与本身的喻义，引来了不少文人为其咏叹。宋代王十朋诗题《天柱峰》："女娲石烂若为修，四海咸怀杞国忧。谁知山中真柱石，擎天功业胜伊周。"他即景述志，在金兵南侵、国难当头的时刻，以"天柱峰"顶天立地的精神激励自己，为国为民建功立业。清方尚惠《天柱峰》诗："矗立高何极，孤标挂九天。柱头悬明月，柱脚带山川。"则着重刻画天柱峰的粗犷与雄豪气势。天柱峰这种与生俱来的粗犷气质离不开火山多次喷溢的积累。火山喷溢的岩浆犹如一条条火龙游出地表，并在地表积聚冷凝，形成叠嶂的巨厚流纹岩，后经断裂切割，岩块崩落分离，经流水作用与重力崩落作用，形成独立岩峰，再继续作用则可呈现孤峰独柱。我们若仔细观察峰体，还可以看到柱壁上仍然保留着岩浆流动过程中形成的流纹、球泡及节理等。

【石马槽】石马槽是用一整块大石头挖凿而成，呈长方形的凹槽，长300厘米、宽130厘米、深80厘米，石壁厚15厘米，历史上曾被折成两段，后予修补缝合。据传，明嘉靖四十一年（1562），著名抗倭将领戚继光督兵支援浙南闽北沿海抗倭经过雁荡山时、明万历三十六年（1608）虞都杨宗业按剑巡海顺游雁荡山时，均使用过该石马槽。

戚继光写有《督兵援闽游雁山戏集为诗》："灌木苍苍潦水收，展旗迢递下闽州，石僧卓笔含珠晓，玉女乘鸾瀑布秋。仙子屏炉回候雁，天孙刀剪傍牵牛。神工特为东南缺，砥柱巍然立海陬。"《游雁山集景》："雁山秋杪一探奇，素练千寻下雁池。仙掌芙蓉当客筵，石梁盂钵为谁遗？岩高月挂观音镜，洞古云深罗汉衣。施雨神龙归太速，尚余鼻水滴清漪。"

【灵岩飞渡】左边的展旗峰与右边的天柱峰对峙如门，称南天门，飞渡表演就在两峰之间进行。天柱峰高270米，展旗峰高260米，两峰相隔约250米。因此一名外国游客欣赏过飞渡后，称它是世界上最高的空中舞台！说起飞渡表演，还有一段故事。位居中华"九大仙草"之首的雁荡山铁皮石斛喜生长在背阴的悬崖峭壁上，当地农民为了生活，身系绳索攀缘峭壁，采集石斛，自然而然地练就了一身飞崖走壁的绝技。1916年，当时的雁荡山名山建设委员会雇请当地农民模拟民间采摘野生石斛进行高空飞渡表演之后，它就成了雁荡山的一大特色旅游项目。从事飞渡表演的农民不仅在当地表演绝技，还在全国其他风景区做巡回演出，如湖南张家界、贵州黄果树等地都留下了他们矫健的身影。等一会儿，我们就一起在屏霞轩露台上品雁茗，观飞渡，相信您看过表演之后，会为雁荡山人的冒险精神和敢于同自然界争高低的勇气而拍手叫绝。

【灵岩寺】灵岩寺坐北朝南，位于屏霞嶂下的安禅谷中，是雁荡山十八古刹之一。该寺始建于宋代太平兴国四年（979），咸平二年（999）赐额"灵岩禅寺"，天圣十年（1032）仁宗赐《藏经》千卷。这座千年古刹历史上屡经兴废，现在我们看到的灵岩寺老建筑，是20世纪20年代重建的。黄炎培、郁达夫等不少名人都曾在这里留宿。"文化大革命"期间，灵岩寺又一次遭受重大损失，改为招待所。1984年，国家落实宗教政策，拨款修缮本寺，才恢复为佛教活动场所。山门处的"灵岩寺"三字由书法家林剑丹书写，两旁对联"灵光独耀，岩石争奇"言简意赅地道出了灵岩的灵性与奇特。

灵岩寺门口右侧有三处碑刻，其中有嘉庆二年督学浙江的著名金石学家阮元的题刻"嘉庆三年四月四日学使阮元偕客来游"，此碑嘉庆初刻，咸丰时将原碑卖给仙溪中学，现在看到的碑是咸丰时重刻的。这里有必要向各位介绍一下阮元。阮元（1764—1849），字伯元，号芸台，江苏仪征人，清代著名学者，乾隆五十四年（1789）进士，次年大考，高宗钦擢第一，授予少詹事。乾隆五十八年（1793）任山东学政。嘉庆二年（1797）督学浙江，次年擢兵部侍郎。嘉庆四年（1799）任浙江巡抚，嘉庆十年（1805）以父忧离浙，嘉庆十二年（1807）再次抚浙。此后历任湖广、两广、云贵总督，以体仁阁大学士致仕，加太子太保，晋太傅。卒谥文达。阮元历官所至，以提倡学术为己任，在广州创学海堂，在杭州创诂经精舍。撰《十三经注疏并释文校勘记》，主编《经籍撰诂》《皇清经解》，重修《浙江通志》《广东通志》，辑《两浙金石志》

《山左金石志》，自著《揅经室集》。阮元雁荡之行留诗多首，其中《大龙湫歌用禁体》选入《清诗选》，从所题诗中可知，阮元因事由温州至台州，途经乐清瑶岑岭，宿芙蓉，上四十九盘岭，抵达能仁寺。游历雁荡山之后，度谢公岭，出大荆，其《雁山即事》诗云，"杜鹃花落松花老，正是山田刈麦时。"写出了山中农忙时节的田园风光。清嘉庆八年（1803），阮元曾在灵岩建龙神庙。

阮元碑刻左侧墙壁上嵌着清道光二十二年（1842）永嘉教谕陈遇春的《新开天窗洞岭碑记》："雁山百二峰皆奇，而洞亦无一不奇，唯天窗奇之又奇也。天窗曷奇？奇在洞中能通天光也。地险仄无阶级可寻，故人迹罕到。余向游未见，并未之闻也。戊戌岁，为大荆建桥，重至雁山，宿灵岩寺，僧从载邀余游，度年迈力歉不能行，同游孟雪楼、朱蓬沼督趣，余因鼓兴直前，始奋而中倦，三休，勉至其处。俯视仰睇，自上而下，势亦甚危，纵扶持有人，不栗栗恐堕之意。及至洞口，有石横其前，俯视窥之，窗圆似月，深若潭，明若昼，壁环若屏障，惜无从人。寻丈之间，几若敻绝之境，可望而不可即也。第余既见奇，尤望人人共见其奇，乃预为捐金付僧，并嘱其募众成之，凿其险，仄开其蹊径，成一可缘之途，庶几引人入胜，不长为白云所封。兹工竣，问记于余，余就所见书于石，且为游者劝驾，聊以补诺矩罗开山之缺云。道光二十二年正月之吉中川七十八老人陈遇春并书。"陈遇春（1765—1842），字镜帆，永嘉（今鹿城区）人。廪生。为温州名士。襄助重修中山书院，参与重建西山护国寺和新建乐清大荆三溪九星桥。著有《梧竹山房文稿》《溪山吟稿》《雁山游草》，编辑刊刻《东瓯先正文录》《栝苍先正文录》等。传见（光绪）《永嘉县志》卷一七。温州城区现存唯一的一座石牌坊"会典标名"（原在信河街珠冠巷，现移至九山），即为表彰陈遇春而建。陈遇春所著《梧竹山房文稿》，温州市图书馆有刻本存。收文《瓯栝文录序》《东瓯文存序》《新修中山书院记》《重建半塘亭记》等23篇。《溪山吟稿》二卷，卷首有黄友教、陆景华、余占魁等人序文，李銮宣、端木国瑚等人题词，收录陈遇春诗《楠溪道中》等69首。陈遇春诗文多记温州人和事。《东瓯先正文录》收入东瓯先正宋文六卷、元文一卷、明文四卷，赋一卷。

各位游客，灵岩寺院前台阶左右两侧有"海上名山""寰中绝胜"的题刻，是雁荡山摩崖题刻中的优秀之作，雁荡山自1982年被国务院公布为首批国家级风景名胜区以来，"海上名山、寰中绝胜"几乎成了表述雁荡山最常见的定语。"海上名山"碑高56厘米、宽48厘米,自右而左,正书,横写,此碑书法精健,颇见功底,保存完好,落款为"万历癸未夏侍御岭右张文熙书于小龙湫之崖石"。张文熙,字念华,广西静江府临桂县(今属桂林市临桂区)人,明万历五年(1577)进士,万历十年(1582)以侍御身份巡按浙江,壬午乡试,主场无考官,文熙兼董之,得人为盛。次年夏,游览雁荡山,留题此碑,并写有《登雁山最高处》诗二首:"揽辔东游亦壮哉,乘风漫蹑此崔嵬。天开雁荡千峰出,云拥沧溟一镜回。乳结悬崖凝若雪,瀑飞峭壁响成雷。凭澜何限苍茫意,搔首乾坤试举杯;扪萝徙倚最高峰,矫首云霄似可从。东指扶桑紫若木,西瞻葱岭削芙蓉。洞中仙去还来鹤,岩下雷鸣欲起龙。寥廓恰期湖海愿,便将五岳遍灵笻。"同年立秋,在杭州凤凰山留题"万古嶙峋""□汉秋阳"两处摩崖题刻。居官宽猛并济,抚安兵民,浙人服其英决,建祠崇祀,历官太仆寺卿。著作有《壬癸草》《云岩集》《按浙录》《敉宁录》《浙江通志》有其传。

"寰中绝胜"碑高76厘米、宽225厘米,字高53厘米、宽47厘米,自右而左,正书,横写,左右款均为直写,上款为"万历庚戌冬仲",下款为"关中张维任题"。由此可知,该碑题刻于明万历三十八年(1610)仲冬,作者为关中(陕西)张惟任。张惟任(1561—1628),字仲衡,号觉菴,明代陕西潼关卫城内第一巷人,万历二十九年(1601)赐进士及第,在京时授职都察院,曾奉旨巡察两浙盐务,万历庚戌即万历三十八年(1610)来游雁荡山并题刻应在其巡察两浙盐务期间,而历史上永嘉双穗盐场、乐清长林盐场、洞头九亩丘盐场等均为浙江著名的产盐基地。中国国家图书馆藏有明代张惟任于万历三十九年(1611)刊刻记载万历年间太史来知德理学思想及诗赋文集传世著作《来瞿唐先生日录》。

现在我们看到的对联"胜地有缘方可宿,名山无福也难游"是马来西亚前拿督、在东南亚享有盛名的竺摩法师回到家乡乐清,看了雁荡胜景之后撰写的,用佛教中的"因缘"来表达作者对名山胜地的赞美。另一副他书写的对联是"一柱擎天挹秀,万峰涌地争妍"。这副对联原是前人所作四言联:"一柱擎天,万峰涌地",竺摩法师在每句后面增加两字,改写为六言联。后人对法师的改写褒贬不一,有人说改得好,也有人说改坏了,是狗尾续貂。灵岩寺的四副对联中最引人关注的就是前方这副清代榜眼喻长霖所题的,上联是"山雁荡水龙湫洞石佛百二峰拔地凌云海上名山称第一",下联是"左展旗右天柱后屏霞数千仞神工鬼斧灵岩胜境叹无双"。这副对联用46个字概括了雁荡胜景，构成了一幅美丽动人的雁荡山水长卷。寺后有一片方竹，内圆外方，传说用手摸过之后能财运亨通。

灵岩寺院左侧厢房现在开辟为雁荡山书画社。过一条石砌筑栈道，我们先去参观小龙湫景点。

【倪天奇、甄昂同游题记】各位游客，现在我们经过的这条栈道叫龙鼻洞岭根栈道，路旁的巨石上有一处摩崖题记"州幕倪天奇、邑尉甄昂己丑岁同游。"摩崖题刻高28厘米、宽19厘米，自左而右，三行，正书，直写。由于石头表层风化剥蚀，"昂、游"两字有些漫漶不清，难以辨认。据光绪《乐清县志》载："李孝光雁山诗注，甄昂，皇祐己丑（1049）尉乐清。"宋袁采《雁荡山记》中提到，"皇祐元年己丑，县尉甄昂开发荡阴山水，今南北閤是也。"倪天奇为温州知府幕僚，生平不详。

【如珙诗刻】现在各位游客看到龙鼻洞岭根栈道外侧的巨石上镌刻着宋代灵岩寺住持横川如珙题写的诗："石龙滴滴鼻中水，二十名泉类莫齐。头白山翁贪漱齿，丈藜逐日过桥西。咸淳七年八月廿日，灵雁岩主横川如珙书。"该诗刻高135厘米、宽75厘米，字高15厘米、宽12厘米，诗款连书，自右而左，五行，每行九字，行楷，直写，笔画清晰，保存完整，只是书题作者横川如珙的"珙"字可能在后期描字错成了"洪"字。对照雁荡山志载龙鼻洞中宋刘黻题记"刘黻叨恩分阃，侍母径行，偕弟璧、璪，表弟解是、思耕同游灵岩，时住山如珙。咸淳庚午腊月十三日题"，此摩崖诗刻颇深，笔致朴茂可爱，现今遍觅不见踪迹，疑为后刻覆盖，或者因水蚀风化早已剥落。咸淳庚午为咸淳六年（1270），较此处横川如珙题写时间的"咸淳七年（1271）"早了一年，不过题刻内容佐证了当时灵岩寺住持为如珙。刘黻（1217—1276），字声伯，号蒙川，乐清西联乡人，南宋理宗淳祐十年（1250）入太学，率诸生叩阍，论陈垓、蔡荣去正人以成奸党之私，又伏阙上书劾丁大全夺董槐相位，被遣送南安军安置。丁大全被贬之后，刘黻于景定三年（1262）登进士第，署昭庆军节度掌书记；咸淳四年丁父忧。服除，授集英殿修撰、沿海制置、知庆元府（今宁波）事，旋试吏部尚书，兼工部尚书、中书舍人、修玉蝶官、侍读。咸淳十年丁母忧。德祐二年（1276），元兵入京城临安，陈宜中、陆秀夫等拥广王、益王由温州入海，迎黻共政，至广东罗浮以病卒。据明全祖望《鲒埼亭集》载，

此题刻时间咸淳六年（1270）正是刘黻知庆元府期间，便道奉母游雁荡山。参考《庆元郡太夫人解氏墓志》可知，题刻中所提到的"弟璧"即刘黻三弟、国子监生刘璧；"弟璪"为刘黻堂弟刘璪；"解是、思耕"则是刘黻之母解氏内侄。

【玉女峰】过了灵岩寺，在双鸾峰的西侧我们可以看到一座较低的山峰，长得亭亭玉立，即玉女峰。此峰一年四季姿容各不相同，正如清代诗人袁枚诗中所描述的："风中梳裹雾中藏，雨是浓妆月淡妆。莫道玉人常不老，秋来也有鬓边霜。"真把玉女峰写活了。

【独秀峰】游客朋友们，假如您对雁荡山的科学成因感兴趣，肯定会对独秀峰情有独钟。此山在地质领域叫"孤峰"，象形说法是"一枝独秀"，若用文学修辞形容则叫"出类拔萃"，所以灵岩的独秀峰在雁荡山百二峰中地位也是相当高的。沈括在《梦溪笔谈》中对雁荡山的形成进行分析，说到"当是谷中大水冲击，沙土尽去，唯巨石岿然挺立耳"。这独秀峰就是最好的佐证。峰顶有苍松，前人有"举目霞标自一峰，峰头云散见孤松"的诗句，描述了独秀峰傲岸、独立的气质。

以独秀峰为代表的孤峰是雁荡山山体地貌景观中又一特点。孤峰在叠嶂、锐峰间更为突出，起到活跃山体景观的作用。孤峰在徐霞客游记中亦有多处描述："孤峰插天，勿裂为二，自顶到踵，仅离咫尺，中含一园石如珠，尤其绝。"袁枚对孤峰之一的卓笔峰作诗曰："孤峰卓立久离尘，四面风云自有神。绝地通天一枝笔，请看倚傍是何人？"灵岩寺南侧天柱峰亦为一孤峰。清代方尚惠有诗曰："矗矗高何极，孤标挂九天，柱头悬日月，柱脚带山川。"这些诗文道出了孤峰的形态与美学特点。

【卓笔峰】与卷图峰相对的这座山峰，称卓笔峰。无巧不成书，灵岩景区里还有墨石与砚石，组合在一块就成了文房四宝，具有文化氛围。蔡应聘《卓笔峰》诗："奇峰万状谷东西，好倩山灵巧样题。海作砚池天作纸，笔花飞动五云齐。"黄山有"梦笔生花"，而雁荡山有"卓笔书天"。卓笔峰在灵岩给我们留下了一个"天"字。卓笔峰、卷图峰，以及周围的山峰原来都是连成一体的流纹岩层，经历了漫长的演变过程——断裂、切割、破裂，周围易碎的岩石纷纷崩落，再经过上亿年流水的冲刷，小的岩石碎块及泥沙被冲刷泻净，只留下尚未破裂的山体和小龙湫脚下巨大的石块。未破裂的山体成了傲然挺立的孤峰，在瀑前感叹着沧海桑田；而瀑下的巨大石块仿佛见证一个历史伟人的巨大发现，并向世人阐述着一个不朽的学说——流水侵蚀说。当时能引发沈括提出这个独特观点的发源地就是雁荡山这些岩块崩落、倒石、流水冲刷现象。

【郭兰馨题记】各位游客，现在大家看右边石头上镌刻着现代学者郭兰馨的题记，"有峰皆卓立，无瀑不狂飞。丁丑春郭兰馨书"。石高80厘米、宽60厘米，正文连款，四行，自右而左，行书，直写。落款下刻有印章二方。郭兰馨，上海浦东人，民国初年曾随从赵树声从事邮电工作，于1937年春来游雁荡，时任雁荡山建设委员会委员潘耀庭陪同导游，郭兰馨题书相赠，20世纪90年代初，雁荡山风景旅游管理局将其刻碑于小龙湫，原书落款还有"耀庭先生正之"等字。

【小龙湫】"小龙湫"三字题刻系原淮南中学老师陈若佛、黄正伦于1945年所题，二人不惜花费一个月的工资分别题了这处和"孔雀岩"一处摩崖。黄正伦于2019年去世，享年101岁。"奇峰传百二，大小有龙湫。"小龙湫位于雁荡山东内谷中，落差比大龙湫小得多，约70米，瀑宽不足1米。左侧的隐龙峰高大雄伟，上方有天然形成的神龙状岩石；右侧的栈道通往卧龙谷，犹如人造的巨龙；两龙与中间的瀑布连成一片，构成了"双龙戏珠"。小龙湫景区也是历代书画家喜欢对景写生或写实写意、泼墨挥毫较为热门的景点，如潘天寿的《小龙湫下一角》《龙湫飞瀑图》、童中焘的《雁荡小龙湫》等。2023年5月31日，"当米兰遇上温州"中意艺术家雁荡山采风写生活动期间，来自意大利的画家们在小龙湫坐对山水写生创作，对小龙湫瀑布飞流直下如烟似雾的柔美绮丽与周围奇特的酸性流纹岩地貌景观赞叹不已。

明代裴绅《小龙湫》诗云："吞云激电下东海，随风洒润如飞霜。我来到此看不足，古殿阴森毛骨凉。疑是素丝挂绝壁，倒悬银汉注石梁……"写出了小龙湫水量不同时的特征差异。小龙湫处于一处流纹岩的嶂崖中，流纹岩嶂记录了多期次酸性岩浆的喷发过程，其下部的流纹岩含有大量角砾和孔洞，相对松散，承担了透水层和储水层的角色；上部的流纹岩内部致密，抗侵蚀能力强，承担了承水层的角色。地表水和层间水汇聚在承水层，流至断崖处后下落。跌落谷底的水流在风以及重力的作用下，对岩嶂下部松散的角砾状流纹岩进行长时期的冲击，水流对崖壁的侵蚀作用强烈，使得小龙湫底部呈现出半桶状、葫芦状等内凹的瀑壁形状。

【朱熹"天开图画"题刻】各位游客，我们参观了藏在深涧的小龙湫瀑布，

现在去参观卧龙谷景区与龙鼻洞摩崖石刻。由于去卧龙谷的升降机处于维修之中，我们现在只能沿着屏霞嶂栈道徒步上去。现在请各位游客看，这里的巨石上有一处没有年款与题刻作者名款的摩崖题刻"天开图画"，题刻高75厘米、宽200厘米，字高55~65厘米、宽43厘米，自右而左，草书，横写，笔致圆浑跳脱，刻工甚善，保存完整。虽然此刻没有落款，却可以根据史籍考证题写者为宋代理学宗师、一代大儒朱熹（1130—1200）。朱熹曾于宋乾道九年（1173）在乐清讲学于东皋艺堂书院。明监察御史慎蒙《游雁荡山记》载："天开图画四大字，为宋朱晦翁书，此雁山一奇观也。"晚清朴学大师孙诒让《东瓯金石志》将"天开图画"的留题者标注为"龙渠"，其实从摩崖石刻的字体与字迹来看，左上角的"龙渠"两小字是好事者后刻的，与"天开图画"原刻无关。

朱熹，字元晦，又字仲晦，号晦庵，晚称晦翁，谥文，世称朱文公。祖籍江南东路徽州府婺源县（今江西省婺源），出生于南剑州尤溪（今属福建省尤溪县）。宋朝著名的理学家、思想家、哲学家、教育家、诗人，闽学派的代表人物，儒学集大成者，世尊称为朱子。朱熹是唯一非孔子亲传弟子而享祀孔庙，位列大成殿十二哲者中。朱熹是程颢、程颐的三传弟子李侗的学生，任江西南康、福建漳州知府，浙东巡抚，做官清正有为，振举书院建设。官拜焕章阁侍制兼侍讲，为宋宁宗皇帝讲学。朱熹著述甚多，有《四书章句集注》《太极图说解》《通书解说》《周易读本》《楚辞集注》，后人辑有《朱子大全》《朱子集语象》等。其中，《四书章句集注》成为钦定的教科书和科举考试的标准。

清光绪《乐清县志》"游寓"载，"朱熹乾道间馆乐成，讲学东皋山麓，从游弟子甚众。其往来小径名文公巷。"咸淳年间，乐清县令郑涤孙改艺堂书塾为宗晦书院，以纪念朱熹讲学。宋淳熙八年（1181）八月，时浙东大饥。因朱熹在南康救荒有方，宰相王淮荐朱熹赈灾，提举浙东常平茶盐公事。为解救灾民，朱熹迅速采取了多项有力措施。朱熹因在浙东劾奏前知台州唐仲友不法，为唐之姻亲王淮所嫉，浙东任职仅九个月即离任回家。朱熹在任浙东常平茶盐公事期间，曾拜访永嘉刘愈、乐清贾如规等乡贤，并讲学永嘉溪口东山书院、平阳南雁会文书院、乐成东皋艺堂书院。现灵峰景区北斗洞集贤阁还有朱熹题写的楹联"忠孝传家宝，诗书处世长。"据明代王朝佐编著的《东嘉先哲录》卷四、卷五载"朱子门人"列有：叶味道、陈埴、徐寓、徐容、林湜、蔡扦、沈偁、钱木之、曹叔远、周偁、戴蒙、黄显之、蒋叔蒙。值得一提的是，南宋状元、龙图阁学士王十朋的墓碑是南宋状元、吏部尚书汪应辰撰写，朱熹题额的。

【卷图峰】在玉女峰的西侧，比玉女峰高，比双鸾峰低的是卷图峰。民国乐清诗人余献之《卷图峰》诗："天开图画此山中，四字留题朱晦翁。知否天图开未尽，图中还有卷图峰。"隔溪观望卷图峰，其像一位老人面朝南方，因此又称老人峰。20世纪末，就有人说它更像《天方夜谭》故事里的"阿里巴巴"。从屏霞栈道看卷图峰，俨然一尊侧脸的石雕像。

【屏霞庐旧址】当年来游雁荡山的人士大都留寓屏霞庐，门台上有梁启超题写的"屏霞庐"三个楷书大字。房子早已倒塌。1920年夏，清光绪八年举人、曾任袁世凯大总统府秘书长、时任徐世昌大总统秘书长的张一麟（1867—1943）来游雁荡山，宿屏霞庐并留有《庚申首夏为雁荡之游宿屏霞庐》等诗。1921年，古文学家、翻译家林纾（1852—1924）来游雁荡山，宿屏霞庐并作《宿屏霞庐赠季哲》诗道："七十逢君岂偶然，此生始信佛有缘。进门一笑无他语，万绿拥楼坐听泉。"林纾还作有《自石门入雁山道中口占示同游朱拔可、郑稚星、高梦旦、蒋季哲诸君》等诗，以及《北斗洞》《雁山道中》等画。其中同游者高梦旦（1869—1936），名凤谦，福建长乐人，曾翻译《日本法规大全》，参加编纂《辞源》等书，来游时任商务印书馆编译所所长。戊戌维新运动领导人康有为前后三次来游雁荡山，均寄宿屏霞庐。

1924年2月，康有为带着屈映光、姚琮以及门生等一班人，游了天台后，从海门坐船到大溪，再换乘轿子抵大荆。在畅游雁荡山后他为《雁荡山志》作序时，写下了这次雁荡之游的情景："问斤竹之涧，逾马鞍之岭，听龙湫之瀑，登雁湖之巅，入灵峰之奥，千岩万壑，竞秀争流……丘壑之美，以吾足迹所到，全球无比，奚独中国也。"后来这篇序言被用作《乐清县志》序。据查阅史料可知，康有为雁荡山之游共留下了20多件墨迹题刻，可分为诗歌、楹联、摩崖匾额三类。康有为在雁荡写诗作九首赠予友人，其一《雁荡以灵岩为美，屏霞庐踞之，为雁荡第一胜处，再赠以诗》："背倚屏风百丈霞，美专林壑擅为家。悬崖终岁跳珠玉，近海行厨足蟹虾。如是潮音闻昼夜，不空山色老松花。安禅谷里诃黎勒，帝释岩中播耨迦。"描写了屏霞庐独得林壑之美及友人的生活情趣。康有为在雁荡书写的楹联较多。小荆王家台门有一楹联："西山爽气迎双阁，东晋流风第一家。"横额为"万峰环拱"。联额阳文行书，自右而左，横写，右上有"甲子春"三字。左款题"天游化人"，钤"天游堂"印章；左联题款"康有为"，钤"南海康氏"阴文印章。据说王家为答谢康有为的题联，特地请了一位粤菜厨师，做了一桌丰盛的广东菜宴请。

【屏霞嶂栈道】屏霞嶂大小洞穴点缀其间，2016年嶂上新建了一条栈道通往卧龙谷。这条栈道总长161米、宽1.5~1.8米，共500多级台阶，根据山形特征，蜿蜒盘旋在屏霞嶂间。一段栈道一处景致，一处景致一个典故，拾级而上，龙鼻洞、玉女峰、独秀峰诸景环绕四周，俯仰之间，除了灵岩风光，还有千百年来文人骚客的反复诵读。从屏霞障栈道看天柱峰，朝东的崖壁仿佛唐代一位身穿长袍、腰束金带、大腹便便的士大夫形象。雁荡山奇峰险崖"三分形象、七分想象"在灵岩景区可充分演绎或展露，各位游客朋友不妨来一次深呼吸，彻底放松自我、放空自我，就专注一件事情，尽情地与雁荡山灵岩景区的自然美景交流对话。

【卧龙谷】卧龙谷俗称石船坑，因小龙湫与卧龙溪而得名。古人到谷里须从莲花洞翻崖而下，现在到卧龙谷就方便多了。谷内凉爽清幽，奇景罗列，有龙口湖、通天桥、石船神水、卧龙潭等景点。这里最吸引游人的有两处景观：一是卧龙谷的玻璃栈道。2016年8月16日，雁荡山玻璃栈道正式对外开放，全长近百米，采用三层夹胶钢化玻璃铺设而成，站在玻璃栈道上，既可体验玻璃栈道带来的惊险刺激，又可俯瞰小龙湫周边景观。若挑个晴朗的好天气，当直射的阳光遇见飞扬的瀑水，七色彩虹就会与您相约。2018年，玻璃栈道进行了全新升级，玻璃均已焕然一新，透明度比以往更胜一筹。脚下直面万丈深渊，青山翠谷历历在目，仿佛凌空漫步！升级后的玻璃栈道还配备LED高清户外互动显示屏，以人屏互动为根基，加上3D震撼视频源，让您身临其境，屏里的画面随人而动，玻璃破碎画面更是能带来不一样的体验。二是卧龙谷的"断肠崖"。2004年，张纪中版电视剧《神雕侠侣》剧组曾在雁荡山选景。由于金庸在武侠小说《神雕侠侣》中描绘的小龙女与杨过定下16年始得重见之盟的地方充满了梦幻色彩，与绝情谷齐名，曾有"断肠崖上叹绝情，绝情谷底哭断肠"的凄美句子，所以剧组对断肠崖的选择更是慎之又慎，最后就定在卧龙谷的出水口，也就是小龙湫的源头。此后卧龙谷也因杨过与小龙女的凄美爱情故事而闻名，慕名而来的游客更在此地纷纷合影留念。

灵岩景区

站在卧龙谷玻璃栈桥上向峡谷望去，可在对侧崖壁上看到非常清晰的流纹构造，熔岩层层叠加体现出的水平状纹理清晰可见，且崖壁上还可见到流纹岩被一系列断层切割所体现出的岩层位移，同根同源的火山岩岩层在断裂的切割作用下呈现出一上一下的特点。

【龙鼻洞摩崖题记】龙鼻洞又名龙鼻水，在灵岩寺后安禅谷屏霞嶂右侧的插龙峰下，洞顶两壁相合处，嵌有鳞纹的青色岩石，蜿蜒如龙从洞口贯入，洞底一石垂下如鼻，又一石细腻光滑，形似龙爪，刚健猛劲，奇趣天成。这里环境清幽，洞口正对玉女峰。洞宽、深各10余米，高100余米，被明代旅行家徐霞客称为"嶂右第一奇"。龙鼻洞摩崖题记占地面积约200平方米，沿山势而分布。龙鼻洞上下共三坛，摩崖主要分布在第一坛两侧岩壁，左壁尤为密集；碑大多竖立在二、三坛平地上，少数嵌在崖壁间。这批摩崖题记上起唐代，下迄现代，共94处，其中碑刻12处，分为题名、题字、诗刻、记游等，各类书体皆备。洞壁上密密麻麻地布满了历朝历代游客的题记，外界誉为"雁山碑窟"，具有重大的历史文化与学术研究价值，1989年被列为省级文物保护单位，"雁荡山龙鼻洞摩崖题记"于2019年被国务院公布为第八批全国重点文物保护单位。

古人为何会把龙鼻洞作为雁荡山摩崖石刻的首选之地呢？这和龙鼻洞所在地质地貌的岩石层构造有关系。构洞岩石主要为黄褐色的流纹岩，但洞顶部有一条青色的闪长岩脉，俗称"青石"，并延到洞底，岩石中含的角闪石为青绿色，故岩石呈青色，在洞右壁上也有这种青石。这种青石的岩石结构均匀细腻，主要由长石与角闪石等矿物组成。由于结构均匀，崩落时呈相嵌状的鳞片，人们将这一条青色岩脉称为"青龙"。洞顶青石为龙鼻，小的裂缝有水下滴称"龙鼻水"。徐霞客对龙鼻洞记载为"穴内石色具黄紫，独罅口石纹一缕，青绀润泽，颇有鳞爪之状；自洞顶贯入洞底，垂下一端如鼻，鼻端孔可容指，水自内滴下注石盆。此嶂左第一奇也"。这段描述非常形象贴切，黄紫色岩石为流纹岩，石纹一缕、青绀润泽即指明了闪长玢岩为一条岩脉，其颜色为青色，性质润泽。洞右壁青石成了石刻的好材料。在雁荡山找到这类适于石刻的石材是不易的，这正是古人在龙鼻洞右壁刻94处摩崖的原因。唐代的武康县尉包举是龙鼻洞刻石第一人；宋代科学家沈括的题记在雁荡山共有三处，分别位于灵峰景区雪洞、净名谷净名寺、灵岩景区龙鼻洞，而龙鼻洞最为人所知的

"沈括"题记于2023年7月中旬入选国家文物局公布的《第一批古道名碑名刻文物名录》，温州一同入选的还有温州博物馆馆藏国家一级文物东晋咸康四年朱曼妻薛氏买地券篆书砖刻，第一批名录包括碑刻、摩崖石刻等重要文物，刻成年代从战国至清，文字种类包含汉文、藏文、蒙文、满文、维吾尔文等20种。"沈括"题名高15厘米、宽9厘米，字高6厘米、宽7厘米，正书，直写。书刻工整，保存完好。沈括（1030—1094），字存中，钱塘（今杭州）人。24岁以父荫任沭阳县主簿，33岁登嘉祐八年进士第。历任县令、司理参军、知州、翰林学士、司天监、光禄寺少卿等职。他一生为国家、社会贡献极大。积极参加王安石的变法运动；曾出使辽国，挫败辽国争地的诡谋；知延州（今延安）时，加强对西夏的防御，屡立战功；曾为国家整顿盐政，兴修水利，发展生产。他博学多才，在天文、数学、历法、地理、物理、化学、生物、地质、音乐、医药等方面都卓有成就。生平著述甚丰，有《梦溪笔谈》二十六卷、《补笔谈》三卷、《续笔谈》一卷，共三十卷，还有《长兴集》。英国剑桥大学教授李约瑟称《梦溪笔谈》为"中国科学史上的坐标"。沈括不仅是北宋时期杰出的政治家，也是我国科学史上的卓越人物。宋熙宁六年（1073）六月，沈括奉命相度两浙路农田水利、差役等事兼察访。同年十二月游历处州高阳洞和石门洞，留下了题记。宋熙宁七年（1074）四月察访温台地区，并对雁荡山进行了考察。在《梦溪笔谈·雁荡山》这篇短文中，说雁荡诸峰的成因"当是谷中大水冲激，沙土尽去，惟岩石岿然挺立耳"。这是世界地质学史上第一个提出了流水侵蚀流纹岩山脉露出地表的理论，比英国人郝登在《地球理论》中阐述流水侵蚀作用早了700多年。沈括在龙鼻洞题名的时间，无疑是他考察雁荡之际。

龙鼻洞摩崖题记中其他有落款的，北宋有21处、元有2处、明有28处、清有6处、民国有5处，还有几处年代不详。这些书体包括楷、草、隶、篆、行，内容包含题名、题字、记游、诗刻。这些信息增加了龙鼻洞的文化内涵。

现在我为各位游客重点介绍一下龙鼻洞几处重要的摩崖石刻题记。首先我们来看一下龙鼻洞左侧崖壁上唐代包举的摩崖题记"包举来，壬寅七月朔"，摩崖高36厘米、宽7厘米，字高5厘米、宽4厘米，正书，直写。书刻工整，笔画清楚，保存完好。题书者包举，经查考清戴咸弼《东瓯金石志》引《湖州府志·金石略》，武康县碧玉潭，有唐贞元刺史于頔等题名："湖州刺史京兆于頔、监察御史河东薛公允、前右卫胄曹吴兴沈必复、处士宏农杨系、富春孙革、天水赵匡时、河南于崟、（武康）县令张瑀、尉包举，贞元十年二月五日题。"包举在唐贞元十年（794）任浙江武康（今德清）县尉。题名落款时间为"壬寅七月朔"，可推算该题记时间为唐长庆二年（822）。

现在大家看到的"田瑜来，庆历丙戌三月一日"是一处宋代摩崖题记，此摩崖在龙鼻洞左壁"沈括"题名之上，高40厘米、宽22厘米，字高12厘米、宽13厘米，二行，正书，直写。笔画清楚，保存完整。题书者田瑜，字资忠，河南寿安（古城在今宜阳县）人。举进士，累迁谏议大夫，权三司户部副使。转广南东路体量安抚使，还除龙图阁直学士，知青州，后徙澶州。田瑜当于宋庆历六年（1046）三月在两浙转运按察使任内来游雁荡，留下此题名。

现在请大家看龙鼻洞左壁"沈括"题名后边"郑祥再来"的题记，其高28厘米、宽9厘米，字高6厘米、宽5.5厘米，正书，直写。笔画清晰，保存完好。题记者郑祥，金华人，官至中散大夫。据万历《温州府志》和光绪《乐清县志》记载，他在宋皇祐四年（1052）任乐清知县。他是郑刚中的从祖父。郑刚中《北山集·跋中散公题》："元祐中，某为儿，闻伯祖中散，尝宰乐清。至大观中，叔父承议宰平阳。绍兴五年，某为州幕吏。盖三世仕于温矣。"又说："六年秋，过雁荡，龙鼻石间中散书十三字，刻于岩壁，盖百年犹新也。"可知郑祥之前曾游雁荡，故本题名有"再来"二字。

"丙寅十一月子思"摩崖题记位于龙鼻洞左壁，高23厘米、宽16厘米，楷书，直写，丙寅即1086年。题记者子思，名王当，四川眉州眉山人，与苏轼同乡。幼好学，博览古今，所取唯王佐大略。举进士不中，遂著《春秋列国名臣传》，人竞传之。哲宗元祐六年（1091），苏辙以贤良方正荐，廷对慷慨，不避权贵，调龙游县尉。蔡京入相，不复仕，卒年七十二。子思当与苏轼、周邠熟识，来游可能应时任乐清知县的苏轼好友周邠邀请。

这处"僧法成"题记高19厘米、宽8厘米，字高7厘米、宽6厘米，正书，直写。笔画清楚，保存完整。题名者僧法成，宋神宗熙宁年间僧人，北宋乐清知县葛逢在石佛洞的题名碑载："邑令葛逢率僧法成、义超同瞻石佛。熙宁乙卯仲夏晦日刻。"

"李复圭来"摩崖题记在"包举来"题名之左，高23厘米、宽6厘米，字高6厘米、宽5厘米，正书，直写。字迹清楚，保存完整。李复圭，字审言，徐州丰（今江苏徐州）人。宋仁宗庆历（1041—1048）初与兄寿朋同试学士院，赐进士出身。在任两浙转运使时所题。熙宁（1068—1077）初进直龙图阁，知庆州、曹州、蔡州、沧州，还为盐铁副使，以集贤殿修撰知荆南。李复圭在雁荡山大龙湫、雪洞、东石梁洞亦留有摩崖题记。嘉祐七年（1062）浙漕李复圭，爱雁荡山水秀异，奏立净名院，八年赐额。在东石梁洞题刻"壬寅秋□□行部过游庵□□李复圭"。

左壁"田瑜来"题名之上有宋"黄颂"题名，高17厘米、宽15厘米，正书，直写。字迹清楚，保存完整。题名者黄颂，是宋仁宗庆历二年（1042）进士。

现在大家看到的这处是南宋薛直言、孙仲鳌等题名碑："滕牧鲍仔、马直之、王平、林元成、薛直言、刘孝忠、孙仲鳌，绍兴辛亥四月九日游。"碑高76厘米、宽57厘米，字高9~14厘米、宽9~10厘米。正文连款五行，行六字，自右而左，正书，直写。字迹清楚，保存完整。薛直言，永嘉人，宋绍兴八年（1138）进士，曾任府学教授。孙仲鳌，字道山，永嘉人，绍兴五年（1135）汪应辰榜同进士出身，能诗，曾出使金国。

现在大家看这处字迹漫漶不清、多处已经无法辨认的宋《吕慧端塔碑铭》："□□志参学小师赐紫贯之述［□□□无锡县梅李人也，俗姓吕，名慧端，字若讷，赐号：宣密。□□□□岁投杭州龙华寺乘禅师出家，登年具戒，早历禅从，遍□善友，投针契悟即本师焉。天圣初，知府密学李及请住临安县万寿院；九年，职方鲍当请住明州梅山保福院；宝元二年，谏议郎简请住越州承天寺；庆历六年，都官□梁奏请住此灵岩寺。四坐道场，升堂语要，现行□□□□］八，僧腊五十四。嘉祐七年岁次壬寅八月，□□□□□□□日建师自述铭三十二字，曰：秀峰犀峙，两槛□□，□□□□，建橰□□，只履可携，双趺谁踵？伏□□□，□□□□。"灵岩谷口原有东岗、锄云、回峰三庵，因年代久远，三庵俱废。1983年4月于伏龙涧东侧双珠谷普同塔旁东岗遗址出土此碑。碑高81厘米、宽44厘米、厚9厘米，正书，直写，自右而左十行，行二十三字。碑的上、下方部分字迹剥落，余尚清楚。碑文记述一僧人来灵岩住持经过，所记年号，均为北宋时代。对研究雁荡历史，是颇有价值的实物资料。

"郭津子矩度刘泳嘉定丁丑秋冬俟樗来"的摩崖题记字迹有些已经漫漶不

清。据清戴咸弼《东瓯金石志》孙诒让案："郭津，字希吕，东阳人，朱子晦庵大全集有《答郭希吕书》，其仕履无考。叶适《水心集·登北务后江亭赠郭希吕》诗云：郭翁虽老犹貌泽，腹贮今古心和平。只应独将笏拄颊，日追税钱三万亿。疑希吕尝为温州税监。"叶适又有《郭希吕刘咏道雁荡诗后》诗："隐刘甘隐沦，老郭亦离群。自锁鱼亭月，同穿雁荡云。排峰造龙质，悬水进帘纹。百种聚奇怪，从君句里分。"据明郭铁《石洞贻芳集》、光绪《乐清县志·金石》载，郭樗，希吕之从子。嘉定十年（1217），郭樗在雁荡山龙鼻洞留题"嘉定丁丑孟冬子樗端拜敬观。"

现在看这处摩崖题记，"庚戌三月廿日，奕修解郡印，胡元熊来游，月卿执研。"高45厘米、宽33厘米，字高5~7厘米、宽6~8厘米，自右而左，四行，正书，直写，第一行第一字石泐（lè）。据《乐清县志》载，奕修疑是谢奕修，南宋理宗淳祐间任温州知州。庚戌为淳祐十年（1250），孙诒让引《密斋笔记》，谢奕修应为大理寺正卿谢采伯之子。《重修浙江通志稿·谢深甫传》："（奕修）以中奉大夫、太府卿，除秘阁修撰。理宗淳祐时知温州兼节制镇海水军；宝祐五年知绍兴府，六年除右文殿修撰……终宝谟阁直学士。"奕修擅书，精鉴别，所居养浩斋收藏历代书画，甲于一时。

"叶宗大来。乙亥春"位于龙鼻洞左壁，高23厘米、宽13厘米，楷书，直写。叶宗大，浙江永嘉人，宋熙宁、元丰年间太学上舍释褐。绍圣二年（1095）春来游雁荡山。

刚才我们观赏的都是宋代及以前的摩崖题记，现在来看几处明代的摩崖题记。首先请看温州籍人士的几处题记。

"荣禄大夫、少保、户部尚书，兼武英殿大学士，永嘉黄淮，宣德癸丑冬游。"高34厘米、宽35厘米，正文连款五行，自右而左，正书，直写。字迹清晰，保存完好。题名者黄淮（1367—1449），字宗豫，号介庵。浙江永嘉人。明洪武三十年（1397）进士。除中书舍人，历仕四朝。对答合成祖意，命入直文渊阁，累进右春坊大学士，辅皇太子监国。为汉王高煦所谮，坐系诏狱10年。1425年朱高炽即位后，复官，授武英殿大学士，累加少保。谥文简。著有《省愆集》《黄介集》。黄淮在明宣德二年（1427），因疾乞休居家，至英宗朝复官，此题名于宣德八年（1433），时黄淮正居家期间。黄淮来游雁荡山时还写有《大龙湫》《雁荡山》等诗。他于诗中写道："端居困沉郁，薄游畅幽怀。雁荡夙所慕，素志今始谐……主席二老禅，法相真狮猊。款留动浃旬，展席倾尊垒……题诗纪岁月，重游能几回？"时黄淮已届67岁，游览经旬，感慨暮年已至，人生光阴难留。黄淮曾为明刻本《王十朋全集》撰写序言。

再来看明朱谏题记"嘉靖八年十一月廿六日点白丁瓒同荡南朱谏题"，此题记高74厘米、宽27厘米，二行，每行十字，自右而左，楷书，直写，字迹清晰。丁瓒，字点白，江苏镇江人。正德十二年（1517）进士，任温州知府，有《素问钞补正》。朱谏（1462—1541），字君佐，号荡南，浙江乐清人。弘治九年（1496）进士，历歙、丰城二县令，升吉安郡守。晚年盘桓雁山，多所题咏，嘉靖十八年（1539）纂《雁山志》四卷。

在龙鼻洞众多的摩崖题记中，大家是否觉得明"朱裳到此"题记比较显眼？该题记位于龙鼻洞右壁，高80厘米、宽25厘米，楷书，直写。题记者朱裳（1482—1539），字公垂，河南沙河人。正德九年（1514）进士，擢御史，巡盐河东，禁钱宁牟盐利。嘉靖二年（1523）举治卓异，迁浙江副使。官至浙江左布政使。为官清廉，自号"安贫子"。居无宾堂，土壁席门，自奉常茹素。为御史按山东时，鲁人称曰"长斋公"。隆庆中卒，谥端简。

这处摩崖题记是"王履，汤世藩、世资同来"。题名者王履（1332—1391），医学家、画家。字安道，号畸叟，又号抱独老人，江苏苏州人。学医于金华朱彦修，尽得其术。有《溯洄集》二十一篇、《百病钩玄》二十卷等。有《华山图册》传世。而散见于文献记载的作品有《苍崖古树图》《天香深处》等，已佚。

明朝"空明"题记位于龙鼻洞右壁，高22厘米、宽12厘米，楷书，直写"空明"两字。空明，原名黄宗博，浙江黄岩人，黄绾（1477—1551）胞弟，筑别业于雁荡山外谷紫霄峰下，名曰"空明小隐"，遂以"空明"自号。龙鼻洞左侧有摩崖题刻，楷书，直写："明嘉靖乙丑，孝丰进士高冕同归安唐世英、太平林文相、黄岩黄承文、黄承德，余姚王正亿游。"黄承文、黄承德都是黄绾之子，王正亿为王阳明嫡子、黄绾养子与女婿。

黄绾，字宗贤，号久庵居士，又号石龙，台州府黄岩县洞黄（今属温岭市）人。母亲鲍允俭是乐清旸川里鲍恩次女。黄绾二岁至八岁一直在乐清旸川的外婆家度过。明成化十九年（1483）至成化二十二年（1486），黄绾师从外公鲍恩，天资聪颖，过目成诵，并始学书画。后师从著名学者陈石峰、雁山七贤之一的谢铎。黄绾是王阳明心学的准衣钵传人,是王阳明嫡子王正亿的养父与岳父,也是率先全面质疑与批判王学之人,在明嘉靖时期"大礼仪"之争中,旗帜鲜明、立场坚定地声援内阁首辅张璁。黄绾属于在职场上富有主见又左右逢源的官员。

明正德五年(1510)十一月,经友人引荐,黄绾结识思想家王阳明、湛若水,称王氏门人,订终生共学之盟,以证圣人之道,承祖荫授后军都督府都事。正德六年(1511),黄绾与闽南大才子、户部主事郑善夫结为知友。正德七年(1512),因病归家,于紫霄山樊川书院旧址办石龙书院,隐居山中十余年,潜心励志圣贤之学。正德十五年(1520)秋,黄绾、应良、郑善夫、应典遂同游天台、雁荡山。此次雁荡山之行,黄绾以雁荡胜景为题,赋七言绝句诗《灵峰洞》《灵岩》《龙湫》等,雁荡游毕,出山之时,黄绾作有七言律诗《雁山呈诸同游》:"五年不到雁山烟,此日登临飞鸟边。洞府何年藏石髓,天池一夜长青莲。诛茅准拟开三径,挂杖宁辞挂百钱。去去未缘山水癖,与君同种紫芝田。"郑善夫写有《秋夜偕应天彝黄宗贤宿灵岩天柱峰大雷雨作》《长至宿雁山》等诗。

明嘉靖元年(1522)秋,黄绾启程至越中,寻访数年未见的道友王阳明。阳明先生授以"致良知"之教,黄绾听后,大为叹服,遂执贽称王门弟子。嘉靖十八年(1539),黄绾任南京礼部尚书兼翰林院学士。安南(今越南)内乱,帝命黄绾为正使安抚,黄恐此行不测,称病不赴,同时因奏请为父母谥赠,受帝怒责,降为礼部侍郎。次年春,王献芝巡按温州来游雁荡山,《黄绾年谱》中提到,此行由黄绾、朱谏作陪。嘉靖二十年(1541),因年老,致仕归隐,在石龙书院研究王阳明心学。

黄绾晚年对王阳明心学提出质疑,说:"予始未之信,既而信之,久而验之,方知空虚之弊,误人非细。"批判王学"良知说"和"程朱理学",反对士大夫空谈理性耻于言行,主张经世、反对弃世,成为中国思想史上较早批判王学的人物。嘉靖二十一年(1542)九月,王阳明弟子王畿携沈静夫、杨汝鸣至黄岩拜访黄绾,探望王阳明嫡子王正亿。黄绾在黄岩石龙书院予以接待,几人就为学宗旨展开辩论,先是在石龙书院"论绝学未明之旨",继而在雁荡山能仁寺"深辩释老精微不同之旨"。黄绾又与王畿、沈静夫、曾才汉、叶良佩、冯子通、杨汝鸣、王正亿,其子承式、承忠同游雁荡山,并撰《游雁荡山记》。嘉靖二十五年（1546）夏，黄绾与王正亿、叶良佩、陈九川、汪青湖一行，偕游雁荡、天台等名山大川。嘉靖三十二年（1553），黄绾家居之时，作七言绝句《和萧两湖宪副游雁荡道中韵》（二首）、《雁荡书院赠朱时言》《雨后枕流亭观瀑》（二首）。

现在请各位游客看龙鼻洞左壁明王俊、项澄诗刻，高50厘米、宽51厘米，楷书，直写："成化己亥二月初七日，同观龙鼻泉诗。龙盘虚岩鼻，泉□□不竭。靖探□化原，杳然莫可测。部主事三山王俊。清泉一□通，葛波初化□。苍生望汝为霖雨，未许岩卧龙。□州府知府同郡项澄。"题刻者王俊，福建闽清县人。成化二年（1466）进士，官礼部主事。项澄，福建福清人。天顺四年（1460）进士，任温州府知府，于成化十五年（1479）在龙鼻洞题刻。

龙鼻洞以前曾建有观泉亭，并有明嘉靖三十六年（1557）礼部祠祭司主事陈锡撰写的《观泉亭记》碑，现已不存。由于龙鼻洞摩崖题记中还有不少尚未识别或者字迹漫漶不清的，因此要一一介绍也不现实，下面我择要介绍几处。

第一处是明代张佳胤诗碑，位于龙鼻洞二坛，碑高52厘米、宽98厘米，楷书，直写："老僧岩：面壁空山不计春，□将无语答时人。须弥四九黄金相，化作头陀百丈身。石梁洞：虹影高悬紫石梁，洞门天放海霞光。匡床欲借和云卧，又报仙源道路长。五老峰：五老比肩立洞门，五星上应天三垣。北辰旦夕趋朝□，□尔同行近至尊。灵峰洞：铁壁千仞劈巨灵，天门中断列仙庭。逍遥自隔人间世，朝暮云封不用扃。万历十一年癸未五月初十，铜梁张佳胤书。"题诗者张佳胤（1527—1588），字肖甫，号居来山人。重庆铜梁人。嘉靖二十九年（1550）进士。万历年间为浙江巡抚，官至太子太保。佳胤尝与王世贞诸人唱酬，为嘉靖七子之一，著有《居来山房集》。

第二处为明杨宗业诗碑，位于龙鼻洞三坛，碑高141厘米、宽78厘米，草书，直写："游过千溪百叠山，洞开龙鼻水潺潺。非是山灵留一孔，九秋久旱作甘泉。大将军虞都杨宗业观兵海上，历四区，登瓯之雁荡，留题龙鼻，时戊申岁也。东海回道士书。"杨宗业生平我们在游览灵峰景区观音洞诗刻中已作介绍，在此恕不赘述。

第三处为清苏昌题词碑，位于龙鼻洞一坛，碑高133厘米、宽81厘米，隶书，直写："神斧划削露鳞甲，洪涛冲激遗筋骸。乾隆丁亥，闽浙使者兴安苏昌题。"题刻者苏昌，伊尔根觉罗氏，满洲正蓝旗人。康熙末年考取内阁中书。乾隆年间曾任闽浙总督。精于吏治，关心民瘼。此碑刻于乾隆三十二年（1767），为苏昌任闽浙总督时留题。"文革"期间被毁，新碑为1987年复制。

第四处为清唐景崇记游碑，位于龙鼻洞二坛，即张佳胤诗碑之背面，碑高70厘米、宽50厘米，楷书，直写："东瓯三雁，曰北雁，曰南雁，曰中雁。北雁尤称名胜，属乐清境。余试温郡，道经斯邑，是山盘曲数百里，诸峰包谷中，险怪万态。沈括云：天下奇秀，无逾此山。岂不信欤！余非游客，颇负山灵，所谓龙湫瀑布，得之想象而已。爱偕幕客孙霁如、周蓉轩、黄赋庚、谢晓舲、兰韵轩、谢砥平，巡捕吴幼甫，儿子毅，乘兴游罗汉洞，联步登三百余级，腰脚尚健。下山复乘舆行五里许，小憩净名寺，相顾笑乐，仿佛游山之侣。乐清令赵乐耕就寺中备餐，意良殷也。光绪戊戌十月二十八日，督学使者灌阳唐景崇记。"唐景崇（？—1914），字春卿。广西灌阳人。同治十年（1871）进士，授编修，至内阁学士。光绪二十年（1894），典礼广东。明年主会试。历兵部、礼部侍郎，权左都御史，出督浙江学政，丁母忧归。光绪二十九年（1903），以工部侍郎典试浙江，督江苏学政。迨废科举，还京供职，充经筵讲官，学部尚书，学务大臣，兼弼德院顾问大臣。民国建立，袁世凯仍命掌学务，引疾去。谥文简。著有《新唐书疏解》等。

再来看一下近代的几处摩崖题记，第一处是傅增湘等记游碑，嵌在龙鼻洞右壁，高92厘米、宽52厘米，篆书，直写："丙辰九月二十五日，蒋君冶招游雁荡，宿灵岩寺。翌日，观小龙湫，探天窗洞，登屏霞嶂，挹龙鼻水，摩崖题名。曼殊白廷夔记。同游者海盐张元济、武进蒋维乔、江安傅增湘。"又增补了两行字："乙亥夏，偕贵阳邢端崃、邢震南自黄山归，迂道来游。增湘记。"傅增湘（1872—1950），字淑和，号源叔，别号藏园居士。四川江安人。光绪二十四年（1898）进士。民国初，曾任教育总长。曾三游雁荡。篆书直写的日子"丙辰"是1916年，楷书附记所写的"乙亥"是1935年，一碑写上两次记游，颇为少见。

第二处为张叔梅诗碑，位于龙鼻洞二坛，高76厘米、宽180厘米，楷书，直写："随曾公养甫入雁山，设计开发，命以朴质整洁为主，感赋。从游之处各记小诗。雁山一笑五云开，从此峰峦有玉裁。润色不妨真面目，增华只袭旧胚胎。奇空今古知音尠（xiǎn，鲜的异体字），美尽东南智纲恢。我岂玉皇香案吏，又随神鹤到蓬莱。""润色不妨真面目，增华只袭旧胚胎。"这一联有真见识，是对景区开发的高见。"灵岩寺：是日昏时到寺，曾公仍纵步探揽天窗洞、龙鼻水、小龙湫诸胜，始返憩止。林昏壑暝扣禅关，已入禅关又仰攀。毕竟明堂该众妙，萦纡百折夜看山。""观音洞：岩上有洗心泉。仙风灵气扑尘襟，洞古楼危一径阴。不待饮泉心已洗，独醒还要梦中寻。""不待饮泉心已洗，独醒还要梦中寻。"这一联写得好！别出心裁。"大龙湫：旧有忘归亭，今圮。云卷天空玉屑霏，寒生潭上玩忘归。源清不肯从流下，故故因风作态飞。""西石梁瀑：看山人只艳龙湫，妙境还须自我求。激越奔腾喧日夜，雄奇各自有千秋。民国二十三年甲戌初夏。乐清县长张叔梅题。"所写楷书清峻灵秀，布局得体。张叔梅生平简介，我们在游览三折瀑时，在诗碑中已作介绍，此处就不再重复。

第三处是童姻之诗刻，位于龙鼻洞左壁姚骏题刻之左，高40厘米、宽57厘米，楷书，直写："晓过天柱入丛林，仿佛双鸾下翠岑。千古展旗摇日脚，万年卓笔写天心。献花玉女乘云表，听法苍龙出洞阴。净扫石屏留翰墨，□□吟览亦由人。□山童姻之。"童姻之生活朝代及生平不详。

各位游客，摩崖石刻是刻录在石头上的雁荡山历史记忆，也是雁荡山作为文化达人胜地的重要文化遗存与历史见证。由于时间关系，龙鼻洞摩崖题记就为大家介绍到这儿，如有兴趣，下次可以专程前来参观研读。

【莲花洞】参观完龙鼻洞，我们现在从卧龙谷栈道稍微往前走几步，这里有一条古道直上莲花洞。莲花洞地处屏霞嶂顶，是历史上灵岩景区通往净名谷景区古道线上的一处寺院，悬崖壁立，古道内侧崖壁间有一条腰带状的流纹岩景观令人称奇。门口有民国时期的两处摩崖题刻。莲花洞前面坡地是一片雁荡毛峰茶园。莲花洞因洞内有石，状如莲花而得名。洞高3米、深1.5米，洞虽小，却十分宁静，若月夜邀三五知己在此品茗聊天，真是人间仙境。康有为有诗道："雁山十八洞，莲花第一洞。"1924年2月康有为来游雁荡山，在其《冒雨登莲花洞》诗中写道："中天长啸闻鹭音，半岭吹箫听凤鸣。此是飞仙升绝顶，莲花洞口看云生。"

【觉性庵】顺着古道往南走，有一座历史悠久的寺院——觉性禅寺，环境优美，风光旖旎，入口处有两块巨石壁立，俨然是天然的山门。顺着古道稍往外走，古道内侧崖壁上镌刻着1934年上海慈善家姬佛陀题刻的"觉性禅院，甲戌姬佛陀"。觉性庵古道外侧有一座造型古朴的块石垒砌的石门，上首题额

"觉性庵"三个字。

各位游客，现在我们面前有两条路，左侧的一座石头砌筑的小屋外侧小径经一片茶园通往净名谷，右边的条石砌筑的古道则通往天窗洞、屏霞轩、灵岩寺。我们现在走右侧的古道去领略一下素有雁荡山"嶂左第一奇"之称的天窗洞。

【霞客亭】霞客亭立在展旗峰上，为纪念三游两记雁荡山的明代旅行家徐霞客而建。亭联由中国美术学院国画系教授周沧米撰书："跨雄峰一揽众壑，援翠壁三探天窗"，亭与联相映生辉。

【天窗洞】天窗洞也叫天聪洞，位于大、小展旗峰之间，洞口朝西南方向，面对天柱峰。天窗洞壁险路陡，后人为了观天窗洞奇景，于清道光二十二年（1842）开筑天窗洞岭。岭侧巨石上有1933年乐清县县长徐庆嵩的"天然图画"四字题刻。据古书记载："洞外有二孔如目，又一孔如口，故曰天聪。"天窗洞洞内有洞，风格奇特，但是路陡，不易攀登。明代旅行家徐霞客在游记中关于登天窗洞的章节描写十分精彩："展旗侧褶中……下临无地，上嵌崆峒，外有二圆穴，侧有一长穴，光自穴中射入，别有一境，是为天窗洞，则峰左第一奇也……不及，则斫木横嵌夹石间，践木以升；复不及，则以绳引梯，悬石隙之树。梯穷济以木，木穷济以梯，梯木俱穷，则引绳揉树，遂入圆洞中。"现在我们看天窗洞左侧崖壁上有"唐公遊"摩崖题记，题刻高100厘米、宽35厘米，正书，直写。崖面石质较差，但字迹可辨，书法遒劲。题刻者唐公为张瓌（1004—1073），滁州南谯人，宋天圣二年（1024）举进士，除秘书阁校理，同知太常礼院。判吏部南曹，为开封府推官，知洪州。积劳当升迁，但执事者对他十年不加考核。文彦博为之言，特迁之。宋庆历八年（1048）正月徙两浙转运使。加直史馆，知颍州、扬州、拜淮南转运使。当时三司搜刮钱财，瓌以财赋从民所出，而民贫，仅上金九钱。三司使怒，移文责瓌。后入内廷，任起居注（官名，记载皇帝日常生活、活动的秘书记录官），知制诰。张瓌草故相刘沆赠官制文，言刘沆附会取显位。沆之子诣阙下，诉张瓌挟私怨，丑诋其父。因而张瓌出知黄州。英宗时任左谏议大夫、翰林侍读学士。复出知濠州、应天府、河南、河阳等地。张瓌平生善荐贤，遇事敢言，触忤权势，屡经黜贬，终而不悔。张瓌在大龙湫瀑布后绝壁间亦留有"张瓌唐公游"题记。张瓌游雁荡当在宋嘉祐年间两浙转运使任上，距今930多年。

现在大家看左侧崖壁根部有六人题名,这也就是刚才我们在灵岩景区入口"钟鼓齐鸣"摩崖题刻落款"上海陆文龙题"所说的6个人。古人总喜欢题记"某某到此一游",而在世易时移的沧海桑田间不知不觉成为后代人了解前朝历史的印记与符号,由于每个人的成长经历不同、文化层次不一,有雅有俗,所以现在基于原生态自然环境风貌保护与审美情趣,一般不再允许任意涂鸦或题刻,尤其是像雁荡山这样的世界地质公园、首批国家级风景名胜区。

【响岩门】从莲花洞按原路返回,驱车向灵峰方向,途经响岩门——它是由响岩与云霞嶂组成的天然石门,以"响岩"命名。曾任淮南中学老师的萧仲劼在响岩顶上建有两间平房,取名"响岩读书精舍",在上读书别有天地,上下就凭一条绳子拉住。走出响岩门便是三折瀑景区,这一带的景点很多,有响岩、美女绣罗、朝天鲤鱼、听诗叟等。清代诗人袁枚曾为"听诗叟"作诗一首:"底事听诗听不清,此翁耳壳欠分明。拟携谢朓惊人句,来向青天诵数声。""耳壳欠分明"是说"听诗叟"的听力不高明,诗人用幽默的文字来介绍"听诗叟",轻松明快。诗中的"谢朓"是南朝诗人,人称"小谢"("大谢"为谢灵运),他描写山水风景的诗清新脱俗,为李白所称道。

【飞泉寺】目前飞泉寺是一座暂时废弃的寺院,初建于宋天禧二年(1018),僧人从吉在燕尾瀑旁建起了雁山第十八古刹之一的飞泉寺。宋熙宁元年(1068),飞泉寺和另外十几个雁山寺庙一起受到宋神宗赐额。后因飞泉寺旧址圮废而被豁庵和尚迁到五六里外的天梯岭现址,迄今已有900多年历史。《雁荡山志》记载:"熙宁时,赐号为豁庵国师,移建飞泉寺于今址。其他事迹无可考。塔在飞泉寺右侧,碑尚可征。"而明代朱谏的《雁山志》说飞泉寺是元末才迁至戴辰峰之北绝顶上,清施元孚《雁荡山志》则将豁庵说成是元僧。从笔者实地勘察飞泉寺前面地上的青瓷残片来看,飞泉寺的历史至少可追溯到南宋晚期至元代初年。清乾隆五十五年(1790)刊刻的曾唯《广雁荡志》载高僧静悟:"乐清李氏子,字机先,依飞泉寺僧圆觉受戒……"实际上,高僧静悟即国师豁庵,成书于宋代的《佛祖统纪》第十八卷《诸师列传》对其生平有较详尽的记述:"法师净悟字机先,温之乐清李氏,幼知厌俗,往依雁山飞泉圆觉……师始于飞泉作兴栋宇,既而勉徇众请,出主天台净土。日勤讲说百废俱举。晚归飞泉故居,课佛为业……北涧居简为之铭曰,是为豁庵……"据《佛祖统纪》载,豁庵受业于休庵禅师,经其点化而"宗门疑难迎刃而解。吴越讲席，无不纵观。"后开坛讲法深了经义，曾自诲曰："折铛（断脚的锅）煮饭，偃息中林。借虚空口，对万象说，余亦何愧！"又说："执数行纸上语，聚百十雏道人，大厦广居，食前方丈，吾弗为也。"言辞掷地有声。及至晚年身体有疾也不刻意求医，说"求医问药挠吾化也。吾将默观其变"。明旦危坐而蜕。时宋开禧三年（1207）九月二十六日。豁庵和尚法体火化后，耳朵与牙齿竟然不坏，门人文虎立塔于飞泉寺西麓。当时人品甚高、造诣甚深的北涧居简禅师为之做铭曰："听说总持，两种不坏之藏。道德所重，虽隐而彰。吾知夫异代而同心者，堕泪于雁山之阳。"清韩则愈在《雁山杂记》中说："飞泉寺坐落最好，诸刹风水，无逾此者。今寺僧尚有二十余众，衣食丰足。"清方尚惠《登飞泉寺记》写道："至寺，则暮烟飞矣。寺外有田数亩，携锄者杂云带月，且耕且歌。余当其时，如入祝鸡村，如行牵牛渚。俄，钟声和梵音而出。檐外稀星可摘，山中明月可玩，修竹数竿，临风猗猗……"明洪武二十四年（1391），飞泉寺与瑞鹿、石梁等寺一同并于双峰寺。清顺治十四年（1657），僧藏白、梵表重建。清雍正年间，僧全觉重建。1931年，僧成圆重建，建筑面积787平方米，为土木结构。成圆和尚骨塔今存寺后。如今飞泉寺东西北三面小山围绕，寺旁有石斛种植基地，寺前平地有茶园，两侧两山对峙，小山坳的西北首地势逐渐隆起，如凤凰展翼，振翅欲飞，堪称风水宝地。登岭顶远眺，观音峰、五指峰、石城嶂、方洞、关刀洞等均一览无余，尽收眼底。据白溪老街的一位老人说，20世纪80年代还可以在白溪老街上见到一位老和尚带着一个小孩子买菜，老和尚便来自飞泉寺，小孩子是他收养的孤儿。后来老和尚去世，小孩子也不知所踪，飞泉寺从此便人去寺空，渐至倾颓，青苔满阶。而曾经且耕且歌的山民也陆续迁出，现今的飞泉寺，只余门口的古罗汉松仍兀自挺立，寂然无语。

灵峰日景

> **导游内容（仅列重要景点）：**
>
> 景区概况—朝阳嶂—朝阳洞背—谢公岭古道—天冠峰—果盒三景—风洞—吾同阁—东西瑶台—灵峰古洞—合掌峰—观音洞—金鸡峰—邓拓碑刻—杨宗业碑刻—石釜泉—双烛峰—观音洞—白云庵—雪洞·唐狂草大家怀素抄写《四十二章经》处—紫竹林旧址—古竹洞—长春洞—北斗洞—宗文亭—将军洞—真际寺—马家岭古道—南坑—接客僧岩—东石梁洞—石门潭

【景区概况】游客朋友们，大家好！我们将要游览的是雁荡山灵峰景区。景区东接蒲溪，南起白溪，西至乌岩尖，北达五峰山，面积46平方千米。灵峰景区是古代东入口经接客僧、谢公岭进入雁荡山的第一个景区，也是雁荡山最负盛名的景区，与灵岩、大龙湫合称为雁荡山八大景区之一的"二灵一龙"。元代文学家李孝光说"峭刻瑰丽，莫若灵峰；雄壮浑庞，莫若灵岩"。雁荡山有百二峰皆峭拔耸秀，有锐峰、柱峰，徐霞客考察雁荡山将这里的峰描述为"危峰乱叠，如削如攒……山愈高，脊愈狭，两边夹立，如行刀背……又石片棱棱怒起，每过一脊，即一峭峰。"灵峰景区以奇峰怪石、碧潭清涧、古洞寺观著称，名山藏古寺、古寺多故事，走进灵峰，您就会感受到奇、玄、奥、妙、幽、净。奇在老天爷给灵峰的鬼斧神工，玄在古代寺庙宫观藏于山水之间，奥在自然景观中蕴含了深奥的人文古迹，妙在自然和人工是如此和谐共生，幽在景观幽深、景内有景、景景相连，净在环境整洁、心灵纯净、纤尘不染。日游雁荡，回归自然；夜游灵峰，情景交融。来到灵峰，最好将心放下，带着"任世事变迁，自山水依然"的心态，您可能会更好地欣赏灵峰，读懂灵峰的美，读懂灵峰的韵。

【朝阳嶂】我们从响岭头旅游村前往灵峰，道路西面的朝阳嶂连绵400米，高120米。嶂又被称为叠嶂，雁荡山之叠嶂均为巨厚的流纹岩层，它由1亿多年前晚中生代白垩纪至晚侏罗纪多次火山喷发，岩浆溢流堆积而成，故称之为"叠"。从叠层次数可考察有多少次火山岩浆的溢流。其中，横纹、曲纹均为岩浆流动的标记，纵纹为垂直岩层的柱状节理（缝）。从火山学上讲，雁荡山之叠嶂，代表雁荡山火山早期大爆发之后，火山岩浆又一次比较平静的溢流。如此巨厚的流纹岩层，揭示了多次火山岩浆的溢流，所保留的内部结构是流纹岩质岩浆流动单元的典型代表。这种厚度在400米左右的流纹岩层，在中国东部火山岩带是首屈一指的，由它构成的富有个性的叠嶂，显然有别于其他名山的断崖。

朝阳嶂下有洞，洞形内凹，洞口向东，是雁荡山最早看见太阳的地方，所以命名为朝阳洞。嶂上有马鼻岩、玲珑岩、五碑岩、金交椅等景观。丰富的景观造型，得益于火山多次喷溢的结果，熔融的岩浆在地表冷却后形成的流纹岩，经断裂切割成岩嶂。岩浆在沿着地表通道喷出地层的过程中，前端会裹挟大量岩石通道中的破碎岩石以及空气，使得最开始喷出地表的岩浆，即底层流纹岩往往含有大量破碎岩石角砾以及因裹挟空气而形成的球泡。后期，流纹岩经历地表抬升、断裂切割以及风化，岩石角砾以及球泡因与周围流纹岩的性质差异，形成差异性风化，角砾更易剥落，球泡更易破碎，导致流纹岩底层更易形成洞穴，而这也是景区大部分流纹岩底层会出现洞穴的主要原因。

【朝阳洞背】朝阳洞背于2003年2月开始对外开放，景点内设有亭、廊、榭、阁、石桌、登山索等设施，从朝阳洞沿游步道而上，沿途有南天门、西天门、东天门等景观，向上还可看到石头垒砌的明代抗倭寨城遗址，寨墙上还可见一排枪垛。登上山顶视野开阔，可远望乐清湾、大荆镇等。这里是雁荡山高山游览的好去处，也是户外旅游的经典线路，深受户外爱好者喜爱。经朝阳洞背，可以俯瞰灵峰景区苦竹洞、雪洞（犀牛峰）、灵峰古洞全景。朝阳洞背面亦可见丰富的流纹岩球泡结构，且该处的球泡直径大小与大龙湫东园的球泡有显著差异，说明岩浆流动的过程中，岩浆活动时间较短以及岩浆自身受到压力不同，导致岩浆中气体释放速度和释放能力的不同。

【谢公岭古道】各位游客，现在右侧有一条古道，就是著名的谢公岭古道，

这是历史上雁荡山景区的东入口,是从杭州、天台来的游客进入雁荡山的必经之路,我们从徐霞客游记、黄宾虹雁山日记中均可以读到。谢公岭是雁荡山东外谷和东内谷的分界岭,是旧时温台两地往来的必经之路,也是穿越千年的古驿道。相传南北朝时期诗人谢灵运游雁荡山时,脚穿特制木屐翻越此岭,不小心落屐于此地。后人将此岭命名为谢公岭,并在岭上修建了一座落屐亭,以示纪念。谢公岭古道起于雁荡镇灵峰村,自西向东止于大荆镇岭脚村,全长近1000米,宽约2米。岭路由条石筑成,石块大小不一,路面平整。岭背海拔189米,坡度较为平缓,适合旧时肩舆和车马过岭。《乐清县志》记载,南宋初年,温台驿道北段改从雁荡山山中出入,自雁东经谢公岭、马鞍岭、能仁寺过四十九盘岭至芙蓉驿抵县城;南宋末年,驿路改道经白箬岭、筋竹岭至芙蓉驿;后又几经变动,明清期间多走谢公岭。

南宋状元、龙图阁学士王十朋,在宋绍兴二十六年(1156)冬去临安参加次年春殿试,途经雁荡山作《度谢公岭》诗:"十年九行役,屡经此山中。爱山不厌观,每愧行匆匆。大士瞻矩罗,骚人思谢公。一生看不足,语如白头翁。"明代藏书家、文学家谢铎(1435—1510)作《谢公岭》诗一首,盛赞谢公岭是"声名一代谢公岭,形胜千年雁荡山"。明朱谏借古道抒思念谢公之情在《梁州令·谢公岭》中写有:"着屐登山客,历尽云霞天壁,屐痕犹在白云中。峰回路转,千古无人识。春来秋去成尘迹,一代风流歇。斜阳影落溪外,长松几树连天碧。"明代著名旅行家徐霞客三次游览雁荡,两次登上谢公岭。在《游雁宕山日记》中记:"十二日饭后,从灵峰右趾觅碧霄洞。返旧路,抵谢公岭下。"一条古驿道,交叠着先人的足印,凝聚着名人的情怀,浓缩着厚重的文化积淀。

沿雁荡灵峰景区门口右侧的一条小道进入,便是古道起点,左侧立着"雁荡山世界地质公园界碑"。雁荡山地质遗迹堪称中生代晚期亚欧大陆边缘复活型破火山形成与演化模式的典型范例,记录了火山爆发、塌陷、复活隆起的完整地质演化过程,享有"古火山立体模型"的美誉。灵峰景区是雁荡山的著名景区,日景耐看,夜景销魂,意境深邃,令人惊叹。在古道入口还可以看到果盒桥、朝阳嶂、金鸡峰等众多景点。

古道两侧,植被茂盛,参天耸立的松柏,夹有簌簌的竹林和错杂的藤萝,给古道增添了肃静的气氛。最惹眼的是满坡上的枇杷树,黄澄澄的枇杷已经下

174

市，只留略显萧条的枝叶在树上。行走在古道，听风儿轻轻吹过，鸟儿欢快鸣叫，脚下涧水歌唱，路边小虫低吟。这些自然的乐音，更衬托了山里的宁静和古道的迷人。

　　大约走20分钟的山路，就到了岭头。此处有一座石块砌成的黑瓦小亭，类似路廊的建筑。圆洞门上有三个红色的行体字"谢公岭"，字的上方还雕有云头图案。这座小亭，就是记载的、传说中大名鼎鼎的"落屐亭"，亭子外墙石砌，梁柱木质构造，从廊内部看，后人已进行了整修。相传喜欢游山玩水的谢灵运，登山时喜欢穿一种木鞋，鞋底安有两个木齿，上山时去其前齿，下山时去其后齿，便于走山路。谢灵运曾穿着特制的登山木屐经过这里，也有说他在岭上落了登山屐，后人为纪念谢灵运建"落屐亭"而传为佳话。

　　谢公岭还流传着这样一个故事，东晋时期，雁荡山下住着一个叫朱投雁的大财主，肚里无几滴墨水，偏偏要装斯文。太守谢灵运游雁荡的消息传来，朱投雁蛮快活，便到城里买了酒菜，亲自到观音洞去请谢太守来做客，却被谢绝了。财主碰了一鼻子灰，肚子里酸溜溜的，但又不甘心。谢灵运脚着一双登山木屐，一处处游览。朱投雁跟在后面，寸步不离。谢太守看着雁荡山的奇峰怪石，飞瀑深潭，忍不住吟起诗来。财主赶紧从衣兜里摸出雪白的手巾，整理好笔墨，毕恭毕敬地送到太守面前说："请谢太守将吟咏的诗题在这里，给鄙人留个纪念！"谢灵运哈哈大笑："这手巾嘛，是揩鼻涕擦臭汗的，我的诗怎能和龌龊的东西粘在一起？"到了岭脚，谢灵运看到一块很像猪头的岩石，想一想，觉得特别有趣——"猪头岩"和"朱投雁"正好同音，这"猪头岩"的样子和稻桶一样的朱投雁也像得不得了。谢灵运借题吟道："阿谁秽品祭山神，大煞风景人皆憎。雁荡何时除此物，名山胜色添三分。"财主根本不懂诗的意思，却装作懂的样子讲："您的好诗，刻在这岩石上，更叫名山生色不少。"走到岭头，朱投雁还是蚂蟥叮住鹭鸶脚的模样，惹得谢太守心里更加讨厌了，就加快脚步，哪晓得"扑"的一声，右脚的木屐被石头绊了一下，木屐齿碰掉了。谢太守索性赤着一只脚，一脚高一脚低地向前走去。"谢大人，等一等，你的木屐掉了！"财主捧着木屐，上气不接下气地赶上来。谢灵运斜眼扫他一下，又脱落左脚的木屐，"啪"的一声，甩在财主前面的那块石头上，只管自己走了。这一下，朱投雁才有点觉着尴尬，脸色红一阵白一阵。后来，村里人在谢灵运落木屐的岭上建了这个石亭，叫作落屐亭，把谢灵运当年走过的那

条山岭叫作谢公岭。从谢公岭头沿山脊线往北,即可到达马家岭古道、真济寺、南阁北阁及乌岩尖、百岗尖山脊线。站在岭头,既可俯察灵峰,亦可坐看云起。从落屐亭往东走,便是下山的路,一路上林木繁茂,浓荫匝地。松树挺拔,藤萝错杂。大片修竹,枝叶扶疏,绿影婆娑。炎炎夏日,行走在这古道上,让人心清气闲。转过一个弯,放眼前方,视野更加开阔。此时抬头,便可见前方右首,正是雁荡著名的"形象代言人"之一的迎客僧端坐云头。迎客僧正好坐落在雁荡的东大门口,形如披袈头陀,峙立山口,作躬揖迎人状,不管阴晴雨雪,四季更迭,日夜迎接着四方来客。清代学者阮元《度谢公岭望老僧岩》诗:"谢公慧业早生天,屐齿曾经到岭前。峰山丈人犹此石,不知成佛更何年。"再看左首下方,一片绿树掩映着静默的屋舍,白墙黑瓦,煞是清秀,这就是古道的终点——大荆镇岭脚村。在岭脚有路廊一座,墙壁上爬满了青苔,里面堆满柴火和一些废弃的物品,供人小憩的石凳已经不见。在古代,路廊是供行人歇脚的地方。如今,岭脚路廊与岭头落屐亭被列入全国第三次不可移动文物普查登录点,残破不堪的建筑连同古道已经启动修缮。

谢公岭西侧属雁荡镇响岭头村,村民主要从事旅游服务业,除个别人经营餐饮店外,大部分人经营民宿、客栈。近两年,雁荡山风景旅游管理委员会加快补齐景区休闲住宿短板,延长游客驻留时间,将灵峰谢公岭打造成民宿群,通过立面改造,亮化绿化村居环境,引导村民将小旅馆改造为特色民宿,也吸引不少"文青"和外来投资者前来开办民宿,谢公岭脚下已经成为远近闻名的雁荡山民宿集聚区。

【天冠峰】与朝阳嶂相连的是连霄嶂,它与天冠峰相对而立。天冠峰与灵峰停车场隔鸣玉溪相望。天冠峰峰高120余米、宽150米,顶部方正犹如人工刻意削成,状如古代吏部天官所戴的帽子,峰下有洞如帽心,名"响板洞",洞口有石下垂如钟乳石,元代李孝光言其形"如户卷然",如同窗台上面即将放下的帘布。孙肇圻《天冠峰》诗:"万千岩壑各争雄,一到灵峰景不同。昔日冕旒已尘土,天冠端合贮山中。"成因上是由多个方向的地层断裂切割流纹岩层,断裂相交围成一片区域,断裂外侧的岩石剥落崩塌,留下断裂相围的区域形成天冠峰。此峰上部记录了1.21亿年前熔岩流动的痕迹——近水平的流纹构造,下部为含角砾球泡的流纹岩,易剥落成小型的洞穴,峰下的响板岩就是代表。天冠峰北端外缘中部缀有数石,如正在窜动的老鼠,俗名"五鼠归洞"。

【双笋峰】站在天冠峰前的石桥眺望，前方两座山峰恰似雨后春笋般破土而出，这就是"纤纤玉茁并头枝"的双笋峰。明朝朱大启《双笋峰》诗："绿雨春云动客思，纤纤玉茁并头枝。几回欲束荆榛煮，不得仙人共酒卮。"清凌夔诗云："瑶笋千年生一芽，何时两两茁丹霞。"现代画家余任天《双笋峰》诗："近看石如笋，远看笋成峰。风雨年年足，无心化箨龙。"这些诗都表达了作者对双笋峰的赞美与激赏。现代著名画家黄宾虹曾专门画过雁荡山双笋峰图。与双笋峰遥遥相对的是金鸡峰，也叫单峰骆驼。双笋峰在成因上也是多个方向的断裂合围并切割流纹岩层，形成独立的山峰，而又有一断裂正好经过山峰中部并切割，形成两个距离很近的独立山峰，两个山峰在流纹岩岩层分布特征上具有一致性，表示同根同源。雁荡山的景观不仅秀美，而且还具有人情味。看！前方有几只大象正亲热地依偎在一起，恭迎各位朋友，人称"象鼻岩"。在群象右侧峰顶，一位貌似古代的长者正端坐在上方，像极了《封神榜》中运筹帷幄的姜子牙，俗话说：姜太公钓鱼——愿者上钩。那么姜太公有无钓到鱼呢？请看下面岩石中间的是否像一尾香鱼？香鱼是"雁山五珍"之一，大家看到了吗？左侧最上方的两座小山峰，呈"V"字形，恰似两只鸡在相斗，人称"斗鸡峰"。究其原因，原来鸡蛋弄丢了，它们互相猜疑，而小偷就在眼皮底下——瞧，那只贼头贼脑的小老鼠正叼着一个鸡蛋得意地翘着尾巴呢！不由让人想起"鹬蚌相争，渔翁得利"。纵观诸景，真是一山一水有景致，一岩一石有情趣。周围还有瓜瓢洞、渡船岩和金鸡峰等景观。雁荡山人把这里的景点联系在一起，创作了一首民谣："金鸡叫，渡船摇；麦磨磨，瓜瓢舀；响板敲，老鼠逃。"

【连霄峰】连霄峰亦名连霄嶂，峰体青黛色，稍呈浑圆，上部凸出，中部收缩处呈浅绛色如环箍住峰腰，故又名玉环嶂，站在果盒桥上看峰顶，有斗鸡峰、二鼠偷蛋等景观。

【鸣玉溪】我们现在走的游步道是沿着鸣玉溪上行，溪石姿态各异，溪边危崖壁立。鸣玉溪是雁荡三条主要溪流之一，源于乌岩尖之南坑、北坑，在真际寺汇合后向东南流经灵峰折南，后折西流入白溪。溪名"鸣玉"确如是观，溪涧流淌发出清脆如落玉般的音调。沿平缓古道向西北行走，两旁夹着一些奇峰怪石，但脚下却始终伴随着鸣玉溪。

【果盒三景】果盒三景由果盒岩、果盒桥和凝碧潭三个景点组成,是雁荡山景观中排列组合最完美的一处。清代诗人方尚惠诗云:"果盒如混沌,风雷劈不开。可知天地秘,任与世人猜。"果盒桥和果盒岩由此得名。果盒岩位于果盒桥的北面,因形状酷似麦磨,又名麦磨石。桥下方就是凝碧潭,清澈见底,常年不枯。各位游客,雁荡山是著名的摄影摄像、电影电视外景拍摄基地。1934年,雁荡山当地人施绘真在净名寺开设雁影照相馆;1956年11月,上海电影制片厂来此拍摄电影《雁荡山》;1985年4月上旬,深圳广夏文化有限公司与天津电影制片厂联合来此拍摄电视剧《雁荡情》;2002年9月7日,国家邮政局发行《雁荡山》邮票,首发式在灵峰景区举行,雁荡山特种邮票一套四枚,票面为大龙湫、观音峰、北斗洞、显胜门四个景区照片,面值均为80分。果盒桥也是《琅琊榜》《神雕侠侣》等影视剧的外景拍摄地。随着《琅琊榜》《仙剑奇侠传5》《烈火如歌》等电视剧的热播,雁荡山在剧中完美再现琅琊山、蜀山和烈火山庄的景致,果盒三景成为众多影视剧组的拍摄首选。以《琅琊榜》为例,小说原著描述琅琊阁是天下最神秘的地方:"世上凡是听过琅琊阁之名的人,都知道它位于琅琊山顶,是一处美轮美奂的风雅庄园,园内亭台楼阁,秀女灵仆,园外一条宽阔的石板主路,蜿蜒而下,直通山脚的官道。"最终,在全国各地的景区中,《琅琊榜》剧组看中了雁荡山。其实雁荡山不仅是影视剧作品中的仙乡胜境,也是现实生活中的人间仙境,是可以远离世事、修身养性的好地方。

果盒桥是雁荡山中较古老的单孔石拱桥,南北向横跨于凝碧潭上。初建于清光绪十年(1884),复建于光绪二十八年(1902),重修于1982年,漫步其上,仰观奇峰,俯视碧水,令人心旷神怡。2019年,9号台风利奇马使果盒桥的基座受到重创,经抢修得以保全。这里还有个很有趣的故事,20世纪30年代初期,时任雁荡山建设委员会负责人的潘耀庭先生经常接待游客,其中不乏当代名人。人们对雁荡山缺水的感叹,他听得最多,感受最深。于是他便在灵峰景区果盒岩和船岩之间,修筑了一座混凝土拦水坝,本想着在它的上游将会出现一个人工湖,可是事与愿违,水都从溪床沙砾层下渗漏了,故当时有人嘲笑潘耀庭筑坝失败。后经过上游洪水的不断冲浚,水坝的下侧形成一个深潭,潭水碧绿,清可见底,给灵峰景区增添了新的景观。正是"有心种花花不活,无心插柳柳成荫"。拦水坝的上侧,被上游来的沙石淤平了。潘耀庭陪同朱铎民先生游览灵峰景区时，朱先生对这一潭碧水颇为欣赏，给它起名为"凝碧潭"，后来朱先生又请著名书法家于右任书"凝碧潭"三字，把它刻在果盒岩的石壁上，落款为"邑人朱镜宙题，三原于右任书"。这就是凝碧潭的由来。

果盒岩上面有1943年雁荡山名胜管理处主任刘平的摩崖题刻，楷书，直写："民国三十二年夏，募款重修，雁山名胜管理处主任刘平。"边上的摩崖题刻是落款"西厓"于1984年夏镌刻的"山峦秀，崖石怪，溪泉碧，飞瀑起，雁荡山景胜天下奇。"似乎这"峦"字应该是"峦"字的错刻或错写。近现代叫"西厓"的名家有两位，一位是日本美术史家大村西厓（1867—1927），另一位是浙江南浔的竹刻艺术名家金西厓（1890—1979），都与落款时间对不上。经多方查证，该摩崖题刻者为祖籍浙江绍兴的现代装帧艺术家、版画家章西厓（1917—1996）。由此可见，落款题名还是规规矩矩地写上姓与名较妥，否则时间一长，查找原作者就会费时费力，难免出现张冠李戴的尴尬。

右边岩石上"吾恋"两字摩崖系1984年5月辽宁省作协副主席迟松年题写。

亭在园林建筑中有引景与供人休憩之用，果盒亭也不例外。亭上对联为现代著名书法家马公愚撰书："造化钟灵秀，峰峦看画图。"我们坐在亭内，可仰视四周层峦叠嶂，奇峰环拱，美不胜收；俯观下方，清澈见底的凝碧潭和简雅古朴的果盒桥尽收眼底；平视可见对面岩壁上的诸多名家墨迹。如著名画家姚耕云所题"雁荡之胜甲于东南，犹以泉石冠天下"；明代进士、曾任浙江监察御史张素养题刻的"灵峰"两字，高280厘米、宽200厘米，上款为"天启二年，岁次壬戌，菊月吉旦。"下款为"巡按浙江监察御史张素养题，绍台分守道按察使康新民、兵巡道副使张师绎、温处兵备巡道参政贯光元、分守道副使华敦俊。"雁荡山东石梁洞口崖壁间也有张素养的题名，因严重风化剥蚀，仅"石梁"两个大字尚可辨认，下款与"灵峰"下款同。

果盒亭后面崖壁上有现代马家楠、李瑞良诗碑，高56厘米、宽176厘米，行草书，直写："灵峰拔地倚天高，揽异搜奇耳目劳。相得文章山水力，横收云气入挥毫。一九八二年夏，我《汉语大词典》同行八十余人来雁荡集会，承管理局热情接待，谨应嘱赋小诗一首留念，并志谢忱云。马家楠诗，李瑞良书。"看到雁荡山众多的摩崖题刻，不少游客经常会发问：这些字是作者他们自己镌刻上去的，还是别人把他们的字刻上去的？我们从马家楠、李瑞良的这

处诗碑题刻就可以知道,他们赋诗泼墨致谢,是其他人将之择地镌刻的,包括灵岩景区龙鼻洞沈括的题名。

这里峰、水、亭、桥的组合如此和谐,将园林的造景艺术融入山水之间,营造了人在山水间,山水绕亭前的江南山水园林的意境。

【塔头岭】现在我们来到了灵峰的中心地段——塔头岭。根据1912年美国地理杂志刊载的雁荡山灵峰景区全景图,过果盒桥入灵峰景区必经塔头岭古道,塔头岭是灵峰景区最佳的观景点之一,现在基本上都是旅游者在即将返程时观赏童子峰、婆婆峰与公公峰的位置。站在岭上,往外可以尽情饱览天冠峰、超云峰及果盒三景等景点,往内可以从容欣赏合掌峰、碧霄峰、北斗洞等景观。站到此处,可见奇峰罗列。正前方是合掌峰,峰间是雁荡山第一大洞——观音洞,内建有九重楼阁。从合掌峰下往左走是卷云谷。都说"天下名山僧占多",沿着山谷一路前行,可见白云庵、雪洞、紫竹林、古竹洞、长春洞等佛道二家清修之地。合掌峰下向右侧走可到北斗洞、碧霄洞、南坑。我们的右上方是一处元代的地质灾害点——灵峰古洞,上建有亭子,名为东瑶台,可观灵峰全景。

【临碧亭】临碧亭可以追溯到民国年间岭上的一座路廊式的亭子,人称"灵峰第一亭"。20世纪80年代因为景区开发、道路拓宽而被拆除。现在岭上外侧的临碧亭,是20世纪60年代旅居新加坡的华侨捐建,后经雁荡山风景旅游管理局重建,"临碧亭"三字由海上画派著名山水画家林曦明教授题写。这里也是游览灵峰景区的旅游者以合掌峰为背景摄影留念的最佳拍摄点与观景点之一。

【风洞】各位游客,现在大家看到的是一个风洞,站在洞口,夏天会感觉非常凉爽,而冬天则感觉异常暖和。为何风洞会冬暖夏凉呢?是洞口与千万年前所形成的山体中岩石间交互错叠的空间相通所致,风洞内的温度,一年四季变化不大,一般为11~15℃。当洞内与外界温差超过6℃时,就会出现冬暖夏凉的现象。主要是因为洞内岩层呈堆叠构造,有很多的空隙,其温度受地面气温变化的影响很小,得以保持相对恒温的环境。冬天,洞外气温降得很低,而洞内则保持恒温,气温变化不大,所以我们一走进洞口就觉得暖洋洋的;夏天,洞外骄阳似火,气温升得比较高,而这时洞内的温度还是保持惯常的恒温,不受外界气温影响,在洞口形成类似于空调原理的空气对流,所以一走到洞口就觉得凉丝丝的。其实井水、地下水、山洞和地窖都是这样的。古时候，还有小牧童在此地冬取暖、夏纳凉。明南阁诗人章玄应在诗序中说："路旁一石穴，草树常若动摇，以手探试之，觉风气翕翕，寒凉逼人，疑其下空洞与潭底通也。"《徐霞客游记》载："洞仅半规，风蓬蓬出，射数步外。"清代诗人袁枚有《风洞》诗："地立千寻石，天藏一洞风。吹时分冷暖，起处辨西东。"十分诙谐有趣。

【照胆潭】风洞外侧的鸣玉溪涧中有一深潭，名照胆潭，水色呈青黛色而深不见底，上游之水从潭上缘巨石裂隙中注入照胆潭，而潭上有一巨石如同人的舌头从左侧的山体深入潭中央，名腾波石，无意间将照胆潭分成内外两部分。当地人告知，照胆潭即便是大旱季节也不会干涸，其水底有洞连通石门潭。站在腾波石上临水观山，倍觉四围山峰峭拔耸秀，险峰怪洞绿树杂花，别有情趣。照胆潭也是历代诗人画家抒写描摹的对象。元代诗人陈刚有《照胆潭》诗："亭亭芝峰下，溪浅石面侧。泓渟寻丈间，溶漾苍玉色。游鱼悬古镜，度鸟堕空碧。山僧导我前，危坐魂为栗。纷纷渴水泥，岂识寒泉食。千载空山下，回首寸心侧。"

【吾同阁】吾同阁音同"梧桐阁"，取名灵感来自雁荡山桐花。"吾同阁"三字系著名画家何加林所书。每年5月，雁荡山的油桐花争相开放。油桐又被称为千年桐，油桐花开时，遍地雪白，微风吹过，更是纷纷扬扬，所以又被比喻成"五月雪"。油桐花的花语是"情窦初开"。据说，一对男女如果在油桐花雨中相遇，就会得到油桐花的祝福。油桐花与夫妻峰的巧妙组合，成了雁荡山"爱情圣地"最好的代言。吾同阁也因此得名，这里还是最好的雅集之所。

【东西瑶台】东西瑶台是雁荡山著名的影视剧外景拍摄地之一，这里曾拍摄过电视剧《神雕侠侣》《仙剑奇侠传5·云之凡》和电影《仙剑奇侠传》等。站在古洞顶上的东西瑶台，灵峰风光尽收眼底。只见众峰挺拔，相互争雄，远近怪石千姿百态，格外漂亮；山下的鸣玉溪如一条银带，神奇缥缈，令人神往；对面观音、北斗二洞，犹如两颗明珠，镶嵌在翠崖嶂中，让灵峰添秀。每当中秋，皓月当空，携一古琴或小提琴，坐在东、西瑶台，迎面瞩望相依相偎的情侣峰和昂头望月的犀牛峰，轻轻拨动琴弦，让悦耳悠扬的乐曲肆意飘扬在灵峰幽奥寂静的月色中，空谷鸣响，余音袅袅，宛若人间仙境。

在这清幽胜景，只觉语言如此乏力，任何美丽的词汇都不足以形容眼前风光,此情此景,不正是唐朝高僧唯一所题的"四海名山皆过目,就中此景难图录。岩前逢个白头翁,自道一生看不足"吗?

【灵峰古洞】"灵峰古洞"四字系香港大学中文系教授、学界泰斗、西泠印社第七任社长饶宗颐书题。古洞的形成缘于元代至正元年(1341)发生的一场地震,地震使岩石倒塌,形成了一个不规则倒石堆积洞,这与地质学考察结果是吻合的。由于断裂的破坏,巨大岩块在重力作用下崩塌,崩塌的岩块在一定坡度上,相互架空堆积,其中架空处即成为洞,所以,这种洞的形态极不规则。灵峰古洞为其典型代表,灵峰古洞位于金鸡峰下,鸣玉溪畔,下临照胆潭,又称倒灵峰。关于"倒"灵峰的传说,从地质学考察,还是有一定道理的。

倒灵峰,原本为金鸡峰的一部分,当然,其间存在裂缝崩塌洞。"金鸡叫灵峰倒",金鸡不会"叫"倒山峰,但可能在黎明时分由于裂隙崩塌作用,巨大岩块是可以倒下的。现在从地貌上看也属于垮塌区。灵峰古洞现有云雾、透天、含珠、隐虎、多宝、玲珑、凉风七洞,总面积达400平方米。盛夏如入清凉世界,站立风洞口,凉风蓬蓬而出。隆冬入洞,宛若身置暖房。

进入古洞,首先,映入眼帘的是云雾洞,洞底有一水井,当井水的温度与外界温度相差6℃时,洞中就有云雾飘出,因此得名。大家还可以见到右边塑有一个小和尚,左脚穿鞋,右脚光脚,手拿吹火棍追着前面的狗。这是怎么回事呢?传说这座巨崖下曾有一座寺庙,叫灵峰寺,寺里的和尚们为非作歹,欺压当地百姓。这天正是农历九月十九日佛教的一个节日,和尚们借机在寺里大摆宴席。一个乞丐来要饭,结果被他们打了一顿。一个烧饭的小和尚见他可怜,偷偷地捏了个饭团给他,乞丐也没道谢,只是说了句莫名其妙的话:"金鸡叫,灵峰倒。"说完便走了。晚上,累了一天的小和尚正脱鞋子准备上床睡觉时,忽然来了一只狗,衔起他的鞋子便跑。小和尚顺手拿着吹火棍就追,刚出寺庙门口,只听"轰隆"一声,山崖倒塌了,灵峰寺被压在峰下,而那个善良的小和尚正是唯一的幸存者。这就是"倒灵峰"的故事,意在劝人为善、存怜恤之心。1991年在开发灵峰古洞时,发现里面确有宋元明清时期的锅碗瓢盆等物件。

【合掌峰】合掌峰高270米,右峰称为灵峰,左峰紧紧地依靠着右峰,名为倚天峰。两峰合在一起,恰似参禅者双掌合十膜拜,故名"合掌峰"。它白

灵峰日景

天在礼佛,晚上却似一对情侣,赞美人间世俗真情,所以有"夜夜夫妻为恩爱,日日合掌朝人拜"的说法。合掌峰峰合如掌,其间有一裂缝,远看小而窄,其实窄缝里头有洞府,为雁荡山的第一大洞,高113米、深76米、宽14米,名为观音洞。合掌峰和观音洞的组合是雁荡山代表景观之一。只是那合掌峰,到底是一峰中分为二,还是二峰相合为一,却是颇费思量,这个问题引起了地质专家的兴趣。原来该峰的岩石为火山喷溢的流纹岩,后因断裂作用,将一峰开裂为两峰(灵峰和倚天峰)。观音洞则属于直立式裂隙崩塌洞,这种洞的特征是断裂切割嶂岩,岩体发生破裂,导致岩块崩落而成。古人运用智慧,依洞就势兴建了九层楼阁,建筑与洞穴的完美结合,称得上巧夺天工,美轮美奂。

合掌峰颇受美术家写生创作的欢迎。很多画家都创作过以雁荡灵峰景区为主题的美术作品,如林纾、黄宾虹、陆俨少、潘天寿等。现在我们所在之处为历史上灵峰寺院的位置,著名画家潘韵的《一声鸿雁写灵峰图》就是在现雁荡山美术馆大门口仰视合掌峰取景挥毫,景观名称为"雄鹰敛翅"。

【摩崖题刻】现在大家看右边石壁上有几处摩崖题刻,其中一处为"化城胜境",高24厘米、宽105厘米,字体古朴、线条老辣、颇见书写者功底。这边一处摩崖题刻是著名社会学家费孝通书写,他曾三游雁荡,1986年来游雁荡山时留诗一首:"夜幕顷笼灵石巅,双峰紧偎正相恋。妪童窃窥心情异,一任众口说万千。"同年刻碑。这处"灵峰夜景妙不可言。一九八四年,李普"的题刻者是曾任新华社副社长、中华全国新闻工作者协会书记处书记,1949年10月1日与毛泽东等国家领导人一起登上天安门城楼、报道开国大典这一激动人心场面的李前管,李普是其在《新华日报》撰稿时用的笔名。

【林曦明艺术馆】各位游客,现在我们参观林曦明艺术馆。历史上这里曾经是灵峰寺院旧址,20世纪50年代被改造为灵峰饭店。不少党和国家领导人来游雁荡山时曾在此下榻,郭沫若先生还曾与灵峰饭店全体服务人员合影留念。

林曦明艺术馆建筑面积为998平方米,在原灵峰饭店的基础上进行修缮。游客在等待观看灵峰夜景前的间隙,可以在此欣赏雁荡山人的书画精品,给山水奇秀的雁荡山注入了人文风采。门口的黄花梨匾额,重约150千克。"林曦明艺术馆"六个字系原上海国画院院长刘海粟先生在96岁高龄时所书。

该艺术馆共分两层，楼上是藏品陈列厅、会议室、创作室，楼下是林先生的部分捐赠作品、手稿、出版物，如《林曦明作品集》《林曦明诗集》《林曦明画集》《林曦明剪纸》及林先生重要的资料照片。本馆总藏品380件，现展出71幅书画作品、9幅剪纸作品，请各位细细欣赏。

进入艺术馆，首先请各位看一下前言和林曦明先生艺术活动年表。林曦明字正熙，号乌牛，1926年生于永嘉乌牛。父亲是油漆工，母亲是家庭主妇。他3岁时就喜欢画画，10岁入私塾读书，悟性很高，13岁因家道贫寒，辍学家中，跟父学艺。1942年，17岁的林曦明师从苏昧朔（1900—1966）。苏昧朔1926年毕业于上海美专，"九一八"事变后，由于家境贫寒，苏昧朔先生曾一度以卖画为生，也带学生。他带了两位非常有名的学生，一位是林曦明，另一位是刘旦宅。1949年以后，林曦明先生在乐清参加土地改革，那时他从事的创作主要是剪纸，直到20世纪60年代才转型为国画创作。70年代，周总理指示他到上海中国画院工作。80年代是林先生个人艺术风格的成熟期，他的简笔浓墨山水成了读者认识林曦明的一个符号。90年代以后是林先生个人风格更加鲜明的时期。这位大器晚成的山水画家，凭着"画牛千条还嫌少，读书万卷不嫌多"的钻研精神，终于在有生之年，获得了20世纪成就奖、中国当代画家百名、世界艺术名人、世界文化名人等荣誉。林先生现为中国美术家协会会员、上海中国画院一级画师。他曾受教于林风眠、关良、王个簃等著名画家，笔墨里传承了海派画家的精髓。他的作品最大的特点就是简笔浓墨江南山水，有水墨交融，也有湿润淋漓的大水大墨。

目前，根据国内美术业界教授专家们的意见，考虑到灵峰景区缺乏旅游大众的集聚空间，因此对场馆计划进行改造提升，增加雁荡山美术馆的功能，作为国内外艺术家们创作交流展示的艺术空间。

【观音洞】地质成因上，观音洞源于一条直立的断裂通过巨厚流纹岩岩嶂，此时，层内崩塌作用和断裂作用同时发生，从而形成高大直立的洞穴。沿垂直方向凡遇层内崩塌处，洞穴变大，而在岩流中部、岩石致密处则洞穴狭小，甚至成一条宽度不大的裂缝，称为"一线天"。现在，在观音洞顶层，即第九层大殿顶部，横穿整个观音洞的断裂清晰可见，断裂总体呈现出北西向，这与雁荡山整体构造体系（即北东—北北东向）相辅相成。

接下来我为大家介绍一下观音洞的历史沿革。此洞在唐朝咸通年间，名灵峰洞，高僧善孜在里面修行。传说洞中常有妖物作怪，善孜和尚就日夜朗诵《法华经》以驱妖除怪。后来，年深日久，此洞渐渐荒废了。到北宋崇宁五年（1106），当地人刘允升捐资重新开发此洞，雇请民工清理了淤积的泥沙，建起了九重楼阁，传说刘允升带着两个女儿在里面修行。因洞里塑有罗汉像，易名为"罗汉洞"。刘允升开洞碑记位于观音洞大殿后，高90厘米、宽60厘米。碑文共391字，其中149字破损不可认。据明慎蒙《天下名山诸胜一览记》卷四、明万历四年（1576）刻本《游雁宕记》载："相传宋崇宁五年，土人有刘允升者，搜剔沙石，费二千金，厥洞始显。"清同治年间因塑观音像，遂易名"观音洞"，并沿用至今。这座精巧雅致的洞府建筑，在"文化大革命"中遭到破坏，被洗劫一空。1982年，原浙江省城乡建设厅拨专款将原来的木结构建筑改成现在的砖石仿木结构，使其保存了原有的古朴风貌。

【金鸡峰】现在，让我们带着一颗虔诚的心登上观音洞。在这儿回首，瞧，前方的金鸡峰是雁荡百峰中形态变化较多的一座。清何士循有《金鸡峰》诗："黑风吹海涌狂澜，月淡星稀玉宇寒。赖有一声天下白，不须长夜说漫漫。"成因上，金鸡峰是由多个方向的地层断裂切割凝灰岩，断裂相交围成一片区域，断裂外侧的岩石剥落崩塌，留下断裂相围的区域形成金鸡峰。金鸡峰呈现出典型的移步换景的特点，从不同角度观看，一会儿是单峰骆驼，一会儿是少女看书，一会儿又是朱雀，到了晚上还有两种变相，到底是什么呢？晚上观夜景时再公布答案。

【观音洞·山门】现在请各位游客在进山门之前，不妨看一下正面崖壁上温州籍上海书画家林曦明于1987年来雁荡山时所题的"神游"两字，自右而左，草书，横写。这两个字曾引起了很多游客朋友的兴趣：一是字形，二是字义。从字形上辨识，不少人觉得像"神色"；字义上则含义深刻，在《列子·黄帝》篇中就有"昼寝而梦游于华胥氏之国……盖非舟车足力之所及，神游而已"，可见是心动而身未动，此外还有精神相交的意思。其实这两个字是告诉我们游雁荡山的技巧：第一步是了解，第二步是心动，第三步是行动，第四步是忘我。您现在已是第三步，所以请允许我告诉您第四步忘我的境界：欣赏雁荡美景要有一个人与自然相融合的过程，做到"我看山景多妩媚，料山景看我亦如是"，达到宠辱皆忘、情景交融的旅游最高境界。山门上的"观音洞"三个字是由中国佛教协会原主席、书法家赵朴初所题。门联"胜境人知游雁

荡，名山我欲礼观音"出自当代著名的书画家、书画鉴赏家和美学理论家谢稚柳的手笔。落款"稚柳"二字上下连写，很像草书"彝"字，据说其中有寓意"常在"的意思。

【观音洞·天王殿】现在我们进入观音洞山门，往上走几步台阶，在转角右侧的悬崖绝壁下嵌着一块石碑，上面镌刻着"无上妙境"四个行楷大字，高275厘米、宽80厘米。在天王殿的门口，可见东南亚著名书法家潘受撰写的一副对联："泉可洗心如皎月，峰长合掌礼青天。"此句将观音洞的洗心泉和合掌峰两处景致联系在一起，写出了这幅情景交融的联语，可谓别具匠心。天王殿供奉的是四大天王，也叫四大金刚。受《封神演义》的影响，在中国他们既是佛法护法神，又充当民间百姓美好愿望的代言人，象征风调雨顺。在这里体现了中文的高明之处，成功地运用了谐音、联想的表达方法。各位有兴趣的话，不妨结合他们的法器猜猜他们各自的职责。天王殿左侧崖壁上有"大观"两字摩崖题刻，上款为"甲戌夏至"，下款为"仙居应俊"。

【邓拓碑刻】往上走，左边岩壁上可见邓拓于1960年来游雁荡时所写的诗："两峰合掌即仙乡，九叠危楼洞里藏。玉液一泓天一线，此中莫问甚炎凉。"诗中最后一句"此中莫问甚炎凉"，后人读来别有一番滋味。品诗之意蕴，想作者之平生，不由让人感慨万千。邓拓共写有雁荡山诗四首，这是其中之一。右侧崖壁上嵌有一块石碑，碑文是"光绪癸卯二月十九日，中州何士循诣灵岩村，祀龙神祠，礼成回县，遇雨，宿此。"何士循，字勉之，河南息县人，光绪二十六年（1900）进士，曾三任乐清知县。

【清吴俊记事碑】各位游客朋友，现在大家看到崖壁上有一处清代吴俊的记事碑，碑文上写着："乐清之大荆旸谷峇与台毗连，山径丛杂，咸丰、同治间，土匪负隅肆扰，居民苦之。刘公兰洲，楚之岳阳人也，以观察守台州，小惩大创，先靖边疆，复以温台相为唇齿，祸根所在，必须拔除，遂不分畛域，亲督兵勇，绕道出奇，一鼓扫荡，民赖以安。时丁卯五月也。乐人感公之德，建长生禄位于雁荡之观音洞，并绘像泐（同'勒'字）石，谓当与名山并重不朽，岁已巳俊权篆，乐成据士民禀陈始末，不禁慨然于三代，直道犹在斯民，谨书其略于后。署乐清县事、湘潭吴俊谨跋。大清同治八年十月日。"此碑高56厘米、宽108厘米，正文连款凡十五行，自右而左，行书，直写，碑面左侧阴刻线勾勒一人骑马图像。字迹清晰，保存完整。吴俊，湖南湘潭人，生员，曾任乐清知县，来游雁荡题刻时间为清同治八年（1869）。

【清孙熹、吴杰等题名碑】各位游客朋友，现在大家看吴俊记事碑上面有一处孙熹、吴杰等题名碑，碑文为"同治辛未重九，江宁吴杰，长州龚檠，山阴沈瑜、钟廉，吴县孙熹同游记石。"碑刻高38厘米、宽106厘米，字高9厘米、宽8厘米，碑文共十三行，满行三字，自右而左，行书，直写。字迹清楚，保存完整。孙熹，江苏吴县人，监生出身，同治七年至十二年（1868—1873）任黄岩知县，废寺逐僧，改为书院，以振兴台州教育文风，后擢东防同知。吴杰，江苏南京人，光绪十一年（1885）法国舰艇进攻镇海招宝山炮台，吴杰时任守备，英勇督战，击中法舰"答纳克号"，法军提督孤拔负伤致死。孙熹、吴杰等一行于同治十年（1871）重阳节来游雁荡并在此题刻。

【杨宗业碑刻】您现在看到的是明代浙江巡海总兵官杨宗业所写的草书："按剑徐行过雁山，千形万状异长安。心存画像恭明主，一臂东南静海天。"在文字排列上我们不难发现，"恭"字单独成行，而"明主"另起一行。这是为什么呢？从这块石刻可以看出中国古代社会长期实行的平阙（古代书信中"平出"与"阙字"的简称）制度（平阙：指在撰写、誊抄公文时，遇有皇廷特定之字词时要另起一行平格或高出几格书写，或者在同一行中空格书写），杨宗业讲究忠孝节义，忠字为最，帝王是至高无上的，诗文的字里行间都表达了杨宗业对皇帝的忠心和敬意。

【石釜泉—双烛峰】左上方，可见一飞泉由洞顶飞泻而下，那便是"石釜泉"，下面是"放生池"。孙肇圻《双烛峰》诗："呼他石笔俨争锋，形似又猜笋与松。引得游人齐顶礼，天然双烛照灵峰。"在九龙壁前往外看，洞外万峰涌地，双笋峰此时看起来更像一对香烛，因此又叫"双烛峰"。"双烛峰"在成因上也是多个方向的断裂合围并切割流纹岩层，形成独立的山峰。而又有一断裂正好经过山峰中部并切割，形成两个距离很近的独立山峰，两个山峰在流纹岩岩层分布特征上具有一致性，表示同根同源。都说"会得看山不问名"，其实对于自然的欣赏，由于性格、职业、年龄、爱好和经历的不同，人们对景物会产生不同的见解。并不是说自然具象没有内容，而是它的含义具有多义性，往往随观者而异。

【观音洞·四楼】观音洞内有三个屋檐九层楼，现在我们站在四楼第一个屋檐上，这里有几副对联很精彩，我们一起来欣赏一下。四楼的匾额是著名

金石家方介堪所题的"峦岳齐天"。五楼和六楼上的长联是"烟云渡峰影缘洞会众上岭何如下岭易，风簌吟瑶章有泉可漱出山思比在山清。"四楼上的对联是清朝光绪年间三次出任乐清县县令的进士何士循所撰写，现为温州书法家林剑丹所书："天可阶升无中道而废，泉能心洗即出山亦清。"这两副对联对仗工整，构思巧妙，细细体会，让人产生一些感悟。特别是何士循借观音洞中"九重天"和"洗心泉"来借景抒情，告诫后人要强化目标意识，坚持便是胜利，同时做任何事情都要洗心静气，排除一切杂念，心净方能神定，神定方能气闲，而后才能成事。杜甫有诗云"在山泉水清，出山泉水浊"，而雁荡山观音洞九重天的洗心泉能洗去心中的杂念和烦恼。喝了泉水之后，即使您出山了，亦能达到心清如镜的境界，可见这副对联蕴含着人生哲理。

【观音洞·七楼】来到七楼。这边还有几副温州籍已故书法家撰写的对联可供欣赏。这一联："玉笋双峰并峙，珠帘万点齐飞。"写出了山外双笋峰的雄姿和洞顶石釜泉的秀美。另一联："千山耸翠悲心起；万壑奔流慧眼开。"

【观音洞·八楼】上至八楼，我们看到的"最上一乘"四个大字，据说是南宋奸臣秦桧所留笔墨。据史书记载，秦桧于绍兴二年（1132）罢相，绍兴四年来到温州担任府尹。一天，他来雁荡山散心，见雁荡山鬼斧神工，峰奇洞险，每游一处都不免为之赞叹。他来到观音洞（那时还叫作罗汉洞）时，见到寺内塑像，突然说："哎呀，这个地方和我梦中一模一样！"于是花言巧语地对方丈说："我曾做一梦，梦见自己坐在一个石室里，周围和尚环绕，今日到此才知梦中石室便是罗汉洞，我才醒悟自己就是梦中人所讲的高僧诺矩罗转世。"于是他要求在此出家。时任住持僧婉拒了他的要求。秦桧执意在洞中建造一间念佛的卧室，命名"了堂"，外面立了一块"了堂碑"。南宋绍兴二十七年（1157），乐清才子、状元、龙图阁学士王十朋在登第前就写了首130字的五言古诗，痛斥秦桧玷污雁荡名山的丑行："何人梦石室，妄谈夸一时。那能了世缘，未免贪嗔痴。名山误见污，公议安可欺！愿借龙湫水，一洗了堂碑。"世人因痛恨秦桧，在秦桧死后毁了"了堂"，连"最上一乘"的题刻者与题刻时间也被抹去。

【观音洞·九楼】现在我们来到了第九层，也是观音洞的最高层。我们知道在中国传统建筑风格中，奇数为天，偶数为地，奇数最大的为九。观音洞的层数绝非巧合，它遵循和传承了寺院建筑规制。相传东汉永和年间，十六罗汉之第五尊者阿罗汉诺矩罗奉命去一处"花村鸟山"之地驻锡修行，于是率800弟子来寻。众人一路艰辛，途经天台山留下弟子500，诺矩罗又带领300弟子再寻。当众人来到芙蓉山下时，向当地人打听此地是何处，当地人指着远处群山说，此地村以花（芙蓉村）为名，山以鸟（雁荡山）为名。诺矩罗琢磨良久，知道这就是自己要找的去处，于是率300罗汉留驻雁荡山观音洞，后来在大龙湫观瀑坐化，他的事迹为诗人骚客经久传唱，雁荡山在全国名山的地位与佛教在雁荡山的兴起也有一定的关系。

洞的前殿与后殿之间，一泉飞泻而下，为漱玉泉。"洗心泉"三个字系中国美院教授周沧米题写。抬头可见洗心泉从洞顶岩缝中渗漏下来，常年不涸，矿物质含量较高，据说喝过之后，能让人心清如镜，故名"洗心"。善男信女们习惯上称之为圣水。洗心泉畔的崖壁间以前曾有一块碑刻"洗心真境"，题名为"洗心真境并序"，首题"洗心真境"四个楷书大字。据浙江大学图书馆藏的碑拓，碑文是这样写的："万历乙亥仲秋，予按台后，将历东瓯，与西蜀刘君翾、王君续之，丹徒曹君栋，参戎吴良知，同登罗汉洞，憩坐移时，静听泉声，息机涤烦，有超脱尘凡之意。故予因借名之为'洗心真境'。诸君佥曰：信然哉！遂书之，以勒于洞之左壁。晋江鹏峰吴从宪。"《雁荡山志》有收录，题名为"洗心真境摩崖"，记额每字阔一尺、径一尺，文每字阔三寸半、径四寸。雁荡山龙鼻洞也有吴从宪万历三年（1575）中秋的摩崖题刻："万历三年乙亥中秋，予再按浙，重过雁荡山，与宪副刘君翾、王君□之、曹君栋、参戎吴良知同观龙鼻泉，追忆旧游，慨然兴想。诸君曰：宜有□以志之。晋江吴从宪。"中间剥落两字。吴从宪（1522—1581），字惟时，号鹏峰，明代福建晋江人，嘉靖四十一年（1562）进士，历任嘉靖、隆庆、万历三朝御史，故有"三朝御史"之称。为人为官，操守清廉。隆庆三年（1569），吴从宪从江西道监察御史改任两浙巡盐加漕运水利清军，因久慕雁荡山盛名，尝一至灵山而得偿夙愿。在雁荡山游览期间，他曾亲眼目睹行春桥坍圮，顾念行旅往来不便，旋为整理计，捐资重建，并更名为"雁渡堤"。万历三年（1575）秋，在浙江监察御史任上，偕同宪副刘翾（字元翰，号见嵩，四川内江人）、王续之（字大卿，四川南充人）、曹栋（字隆卿，号见川，江苏丹徒人）、参戎吴良知（字廷通，号兰谷，浙江东阳人）巡察各府县，由台州至温州，不忘旧游，再过名山雁荡，登灵峰观音洞，歇息听泉，顿感烦嚣解而俗虑消，竟不复知有尘

世焉，遂于洗心泉畔勒石"洗心真境"，以资纪念。此后，该泉遂名"洗心"，旁边曾经悬挂着几副对联"合掌峰开仙世界，洗心泉了俗尘埃""愧我尘心犹未净，问谁诗骨是真清""天开一线光明路，洞滴几点洗心泉""天可阶升，毋中道而止；泉能洗心，即出山亦清"。抬头向光，那就是邓拓诗中所提及的"一线天"，也称"碧玉天"，是观音洞的自然光源。

后边右侧有罗天祥的摩崖题刻："嘉靖三十年辛亥仲冬十日，浙江按察司副使、罗江陈公临此钧语，分付设洞主刘允升并其二女像于此岩，命僧德悦永侍香火，立石为记。乐清县典史、武陵罗天祥。"明嘉靖三十年（1551），时任乐清县典史的湖南武陵人罗天祥受浙江按察司副使、陈公嘱咐而题刻。

【王遽常、陆俨少摩崖题刻】各位游客，现在出观音洞山门往右，前面崖壁上镌刻着著名书法家王遽常题写的"观音洞"三个字，有很多的画家与书法家都曾挥毫题写"观音洞"三字，由于最后选定了赵朴初的字，因此其他名人同类题刻基本上束之高阁，而由于王遽常的字也非常雅致，因此被镌刻在此崖壁。前面下台阶，内侧崖壁根部有现代著名画家陆俨少题写的摩崖："合掌灵峰仰首看，流云驭气接天寒。石开洞壑岩悬瀑，信是东南第一山，壬戌十月，陆俨少题。"画家陆俨少一辈子钟情雁荡山水，在其自叙中写道，"世人都重黄山……我独走雁荡，认为远较黄山入画，它的雄奇朴茂，大巧若拙，厚重而高峙，似丑而实秀，为他山所无。故此，我多画雁荡，一以山之气质与我性格相近，二以不欲与人雷同，可以多所创意。"他在雁荡山创作了 200 多幅作品与不少课徒稿。

【胡绳题刻】胡绳曾担任中共中央文献研究室副主任、中国社会科学院院长、中共中央党史研究室主任、中国人民政治协商会议全国委员会副主席。合掌峰脚崖壁上的这方题刻由胡绳于 1987 年 3 月 10 日书写，高 91 厘米、宽 59 厘米，行书，直写："雁荡东南第一峰，老来参拜步从容。山灵为责匆匆客，烟雨朦胧似梦中。"胡老的健康状况很好，虽然天气不佳，适遇雨天，却丝毫没有影响胡老的游兴。

【会贤谷】会贤谷，也有人称之为卷云谷。接下来我们一起去会贤谷探幽。一路沿着峡谷走进去，有白云庵、雪洞、紫竹林、苦竹洞、长春洞等道观和寺院，还有一座"百岁坊"。雁荡山古代的僧儒道就沿谷建刹，将"藏而不露"的古代寺观建筑美学发挥到了极致。卷云谷内古朴的寺观和幽美的山景相互映衬，构成了云雾缭绕、超凡脱俗的世界，营造出一方如梦如幻的胜境。

【白云庵】白云庵位于倚天嶂下，是雁荡山规模最大的庵堂，始建于1935年，"文化大革命"时期佛像被毁，出家尼众被赶出山门，只能打工度日，而白云庵被当地公社作为厂房使用。改革开放后，宗教政策得到落实，1986年，重新修建白云庵。1995年，温州籍中国台湾实业家张姚宏影女士赞助，为白云庵新建了大殿。白云庵山门上的门联"白云红树土方净，紫竹苍松味自清"系浙江省文史馆员、画家盛牧夫所撰，中国美协会员陆阳春所书。此联对仗工整，写出了佛门净土的脱俗，用语十分自然、巧妙。一楼供奉药师佛，墙上书有"庄严"二字，苍劲有力，气势恢宏，让人顿生肃穆之感。二楼是新建大殿"清凉世界"，内供千手千眼观音，造像具有地方民间艺术风格。千手千眼观音在佛教建筑中一般分为两种：一为40只手，每只手上有一只眼睛，有25种功能，相乘得千手千眼；另一种则如我们眼前所见，一共四面，一面有250只手，每只手上有一只眼睛，恰是千手千眼。在中国传统佛教信仰中，观音可遍观世间一切苦厄，循声往救，也称为观世音。

【雪洞·唐狂草大家怀素抄写《四十二章经》处】从白云庵左侧往里走，先见到的是雪洞。雪洞因洞内石色白如雪而得名，历史十分悠久，具体开发时间史载不详，至少在唐代大历之前已经开发，并建有雁荡精舍，现存建筑为1990年重建。门联："霞肩雪窦开灵境，梵磬斋钟净客心。"

值得一提的是，素有"颠张醉素"之称的唐代高僧、狂草大家沙门怀素（737—799），湖南省零陵市永州人，大历初年曾客居长沙，幼年出家事佛，经禅之暇，颇好笔翰。及后迁居陕西京兆，为唐玄奘三藏法师弟子。晚年归乡，修行佛学，潜心书艺，于唐大历十三年（778），在佛经中有关雁荡山美妙记述的吸引下，神往雁荡山，负囊游历至此，投宿于雪洞雁荡精舍，尽情饱览雁荡山的奇峰怪石、巨嶂古洞、飞瀑流泉，十分惬意。因雁荡精舍住持向他索书留念，时年42岁的他于该年秋九月望日，在雪洞雁荡精舍书写了小乘佛教经典《四十二章经》。该经的主要内容是教化人如何为善，如"财色之于人，譬如小儿贪刀刃之蜜，甜不足一食之美，然有截舌之患也"等，并且对"沙门"作出了专门解释"辞亲出家为道，识心达本，解无为法，名曰沙门"。书法用笔圆劲有力，使转如环，奔放流畅，一气呵成。该狂草佳作于宋宝元二年（1039）嘉平月望日由僧大觉归藏，并题识："唐怀素书四十二章经，经自汉明帝时始入中国，为西来第一义，乃竺乾之洪范，而释氏之中庸也。师书妙绝今古，落笔纵横挥毫。掣电燥雨狂风，随手变化，隐见莫测，较之《千文》《自叙》《圣母》诸书，更有清逸趣瘦劲通神之妙，如青莲华开向笔端，此亦书中第一义也。非师之廓然，无圣何能至此乎？予喜得而归佛门，永为世宝云。"

　　雪洞最引人注目的是几处摩崖题记，现存最早的摩崖题记是唐代的太守夏启伯，共有两处，其一为洞中庵舍二层左侧崖壁上，内容为"夏启伯到山（建寺），开元二年九月□日"。题记高60厘米、宽20厘米，自左而右，二行，正书，直写。据清潘耒堂《游雁荡山记》载，雪洞有34处题记，最早的是"开元二年，太守夏启伯到山建寺"等字样，可见当时应该有"建寺"两字，"文革"中，摩崖题记全被水泥砂浆涂封，后经敲凿清理，字迹可见，却已非原貌；另一处摩崖题记在庵舍二层佛龛右侧崖壁上，"太守夏启伯到此发□□□"，高40厘米、宽20厘米，二行，正书，直写，第一行末一字与第二行二字均已缺失。一直以来，不少学者或雁荡山风景旅游管理委员会的宣传资料都以"开元二年"作为该摩崖石刻的题记时间与雪洞的建寺开发时间，而将有关"太守夏启伯"的两处摩崖题记认定为雁荡山400多处摩崖题记中年代最早的题记之一。其实，经2024年1月摩崖拓片工作显示，该两处摩崖题记有被后期的摩崖覆盖与题记时间伪造的痕迹。其中一处摩崖题记是"开元二年，太守夏启伯到山建寺"，旧题应为"太守夏启伯到此建寺。元符三年月日记"，而"建寺。元符三年月日记"上面被后来者镌刻了"佳修过此"四个正楷大字，以致如果不借助一定的工具，肉眼难以识别隐含在其内的原有文字。这样一来，原来认定的唐代开元二年（714）到山建寺应该是北宋元符三年（1100），这一年宋徽宗登基，而黄庭坚的《题苏轼寒食帖跋》也书写于此时。晚清学者孙诒让《永嘉郡记》所载温州历任太守中并无夏启伯之名，故不知其为何郡太守，或何方人士。清初诗人潘耒《遂初堂集》卷五之与李公允书：人言雁山开自宋时，今观南碧霄洞中题名，有"太守夏启伯到山发扬建寺，开元二年九月日"，则唐时已有寺，但不省"发扬建寺"为何等语耳。潘耒《遂初堂集》卷十三：雁山颇多先贤题名，南碧霄洞有三十四行，最古者有"开元二年，太守夏启伯到山建寺"云云，今人都不省录，辄欲作志，亦已疏矣。唐开元二年应纠正为宋元符三年。庵舍二层佛龛右侧崖壁上的第二处摩崖石刻"太守夏启伯到此发□□□"应该是后人参考第一处夏启伯摩崖题刻内容复刻或仿刻，只是由于原刻字迹模糊不清，因此出现内容上的差错。

在雪洞摩崖石刻中，最有名的是北宋沈括、李之仪、陆元长、王之京、晁端彦、刘彝、李复圭等人所留摩崖。沈括的题记雁荡山共有三处，除了雪洞的摩崖石刻，还有龙鼻洞、净名谷的摩崖题记，龙鼻洞"沈括"题名入选2023年7月国家文物局公布的《第一批古代名碑名刻文物名录》，全国入选碑刻、摩崖石刻等1658处，浙江入选38处，温州共2处，除了龙鼻洞摩崖"沈括"题名，另一处为温州博物馆馆藏重要文物东晋咸康四年（338）朱曼妻薛氏买地券。

雪洞左侧崖壁上，李复圭题名的左上方，有宋"晁端彦"题名，高28厘米、宽8厘米，正书，直写，字迹清晰可辨。题名者晁端彦，字美叔，祖籍澶州清丰县，宋仁宗嘉祐四年（1059）进士，任两浙刑狱提点官；熙宁九年（1076）因参加西湖妓宴而解润州受审，寄诗与东坡。苏轼《和晁同年九日见寄》诗中有"骚人长负一秋悲"之句。晁端彦来游雁荡当在任两浙刑狱提点官期间，曾借宿瑞鹿寺僧舍，写有《龙湫观瀑》《瑞鹿寺》等诗；熙宁八年（1075）闰四月十二日，他还在乐成丹霞山留有诗刻。晁端彦题名左上方有"苗振伯起常□□，□□永嘉同游此，□□季秋廿六日记"题记，高60厘米、宽25厘米，自右而左，三行，正书，直写。第一行末缺两字，第二、第三行开头均缺二字，从苗振、常鼎在大龙湫、天窗洞、小龙湫等处的题名中，知"常"字后面应为"鼎宝臣"等字；第三行首缺二字应是"辛卯"，即北宋皇祐三年（1051）。苗伯起，名振，宋仁宗朝进士及第，尝为尚书郎，神宗时知明州军；常宝臣，名鼎，北宋神宗时曾任阁门祇候之职。此二人在大龙湫摩崖题记"常鼎宝臣，苗振伯起，辛卯年，同游此。"可知此二人于宋仁宗皇祐三年（1051）来游雁荡山，同年二人还在青田石门洞留有题名。晁端彦题名右下方，有"李复圭"题名，高24厘米、宽6厘米，正书，直写，字迹清楚。李复圭，字审言，徐州丰县人，宋庆历元年（1041）与兄寿朋同试学士院，赐进士出身，通判澶州，知滑州，历任湖北、两浙、淮南、河东、陕西、成都六地转运使，熙宁元年（1068）进直龙图阁，知庆州，后又知曹州、蔡州、沧州，任盐铁副使，以集贤殿修撰知荆南。李复圭于宋嘉祐七年（1062）来游雁荡山，在大龙湫、东石梁洞亦留有摩崖题记，曾奏立净名寺。据朱谏《雁山志》载："（净名寺）宋太平兴国二年（977）建，嘉祐七年（1062）浙漕李复圭爱其山水秀异，奏立净名院，八年赐额。"其在东石梁洞崖壁上题记"壬寅秋□□，行部过游庵，□□李复圭。"摩崖高18厘米、宽15厘米，字高、宽均为7厘米，自左而右，三行，每行五字，正书，直写。第一行行后二字与第三行前两字均因风化而剥落。其在大龙湫的摩崖题记位于大龙湫潭口的巨石上，为正字、竖写，自右而左，二行并列镌刻"李审言，行部来"，高45厘米、宽28厘米，字高12厘米、宽11厘米，常被溪石掩盖。

雪洞庵舍二层佛龛右侧崖壁上，有北宋"守楚建中正朿移提点京东刑狱，率永嘉殿省朱纮君仪、幕刘安世汉辅、令茅滋思道，嘉祐庚子三月廿三宿此"题记，高65厘米、宽20厘米，摩崖风化严重，又经水泥泥浆涂抹，仅见三行字迹，自右而左，正书，直写，第一行前似有字迹，但无法辨认。"嘉祐庚子"即嘉祐五年（1060）。楚建中（1010—1090），字正朿（"朿"字音同叔），河南洛阳人，时任温州知州，即将移任京东刑狱而特地来游雁荡山；刘安世（1048—1125），字器之，号元城、读易老人，魏州元城县（今河北大名县）人，宋太仆刘航的儿子，时任温州知州幕僚。元李孝光在《秋游雁荡记》中载："吕夷简、焦伯强、刘器之、王龟龄，皆尝能留连山谷中，尽发其胜……"据《乐清县志》载，茅滋于嘉祐五年（1060）时任乐清知县。永嘉殿省朱纮，宋元祐党人，安徽合肥人，宋治平年间曾任宜城知县。宋嘉祐五年（1060）任永嘉殿省时陪同楚建中知州游览雁荡山。据辽宁省博物馆藏镌刻于宋徽宗崇宁元年（1102）朝廷颁布刊刻、蔡京书写、立于文德殿东壁的《元祐党籍碑》拓片记载，元祐党名单共计120人，"司马光、文彦博"等列"曾任宰臣执政官"，"苏轼、刘安世"等列"曾任侍制以上官"，"秦观、黄庭坚、晁补之……朱纮……"等列"余官"名录。可见朱纮、刘安世均为元祐党人，应该与苏轼等人交往密切。宋治平年间，朱纮任宜城令，修复水渠，"不费公家束薪斗粟，而民乐趋之。渠成，溉田六千余顷，数邑蒙其利。"

雪洞左侧崖壁上宋代摩崖题记中还有"刘彝执中来"，高30厘米、宽7厘米，正书，直写，字迹清楚。题名者刘彝（1017—1086），字执中，福州人，幼从胡瑗学，宋庆历年间进士及第，移朐山令，凡所以惠民者，无所不至，邑人纪其事，称为"治范"。宋神宗年间，除都水丞，知处州，俗尚巫鬼，不求医药，彝著《正俗方》以训导，斥淫巫，使就医，俗遂变。加直史馆，知桂州，因事坐贬均州团练副使。元祐初，复以都水丞召还，病卒于道。刘彝著有《七经中议》《明善集》《居阳集》等。来游雁荡题名当在任处州知府期间。

雪洞崖壁上"安陆张璹全翁游"题刻直写两列，这是2023年在启动雁荡山摩崖石刻拓片保护时新发现的北宋墨客题刻。题写者张璹，字全翁，湖北孝感安陆人。北宋哲宗元祐四年至六年（1089—1091），苏轼以龙图阁学士出任杭州知府时曾与其有交往。据考证，时任两浙转运判官的张璹曾于元祐五年（1090）三月二日与苏轼、王瑜、杨杰四人游西湖龙华寺、韬光寺并留题。据南宋《咸淳临安志》卷七十八载："元祐庚午，辩才老师年始八十，道俗相庆，施千袈裟，饭千僧，七日而罢。眉山苏轼子瞻、洛阳王瑜中玉、安陆张璹全翁、九江周焘次元，来馈芽茗。二月晦日书。"可见，张璹该年还曾与苏轼等一同到寿圣院给辩才和尚贺寿。后因坐事，由京东转运使贬太平州通判。69岁时于京东提刑任上致仕。张璹有《竹节亭》诗："结构华亭岁月深，形如竹节俯山阴。规模自壮中山色，基业犹存万古心。窗外岂无猿鹤唳，檐前时有凤凰吟。夜深神鬼惊闻处，月下谁弹一曲琴。"张璹来雁荡山并在雪洞留题时间应在元祐四年至六年（1089—1091）间。与张璹同游杭州的杨杰与曾多次来雁荡山并写诗留题的清献公赵抃往来密切，并为辩才和尚写有《方圆庵》诗："地方不中矩，天圆不中规。方圆庵里叟，高趣有谁知。"而苏轼曾为赵抃撰写《赵清献公神道碑》。由此可知，张璹来雁荡山应该不是孤身一人，同游雁荡山者尚待考证。

雪洞里还需要介绍的一处摩崖题记是宋嘉祐七年（1062）的"施景仁嘉祐壬寅三月曾宿此"。此摩崖在雪洞左侧崖壁上，高32厘米、宽12厘米，自右而左，二行，每行六字，正书，直写，字迹可辨。由题记内容可知，当时雪洞僧舍也可以借宿。题名者施景仁生平未详。20世纪60—70年代，乐清籍著名学者吴鹭山与著名诗人夏承焘、历史学家苏渊雷一起在雁荡山十三日，而吴鹭山曾在雪洞寄居一个多月，写下许多诗词。

雪洞在地质学上被称为平卧式层内崩塌洞，成因是雁荡山巨厚的流纹岩下部含角砾和不规则的裂缝。岩流下部的岩石由于结构不均一，在风化作用下发生局部崩落，出现大小不一的洞穴，其形态一般为平卧穹状，故称平卧式层内崩塌洞。洞体与洞壁的形态极不规则，上下左右延伸不等。

雪洞出来往右即为会贤谷，顺石砌台阶可以依次参观紫竹林旧址、天阶、苦竹洞、长春洞。

【紫竹林旧址】雪洞右边有一条捷径可通往会贤谷道观紫竹林，其于1934年修建，观内供奉观音像，为道姑修身养性之所，紫竹林因旁植紫竹而得名。遗憾的是2019年8月10日，超强台风"利奇马"登陆，几乎把紫竹林道观建筑主体夷为平地。紫竹林道观现移羊角洞景区重建。刚才有游客问，为何供奉观音的殿宇被称作道观？其实在雁荡山景区，历史上很多宗教场所都是儒释道三教合一的，有些是前朝为佛教寺庙，后朝改为道教宫观，也有些是道教神祇、佛教神祇乃至民间神祇杂祀一堂的，很多人不会去深究其来由，虔诚地在神灵前面跪拜烧香，满足自己希望能得到神灵保佑的心愿就可以，这其实也是永嘉事功学派倡导的实用主义在民间崇祀信仰中的体现。我们从紫竹林出来，拾级而上，可以见到前面有个圆拱门，上书"天阶"二字。旁有道士王云山墓。

【古竹洞】古竹洞原名苦竹洞，因产苦竹而得名。洞下有来仪亭，因古竹洞旁高崖上有一凤凰峰而得名。门台外右侧崖壁根部嵌有邓拓《苦竹洞》诗："古洞高崖有凤翔，山前五老阅沧桑。讲经争似谈诗好，奚论神仙世外方！"边上有凤凰峰、五老巅如此美丽的地方，谈论歌颂风景的诗词，要比讲玄而又玄的佛道经典为好，表现了邓拓积极的人生态度。现代著名山水画家黄宾虹、陆俨少等来雁荡山采风写生时，曾先后多次登临、留宿苦竹洞并作画多幅。

【长春洞】长春洞原称"归善洞"，后因清同治年间，白溪杨氏在此修行，活到101岁，遂改名为"长春洞"。洞口有一座石碑坊，名为百岁坊，是阮陶熔（1882—1940）为纪念杨氏所建。阮陶熔曾任玉环、温州巡官及淳安县县长等，16岁时因病在长春洞疗养，得杨氏悉心照顾。杨氏圆寂后，他为之厚葬，并在墓前建百岁坊。

朋友们，现在我们循山路返回。阴雨季节，卷云谷内云雾缭绕，脚下生云，感觉像是从仙境转回凡尘一般。

【北斗洞】北斗洞又名伏虎洞，缘于洞顶右侧在褐黑色流纹岩中嵌着一条青色的岩石。这种青色岩石破裂后似接连的鳞块，又称"青石卧虎"。此种青色岩石是在流纹岩形成后，岩浆沿着一条裂缝侵入而成一条岩脉，岩石学上称为"闪长玢岩脉"。细看北斗洞顶部岩壁上有横向纹理，这就是一个岩流顶部的流纹岩，而洞内壁上，可以看到含角砾的流纹岩和极不规则的裂缝。沿着这些裂缝有泉水渗出，俗名"龙井"。洞壁上由于崩塌后残留含角砾或不规则岩块，构成了"金鸟玉兔""倒挂青蛙"等小尺寸造型奇石。

北斗洞是历史上文学家、艺术家最喜欢的实景写生与创作对象，如晚清著名翻译家林纾就画有《北斗洞》，现代著名画家陆俨少曾经以北斗洞作为实地授课的场所，画了很多以北斗洞为题材的课徒稿。宋代大儒朱熹、明代书画家董其昌等都曾在北斗洞留题联语。现代著名文学家吴鹭山、夏承焘等都曾书写过多幅以北斗洞为题材的山水诗词及书法作品。

现在我们到雁荡山第一道观北斗洞和南坑去览胜一番。北斗洞原名"伏虎洞"，后因道教礼拜北斗元君而易名。清光绪初年，道人赵至贤募建此洞，大殿未落成时便羽化，其徒蒋宗松为建道观继续奔走，洞府才渐显规模。洞口见到的几处摩崖石刻，有中国美院博士生导师、著名书画理论家王伯敏的"见素抱朴"，已故台州籍书法家张直生（字野萍）的"静观"，以及海宁陈宜琨的"惟道是从"，这些词句都选自老子的《道德经》，说明了道学至高深奥的哲学理念。"雁荡仙踪"四字系著名学者顾廷龙92岁时所书。站在门口，"北斗洞"三个字是由赵朴初所题；门联"北斗玄穹众星拱照，东来紫气大道扬辉"是由中国道教学院院长玉溪道人闵智亭所书。在这里，我们可以看到中国传统神兽——青龙、白虎、朱雀、玄武。中国将五行、五方、五色相结合，运用于各种事理之中。青龙是青色，代表东方。你们抬头可见洞顶偏右处，有一列自上而下的青色岩石，一片片犹如龙鳞，称为"青龙卧石"。朱雀是红色，代表南方。各位把视线转向山门外，您看刚才看到的"金鸡峰"就成了一只朱雀鸟。骆驼峰向外凸出的地方，一块中间有条缝隙的岩石，好像两只相对偎依的老虎，此景称为"伏虎峰"，北斗洞原名伏虎洞，也是因此得名。玄武是黑色，代表北方。蛇龟相缠的形象，象征着长寿，可在洞右处见到。北斗洞有"洞天福地""三十六洞天"之美誉。

来到凌霄宝殿前，不妨欣赏一下柱联："石屋暑生寒，卧龙振鬣灵泉涌；洞天春不老，伏虎当门山骨奇。"这一联将周围景致融入其中，写出了洞、岩、山、水之胜，由扬州书法家葛升重书。

站在天井，可见四层楼建筑，即大罗宝殿。

一楼供奉的是八仙（铁拐李、韩湘子、张果老、汉钟离、何仙姑、曹国舅、吕洞宾、蓝采和）及北斗洞开山祖师赵至贤。墙壁上刻有《道德经》全文。柱联皆出自名家手笔，各位可尽情欣赏领略。

　　一楼右边往下走,可见石髓泉,俗名龙井。这边寒气逼人,泉水从石罅中渗出,碧莹清湛,沁人心脾。井水常年不涸,因含矿物质较多,水表面张力大,舀碗水,慢慢地放入硬币,水满上来却不会溢出,大家若有兴趣,也可尝试一下。

　　二楼是海会楼,中有厅堂,刻有南宋理学家朱熹的联语:"忠孝传家宝,诗书处世长。"朱熹曾任浙东常平盐茶公事,在福建武夷山创办紫阳书院,多次访学乐清、永嘉、瑞安、平阳,并游览雁荡山、瓯海仙岩景区等,在仙岩为陈傅良创办的心极书院题写"天开气象""溪山第一"等。应陈经正、陈经邦兄弟邀请在平阳南雁会文书院、永嘉溪口东山书院等地讲学。曾到永嘉拜访刘进之、谢复经等人,到乐清拜见学者贾如规,说过"过楠溪不见刘愈(进之),到乐清不见贾如规,是浮洞庭不识橘"。洞庭湖的橘子很有名气,很有特色,是湖南省的一宝,比喻刘愈、贾如规两人的名气很大,来了一定得拜见他们。朱熹还在永嘉鹤盛镇蓬溪村的一座古宅"近云山舍"门台上留下"忠孝传家宝,诗书处世长"的楹联。永嘉溪口宋代"一门四代六进士"之一的戴蒙曾从学朱熹于武夷山紫阳书院。

　　三楼中间为集贤阁,柱子上挂着明代南京礼部尚书、书画家董其昌所撰的"闲寻书册应多味,得意鱼鸟来相亲"。董其昌擅画山水,师法董源、居然、黄公望、倪云林,笔致清秀中和,恬静疏旷,书法出入晋唐,自成一格,代表作品有《岩居图》等,其作品成为晚明以来文人画的典范,也是中国历史上第一次在画作上题写"走万里路,读万卷书"的画家,可谓是历史上文旅融合发展的率先倡导者。

　　四楼供奉的是三清。中间是玉清元始天尊,左边是上清灵宝天尊,右边是太清道德天尊。太清道德天尊也就是老子,据说他在母胎中待了81年才出世,故名老子。

　　看过北斗洞的道教文化,您一定要了解下北斗洞的成因。雁荡山的洞穴,奇在数量多,形态怪,北斗洞就是其中十分典型的一种,为平卧式巨厚流纹岩层内崩塌洞。这种洞的构成材料是巨厚的流纹岩层,这种岩层由3~5次的火山岩浆喷溢所成,每次喷溢,其上中下各部位岩石结构有差异,下部含大量的角砾和不规则的裂隙,风化后出现洞穴,沿着洞的裂隙会有泉水渗出,就成了刚才我们讲的"龙井"。

【宗文亭】路左边的亭子，建于1987年，初名"看不足亭"。为纪念抗日战争时期杭州宗文中学（今杭州第十中学）迁址雁荡，促进山区文化发展的功绩，而改名为宗文亭。现亭上还有国画大师潘天寿先生所撰对联："四壁岩花开太古，一行雁字写初秋"，及著名学者、华师大教授苏渊雷的"天开图画神来笔，梦接家山意外青"联。站在岭脚，大家看到的是金鸡峰，此时看来像一位梳着羊角辫的小姑娘，端坐在石磴，侧面对着我们，正聚精会神地看着书，这就是"少女看书"。沿着这条小径往里走，可以到达将军洞、碧霄洞和真际寺……这条路以前是雁荡山东内谷通往荡阴南阁、北阁、散水岩、显胜门的古道。

【"雁荡"摩崖题刻】各位游客，现在我们往左侧移步到这边空地，这个偌大的巨石为侍郎岩，据说"雁山七贤"之一的北宋兵部侍郎胡彦卿少年时曾在此筑庐读书。侍郎岩崖壁上镌刻着"雁荡"两个大字，也许这里是在雁荡留影最佳的拍摄位置。"雁荡"两字高178厘米、宽165厘米，自右而左，楷书，横写，摩崖题刻距离地面高约300厘米，遍生苔痕，左侧落款字尚待进一步确证。题写者为清雍正时大荆营游击、御前侍卫班头、正黄旗满洲升授协舒当阿。雍正九年（1731）大荆营游击陈伦炯建"灵异亭"时，此摩崖题刻已被苔藓、藤蔓覆盖，由此可知此题刻时间应为雍正以前。有专家研判，该"雁荡"两字摩崖至迟在明代以前就已经存在，可上溯至宋代。

现在请大家看地上有一块文物保护单位的牌子"侍郎岩摩崖题刻"，宋政和初年（1111）赐进士出身、初授文林郎、后擢兵部侍郎的胡彦卿曾在此读书，驸马陈德芳名其岩为侍郎岩。故此也有人说，该"雁荡"两字摩崖镌刻时间可以提前到明代以前。

【"听泉岩"摩崖题刻】各位游客朋友，路左侧崖壁上有"听泉岩"三字摩崖题刻。落款为"甲戌正月十七日，与□□□、刘景晨、杨雨农同游至此同题。""甲戌"为1934年。杨雨农（1880—1951），名振炘，以字行，工商实业家，浙江温州人，1920年曾任永嘉商会会长、浙江省参议会议员。1924年与吕渭英等接办普华电灯公司，并任经理、常务理事，曾以少量投资参与创办东瓯电话公司、光明火柴公司、国货公司、瓯海实业银行、益利轮船公司等企业。刘景晨（1881—1960），字贞晦，又字冠三，浙江温州人，清光绪二十五年（1899）生员。民国初年曾被选为第一国会议院候补议员，任浙江缙云县知事，后递补为议员。中华人民共和国成立后，出任温州市文物管理委员会主任，征集文物，贡献殊多。

【碧霄峰】碧霄峰原名金掌峰，因形似而得名。又因四周苍碧，山峰高耸入云而得名碧霄峰，峰下即碧霄洞，现为真际寺下院。崖洞内侧有天然的罗汉床与古代高僧坐禅静修的洞窟。

【将军洞】各位游客，我们现在沿着古道登山，行走300余米可至将军洞，徐霞客《雁荡山游记》载："此洞轩爽，无它奇。"将军洞高34米、深25米，顶窄中宽，高爽深邃，在洞口远眺，可见朝天鲤、香炉峰、千佛峰诸景。左望一侧，可见"背面观音"，右边则是一大一小两只正在嬉戏的狮子——双狮岩，孔雀开屏状的孔雀岩，而刚才所见的"少女看书"又变成了"将军骑马"。当你置身洞内时，可见到右边岩壁中，有一石形状如披甲戴盔的威武将军依壁而立，叫"立壁将军"。相传古时候有一位将军在一次大战中，因寡不敌众身负重伤，最后迫不得已下令退至地形奇特的雁荡山中。当时他十分疲惫，进入这个石洞后，靠着岩壁刚要休息，便化为这块石头，这便是将军洞名字的由来。将军洞大殿右侧有清光绪十七年（1891）署理大荆营都司胡大年泐石的《将军洞记事碑》，楷书，直写："钦命特授浙江温州水陆总镇都督府周，钦命三等男爵、分巡温处海防水利兵备道李，为募修雁宕将军洞引。将军洞者，雁宕之奇境也，众山环列，戟卫森然，昔尝闻而心慕之。兹以巡察各海口，泊舟乐清之白溪，适章云斋协戎、恽直卿大令，胡有丰、陶捷三两都戎咸来会晤。金谓：名山伊迩，盍偷闲一游。遂结伴西行入山。历观各迹，奇峰怪石，炫目赏心。唐一行僧称南戒山水之奇尽于雁宕，信哉！及至将军洞，头陀钟山迎入石室。清邃明敞，迥非人间。泉水清莹，朗鉴毛发。小坐片时，悠然静对，百虑俱清，皆低徊流连不忍……余维天下惟有志者竟成，顾一裘尚需集腋，况名山妙境，点缀天然，即莫大之功德也！此后骚人游士，穷探幽奇，亦得暂憩尘踪，稍舒足力，庶可遍搜岩穴，领取此山之全神，以期无负天地尽泄之奥。此其众乐为何如者，固非独我辈巡行之偶然茇舍也。遂书此，俾遍告焉。"

将军洞入口内侧崖壁有我国现代考古学奠基人夏鼐（1910—1985）于1982年10月17日来游雁荡山将军洞时的题词："雁荡山水天下秀，信不虚也。余生长鹿城，离山不远，而至今始来一游，然不虚此生矣！因书此留念。夏鼐，一九八二、十、十七日。"

【真际谷】真际谷（涧）源头处于石英正长岩侵入体和火山晚期爆发的熔结凝灰岩之中，而谷壁的岩石则为发育雁荡嶂洞的流纹岩。因此，谷内怪石、奇洞、飞瀑相连，树木茂盛，涧水清澈，鸟兽出没，富有野趣。

【真际寺】真际寺，古时也称"真济寺"，为宋代雁荡山十八古刹之一，寺西南为南坑，亦称真际谷（真济谷），谷中林木翁郁，清溪碧水，极富山林野逸之趣，可谓深山藏古寺。据明朱谏《雁山志》记载，"宋大中祥符二年（1009）建真济院于雁荡山东外谷，熙宁元年（1068）赐额。"据《广雁荡山志》记载，南宋年间，温台驿路改从雁荡山中出入，能仁、灵岩等寺僧众趋集，贵游辐辏，香火极盛。真际寺因地处偏僻，以致志乘很少记述。真际寺后山百米高处有两处摩崖。一处为"枕流石"三个大字，刻在山洞中一竖石上，无署款。另一处镌于"枕流石"摩崖石刻以西20多米高的岩壁上，其内容为四行禅理诗，前有小序，落款为"嘉定丙子中元日"。"嘉定"是南宋宁宗年号，"丙子"即嘉定九年（1216）。题刻者"平庵契常"，"平庵"拟为真际寺子庵，"契常"应是僧名。元代文学家李孝光在《真际寺》诗中有"绝巘松梯蹴翠盘，前朝废寺有空坛"之叹。明虞淳熙作《雁山建真济寺募缘疏》，记载："明万历三十年（1602），僧体如重兴（真济寺），铸大铜钟。"万历年间，何白在《雁山重建真际寺疏》中有"鹿园为野狐之窟，香林作宿莽之场。莫睹慈容，惟见寒潭来满月；难寻香积，尚闻流水绕斋厨"，"经行老衲，礼废塔而兴嗟"，"始感芜废，悟无常而达真空"。记载当时挂锡真际寺的僧人为圆相上人，应为发愿重修真际寺者。明崇祯五年（1632），徐霞客再游雁荡，写有《游雁宕山日记后》一篇，载其四月二十九日游灵峰："大雨……两旁逼仄石蹊，内无居民，棘茅塞路。行里许，甚艰，不可穷历。北过真济寺，寺僻居北谷，游屐不到。"能仁寺僧永升编撰《雁山集》一卷，始载"雁山十八古刹"诗。明项守祖作《真济寺》："虚寂秋山古复今，荒凉漫诘旧禅林。"戴澳《重游雁山记》（见《古今图书集成·方舆汇编·山川典》卷一百三十二），记其游灵峰，过五老峰"对五老如逢夙昵，灵芝自烟中出，倒影照胆潭"，入碧霄院"洞壑故奇"，美景自不胜收。然而到了真际寺，因"无水石可赏，梵宇差洁"，兴味索然。原打算在真际寺过夜的，也只能悻悻"返上灵峰洞"，"夕宿灵峰寺"。清康熙二十八年（1689）潘耒来游，有《游雁荡山记》及《真济寺》诗。康熙三十五年（1696）僧定生重修真际寺。道光二十八年（1848）魏源来

游,留诗多首,并为梁章钜《雁荡诗话》作序。

真际寺的"真际"一词是佛教用语,指宇宙本体,亦指成佛的境界。《文选·王中〈头陀寺碑文〉》:"荫法云於真际,则火宅晨凉。"李善注:"《维摩经》曰:'同真际,等法性,不可量。'僧肇曰:'真际,实际也。'"唐李邕《大唐泗州临淮县普光王寺碑》:"消一无於太常,越诸有於真际。"真际的另一含义是真义、真谛。清平步青《霞外攟屑·论文上·积素斋文》:"与方书数语,最得古文真际。"

真际寺历经千年之后,在今人眼中仍占有重要位置,离不开寺前的那片桂花林。1934 年秋,孙中山先生的长子孙科携夫人,陪生母卢太夫人来游雁荡山,下榻净名寺。同行者有梁寒操和孙科的儿女。为接待卢太夫人和孙科,时任乐清县县长张叔梅忙得不亦乐乎。此事也惊动了当时温州地区的地方行政长官们。温州行政督察专员许蟠云及温属各县县长都闻讯赶来雁荡。雁荡山道,车水马龙,热闹非凡。卢太夫人喜清静,见此喧嚣之状,颇不耐烦。孙科深领母意,即示意张叔梅,凡来山的官员商绅概不接见。官绅们见奉承不成,扫兴而去。

张叔梅按孙科的意思,只邀请了雁荡山名胜建设委员会的蔡旅平、潘耀庭做向导,游览了雁荡山的部分景点。第六天,孙科陪同母亲一行来游真际寺。那天,卢太夫人心情挺好,她兴致勃勃地观赏了真际寺周围的卓笔、大刀、玉笋诸峰和龟岩、五马回槽、达摩过江等景致后,就在真际寺休息。此时,卢太夫人欣然说:"我已老矣,能览胜雁荡山,入仙佛之境,真是不虚此生。"卢太夫人素喜桂花,此时她忽然想起"桂子月中落,天香云外飘"的情景,于是说:"此地四面环山,苍松新重,景色秀丽,如在寺前辟园种桂花,定别有境界。"

那天正值中秋佳节,又逢太夫人诞辰,孙科在净名寺的散花院设宴为母祝寿,并邀请张叔梅、蔡旅平、潘耀庭等人参加,兼示答谢之意。蔡旅平操得一手好三弦,席间即兴弹奏了《雨打芭蕉》《雁落平沙》《梅花三弄》等曲,高超的琴艺,深得卢太夫人赞赏。孙科见母开心,自己也为之高兴。

孙科遵照母嘱,游罢雁荡回南京后不久,派人从上海江湾移来珍品丹桂 200 株,其中有金花(红色)、银花(白色)、黄花(黄色)等品种,委托潘耀庭在真际寺前辟地栽植,命名为"桂花林",并由秘书梁寒操撰写《桂花林记》,刻石嵌在真际寺旁的北坑口巨石上。从此,每逢金秋,丹桂飘香,名山为之生色，古寺为之添香。遗憾的是真际寺的桂花林渐渐荒芜，所剩无多，2009年，特立碑保护仅存的十余株桂花树。2019年，超强台风"利奇马"过后，近85年树龄的桂花树只剩9株。

1936年僧白波再建真际寺。卢敏作《真际寺复兴纪念碑》："迨民国二十三年，所留者仅破壁颓垣耳。孙哲生院长、梁寒操秘书长看该寺西邻七塔。南接碧霄，左抱腾池碧月，右邀达摩渡江，山水之奇独雄东谷，不忍任其沦落，慨然，捐植丹桂千株，以增风景。而殿宇荒凉，依然如故……看白波上人重建灵峰，有大毅力，邀渠持住。而上人亦为真际与灵峰同时并创，发大誓愿，恢复该寺为己任。"又《碑记》载："今地内居士徐缉旨……等，鉴于该寺前败原因，恐（白波）上人一去，继续者难得其人，乃与上人商议，嗣后该寺住持选择佛门贤者继任，不得任恶劣者把持，再坏寺产。上人瞩敏叙述缘由，立碑垂后。"此碑现立于真际寺大门外西侧。白波上人俗姓李，乐清大荆白箬岙村人，出家于观音洞，于1941年圆寂，墓址在现真际寺边门外侧，墓穴三眼，中间书"净域"，左右分别为"光前""裕后"，墓额上楷书"涅槃处"三个大字，旁有小注，略述白波上人生平。书写者王梦曾（1873—1959），字肖岩，清禀膳生，浙江东阳人，曾任杭州府中学堂、宗文中学、女子师范学校、杭州法政专门学校教员，1938年因日寇侵华，杭州沦陷，王梦曾随杭州宗文中学部分师生迁徙雁荡，与白波上人应该认识并有交往。

2018年僧济群法师募捐重建真际寺，历时五年时间，于2024年5月建成并对外开放。重建后的真际寺秉承汉唐时期的建筑风格，演绎中国传统禅学，为打造雁荡山佛教名山带来新的亮点。

【经丘谷宋代摩崖石刻】位于真际寺后山腰的经丘谷右边崖壁上镌刻着几处宋嘉定九年（1216）平庵契常书题的摩崖石刻。其一，"经丘"二大字，楷体，横写；下面落款小字直写："余因集靖节先生《归去来兮辞》事名，榜识游会，曰：陶谷而析；曰：经丘为崎岖中之一憩也。故作是诗焉！平庵契常。与物同行，与物同止；与物同坐，与物同起。六凿天通，一归马指；中有真游，不在游里，嘉定丙子中元日书。"其二，"枕流石"三大字，楷书，直写，高74厘米、宽34厘米，其左为楷书小字附注落款，直写："石在名犹在，名空石亦空。王孙千古意，一枕水声中。右题枕流石。"其三，位于经丘谷左边崖壁，高160厘米、宽35厘米，直写："雨乾芗径净无泥，风为吹游入翠微。

霁色助人清眺远，揽衣拂石坐忘归。平庵契常。"其四，位于经丘谷上泉左崖壁，高150厘米、宽35厘米，楷书小字，直写："众窍喝天籁，丛崖设地英。水分三汲下，听只一般声。路逐峰回转，林分黛重轻。已无心外法，幽鸟自忘情。嘉定九年丙子岁孟冬月圆，平庵契常书。"这些富含哲理的诗刻似乎是平庵出家僧契常的偈语。

【马家岭古道】出真际寺，沿古道西行，则至北坑谷，坑水东流，至五马同槽峰下与南坑之水汇入鸣玉溪。谷中林木蓊郁，以枫杨为主，往中穿行，苍翠幽深，清溪碧水，蛙蛇潜居，极富山林野逸之趣。前行200余米，有巨石横于古道侧，巨石之西有小潭，水流潺潺，水波不兴，上有"佛"字摩崖石刻。过溪涧往前便是历史颇负盛名的马家岭古道，也称马家山岭古道，古称"北岭""马前山岭"，俗称"大岭""新岭"，起止于雁荡灵峰与仙溪南阁之间，是古时从南阁至雁荡的民间通道。叫马前山岭，是因为南阁村东北有一座孤立的小山叫马屿，位于马屿前方的山叫马前山，从马前山上经过的路自然而然被称为马前山岭。后来不知何故被改称为马家岭。马家岭古道全长4.2千米，呈东南—西北走向，路面宽度1.5~1.8米，块石构筑，岭头海拔365米，为沿路最高点。马家山岭古道从雁荡灵峰经雁荡林场真际林区、横官路村抵南阁，沿途有观音洞（合掌峰）、北斗洞、将军洞、五马回槽、真际桂花林、真际寺、南北坑、南阁牌楼群等诸多景观和人文古迹。

古道始建于何时，现已不可考，至少在明代中期之前早已通行。明正德二年（1507）章玄应写有《马前山岭》诗："正德丁卯九月，予与诸弟侄及子孙辈随步登马前山岭头，俯见远近诸山或断或连，若翔而舞，诸溪或合或分，若抱而环，皆在丈履之下。盖兹山之高与雁山等，故能得此胜也，漫兴一首：踏尽巉岩尚未休，云连雁影到峰头。山如群凤联翩起，水学游龙宛转流。布袜青鞋行处好，班荆扫石坐来幽。老年何幸身强健，得际承平作胜游。"崇祯五年（1632）三游雁荡山的旅行家徐霞客曾对马家岭有描述："三里，登马家山岭，路甚峻，登南侧望雁顶，棱簇如莲花状；北瞰南阁，已在履底，飞瀑而下。"清乾隆曾唯编纂的《广雁荡山志》记载："北岭，一名马家岭，在东谷真际寺西北度岭入荡阴南北阁。"清乾隆《雁荡山志》载："从二阁来者，由南阁东南度岭，南入真际，至灵峰。"据横官路村人的世代相传，它在明代已经存在，只是那时仅是民间小道，没有规整的块石路面而已。重修、拓宽马家岭古道则是民国年间的事，据史料记载，马家岭古道是由雁荡山名士募资修筑的。1932年，丁辅之在北岭作五言诗一首以记。同时期，马君武游览雁荡山，从灵峰前往南阁，作有《雁荡南阁村》诗，开头四句就是写马家山岭："小径通南阁，飞泉洒北坑。山于活处现，人在画中行。"诗中说的飞泉是指马家山岭中途一处流向北坑落差约30米的无名小瀑布。

曾几何时，马家岭成了雁荡和仙溪两地百姓生活交流的纽带，南阁这边的雪梨、杨梅、橘子等经济作物通过"大岭"，运至雁荡白溪售卖，雁荡白溪那边的鱼、虾米等海货经过"大岭"送到南阁这边售卖。元宵节期间民间有"贺龙"习俗，也见证了位于马家岭两边的白溪村与南阁村的世代友好，白溪村板凳龙经灵峰，翻马家岭"贺"至南阁村，"龙"过马家岭时，灯火闪烁，锣鼓喧天，山下人山人海，爆竹齐鸣，热情相迎。

走上马家岭路，景在眼前，一路佳木繁荫，落英缤纷，不到半小时即可登上岭头。站在马家岭头，豁然开朗，岭之四周风景迥异。向西北远眺，豁然开朗，一条溪流从村庄前迤逦而过，山前群峰峥嵘，巨崖叠起，层峦叠翠；山下古村炊烟，田园阡陌，一派乡野风光，给人以清静的感受。向东南望去，群山连绵，雁荡山风景区的精华景点悉数收入眼底。岭头道路为三岔口，左前方巍巍高山，即为徐霞客所到之雁荡高峰乌岩尖，海拔974米，山顶呈锥形，裸露的岩石黝黑，峰形挺拔，山体陡峭，自上往下形成壮观的峰林，乌岩尖与百岗尖、雁湖尖、凌云尖合称"雁荡四尖"。右前方则沿古道通向仙溪南阁。

下山道路块石铺筑规整，山路弯弯，蜿蜒曲折，但较为平缓，古道两旁，绿荫如盖。山路深处，满是落叶。大约40分钟后可到岭脚，从岭脚经横官路抵古道终点——南阁。

南阁是一个历史悠久的古村落，起源于五代，是明代著名诤臣章纶的故里。村内直街上，有雄伟古朴的牌楼群，原有7座，现存"世进士"等5座。自南往北依次为"会魁""尚书""方伯""恩光""世进士"，5座牌楼沿南阁村主街道——由卵石铺砌成图案的直街一字排开，全长150米，层层递进，气势不凡。牌坊群立于明正统至嘉靖年间，均高7米左右，面阔5.57米，进深4米左右。牌坊造型奇特，用材粗壮，中柱用石、有收分、侧脚，柱间连以大小额坊，中悬红底金字匾。柱下石台基，斗拱硕大并用月梁。由明正统四年（1439年）进士章纶（1413—1483）始建，其后裔续建而成。先贤章纶敢为民

忠谏，上《疏陈修德弭灾十四事》，触怒君主，入大狱，有"一代直臣"之美誉。2001年牌楼群被列入全国重点文物保护单位。

【南坑】真际寺西南段又称为南坑，南坑因位于古道北岭的南面而得名，亦称真际谷，山高坑深，悬崖峭壁，直抵乌岩尖，长约4000米。寺门东南向面对五马回槽，旧称五老峰，与灵峰一带的犀牛峰、碧月峰、凌霄峰组成高度相仿的天门，形成五座相连的山峰。在雁荡山，谷之深而宽者称"坑"。南坑西向直抵乌岩尖，北行经马家岭可至古村南閤。前半程比较平坦，后半程约1000米的路程，有一定的难度，多处需要攀爬翻越瀑布，不停地在溪流两岸来回穿梭。坑内有怪石、奇洞、飞瀑多处，坑中林木茂盛，涧水清澈，鸟兽出没，富有野趣。真际寺周围之卓刀、大笔、玉笋、龟岩、五马回槽、六象朝觐、达摩过江诸景点，均为流纹岩的叠嶂，经断裂破裂、风化剥落而成的流纹岩造型地貌。五马回槽，原为流纹岩的叠嶂，受五条北北东向断裂切开，成五座似连非连的高岩，其顶部数米厚是岩流的顶部层位，岩石不易风化而突出如"马头"。

【东外谷】谢公岭为东内谷与东外谷的分界岭，古人游山若从东入，多从东外谷的雁峰村经谢公岭入山进入灵峰景区。《乾隆雁荡山志》载，谢公岭在东谷灵峰东一里，自灵峰渡岭出东外谷，东走石梁洞。《雁山志》亦载，谢公岭，西界灵峰，东通石梁，为东内、外谷限。谢公岭属古驿道中的一段，一条曾由东大门进入雁荡山所必经的山道，同时又是雁荡山的分水岭，岭内即东内谷，岭外为东外谷。相传谢公岭建于南北朝时期，因谢灵运而得名。谢灵运（385—433），南朝宋诗人，东晋名将谢玄的孙子，袭封"康乐公"，中国山水诗的鼻祖，南朝刘宋武帝永初三年（422）出任永嘉郡守，于永嘉山水游历殆遍。据史料记载，谢灵运是最早来叩问雁山之门的历史名人，曾作《从斤竹涧越岭溪行》，后人把此岭定名为谢公岭。然明朱谏《雁山志》云："谢公，人多指灵运，惟元李五峰有岭东谢氏之说。考岭东旧有谢家屿，岭必屿人所作，五峰之说近是。"明崇祯杨文骢《谢公岭图》题曰："谢公岭即在石梁寺之右，昔人谓灵运开山遗却雁宕，吾坚持此为谢公自嘲也。"清同治六年（1867）温处道台方鼎锐曾写下"谢公虽好游，未陟此山巅"的诗句。谢灵运是否上过谢公岭，是研究谢灵运的学者们颇关心的问题，有待进一步考证。然而这则疑案让谢公岭变得更为扑朔迷离、玄秘幽奇，引得迁客骚人纷纷探访驻足遐思咏叹。

【接客僧岩】由东侧翻越谢公岭,就是雁荡山的东外谷,这里最引人注目的还数接客僧岩、东石梁洞和石门潭。接客僧岩是雁荡山标志性的景观之一,千百年来,东来的游客慕名来雁山,只要一看到接客僧岩就知道雁荡山到了。无形之中,接客僧岩成了古时雁荡山最好的形象大使,秃顶披袈,兀然静坐山口,笑引往来人。接客僧岩是由雁荡山火山最早喷发的熔结凝灰岩组成的。接客僧岩的头部、身部和底座三部分岩石均为熔结凝灰岩,三个部分的形成可能代表了连续三次火山爆发的熔结凝灰岩,每次爆发岩石内部结构有差异,经长期风化剥蚀,第一次爆发的岩石基本保留成为底座;第二次爆发的岩石经过崩落后保留了一个柱体,成为"身部";第三次爆发的岩石仅保留了一个"头部"。所以接客僧岩是大自然雕塑而成的,它已经历了一亿多年的风雨侵蚀雕琢历程。

一座拟人的景点如此逼真,怎能不说这是造物主对雁荡山的厚爱?而这座山从唐至今也一直深受高僧大德的眷顾,诺矩罗、一行、贯休……他们每一位都是雁荡山佛教文化的建设者、推动者和传播者。沧海桑田,岁月变迁,只有接客僧亘古不变的长揖,每日都笑颜相迎出入山门的众生。正如清人诗云:"大得无生意,真诚不坏身,兀然山口立,笑迎往来人。"

明代地理学家徐霞客第一次来游雁荡,作《游雁宕山日记》,为《徐霞客游记》的第二篇,节选原文:"又二十里,饭大荆驿。南涉一溪,见西峰上缀圆石。奴辈指为两头陀,余疑即老僧岩,但不甚肖。五里,过章家楼,始见老僧真面目:袈衣秃顶,宛然兀立,高可百尺。侧有一小童,伛偻于后,向为老僧所掩耳。"其详细记述了接客僧岩,以此可以看出接客僧岩是东入雁荡山奇峰竞秀的第一景。

【东石梁洞】与接客僧岩相隔不远处有东石梁洞,坐北朝南,因洞中有一天然巨石横跨洞口,形似石梁,古称"石梁洞",后因位于雁荡山东面而名"东石梁洞",雁湖景区有"西石梁洞"与其呼应。雁荡山有名的石洞有66处,如北斗洞、莲花洞、观音洞、道松洞、兜率峒、西石梁洞、碧霄洞、雪洞、古竹洞、长春洞等。此洞有寺,名"石梁寺",是宋代雁荡山十八刹之一。石梁寺始建于宋庆历二年(1042);熙宁元年(1068)赐额。南宋薛季宣《雁荡山赋》记载,"造石室于东梁,高礼佛之勤渠。亭白箬而下道,穷二阁于荡阴。"而南宋乐清知县袁采《雁荡山图序》中说:"东北有岭曰谢公岭,达东外谷,有寺曰石梁，东北至双峰，达黄岩。"南宋以后，石梁寺几经兴废。2003年，观音洞僧显明来寺住持，在洞前建大殿五间三层，全寺占地面积约七亩。洞内不椽不瓦，设大殿，中奉一佛两弟子，像后壁立三世尊，旁坐十八罗汉。洞口有"半月池"。老山门朝东，砌石为门，门额上书"石梁洞"。洞深且幽，高敞明朗，可容千人，洞外峭壁千仞，内外壁现存摩崖题刻二十余处，系历代文人名宦手迹。入口内侧崖壁分别有镌刻于明崇祯二年（1629）的"石梁"两个楷书大字，1924年仲春屈映光题刻的"石虹洞"及1946年夏诸暨人边公藩题、邑人周久平书写的"石林胜处"等。值得一提的有三处：第一处是北宋政和年间"邵大受"题名，邵大受为浙江淳安人，宋政和八年（1118）进士，官至刑部右侍郎，来游雁荡山时任浙东路提点刑狱。第二处为"晁美叔来观石梁"题记，晁美叔即晁端彦，宋嘉祐四年（1059）进士，与苏轼为同榜进士，历任秘书少监、开府仪同三司，在任两浙刑狱提点官时来游雁荡山，在雁荡山雪洞、三折瀑等处都有题刻。第三处为明"高冕、唐世英、林文相、黄承文、黄承德、王正亿同游"摩崖题刻，高40厘米、宽约110厘米，自右而左，楷书，直写。内中因石梁寺僧人开凿壁龛而损坏中间一块，致使缺了四字，分别是林文相的"林"字，黄承文的"黄承"两字，王正亿的"亿"字。

王正亿（1526—1577），原名正聪，字仲时，号龙阳，浙江余姚人，为明思想家、哲学家和军事家王守仁的嫡子，明思想家、南京礼部尚书、翰林院学士、浙江黄岩人黄绾的女婿，初袭锦衣卫副千户，明隆庆二年（1568）十月袭新建伯爵位，岁禄千石。这里顺便介绍一下新建伯爵位。王守仁在明正德十四年（1519）平定江西"宁王之乱"，据《明世宗实录》载，正德十六年（1521）十一月，明世宗追叙平定"宁王之乱"功臣，敕封王守仁新建伯，奉天翊卫推诚宣力守正文臣，特进光禄大夫、柱国兼南京兵部尚书，参赞机务。岁支禄米一千石，给三代诰券，子孙世袭。明嘉靖七年（1528）十一月，病重的王守仁已等不及吏部的回文就自行离开广西任所，返回浙江老家。此前王守仁就已经数次请求告老养病，被权臣桂萼打压驳回。该月二十九日，王守仁归家道经江西，因病离世于江西南安府一所小舟之上。王守仁的学生、时任礼部右侍郎的黄绾奏告："故新建伯王守仁因病笃离任，道死南安，方困剧时不暇奏请，情固可原从宽宥。"上曰："守仁擅离重任，甚非大臣事君之道。况其学术事功多有可议，卿等仍会官详定是非，及封拜宜否以闻，不得回护姑息。"

嘉靖四十五年（1566）八月，刚刚即位的明穆宗平反了王守仁冤案，追封新建侯，追谥文成。隆庆二年五月，复王守仁新建伯爵位之子孙世袭等。隆庆二年十月，王守仁嫡子王正亿袭新建伯爵位，岁禄千石。

明万历五年（1577），第二代新建伯王正亿卒，王正亿有儿子，长子王承勋，次子王承恩，嫡长子王承勋（1553—1625）袭爵。王正亿于嘉靖年间偕同高冕、唐世英等人来游雁荡山东石梁洞并题记，他们当时还游览了灵岩景区，在龙鼻洞也有摩崖石刻题记。王正亿的岳父黄绾（1480—1554）也曾来游雁荡山，并在龙鼻洞留下摩崖题刻。黄绾，其生平见龙鼻洞摩崖石刻"空明"词条，这里不再赘述。

高冕（1500—1555），字服周，浙江孝丰县（今属安吉县）人，明嘉靖二十年（1541）进士，登第后，即疏辞归养终丧。服除，授南京礼部祠祭司主事。嘉靖二十四年（1545）转南京刑部主事，迁刑部员外郎。因"治狱精强"，于嘉靖三十二年（1553）擢广东南雄府知府，任上施治措施得宜，政治清明，政绩突出。三年将上计，竟不幸染疾，嘉靖三十五年（1556）九月卒于任上，吏民无不涕泪遮道殡送。唐世英，浙江归安县（今属湖州市）人，生平不详。林文相，浙江太平县（今温岭市）人，明嘉靖十二年（1533）补国子监生。黄承文，字伯敷，号石洞，浙江黄岩人，王正亿妻舅，以父亲黄绾荫补南京通政司经历，擢知府。黄承德，字伯明，号海曲，浙江黄岩人，黄承文胞弟，以父荫补桂林卫经历，累权县事、参军等，著有《黄参军稿》《海曲谈林》等。

石梁寺旧时石砌门楼与台阶还保存完整。山门门楣上"石梁洞"三个楷体大字比较清秀。山门入口内侧石壁上镌刻了"石梁"两个大字，左右落款则为后代伪刻。寺前是岭脚村。老山门就遥对接客僧岩，也是目前看接客僧岩的最佳之地。东石梁洞外侧经石板岭（又称柚树岭）古道可到元代五峰先生李孝光墓地所在的泗洲堂村、李孝光故里田岙村，往北则可以顺着古驿道去往南阁、北阁、仙桥、白岩、散水崖、马家岭古道、庄屋古道、龙溜乃至雁湖、永嘉云岭等地。据北宋闽人章望之《雁荡山记》载："谢公岭行一里有石梁庵，因梁而名（按：石梁后有石室，前对礼佛峰，新旧图所谓石佛也）。东南三里至白箬驿。"说明历史上雁荡山马家山岭、谢公岭、白箬岭、油柿岭、白箬驿、白溪驿（明代以来曾改称岭店驿、黄山驿）、芳林驿、芙蓉驿、瑶岙驿均是南来北往驿道上的重要节点，而能仁寺、灵岩寺、净名寺、真际寺、罗汉寺、双峰

寺等也都布局在古驿道沿途,曾是接待过往僧侣客商的重要驿站,对开发雁荡山起到了极大的推动作用。

【泗洲堂村】接客僧岩往东北方向,经柚树岭古道便可达泗洲堂村。泗洲堂村因村西北有泗洲堂而得名,据清道光六年(1826)《乐清县志》载,泗洲堂旧属山门乡二十都,现隶属大荆镇。泗洲堂村后奇峰耸秀,风光奇绝,五峰山(388.6米)—明月峰(大山后)—石梁坑岗(538米)间存在大面积的柱状火山节理发育的流纹岩地貌,与显胜门中高线一段崖壁相似,是活化的火山地质地貌的教科书。

【李孝光墓】乐清市级文物保护单位李孝光墓位于大荆镇泗洲堂村柚树岭北麓,坐西南、朝东北。墓前立有青石铭志,楷书镌刻"元崇文阁秘书监丞致仕训国大夫孝光李公号五峰偕夫人徐氏之墓",左右两侧刻有铭文,下款"道光十六年(1836)秋八月众裔孙重建"。墓坛砌石及四周山墙均因年久沉埋。李孝光(1285—1350),字季和,号五峰,大荆淀岙村(今名田岙村)人。元代著名文学家。隐居五峰山下,泰不华、陶宗仪等皆师事之。至正三年(1343)应征,任著作郎,次年升秘书监丞。至正十年(1350)致仕,南归途中病逝于通州(今北京市通州区)。著有《五峰集》。

【明月峰】明月峰位于雁荡山东麓大荆镇泗洲堂村西山谷,属于灵峰景区。据《雁荡山志》记载:"明月峰,在五峰东南不半里,山顶巨石高耸,其北侧嵌一石,白色整圆,宛然云隙月华,俗呼月亮岩,又称月牙岩。在柏树岭、田岙村各处皆望见之。"明月峰是雁荡山世界地质公园火山流纹岩地貌中的典型岩嶂景观,处在雁荡山火山东部岩石地层剖面"黄家岙—七星洞—五峰山—大山后—石梁坑岗"地质考察路线上。明月峰所处的岩嶂,从不同角度看,形态各异,似骆驼、似游龙、似玉兔,移步换景,风景如画。明月峰东面有箭岩,西面有板张岩、神龟岩(狮子岩),北面有白虎吼月(又称上下白虎岩)、猴岩。站在高岗上,俯瞰诸景,明月峰与白虎吼月南北呼应,白虎吼月与箭岩东西牵制,相生相克,风水之象,自然而成,让人惊叹。

【云霞洞】从石门潭北崖岭上西望,有峰掩映在云雾缥缈间,如螺如髻,或揖让,或牵挽,接肩联袂,就是五峰山。逾岭涉溪,经田岙、黄家乔,即至峰麓,由此拾级而上可至下洞"云霞"、上洞"七星"。云霞洞(亦称"普庵")位于山腰处,茂林浓覆,望之蓊然,若非钟磬出于林际,无人知峡里人事。《大荆镇志》记载:"洞不甚深广,约莫能容百十人许。洞口平坦,日光下照,清朗疏亮。洞左砌一坛,坛中植木樨,小株亭亭,婆娑可爱;洞右筑小池,接洞水灌注,水清冽,游鱼若著空然。洞外列砌有苍柏百余株,直柯上干,烟蔓云萝,元气淋漓;杂树连植,交枝结叶,浓荫匝地,在日犹昏。憩坐山石上,听涧水细吟,山鸟欢聒,风从密叶间滤过,清新芬芳绿意柔润。人事外得此一刻,涤虑澄心,连城不啻矣。"云霞洞前有乐清县级文保碑"李孝光读书处云霞洞",洞中建有寺院,还有两层的居室,香炉上铸有"云霞洞天"。李孝光著有《五峰集》《雁山十记》等。元诗人济尔葛朗写有怀念李孝光的《云霞洞》诗:"著作当年住普庵,洞门寂寂锁云岚。陈书在昔名长泯,载笔于今泽广覃。状貌高冠亭野鹤,经纶满腹吐春蚕。与君偕出思偕隐,留取山窗共讨探。"

清方尚惠《淀川云霞洞记》云:"峭壁丹黄,幽静深邃,昼则云日相映,夜则星月呈辉,遇雨若户悬珠箔,闻风若洪涛鼓海,即久雨亦无潮气,虽灵峰诡怪,碧霄清隐,石梁幽奇,不若此洞之光明洞达也。"

云霞洞不仅自然景色优美,可资幽赏,而且人文足迹灿然,亦可供好古者追慕。

【七星洞】由云霞洞上跻,石阶莹洁,苔苍藓绿,山径曲折穿行于丛树间,时见松鼠登枝,林禽啄食。约五百级,路转陡峭,复尽百级,即达七星洞。七星洞地近山巅,峻嶒突兀,规模云霞而半之。帽岩覆洞,有"白虎吼月,玉兔为屏"之称。峦高日低,天水自来。扶栏凭空,唯见风行木上,涛起千山,青葱连绵,村聚错落,鸡犬之声隐约可闻;极目处水天相接,渺焉梦云,便是东海了。须晴日早起登眺,则可见东曦浴海升腾,若舞百千万红绫景象。壁上有联云:"仰揽明月,星河皎皎瑶池近;俯观晓日,云海沉沉蓬岛低"。洞顶穹起,缀壁有七小洞隆然如星罗,故名"七星"。洞内建筑始于清光绪三十二年(1906),1988年重建。

【石门潭】"不知颖川水,可有石门清?"这是诗人对石门潭的赞美。潭左右山峰对峙如门。现藏北京故宫博物院的明嘉靖五年(1526)画家叶澄的《雁荡山图》长卷开篇就是石门潭景观。石门潭为雁荡山第一大潭,连接在山海之间,荡阴之水汇聚于此再注入东海,是雁荡山东外谷的一块碧玉。石门潭长400多米,宽100多米,深30多米,面积4万平方米,是附近居民的天然泳池。

因靠近入海口，此潭还盛产"雁荡五珍"之一的香鱼。明代的何白曾将石门潭列入"雁山十景"之一。

石门潭右侧北面小山坪崖壁上有清道光壬寅田岙李方合建、蔗湖干氏助基的"斯文永振"四字摩崖石刻，高23厘米、宽175厘米，自右而左，正书，横写，字迹可辨，保存完整。摩崖石刻旁边瓦砾遍地，为大荆文昌阁旧址。附近还有一处北宋天圣年间的"祝圣放生池"摩崖题刻，全文为"敕封石门惊潭，久防龙潭永充，祝圣放生池"，摩崖石刻高190厘米、宽110厘米，分上下三行，正书，直写，遗憾的是摩崖年代久远，个别字迹模糊难认。石门潭左侧峭壁上摹刻有现代著名画家周昌谷（1930—1986）书题的"云生大泽"四字。

石门潭往西北走不远，便是智仁乡旸岙谷与智仁溪，智仁溪与松坡溪汇合处北岸的山峰下便是宋代雁荡山十八古刹之一双峰寺旧址。双峰寺建于北宋祥符元年（1008），熙宁元年赐额。旸岙谷往西北便是与黄岩交界的太湖山杜鹃谷，而往东北则可以直达与温岭交界的盘山岭，盘山岭古道是南宋时开辟的驿道。据智仁乡大台门村《旸川鲍氏宗谱》载，南宋德祐二年（1276），"适广、益南幸，文信国、陆秀夫、陈宜中等如温州求之，道经旸岙，檄四方勤王之师"。而后元兵南下也经由此道经白箬岭"浙闽通衢"进入雁荡山。

灵峰夜景

> **导游内容（仅列重要景点）：**
>
> 景区概况—犀牛望月—雄鹰敛翅—鲸鱼喷水、济公打坐—双乳峰—相思女—夫妻峰—牧童偷看—仰天少女—婆婆峰—公公峰—黄昏恋—飞天少女—寿星送客

【景区概况】雁荡山是中国东南沿海最浪漫的"海上名山"，不仅有夫妻峰、相思女、黄昏恋、断肠崖，更有迷人的"犀牛望月时，夫妻相见亲，小孩偷偷看，婆婆羞转脸"（一说为牛眠灵峰静，情侣月下恋，牧童偷偷看，老人羞转脸）的灵峰夜景。人们常说灵峰景区"日景耐看，夜景销魂"，所以有"雁荡最妙处，灵峰暮色时"之说。看惯了深圳、成都、重庆、南京、上海、杭州的夜景灯光秀的人，经常会习以为常地在雁荡山夜景中寻找绚丽的灯光。现在到雁荡山看灵峰夜景，会带给您意想不到的震撼，它不靠人工的造作，而是纯天然的杰作。

请看，朦胧的月光和神秘的夜色，增添了灵峰夜景的变幻，白天的奇峰异洞到了晚上仿佛加了一层滤镜，让风景更加朦胧，而轮廓在天空大幕的映衬下清晰了许多，成了一幅幅线条分明的泼墨画。其实各地的旅游胜景都不缺夜景，但像灵峰这样无须灯光、无须造景，全天然无雕琢的自然山水结合，又极具形象美、意境美的实不多见。白天我们已经欣赏了灵峰景区的日景，那么现在就让我们一起走进亿年火山奇观，中华夜景名山的灵峰夜景。2008年在美国次贷危机引发的经济寒流面前，我们策划了以"寒冬里，寻找一个温暖的地方"为主题的旅游市场营销"暖冬计划"，率先推出"诗画山水，温暖之州"

城市品牌主题营销口号，主推三条旅游精品线路："除了雁荡山还有爱情，除了夫妻峰还有我们"雁荡山奇山浪漫游、温州女人街"女人一生的眷恋"时尚休闲购物游、"带上心爱的人泡温泉"泰顺冬季温泉体验游。在雁荡山夫妻峰前策划举办了中国雁荡山夫妻文化旅游节，让金婚、银婚、钻石婚的夫妻回味初恋的滋味，让情窦初开的男女到雁荡山找到自己的真爱，让处于热恋中的男女到雁荡山加快走进红毯的进度，让处于感情边缘的男女在雁荡山夫妻峰前握手言欢破镜重圆。面向全国征集十对恩爱夫妻，只要男人挽着女人的手一同走进雁荡山灵峰景区，凭结婚证就可以享受门票五折优惠。在夫妻峰前留下你一生最美丽动人的婚纱摄影，在夫妻峰前宣读《雁荡山爱情宣言》，让夫妻峰（情侣峰）见证你们山海永固、琴瑟和鸣的忠贞爱情，交换"心心相印"对章、品尝"苦甜掺杂苦尽甘来"的情侣咖啡、植相思树、挂同心锁、吃和合饭。此后，雁荡山便被冠以"爱情名山"的美名，灵峰也成为"爱情圣地"。如果把灵峰景区的夫妻峰理解为牛郎和织女，那么果盒桥即鹊桥，鸣玉溪即天河，犀牛峰即老牛，凝碧潭即织女洗浴地，双烛峰即洞房花烛夜的"花烛"，斗鸡峰也可理解为"斗鸡"节目渲染了节日喜庆气氛，双烛峰、斗鸡峰均"成双成对"，寓意深长。每逢七夕前后，各地恩爱夫妻、热恋情侣就会慕名而来，在灵峰夜色中感受人生的美好，憧憬或回味爱情的甜蜜。

灵峰夜景的形成与雁荡山所处的地理纬度、海洋季风气候有关。夜游灵峰，游赏的不是灯光秀，而是在夜幕中的山体。因为光线黯淡，山体的线条就形成了各种形象，据说有些形象在白天看是不明显的，非得在黑夜中跟着导游的手电筒看。明天我们还会参观灵峰日景，到时候请大家再比较一下日游灵峰和夜游灵峰的差异，很多人觉得夜游灵峰才是雁荡山的精髓与灵魂。有的游客也许觉得先看日景再看夜景，感觉可能会更好一些。灵峰景观，白天看的是工笔具象的山水画，晚上看的是心象的写意山水画。你看相思女，白天看会让人觉得少女的脸倒像猿猴，不像人脸，现在大家再看，是不是觉得少女的形象活灵活现？看习惯了其他城市游船夜游璀璨的灯光秀，再看灵峰景区浓淡相间的泼墨山水，觉得这才是大自然最真实的形象。当然，灵峰夜景丝毫不缺乏色彩，大家戴在头上的灯是五彩缤纷的，虽然这些灯光不聚焦，却是山里夜景中不可或缺的点缀，也有些人觉得还是导游手里朴实无华的手电筒比较管用。

夜幕下灵峰景区冰冷的险峰怪石似乎被上苍赋予了生命，一下子灵动起

灵峰夜景

来，变成了会说话的场景。置身其间，俨然在观赏一场盛大无比的皮影戏，天空是屏，山峰是影，大自然鬼斧神工的画面投放到无边的天幕里，激发出人们无限的想象空间，有趣、新奇的同时，内心深处是震撼的。现代著名作家郁达夫《雁荡山的秋月》中写道："淡云蔽月，光线不明；我们真如在梦里似的走了七八里路，月亮才兹露面。而玩月光玩得不久，走到灵峰谷外朝阳洞下的时候，太阳却早已出了海，将月光的世界散文化了。不过在残月下，晨曦里的灵峰山，景也着实可观，着实不错。"

【犀牛望月】看灵峰夜景需要有几个最佳条件：最佳时间、最佳位置、最佳方式。最佳时间是夏天下午6：30前后，冬天下午4：30前后。像现在天刚蒙蒙昏暗下来，却未完全变黑，此时的山峰已经看不见表面的岩石和草木，时而在微亮的天幕映衬下，成了一幅幅美丽的剪影。刚才我们一路走来，已经初步感受到了"灵峰夜景处处绝，仙境尘寰咫尺间"的奇妙。现在请大家抬头仰望前面的山峰，一头老牛昂头向东，好像在等待着什么，思念着什么。

这里流传着一个美丽的传说。相传很久很久以前，雁荡山下住着一位十分富有的财主，财主家中有一位无父无母的六岁女孩，名叫玉贞。小玉贞白天给财主放牛，晚上便与老牛睡在一起，和老牛相依为命。冬天寒冷，老牛就用身体给她御寒，夏天蚊虫多，老牛就用尾巴替她驱赶蚊子。过了几年，小姑娘已经长成了标致的大姑娘，财主垂涎于玉贞的美丽，一天晚上带着许多家丁到牛棚里，要把玉贞抢来做小妾。此事被老牛知道了，趁着夜深人静，老牛驮着玉贞便往山上跑，到了朝阳洞背五老巅，却发现前面是悬崖。眼看着后面财主家的家丁马上就要追赶过来了，这时候，老牛灵机一动说："姑娘，你站在我的角上，我用角送你上月宫去。"没等玉贞开口，老牛忍痛用力把牛角往前面崖壁上一扣，只听"轰"的一声，老牛一只牛角断裂，瞬间变成了弯弯的筏子，将玉贞送到了月宫。而失去了一角的老牛活像非洲大陆的独角犀牛，每天都站在这里，抬头仰望天上的月亮，思念着玉贞姑娘，天长日久，日晒雨淋，老牛也渐渐变成了坚硬的崖石。每当皓月当空的晚上，人们便称之为"犀牛望月"。但是月有阴晴圆缺，在看不到月亮的晚上，我们则称之为"犀牛盼月"。观赏此景的最佳时间应是农历八月十五，也就是中秋节的时候，因为那天的月最圆，情最真，人团圆。在犀牛的左侧有一块凹凸岩石，那是一块元宝，也有人说犀牛更像是一只兔子，因此此景也叫"玉兔献宝"。大家可以充分发挥想象力，形成你心里最独一无二的雁荡山美景。现在，请大家跟随我的脚步继续向前。

【雄鹰敛翅】请大家站在这条线的下面，背对艺术馆，抬头仰望，只见一只硕大的雄鹰抬着头，收敛着翅膀，凝神伫望，它就像一尊保护神一般，守卫着这方净土。20世纪60年代，郭沫若先生观此峰后，诗兴大发，挥笔道："雄鹰踞奇峰，清晨化为石。待到黄昏后，雄鹰看又活。"

【鲸鱼喷水、济公打坐】现在请大家往光线移动的山峰看，这座山峰在白天是三块独立的岩石，到了晚上就形成了一体，成了世界上最大的哺乳动物——鲸鱼，中间还有背鳍，十分形象。您看，此时这条鲸鱼正在呼气，喷出的一股水柱，像喷泉一般，十分壮观，此景就叫"鲸鱼喷水"。相传雁荡山在远古时代曾藏身海底，后来海平面降低，海水退去，雁荡山才裸露出来，重见天日。但这种说法缺乏科学依据，因为雁荡山是一座陆上喷发、陆上堆积的火山，似未接受过海水的洗礼。火山岩造景之奇特，昼夜变化之神秘，唯独雁荡山才有。"鲸鱼喷水"的形象似是在提醒人们，我们雁荡山可能是一座海上名山。鲸鱼的喷水柱还特别像济公和尚手拿扇子端坐在上面，所以此景也叫"济公打坐"。下面请大家再移步往前。

【双乳峰】请大家仰头观望，刚才的雄鹰已不知去向，神奇的合掌峰又会带给我们什么样的变化和惊喜呢？这个景也有一种说法："男人看了哈哈笑，女人看了羞答答，小孩看了想妈妈。"原来，灵峰和倚天峰的峰顶微微凸起，浑圆而高耸，我们把它们连成一体看，想想它像什么？是的，这就是世界上最神圣、最伟大的母亲的双乳，是爱与美的象征。"双乳峰"不仅孕育了如诗如画的雁荡山水，也孕育了勤劳智慧的雁荡人民。因此，雁荡人民还给了她一个雅称——东方维纳斯。

【相思女】现在大家再跟随我的脚步往前走五六步，前方裂缝的左侧，一位少女正倚着灵峰，脸朝东北方，一头大波浪，体态匀称，温文尔雅。您看她，那一个眼神，一个期盼，是不是在等待着什么呢？原来，她是在等待她未归的情郎。真可谓"多情自古伤别离"，我们从她那残泪锁双眉的神态中，仿佛看到了人世间真切的离愁别绪，让我们真诚地祝愿这位相思女可以等到她的意中人！

【夫妻峰】正所谓"身无彩凤双飞翼，心有灵犀一点通"，这位相思女终于盼到了心上人。请大家抬头看合掌峰，左边的少女波浪式的发型，一身得体大方的服装，此时的她已经踮起了脚尖，微微扬起了脸，双手搂着右边小伙子的脖子。右边的小伙子天庭饱满，眉清目秀，发型好像还是三七分呢，小伙子身后似乎背了一个双肩包，看样子刚从远方回来，来不及卸下身上的包袱，就双手搂住了恋人的纤纤细腰。这就是雁荡山驰名中外的"夫妻峰"了。如果您仔细观察这对情侣，就会发现他们是会动的！这对情侣情意绵绵的爱让人看后流连忘返，此境界真是只可意会，不可言传。当代诗人杨万宁《夫妻峰》诗写道："是别离还是相逢？月色浓重，情也浓重。你们相亲相爱谁都不怀疑，有月亮做证；多少年前那深深的一吻，再也没有分开（成为爱的雕像），全然不理睬，世世代代千万游人的眼睛；岁月能风化坚硬的岩石，风化不了忠贞的爱情。"

【牧童偷看】此时，回头看我们的情侣峰已经没有之前那么亲热了，中间的距离拉开了，好像是不好意思似的。很多人说是因为我们观看他俩太专注而造成的。其实不然，是远处还有一位牧童在偷看他们相恋呢！原来，刚才骑在鱼背上的牧童，除了给他们祝愿以外，一直在偷偷看他们相会的情景呢！你看，这个小家伙在脚下垫了一块小石头，身子趴在前方的岩石上，伸长了脖子，双眼紧紧盯着前方的情侣峰。

【仰天少女】大家请看前方的山峰最高处突出的方形山峰及右侧较低部分，一位娇羞的少女出现了，正满脸稚气地在数星星呢！好一尊可爱、漂亮的少女雕像。你看最高处是她朝向天空的脸，瀑布流水般的长发一泻而下，双手搭在腹部，不知是在数星星，还是在盼望美好的爱情呢。让我们自己去猜想吧！

【婆婆峰】您看，白天看的双乳峰，到了夜里，靠路边的大岩石，酷似一位老婆婆。后脑勺一个发髻，稀疏的头发、宽额头、高颧骨、瘪嘴巴，构成了典型的老婆婆形象。老婆婆为什么将脸转向夫妻峰的另一面呢？原来啊，她正在寻找放牧未归的小孙子呢。当她在照胆潭上方看到小孙子时，却意外地发现他正在偷看那对情侣幽会。老婆婆心中埋藏了多年的浓情蜜意油然而生。想当年，自己和老伴也曾在多少个月夜相依偎，想到这里，她便羞答答地转过了头。雁荡山有一首民谣："牛眠灵峰静，夫妻月下恋，牧童偷偷看，婆婆羞转脸。"到这里，民谣中所说的景象已经完全显露出来了。人们常说"心想事成"，那老婆婆的丈夫老公公在哪里呢？大家请跟我来。

【公公峰】从这个角度请大家再看一看我们刚才的婆婆峰,老公公出现了!原来婆婆峰和公公峰是同一座山峰在不同角度观看的结果。您看,刚才婆婆的发髻不见了,脸型也拉长了,深陷的双眼,弯曲的卷发,这还是一位洋公公呢!雁荡山也是一座爱情之山,任何组合都讲究完美,接着我们去看看公公和婆婆如何演绎完美的黄昏恋。

【黄昏恋】刚才我们看到的公公和婆婆又出现在我们眼前了。左方的婆婆头系三角巾,右边的公公含情脉脉地对着老伴。他们面对面,好像在回忆甜蜜的往事,诉说着浓浓的晚情,"天意怜幽草,人间重晚晴"。灵峰夜景最大的特点就是一峰多名、移步换形,黄昏恋景观换一个角度就变成了"母子情深",两座岩峰俨然像一位披着长发的年轻妈妈与怀里抱着的婴孩亲昵地嬉玩,可能是担心婴孩因为夜间着凉,婴孩的全身裹着斗篷,露出小脸蛋。让我们怀着对爱情与亲情美好的希冀,继续前行吧。

【飞天少女】天冠峰的右侧有一位风姿绰约、彩带飞舞、衣裙飘逸的飞天仙女。飞天少女也叫石斛姑娘,只见她左手伸向斜上方做出飞天的姿势,这姿势多么轻盈巧妙、潇洒自如、妩媚动人。这座1米多高的飞天造型,可以说是世界上最高的飞天图。

【寿星送客】在飞天少女的右侧,有一位慈眉善目,长须飘飘的长者,脸朝东方,犹如一尊象征长寿、吉祥的老寿星,正笑容可掬地在这里欢送大家,此景叫"寿星送客"。雁荡山是中华"九大仙草"之首的铁皮石斛原产地,也是生活着许多健步如飞百岁老人的长寿之乡。人家说老寿星容光焕发、鹤发童颜的秘诀就在于长期服食当地的石斛汁、石斛茶,希望各位游客朋友在饱览雁荡山旖旎的自然风光、探寻丰厚的文化遗址、聆听有趣的人文故事的同时,不妨移步雁荡山石斛谷、雁圣源聚优品、铁峰堂,参观石斛仙草从育苗、栽培、移植、修剪、采摘、加工、成品全过程,探秘延年益寿、养生养颜的奥秘,希望雁荡山能开启你人生的第二春。寿星出来送客了,老寿星祝愿我们的游客朋友们"健康长寿,万事如意",我们也在这句句祝福中与灵峰夜景说一声再见。

三折瀑景区

> **导游内容（仅列重要景点）：**
> 景区概况—下折瀑—近代钟毓龙题刻—中折瀑—王十朋碑刻—邓拓碑刻—逸兴亭—上折瀑

【景区概况】游客朋友们，大家好！我们接下来游览的是三折瀑景区，景区东起鸣玉桥，西至响岩门，南至石井坑，北至餐霞洞冈，景区位于灵峰与灵岩之间，内有奇峰巨嶂，深坑险谷，飞瀑怪洞，景区面积为10.5平方千米，分为三折瀑、森林公园、烈士墓三大景点。三折瀑之幽奇，铁城嶂之雄伟，烈士墓之庄严，这三者巧妙地融合在一起，形成了三折瀑景区特有的风格。

游览的起点是三折瀑景点。一条水流为何形成三折，中折瀑瀑壁呈半桶状，它是火山口吗？构成三折瀑的岩石均为火山喷溢的流纹岩层，这里也是其厚度最大处。调查表明，这里的流纹岩层至少是三次火山喷溢而成，经历了三次岩流垒叠。每次喷溢岩流其下部含岩石碎块（角砾），中部岩石致密，但发育柱状节理，上部岩石呈玻璃质。这样的结构，对水而言，起不同的作用。下部多孔洞成为透水层，中部致密成为隔水层。再加上断裂、风化剥蚀，特别是流水的向源侵蚀等外力作用，形成三折瀑桶状瀑壁的独特造型，瀑壁均为流纹岩层。在断裂与水的作用下形成阶梯状的断崖，因而构成三折。半桶状瀑壁，是由瀑水冲击、侵蚀，瀑水不断地后退而成的，所以它不是火山喷发口。凡具桶状瀑壁的瀑布可说明其形成历史已相当久远了。三折瀑以中折瀑最引人入胜。上折瀑处于高崖深谷，人迹罕至，所以明代旅行家徐霞客是三过其下而未入，直到民国期间才得以开发，渐渐为人们所瞩目。

请您随我一起去体会登山寻瀑的乐趣吧!

在上方的山顶上可见一岩石,犹如一位将军庄严端坐,腿上放着一颗大印,此景称为"将军抱印"。诗人余献之《将军抱印》:"落日挥戈岂等闲,将军战胜凯歌还。功高长抱黄金印,从此中华有靠山。"在"将军抱印"的右下侧,可以看到平整的岩石中间部位有一"少女"显出羞答答的神态,此景叫作"少女含羞"。巧妙的是,"将军抱印"与"少女含羞"分别位于上折瀑与中折瀑,而上折瀑就如这位大将军般粗犷、伟岸,中折瀑则如这少女一般秀美。那么下折瀑是怎样的一番景象,我们不妨去探访一番。

【下折瀑】我们面前就是下折瀑。下折瀑是由雁荡山风景旅游管理委员会的前身雁荡山建设委员会开发建设的。下折瀑不高,落差才50多米,瀑朝南,三面环山,藏在谷中。这里景色清幽,使人见之忘俗。正如《陋室铭》中的名句:"山不在高,有仙则名;水不在深,有龙则灵。"下折瀑也留有仙名,仰望天空,呈葫芦状,八仙中的铁拐李将自己的葫芦放在这里了,此景称为"葫芦天"。下折瀑瀑壁呈葫芦状,是由瀑水冲击、侵蚀角砾状流纹岩,瀑水不断地后退而成的,其葫芦状瀑壁说明其形成历史也已相当久远了。左侧有一朝西的洞穴,叫作"龙游洞",洞深七八米,相传古时有游龙过此。从下折瀑折回原来的岔路口,上行过涧,约15分钟就可到达中折瀑。中折瀑前的"兰花亭"建于1963年,坐在亭前往前看,眼前尽是郁郁葱葱的绿色,在微风吹拂下起伏波动,令人心旷神怡。此时,您会发现,刚才在山下看到的"少女"正立在右边山峰上,欢迎着我们的到来。中折瀑隐藏在西面陡峭的翠楼峰中,幽深神秘。这时只要凝神静听,一种奇妙的声音就传入耳中,随着声音往里走,中折瀑便呈现在我们面前了。中折瀑落差有130多米,瀑位朝东,瀑水从一个巨大的半圆形洞顶飞泻而下,奇妙绝伦,素有"雁山第一胜景"的美称。

【近代钟毓龙题刻】位于中折瀑与上折瀑分路旁巨石上,高138厘米、宽109厘米,隶书,直写:"中山纪念林。民国二十九年三月,县长粤西容县李公训练自卫区保长于灵峰,以植树节在此举行典礼,王苏生科长属余书,此亦异日之甘棠也,杭县钟毓龙并识。"

钟毓龙(1880—1970),教育家、学者、诗人、书法家、著述家。字郁云,晚号庸翁。浙江杭州人。光绪二十九年(1903)举人,著有《说杭州》《科场回忆录》等。1938年夏,时任杭州宗文中学校长,来雁荡山办学,春风化雨，惠及一方。

【中折瀑】看这里四周危崖壁立，犹如一口深深的百丈大竖井。由于崖壁往内凹陷，瀑壁呈半圆桶状。有人说中折瀑为火山口，其实不然，它是火山喷溢时留下的厚度最大的流纹层，由于受常年不竭的瀑水冲击、侵蚀，流水不断向源头后退形成的。越是桶状瀑壁的瀑布，越说明形成瀑布的时间久远。在中折瀑的顶壁您还可见岩浆流动形成的流纹。

中折瀑入口处可见1935年夏雁荡山建设委员会题写的"中折瀑"三个大字，同样的题字下折瀑与上折瀑均有，据雁荡山一老人说，三处题刻均为许蟠云书写。

中折瀑最大的特色是可以绕着瀑布走一圈，这会让您内心宁静。环形石径里，潭水清澈见底，时不时还有小鱼悠闲游过。绕到瀑布后仰观，只见水珠纷纷扬扬地从岩端散落下来，串珠织帘，形成一挂巨大流动的水帘，晶莹剔透。山风拂过，瀑水摇曳，潭中水花飞溅，如珍珠跳跃。中折瀑随着季节、晴雨、风力的变化而变幻无穷。尤其是早上，阳光从石隙间斜射下来，瀑水折射出绚丽的光彩，幻出一条彩虹，格外美丽动人。如此美景，曾使许多文人墨客流连忘返。郭沫若于1964年5月14日来雁荡山，游过中折瀑后写了一首诗："奇峰传百二，大小有龙湫。我爱中折瀑，珠帘掩翠楼。新松待千尺，水量当更遒。煌煌烈士墓，风光第一流。"该诗被镌刻在中折瀑东侧的崖壁间，大家不妨从容领略一下，摩崖题刻高150厘米、宽80厘米，诗句连款六行，自右而左，草书，直写，落款为"一九六四年五月十四日游雁荡题为雁荡山管理委员会，郭沫若。"笔画清新，字体洒脱，从诗中可见郭老对中折瀑情有独钟。中折瀑奇特、含蓄、秀美，令许多游客赞叹。诗中"奇峰传百二，大小有龙湫"句，指雁荡山出名的有一百零二座山峰，瀑布最有名的当数大龙湫和小龙湫。郭沫若对中折瀑情有独钟，专写一句"我爱中折瀑，珠帘掩翠楼"。中折瀑为三折瀑中的最佳一瀑，"珠帘"形容中折瀑飞洒的水珠成帘状，掩映中折瀑所依托的翠楼峰。据说郭沫若看了中折瀑后说了这么一句话："我跑了许多国家，看过很多瀑布，但没有见到这样别有风味的瀑布。"中折瀑的地位由此大为提升。"新松待千尺"从杜甫"新松恨不高千尺，恶竹应须斩万竿"中化出，与"水量当更遒"一起，寄托了作者对雁荡山加强造林、蓄水的期望。而"煌煌烈士墓，风光第一流"句，体现了作者对烈士们的敬意。郭沫若将毗邻中折瀑

的革命烈士墓入诗,纪念人民英雄事迹,也就成了题中之义。第二天早上去观音洞,72岁的郭老一路健步如飞、步履轻捷。下午去了北斗洞,并在易永森(即乐清古城石雕者)的雕刻摊头驻足观看大半天,合影时他特地叫易永森来。郭沫若在此诗中盛赞雁荡之美,令人为之欢欣鼓舞。当年5月14日他离开雁荡山赴温州江心屿,参观温州市文物保护所时,与参加接待的著名篆刻家方介堪谈道:"雁荡峰峦起伏,移步换形,巉岩绝壁,应接不暇,山坡平坦可以行车,又多飞瀑,奔腾倾泻,流入东海,势更雄伟壮丽,洵奇观也。"并约"过十年当重游雁荡,再来江心以为快也。"

中折瀑后面左侧崖壁上有嵊州邢震南的摩崖题刻"雁山第一胜景",落款是"庚辰春月,偕内子育英重游至此,嵊县邢震南题。"题刻高85厘米、宽325厘米,字高47厘米、宽44厘米,自右而左,行书,横写。左款四行,直写,字迹清晰,保存完整。"庚辰"为1940年,题记者邢震南(1892—1941),字霆如,嵊州人,据台州中共党史记载,邢震南因在抗日战场上得到八路军的配合与支援,因此积极主张国共合作,团结抗日,曾支持中共黄岩、乐清边区抗日游击队的成立;1939年元旦命副专员李洁天以专署名义创办抗日宣传刊物《力行》,编务基本上由梁仪、林尧等中共党员和进步人士负责;并于1939年7月23日成立"力行剧团"到各地巡演,演出剧目有《原野》《日出》《阿Q正传》等;1940年创办台州女子手工业指导人员养成所,亲任主任,联立高中教师、共产党员管听石讲政治课,成为中共临海特委培养妇女干部的场所……这些举措有悖于蒋介石提出的"防共、溶共、限共"政策。1940年春来游雁荡山当在其台州行政督察专员任上。1941年1月,主张国共合作的邢震南转任浙江三区(绍兴)行政督察专员兼保安司令。因日寇攻陷绍兴城,被蒋介石以"失土之责"为借口在江西上饶杀害。邢震南第一次来雁荡山是在1935年偕傅增湘同游,在灵岩景区的龙鼻洞留有题名。

请各位游客看中折瀑后壁,这里有宋代张君卿的题名:"古原张君卿,淳熙壬寅季夏甲子来游。"淳熙壬寅为淳熙九年(1182),张君卿生平待考。"古原"疑为宁夏固原。张君卿的题名是三折瀑摩崖题记中时间最早的。中折瀑后面崖壁上还有落款为"陶鲁笴,1985年11月23日"的摩崖题刻:"中折瀑景谁不爱,一洞通天底池宽;五彩水帘高百丈,千珠万珠落玉盘。"于1987年刻石。陶鲁笳（1917—1011），原名陶国葆，江苏溧阳人，为第一届、第三届全国人大代表。

中折瀑前"奇"字的摩崖题刻，高117厘米、宽186厘米，于1987年由北京农业大学曾骧题写。再来看这一处"鬼斧神工"的摩崖题刻，高50厘米、宽50厘米，此为上海美协副主席、画家沈柔坚题写。而这边的摩崖题刻"造化钟神秀"是浙江美术学院（现中国美术学院）教师、画家马骀题写。这些题刻说明中折瀑也是艺术家喜爱并常光顾的景点。

各位游客，栈道内侧的崖壁上有一首诗刻："雁荡巍峨矗碧空，千秋风雨壮军容。括苍山下驰征马，天柱峰前斩孽龙，匝地黄花擎赤帜，满腔热血照丹枫。龙湫飞瀑从天落，直卷残云到海东。"落款是"周丕振，一九四五年军次雁荡"。周丕振，浙江乐清人，曾任永乐抗日自卫游击纵队队长、浙南游击纵队括苍支队支队长、徽州军分区司令员。

【王十朋碑刻】我们现在看到的这块碑，碑文是王十朋诗作，由著名书法家林剑丹先生书写。诗云："云山缭绕几千重，撩我秋来逸兴浓。欲向灵岩移卓笔，与君同扫万人峰。"王十朋，字龟龄，号梅溪，乐清左原（今淡溪镇梅溪村）人，南宋著名政治家和诗人，著有《梅溪集》，是"雁山七贤"之一。他为官勤政爱民，刚正不阿，一生热爱家乡的山水，曾前后至少7次游雁荡山，有关雁荡山的题咏甚多。他到雁荡山的游迹，在《梅溪先生集》中历历可考。最早一次在高宗绍兴十六年（1146）春，时年35岁，因赴临安进太学，路经雁荡山，在山里游历了3天。最后一次是在绍兴二十九年（1159）冬，即状元及第后第三年，自绍兴府签判调秘书省校书郎，于归途中过雁山，当时他48岁。从那以后，他就再也没有来雁荡山了。王十朋风节文章倾动一世，诗文功力也很深。他所写有关雁荡山的诗篇，皆即景抒情，不落俗套。如初游雁荡山时所作："家在梅溪水竹间，穿云蜡屐可曾闲。雁山新入春游眼，却笑平生未见山。"写出了对雁荡山的惊艳之感。碑上刻的这首诗是他第三次路过雁荡时所写，此诗表达了作者的雄心壮志。

【邓拓碑刻】继续往上走，右侧可见邓拓1960年来雁荡时题写的一首诗："路入白溪别有天，身轻心爽胜神仙。千峰欢舞成奇景，百澜狂歌庆大年。人杰地灵相掩映，物华天宝多争妍。好凭雁荡奇飞石，建设乐园万古传。"他在雁荡山留诗四首，这是其中一首。此后，邓拓梦萦魂绕，常常惦记着雁荡山。

1963年，邓拓相约电影艺术家赵丹为他作《雁荡纪游图》以为纪念，并跋以古风一首《赠赵丹同志二十韵》："今逢元旦欣相见，把手欢谈不觉迟。猛忆浙游过雁荡，峰峦突兀胜九嶷。愿得壁间一幅山水图，使我梦游其中坐卧复吟诗……"可见他对雁荡山的印象之深。

【摩崖题刻】各位游客，与其他景点的摩崖题刻大都是文人墨客不同的是，由于三折瀑地接烈士陵园，因此这里的题刻大都以革命家与领导人题刻为主。这一处摩崖题记"海上名山"是1985年浙江省政府原副省长林乎加题写。栈道右侧崖壁上有"天下奇景"摩崖题刻，落款是"段君毅，八五、五、十七"。段君毅曾担任中共中央顾问委员会常务委员，北京市委第一书记。

这个"山深海阔"的摩崖是有现代著名文学家林斤澜题写。

右边崖壁上有著名美学家王朝闻的题记碑，由温州书法家汪廷汉书抄："今年初冬，匆匆重游雁荡，山中景色仍像八年前那样对我富于魅力，而且有了新的发现。它的美是无穷的，色彩缤纷、令人笑逐颜开的景色虽美，它不可能代替基调沉静而且雄浑的雁荡的美，山中那些峭壁悬岩，珠帘或飞瀑，既显得神奇，又显得庄重和天真。它那避免了人工气的千姿百态，不只适应游人乐于倚靠自己的心灵去发现美的特殊需要，而且它那不带市井气的自然景色，可能培养人们高尚的品格和情操，我以为逸与豪情，虽属两个不可混同的概念，在游人的审美兴趣里，却没有绝对对立的界限。因此，我不只同情乐清宋代诗人王十朋诗句'撩我秋来逸兴浓'，也同意取其'逸兴'二字来给新建的山亭命名，一九八六年十二月三十日，北京王朝闻记，丁卯端午节后二日，东瓯汪廷汉书。"王朝闻（1909—2004），原名王昭文，四川合江人，我国著名雕塑艺术家、文艺评论家和美学家，著有《新艺术创作论》《王朝闻艺论集》《论凤姐》《创作欣赏与认识》《开心钥匙》《再再探索》等。

【逸兴亭】"逸兴亭"由著名美学家王朝闻命名，取自王十朋诗中"撩我秋来逸兴浓"，以纪念宋状元王十朋。登上逸兴亭，从亭中往外看，眼前就是美丽富饶的乐清湾。乐清湾滩涂面积为20万亩，盛产泥蚶、蛏等水产品，被誉为"海上牧场"。

【上折瀑】上折瀑比中折瀑更古朴、原始，并且站得高望得远，在上折瀑能俯视乐清湾的景色。因上折瀑地势较高，距离较远，游客常常错过观赏的机会。正如王安石在《游褒禅寺山记》中所言："夫夷以近，则游者至，险以远，则至者少。而非有志者不能至也。"所以请各位加把劲，继续往前走，跟我一起去探访藏在深山中的上折瀑，探访上折瀑的幽深奥秘。

上折瀑高100余米，瀑位朝东南，由于所处位置比较高，还保留着粗犷的风格。瀑从瓮形洞顶洒入潭中，沙沙作响，激起朵朵水花，颇为绮丽可人。潭内"枕流"二字摩崖由当时温州专员许蟠云所题。许蟠云，浙江黄岩人，毕业于北京大学，曾师从温州籍教授陈黻宸，1935年任浙江省政府委员、浙江省第八特区（永嘉区）行政督察专员，兼任雁荡建设委员会主任。各位一路欣赏了下折瀑、中折瀑、上折瀑，感受了三条瀑布不同的风格。接下来请各位随我从山间这条石头砌筑的古道走一段上山路，再横穿过山腰，经开元洞，往下走，去游览雁荡山国家森林公园。

净名谷景区

> **导游内容（仅列重要景点）：**
>
> 景区概况—现代徐伯清题记—现代郑在石题记—现代铁瑛题记—现代王芳题记—净名寺—挂锡谷摩崖题记—铁城嶂—现代宋日昌题刻—游丝嶂—元宝洞—水帘洞—现代一墨题刻—梅花桩—维摩洞——一枝香

【景区概况】游客朋友们，大家好！净名谷景区位于灵峰和灵岩之间，由净名谷、初月谷和阳光谷三谷组成，这三谷中净名最有名。谷口有净名寺，兴建于宋太平兴国二年（977），为雁荡山十八古刹之一。净名寺后面的挂锡谷内还留有沈括题字等20余处宋代的摩崖石刻，寺前还有距今500多年历史的吉星古桥和老猴披衣等景观。寺的左边有翠微嶂和卧蚕峰，从净名寺后至铁城嶂口，一嶂横亘100余米，遥望峰峦簇簇，繁茂的草丛中夹杂着星星点点的白色小花，这是"蓼花嶂"。出净名寺后，转身还可见"蝙蝠岩"与"莲蓬岩"。净名寺左前方这座山峰叫大佛峰，相传他就是维摩诘。"维摩"意译为"净名"，所以此谷得名为"净名谷"。

净名谷为典型嶂谷，嶂谷发育于流纹岩层内，两侧为陡直高耸的流纹岩嶂，呈箱形（U形）峡谷。显然是由于断裂切割，岩块崩落而成。谷两侧叠嶂对列，右为铁城嶂，左为游丝嶂，高度均为200米左右，拔地而起，谷宽20~30米。走近看，谷两侧岩嶂流纹岩层发育流纹构造和球泡构造，其底往往有自碎角砾而易于局部崩坍成洞，水帘洞即为一景。

走进净名谷，行走时地势平缓，仰望时重岩叠嶂，平均海拔只有80余米，游丝嶂和铁城嶂南北夹峙，气势雄伟。谷内常年绿树成荫，以亚热带常绿针叶林为主，如水杉、马尾松及冈顶青松，构成了森林公园内独具魅力的自然景观，森林覆盖率达96%，负氧离子含量高，是一处天然氧吧。这里还是浙江省运动休闲旅游优秀项目基地，设有拓展训练、峡谷滑道、登山、射击、垂钓和自行车运动六个项目，受到拓展团队、亲子团队和户外团队的喜爱。

【现代徐伯清题记】位于净名谷入口处，高200厘米、宽130厘米，行书，直写："雁荡山森林公园，净名谷。己卯岁朝，徐伯清书"。

徐伯清（1926—2010），浙江雁荡山人，擅小楷，曾为中国书法家协会会员、上海书法家协会顾问、上海市文史研究馆馆员。

【现代郑在石题记】位于净名谷入口处，高213厘米、宽104厘米，行书，直写："藏龙神谷。癸未秋月，郑在石题"。

郑在石（1934—2007），著名表演艺术家，江苏徐州人。1962年毕业于上海电影专科学校表演系。后参军，任空军政治部话剧团演员、天津人民艺术剧院演员、八一电影制片厂演员。因在影片《芙蓉镇》中饰演谷燕山一角，获金鸡奖最佳男配角提名。担任过《战场侦察》一片的执行导演和话剧《雷雨之前》的导演。

【现代铁瑛题记】位于净名坑口南侧崖壁上，高76厘米、宽80厘米，楷书，直写："江南春色，雁荡独秀。铁瑛，八六年六月四日。"

铁瑛（1916—2009），河南南乐人。1937年加入中国共产党。1964年晋升为少将军衔。曾任南京军区军事法院院长，舟嵊要塞区副政委、第二政委，中共浙江省委第一书记兼省军区第一政委、中共浙江省顾问委员会主任、中共中央顾问委员会委员。

【现代王芳题记】位于净名坑口，高85厘米、宽260厘米，行书，横写："雁荡山。一九八四年八月，王芳"。

王芳（1920—2009），山东新泰人。1938年加入中国共产党。曾任浙江省公安厅厅长、中共温州地委书记、浙江省委常委、浙江省革委会副主任，中共浙江省委副书记兼省委政法委书记、浙江省人大常委会副主任兼省人大常委会秘书长、公安部部长、武警部队第一政委、国务委员。

【净名寺】净名寺旧名净名庵，北宋名相吕夷简曾为净名寺撰联："名山超五岳以外，精舍在二灵之间"。宋嘉祐七年（1062），两浙漕运使李复圭爱其山水优美，奏立净名院。这位李复圭，我们曾经在大龙湫景区、灵峰景区雪洞与灵岩景区龙鼻洞都介绍过，那里有他的摩崖题记。净名寺于宋嘉祐八年（1063）赐额，元至正年间毁于兵火，明天启四年（1624）重建。净名寺曾有一方铃印为"归山堂"、镌刻于宋咸淳四年（1268）的净名绝句诗碑，现已不知去向。

清嘉庆三年（1798）至嘉庆八年（1803）任温处兵备道的李銮宣，曾受当时从兵部侍郎出任浙江学政的朱士彦委托，完成净名寺重建工程，至今为雁荡山当地人铭记。清学者梁章钜曾来净名寺并留题"洞天福地"摩崖石刻，惜毁于"文革"期间。清光绪初年（1875），净名寺拓展寺院规模，居僧常达二三百人，成为雁荡山大刹。民国期间，净名寺曾先后作为林牧公司和学校的教室宿舍。1934年，孙科陪生母卢太夫人一行就住在此寺。1964年，温州总工会在此设立工人疗养院。2013年，经雁荡山风景旅游管理委员会协调，通过土地置换方式，温州市总工会雁荡山工人疗养院搬迁到灵岩饭店（下灵岩村），原址恢复重建净名寺。2018年，白云庵住持显宝法师大发宏愿，复兴宝刹，立志重建净名寺。2024年主体工程基本完成。建成后的净名寺占地面积近6600平方米，承袭宋代木构建筑风格。

【挂锡谷摩崖题记】现在请各位游客穿过净名寺大殿到后边，这里以前叫挂锡谷，也是雁荡山宋代摩崖题记最丰富的景点之一。首先来看"晁端彦来"四字，高45厘米、宽12厘米，行楷，直写。晁端彦之前在灵峰景区的雪洞题名时介绍过，不仅题刻多，而且写雁荡山的诗也多。这第二处为"郏正夫"题名，高18厘米、宽8厘米，楷书，直写。郏正夫（1038—1103），名亶，江苏太仓人，嘉祐进士。熙宁五年（1072）任司农寺丞，提举兴修"两浙"水利，旋被保守派攻击去职。他在家乡试行开辟圩岸、沟浍、场圃，获得丰收。因又绘图献给政府，复任司农寺丞，升江东转运判官。后在温州病死，著有《吴门水利书》。

宋王道粹等摩崖题记高58厘米、宽23厘米，隶书，直写："道粹按部、公仪、伯常游，辛丑年月日"。雁荡山灵峰景区雪洞、东石梁洞崖壁上也有与王道粹相关的摩崖题记。东石梁洞王道粹等题名，左右竖排，隶书："王道粹按部，与张伯常、沈公仪过石梁庵。辛丑季冬。"雪洞题名为右左竖行，隶书残刻"道粹按部，公仪、伯常同宿碧霄庵。辛丑五年月日。"由于历史上寺僧凿壁开龛，"按部、霄庵"等字已经残缺或漫漶不清。题名者王道粹，字纯臣，虞城人，北宋参知政事王尧臣胞弟，与司马光、梅尧臣均为挚友，司马光写有《和道粹雪夜直宿》《和道粹春寒趋馆马上口占》等诗，梅尧臣有《逸韵答泰州王道粹学士见寄》《送王道粹学士知亳州》等。宋皇祐三年（1051）任重温院检讨，宋至和元年（1054）由秘书阁校理出任扬州通判，宋嘉祐三年（1058）任亳州知州，后转任两浙转运使。"辛丑"为宋嘉祐六年（1061）。时任两浙转运使的王道粹在温州知州沈公仪、伯常等人陪同下来游雁荡山，并留下题记。

沈公仪，名绅，浙江会稽人，宋宝元元年（1038）进士，宋嘉祐五年（1060）任温州知州。张伯常，又称张学士，名徽，生卒年不详，宋湖北景陵人，书法大家，以诗名，与司马光、范纯仁、曾巩等时有诗酒酬唱，初任吴江尉。宋熙宁元年（1068）任福建转运使兼知福州，历官户部尚书、翰林学士、朝议大夫，以上柱国致仕。

宋吕公衮等题记高41厘米、宽11厘米，楷书，直写："吕公衮、倪本游"。倪本，闽县人，宋建炎二年（1128）特奏名科，其父倪材为宋嘉祐八年（1063）进士，终于温州推官。宋张逢等题记高38厘米、宽21厘米，自左而右，楷书，直写："张逢、王敏章□来，元祐戊辰九月十四日题"。题名者张逢、王敏等生平待考。元祐戊辰即公元1088年。宋管滂等题记高22厘米、宽18厘米，直写："管滂、赵逢"。管滂，浙江龙泉人，宋嘉祐八年（1063）进士，乐清县令。赵逢，生平待考。宋杨景略题名高35厘米、宽8厘米，楷书，直写："杨景略康功"。杨景略，字康功，河南洛阳人，曾任提点开封府界诸县镇公事。宋张杲之题记高21厘米、宽20厘米，楷书，直写："张杲之游"。张杲之，宋神宗熙宁五年（1072）知台州黄岩县。

各位游客，不少摩崖石刻题记因年代久远，风化剥蚀严重，有些摩崖题记近几年随着净名寺重建，才重新被人发现，包括沈括的题记等。

【铁城嶂】您现在看到的就是素有"雁山第一嶂"美称的铁城嶂，因"势若长城、色若黑铁"而得名。铁城嶂属于火山喷溢的巨厚流纹岩，由1亿年前多次火山岩浆溢流堆积而成。此嶂高160米、宽220米，其内部横纹为岩浆流动的标记，纵纹为垂直岩层的柱状节理（缝）；嶂后因断裂切割，形成峭壁、岩嶂等，若遇雨过天晴，飞瀑水帘从嶂顶直泻而下，犹如一幅巨大珠帘自空垂地，蔚为壮观。山风拂过，雨雾蒙蒙，令人心旷神怡。

　　1937年春夏之交，张大千在南京参加第二次全国美展开幕式后，与好友谢稚柳、黄君璧、于非闇相约，当时金石篆刻名家方介堪、乐清县长张玉麟作陪，乘兴同游了慕名已久的雁荡山，下榻在雁影山房。应张玉麟索画之请，张大千率先泼墨挥毫，不多时，一幅气势磅礴的《大龙湫图》呈现在案桌上，其他画家随即轮流添彩，张大千还题上《谒金门》词一首："岩积翠，映水渟泓深碧。中有蛰龙藏不得，迅雷惊海立。花草化云狼藉，界破遥空一掷。槛外夕阳无气力，断云归尚湿。"一行人在铁城嶂前合影留念，至今该合影背后的故事被传为书画艺术界一段佳话。为表感激之情，张玉麟盛宴款待，席间，有一盘清蒸小鱼，葱花姜末点缀其间，色香味俱佳，格外诱人。只见体形细长，略呈金黄的小鱼，周身细鳞密布。张大千心生好奇，持箸不动，便向方介堪询问。身为本地人的方介堪颇为自豪地介绍说："此为雁荡山香鱼，乃淡水鱼之王，雁山五珍之一也。"张大千听罢，下箸夹了少许鱼肉，放入口中细细品尝，果然味美香浓，不禁连连点头，大加赞赏。餐后，张大千又率先泼墨，他们共同创作了《雁荡山色图》。此时，诸位画家均未携带印章，正愁无印可钤，张玉麟嘱寺僧设法弄到一块印章石，方介堪不慌不忙，找到一把剪刀，用篆书刻下"东西南北之人"一印，研上朱泥，钤盖在画上。既解了眼下缺印之急，亦完整了画作，众人无不拍手称好。

　　"东西南北"意为四位书画家籍贯地理方位：东指江苏谢稚柳、西指四川张大千、南指广东黄君璧、北指山东于非闇。实为精到精确，妙不可言，成为此行佳话，时被传说。方介堪的"东西南北人"借用宋代学者赵蕃《别齐之》诗句："东西南北人，何必怀此都。"在此身为主人的永嘉籍篆刻家方介堪很贴切地点示了其他四位画家籍贯。汉时儒学家郑玄注："东西南北，言居无常处也。"所以"东西南北人"也指居处无定之人，亦作"东西南北客"等。《礼记注疏》卷六《檀弓上》：孔子既得合葬于防，曰："吾闻之，古也墓而不坟。今丘也，东西南北之人也，不可以弗识也。"这里，"东西南北之人"也借指当时国难当头，人们居无定所之意。

　　再说张大千一行在雁荡山居留三天时间。张大千临别时由衷赞叹："祖国有如此的大好河山，真乃吾辈之荣幸！"在雁荡山期间创作了许多幅雁荡山水画稿，如《西石梁瀑布图之一》《西石梁瀑布图之二》《大龙湫图》《雁荡纪游图》等，画面清幽奇异，意境高远宏阔，纵横捭阖，气吞八荒，笔精墨妙，堪称逸品。

　　1976年春，客居台湾的张大千将《大龙湫图》的题词《谒金门》寄赠方介堪，重提当年令其缱绻缠绵、念念不忘的雁荡之行，字里行间充溢着对雁荡山水与旧友的怀念之情。1978年张大千八十大寿时，年长他一岁的黄君璧寄送了一份礼物，是一张放大的1937年3月"东西南北之人"在雁荡山铁城嶂合影。1979年，张大千在台北寓所，翻阅当年在雁荡山创作的《谒金门》一词旧作，不禁浮想联翩，老泪纵横。根据记忆中的雁荡山水，又用此词重作《大龙湫图》，画作高180厘米、宽68厘米。该《大龙湫图》被收录于台北故宫博物院在1981年12月编辑出版的《张大千画集》。1980年张大千又将此合影照片委托香港友人沈韦窗转赠方介堪先生留念，后该照片由方介堪先生之子方广强珍藏。1998年9月至1999年1月，台北故宫博物院与中国时报社、长荣航空公司联合举办"毕加索的世界与张大千的世界"专题画展，展出了张大千的《大龙湫图》等精品画作，历时四个月的展览会共接待了46万人次的参观者，来参观的温州籍台胞、海内外华人在画作前驻足凝神，流连忘返，他们的心里也一定会想起张大师当年的深情感叹："祖国有如此大好河山，真乃吾辈之荣幸！"

　　2023年4月，方介堪、黄君璧、谢稚柳等当时在铁城嶂前留影的书画篆刻名家后人相约，事先在委托温州市雁荡山风景旅游管委会党委委员胡念望等人现场勘察踩点的基础上，由马孟容、马公愚后人马亦钊，方介堪之子方广强等人陪同重游铁城嶂，在净名谷口净名寺新址背向当时合影照片的背景拍了一张合影，又续写了一段佳话。

　　【现代宋日昌题刻】位于净名铁城嶂下巨石上，高85厘米、宽300厘米，行书，横写："名山胜景。一九八六年冬，自天台来，宋日昌"。

　　【游丝嶂】与铁城嶂相对的是游丝嶂，都属于火山喷溢的巨厚流纹岩，经断裂切割，形成削壁、岩嶂，与净名谷形成深谷与叠嶂的完美组合。游丝嶂中部横向的石理如同一条游龙，缕缕游丝如正在蜿蜒前行的龙的身体，崖壁上端凹进去的是龙的眼睛，下面这块凹进去的地方则是龙的下颚。游丝在成因上与岩浆不断涌动、叠加有关，因岩浆在流动过程中不同颜色、不同成分的物质定向排列所形成，记录了火山喷溢出的岩浆在地表流动的痕迹。仔细看时，这条龙仿佛正在吞云吐雾，有人叫它"白龙吐水"或"白龙吐雾"。

【元宝洞】您可以看到正前方这个洞的外形就像一个倒立的巨大元宝，寓意着今天大家都会财到元宝到。民间有句俗语：山管人丁水管财。到这洞里，大家不妨伸手接一捧这元宝洞里的水，把财气和福气带回家。右边大家可以看到有一处铁梯，这是2004年张纪中拍电视剧《神雕侠侣》时搭的，这个铁梯险要无比，原先没有护栏，结果有人爬了上去，爬上去容易，却不敢下来了，被当地人救了下来，所以现在这铁梯也被封了。

【水帘洞】我们看到的是铁城嶂下的水帘洞，俗称水帘谷，洞高10米、宽40米、深8米。水自洞中飞洒，如明珠无数，晶莹夺目。洞口有一大潭，呈椭圆形，长约20米、宽约15米，一半在洞内，一半在洞外。

水帘洞属于平卧式巨厚流纹岩层内崩塌洞，在岩浆大规模溢流早期，岩浆裹挟大量角砾，并发育有丰富的球泡，球泡和角砾与周围岩浆在成分和物理性质存在差异，二者形成差异性分化，导致岩嶂底部含角砾、球泡流纹岩极易剥落形成的洞穴。

"水帘洞"三个字是乐清籍画家袁矛题写的，这三字形同流水，显得别有情趣。熙宁年间，乐清县令周邠曾写《水帘谷》诗，云："净名庵下水帘谷，万仞苍崖潄寒玉。布衣如帘窣地垂，更有一莺春度曲。"现在，请大家静听一下"更有一莺春度曲"的美好意境。洞边岩石上大家能否找到水帘洞的洞主孙悟空，还有猪八戒？这八戒眯着眼，流着口水，好像在思念高老庄的高小姐呢！

【梅花桩】在雁荡山有一块最具特色的怪石，请大家跟我往前方欣赏一下。面前的这块岩石形态别致，犹如古老的树桩，石纹似木纹，紫黑色的石体上还点缀着些许浅绿苔藓，此石酷似风化后的梅花树桩，故名"梅花桩"。它是铁城嶂流纹岩层中崩落下来的大岩块，从造型不难看出，它是一次火山岩流喷溢中下部的岩石，梅花状图案在成因上与岩石内部成分差异性有关，特别是角砾、球泡与周围岩石的差异性，角砾剥落后成孔洞而保留了绕过角砾的流纹。岩石后面这首诗是1933年5月，乐清县长张叔梅先生所题，诗为："老梅耐冷心如石，此石何年幻作梅？似恐暗香妨大隐，无言独到海山来。"诗意含蓄，耐人寻味，梅花桩独留暗香。

【维摩洞】从梅花桩拾级而上，便是维摩洞。洞朝西南面，维摩洞与水帘洞成因类似，均属于平卧式巨厚流纹岩层内崩塌洞。洞门上有一首回文诗，一共只有十个字，反复回环念出成为一首28字的七言绝句："香莲碧水动风凉，水动风凉夏日长。长日夏凉风动水，凉风动水碧莲香。"相传这首诗是维摩所作。

洞内供奉的是维摩，梵文名维摩诘，意译为净名，是一位古印度居士。他辩才无碍，智慧通达，曾供奉无量寿佛，善于智度，有妻子，携着眷属，常乐远离，而且还会治病。佛祖释迦牟尼曾派文殊与他共讨佛理，文殊自叹不如。传入中国后，维摩的塑像也以居士的形象出现在信徒面前。左侧有一洞穴，据说是维摩来到洞中，觉得洞内幽静，适宜修行，唯一遗憾的是洞中无水，后来就将随身携带的水事囊，化成水穴，囊中所剩的水化成神水，久旱不涸。据说，长饮神水，可治腰腿关节痛，神水也是维摩留下来的第一宝。维摩洞的右上方有一个圆形的浅穴，里面有一尊天然形成的白衣莲台观音。出了维摩洞，大家往下看，便会看到对面的狩猎场，是专门供游客打猎、助兴的地方。中间的舞台是为了增添景区特色旅游项目而设的民族歌舞表演，以满足游客求新、求特的心理。往前行，右边是鸡笼峡，峡谷之上就可以看到三折瀑。一路过来，可欣赏"轮船峰""猛虎回头"诸景。

【一枝香】现在我们可以看到维摩诘留下的第二宝——一枝香，它是用来祈拜天地，为众生求福的。各位在这枝巨大无比的香前许个愿，肯定能心想事成。一枝香后侧，有"天桥""牧童骑大象"等景致。我们再看前方小斜坡上面，有块岩石自谷内独立突兀而出，这就是维摩菩萨留下的第三宝，采天地之灵气而形成的阳刚峰，善男信女常到此求子求孙。阳刚峰高18米、宽3米，形象非常逼真，与玉霄峰底部的大地之母洞穴并称为"天根玉窟"。阳刚峰左边的这片山峰名为"千佛嶂"。环望四周，置身在青葱碧绿的世界，又仿佛探险于深山密林之中，野趣横生，让人心旷神怡，情思飞扬。

各位游客，净名谷景区就为大家介绍到这里，由于净名谷景区朝晖夕阴、景观时时变幻，如净名初月、溪山行旅等图景都期待各位再次拨冗光临。

雁荡山烈士陵园

> **导游内容（仅列重要景点）：**
>
> 景区概况—正门—纪念碑—烈士墓碑记—"为国牺牲"题记—胡开明诗碑—俞云阶夫妇诗碑—宣誓石—哀猴峰—敬仰亭—纪念馆

【景区概况】游客朋友们，大家好！我们雁荡山不但风景优美，而且山势险要。在解放战争和抗日战争期间，雁荡山成为英勇的乐清革命儿女的革命根据地。1938年3月，在雁荡朴头村重建中共乐清支部，在党的领导下，革命儿女前仆后继，英勇斗争，赢得伟大胜利，谱写了可歌可泣的动人篇章。1951年12月，乐清县人民政府开始在雁荡山动工兴建雁荡山革命烈士陵园，于1953年7月竣工，后几经修缮扩建。陵园整体占地6600平方米，主体建筑为烈士墓、烈士纪念碑、烈士纪念馆，东、南、西三面均砌有围墙，高3.2米、长300米。整座陵园由正门、人行道、祭坛、骨灰塔、纪念碑、墓园、亭台、花坛和纪念馆等组成。雁荡山革命烈士陵园是浙江省爱国主义教育基地，温州市党史教育基地、乐清市文物保护单位。

【正门】请各位留步，现在我们面前的是烈士墓的正门。正门为牌楼式建筑，水泥冲天柱结构，柱头饰以云纹，正门的梅花图案象征着烈士们不畏艰险、英勇牺牲的崇高气节。正门右侧"煌煌烈士墓，风光第一流"是郭沫若先生于1964年题写的。"雁荡山烈士墓"六个字是1982年由粟裕将军题写的。

【纪念碑】现在我们看到的是屹立在烈士陵园正中的纪念碑，高13米，碑身为花岗岩石，碑名"雁荡山革命烈士纪念碑"由张爱萍将军于1988年题写。碑座嵌有6块青石，上刻《雁荡山革命烈士纪念碑志》。碑文系著名书法家马公愚先生于1962年书写,全文共有772字,歌颂烈士们可歌可泣的英雄事迹。

【墓园】烈士墓坐北朝南,背靠狮子山,东西两侧都是景区。墓园分为中墓和左右两小墓,为五级弧形阶梯式,总面积1300平方米。烈士墓分骨灰塔葬、骨灰盒葬和棺木葬。整个墓区共安葬五四以来历史时期牺牲的烈士429位,他们为我们秀丽的雁荡山增添了不朽的光彩。

【烈士墓碑记】嵌于烈士墓纪念塔下部四周,分六面,每面高78厘米、宽130厘米,隶书,直写。碑记为马公愚所书,在"文革"中,"马公愚书"四字被凿去。马公愚(1894—1968),本名范,字公禹,又字公愚,晚号冷翁。浙江温州人。著名书画家、金石篆刻家。曾任上海美术专科学校书法教授,大夏大学中国文学系教授。

【"为国牺牲"题记】位于烈士墓后山高处,每字直径2米左右,1952年刻石,仿毛泽东主席书法。直写:"为国牺牲"。

【胡开明诗碑】嵌于烈士陵园内西侧崖壁上,高54厘米、宽97厘米,直写:"因为革命去北边,一别家乡五十年。雁荡山水并未改,人间却已变了天。虹桥胡开明,一九八二年十月。"

胡开明(1913—1997),原名胡焜,浙江乐清人,曾任中共察哈尔省常委、省政协副主席,河北省委常委、张家口地委第一书记、常务副省长,安徽省委常委、省革委会副主任兼省农委第二书记等职,被称为中国农村改革的先行者之一。

三年困难时期,他力主解散公共食堂,允许农民有少量自留地和家禽,试行牲畜"分户喂养",允许荒山林地承包给个人,主张进行生产核算单位下放到生产队的试点。他的《关于农村基本核算单位下放到生产队》的报告,得到了毛泽东主席的肯定和采纳。1978年,在研究抗灾救灾问题的会议上,胡开明提出:"保护农民的生活是头等大事。土地是集体的,更是农民的,与其荒在那里,何不借给他们去种!"这个"借",实际上就是"包",让农民先"包"几亩干干看。意想不到的是,保命"借田"的精神下达后,在凤阳响起中国改革的第一声春雷,其他公社和生产队纷纷效仿。

胡开明多次深入肥西、凤阳的基层社队,调研农业生产责任制的情况,写出了《用肥西、凤阳的事实回答八个问题》的调查报告。这个报告从八个大方面回答了一些人对农业生产责任制的怀疑和责难。在凤阳精神的推动下,1980年4月,四川广汉县向阳镇农民第一个摘下"人民公社"的牌子。从1962年

在张家口搞"三包"到组的试验到1978年参加领导凤阳"家庭联产承包制"的改革,道路艰辛而漫长。可以说,胡开明是坚持真理的硬骨头。

【俞云阶夫妇诗碑】嵌于烈士陵园内西侧岩上,高105厘米、宽80厘米,直写:"雁荡名山古今传,三折水瀑同一源。烈士墓前觅新意,英魂胜景入画卷。癸亥秋,俞云阶、朱怀新客雁荡。"俞云阶(1917—1992),1941年毕业于国立中央大学艺术系。擅国画、油画。绘事融贯中西,别具一格。曾任多所艺术学院教授。生前为中国美术家协会会员、上海分会理事,上海油画雕塑院一级顾问,上海交通大学顾问。出版《俞云阶油画辑》《俞云阶国画、油画作品选集》。1983年与妻子朱怀新来雁荡山写生时所留。朱怀新(1918—2014),上海松江人。自幼酷爱绘画,1941年毕业于国立中央大学艺术系。擅花卉、山水。创作注重吸取西画技法,画风泼辣、洒脱。所作色彩强烈多变,画面明丽,富有生气。生前为中国美术家协会会员。

【宣誓石】在烈士墓左侧有岩石独立突出,就像一只紧握的左手。此石被称为"宣誓石"。在"宣誓石"的左上方有个亭子,名为"安息亭",亭内有副对联:"雁荡奇峰拔地起;烈士精神映山红。"

【哀猴峰】请各位把视线转移到安息亭左上方的这块巨石上。有一只灵猴,脸朝右下方,垂着头,闭着眼,悲哀的神情好像正在哀悼在这里安息的革命烈士,此峰称为"哀猴峰"。在哀猴峰上方的崖壁上,刻着"为国牺牲"四个大字。

【敬仰亭】烈士墓背后这座山峰名为"睡狮峰"。这座山峰如同一只巨狮面朝左侧,趴在这里沉睡。烈士墓前临碧狮峰,左傍三折瀑,右仗铁城嶂。正如教育家叶圣陶先生于1957年4月撰书的对联:"雁山灵秀所钟,烈士精神不朽"。此联原挂在我们右侧的"敬仰亭"亭柱上。

【纪念馆】纪念馆为二层仿古建筑楼,建筑面积428平方米。门厅有前言,左右两侧是一代伟人毛泽东和邓小平的手迹,四个展厅内容分别为:五四运动与大革命时期、土地革命战争时期、抗日战争时期、解放战争时期和社会主义建设时期,最后为全市烈士英名录。各展厅的前部分内容为乐清各时期革命斗争史介绍,后部分为该时期乐清著名烈士事迹介绍,同时陈列着大量革命文物。每年清明节,乐清市各界人士以及驻地部队官兵和烈士家属都会专程前来参加祭奠活动。雁荡山烈士陵园已成为乐清人民怀念英雄的革命纪念地。正是"名山有幸埋忠骨,英烈豪气壮千秋"。

方洞景区

> **导游内容（仅列重要景点）：**
>
> 景区概况—上索道站—金龟迎客—上山狐狸—方洞（红岩洞）—老寿星—莲花座—顶天立地—天窗洞—人面象身—鹰嘴峰—含珠石—铁拳峰—铁索桥—云景台—仰天湖—西园岭古道—卧云栈道

【景区概况】游客朋友们，大家好！如果您想了解雁荡山世界地质公园酸性流纹岩火山地貌的科学成因，方洞—卧龙谷是必游景区，它会为您揭开亿年火山的神秘面纱。如果将雁荡山比作一部行云流水、跌宕起伏的乐章，那方洞就是其中精彩的乐段。现在我将陪同各位朋友近距离欣赏方洞—卧龙谷山腰线，从谷底看山转变成从半山腰看雁荡谷烟云弥漫的仙境，同时感受悬崖栈道、悬空玻璃栈道带给您的沉浸式体验。古时的方洞有一段约100米长的悬崖栈道，现在的方洞入口至铁索桥悬崖栈道全长1600米。方洞景区集奇岩、异洞、天桥于一体，它的成功开发和运营，让雁荡山多了一处观景及登高和猎奇的好去处，也让雁荡山成为一处摄影爱好者的绝佳拍摄地。假如要用两个字来形容方洞：一是"险"，这里的古洞悬崖、天空之桥，惊险刺激；二是"仙"，每当雨后初晴，山间薄雾弥漫，远山、梯田和民居在云海中若隐若现，宛如仙境。电视剧《琅琊榜》中，梅长苏在琅琊山上梦中惊醒，推窗入镜的就是雁荡山方洞附近的群山。

【莲台嶂、玉霄峰——雁荡山地貌成因】前方看到的山峰是雁荡山最具有代表性的山峰之一——玉霄峰，又叫观音峰，玉霄峰底下为莲台嶂。这是一座象形峰，像极了一位亭亭玉立的玉女身披白纱，端庄而立，东向而视。每当云

雾升腾，玉霄峰直耸入云，襟带飘动，更是传神。神奇的是这位玉女刚好可以给我们讲述雁荡山亿年前发生的故事。据曾任中国地质科学院火山地质与矿产研究中心首席科学家的陶奎元教授的研究，玉霄峰从下而上正是雁荡山第二、第三、第四期火山爆发喷溢形成的不同岩石单元的典型垂直剖面，反映了雁荡山火山的演变历史，是一部天然的火山教科书。可能刚才的介绍过于专业，请允许我用通俗的说法告诉您雁荡山的前世今生。大家肯定听说过一个地质年代：白垩纪。我想问大家一个问题，白垩纪什么最出名？对，恐龙。与恐龙同时生存的还有美丽的雁荡鸟，现在雁荡山地质博物馆展厅就陈列有出土于台州临海的白垩纪雁荡鸟的化石标本。那个时期大陆被海洋分开，地球变得温暖且干旱。许多新的恐龙种类开始出现并逐渐统治着陆地。就在那个时期，在东南沿海火山带中有一座最活跃、最典型、最有代表性的复活型破火山，这就是今天的雁荡山。火山爆发对于人类来说是毁灭性的灾害，却给雁荡山的形成带来了福音。那时的火山如一条火龙从距地表600~2000米深的地方，一会儿吐吐舌头，一会儿伸伸懒腰，一会儿满地打滚。岩浆就顺着火龙的痕迹，一会儿温柔流淌成波浪，一会儿愤怒燃烧成灰烬。火龙从距今1.28亿年一直折腾到距今1.21亿年，终于玩累了，停止了，温柔的岩浆就成了流纹岩，愤怒的岩浆就成了凝灰岩。刚才我讲的第二期和第四期火山岩浆形成了愤怒的凝灰岩层，而第三期火山岩浆形成了比较温柔的流纹岩层，最后在外力如风和水的侵蚀切割作用下，雁荡山终于以最完美的姿态展示在世人面前。

【上索道站】我们乘坐460米的索道。现在可以十分清晰地看到高300余米的金带嶂，嶂腰横贯着一条宽度2~4米的天然裂隙，岩色如金，状如腰带，当地人称其为"皇帝的金腰带"。参与组织1996年第三十届国际地质大会科学考察的陶奎元教授长期从事火山地质研究，特别是对中国东南沿海一带火山活动与成矿研究造诣极深，雁荡山是他研究的一个范例，将雁荡山选定为世界地质大会野外考察线路，曾亲临1:50000大荆等测区进行实地考察，将方洞"金腰带"与大龙湫景区的球泡流纹岩地貌、灵峰景区洞穴景观等一同作为考察点。他撰写的《雁荡山火山地质与地貌》是火山地质公园科学研究成果的范本，通过火山岩地层、岩石、岩相与火山构造研究，确定了雁荡山火山活动时代、活动规模、活动性质、活动周期等，提出了"雁荡山地貌"的概念，描述了雁荡山火山质流纹岩各种地貌形态，分析其科学成因，确立雁荡山是一座由

方洞景区

流纹质岩浆爆发、喷溢、侵出到侵入作用构成的晚中生代白垩纪破火山，是在距今 101.7 百万年—99.4 百万年，由四期流纹质火山喷发形成的四个岩石地层单元；火山喷发之后，又有岩浆侵入，构成一个侵入单元；同时该破火山未经过强烈的构造变质，没有接受再沉积的覆盖，裸露了破火山深部的基本格架。雁荡山的全部景点都分布在这一破火山范围之内。破火山的巨厚流纹岩层（包括岩穹）是造景的主要材料，断裂与沟谷溪流是塑造雁荡山奇峰异景的神斧，流水侵蚀、风化剥落、重力崩塌精雕细刻了雁荡山的旖旎山水景观，如叠嶂、方山、石门、锐锋、岩岗、奇岩、嶂谷、岩洞、天生桥等山体景观及飞瀑、幽泉、深潭、激流等水体景观，花草树木、时序更替、气候变化、阳光雨露、月色晚霞增添了雁荡山景观的神奇变幻与魅力。陶奎元教授说，雁荡山的方洞景区是沿着一条天然岩层开凿的栈道，这栈道就是民间所讲的"金腰带"。其实，所谓的"金腰带"是雁荡山第三期喷发的火山碎屑岩浆溢流而成的流纹岩层，夹在紧贴地面流动的火山碎屑形成的熔结凝灰岩和从空中降落的火山灰堆积而成的凝灰岩之中。金腰带下部是凝灰岩，是由火山灰堆积而成的；上部是火山碎屑岩，您可以看到十分明显的含有钾长石等矿物质的岩石夹层；中间是流纹岩夹层，方洞景区大部分栈道路段是沿着这个岩层开凿的。栈道距离地面 200 米左右，登高远望，可以感受到无限风光在险峰的美妙。金带嶂上面是壁立如削的玉屏嶂。

【野外考察点石刻】在您的左侧可以看到第三十届国际地质大会野外考察点的石刻。1996 年，大会在北京召开后，雁荡山被确定为会后考察点，来自美国、澳大利亚等 6 个国家的科学家来到雁荡山，考察了大龙湫、灵峰和方洞。他们认为雁荡山"奇特优秀的自然景观有重要的科学价值，世界罕见，应与矿产资源一样受到重视"。

【"天根月窟"摩崖题刻】各位游客，现在大家看到栈道内侧的崖壁上镌刻着"天根月窟"四个大字。这四个字是北宋著名理学家邵雍为了帮助人们解读《伏羲先天六十四卦方圆图》而首次提出的，是《梅花易数》里面的用语。"天根"和"月窟"是两个专用名词，指的是阴阳相交之处。"天根"是冬至将至未至之时，"月窟"是夏至将至未至之时。从卦而言，先天八卦图的"月窟"在乾、巽之间，是一阴将生之处；"天根"在坤、震之间，是一阳将生之处。雁荡山"东有天根西月窟"景观，出处有两种说法：一是净名谷景区的阳

刚峰与玉霄峰根部的大地之母洞穴；一是灵岩景区的天柱峰与筋竹涧景区的月窟潭。"天根月窟"四字于1924年由临海人屈映光题刻。屈映光在雁荡山雁湖等景区也有题刻，他早年与秋瑾、徐锡麟等人参加反清革命，历任浙江民政厅长、山东都督、省长等要职。1916年，袁世凯称帝，浙江宣布独立，屈映光被推举为浙江都督，第二年就辞官，退居上海，闭户学佛。后又几经复出和辞官，终于在1926年辞职，出国环游世界，同时弘扬佛法。此后不再从事政治活动，积极参与社会赈灾救济事务。这里落款时间是"民国十三年"，刚好是他赋闲之时。

现在我们走的这条悬崖栈道在1993年以前只有30厘米宽，100多米长，没有栏杆，是当地百姓为来方洞祈福的游客特意开凿的。自1994年起，这条路经过拓宽加长，从售票口开始一直到仰天湖栈道，全长1600米，宽1米。到目前为止，这条栈道全长4600米，从方洞景区入口一直延伸至灵岩景区游线，沿途可以领略雁荡山险绝幽奥的胜境和丰富多彩的野生植物花卉景观。

【金龟迎客】"悬崖索道站"这五个字后面的山峰就是雁荡山赫赫有名的玉霄峰。玉霄峰底部的一块岩石俨然一只大海龟，植被覆盖的半圆形山峰是海龟的龟壳，山腰裸露的山石，组成了海龟的四肢，嘴巴微微张开，嘴里念念有词，人称"金龟迎客"。

【上山狐狸】同一景物，因观看的视角不同，产生的视觉效果也不同。现在请大家俯视刚才的上灵岩村。这个村就像一个田园风光盆景，周边的梯田因四季变化而千姿百态。

村口还有一座独立的、可爱的象形峰，叫"上山狐狸"。您看，狐狸蹲坐在白灵线旁，三角形的嘴巴，白色肚皮，绿色的小树是狐狸的毛发，公路中央的绿化带是狐狸的大尾巴，山峰形态像一只狐狸往山上走的样子，形神俱备。

【方洞（红岩洞）】我们现在所处的地方是方洞。北宋时此洞名"红岩洞"，因为洞口上方的岩石呈暗红色而得名；清同治年间，这个洞被改名为"慧性洞"，因为有位道号为慧性的道士在这里修身养性；后来才改名为方洞。方洞属于火山岩平卧层内崩塌洞，和雁湖景区的西石梁洞、灵峰景区的北斗洞属于同种类型。依洞而建的道观，主要供奉胡公大帝。

胡公，姓胡名则，系北宋浙江永康的一位清官。他任职的地区由于连年灾荒，百姓生活疾苦，他向朝廷奏告，要求宽刑薄赋、赈济灾民，并且守土一任，造福一方，做了许多功国利民的好事，深受百姓爱戴，浙江各地都对其予以建庙祭祀，以示纪念。温州民间有谚语："吃胡公，用胡公，没有胡公叮当穷。"恩施春夏秋冬客，泽及东西南北人。在方洞不时可见各地游人在神祇面前焚香叩拜，许下求子求福求寿求禄的肺腑心声。

【老寿星】您看在方洞的右侧岩壁上，两道崖缝中央有一块白色的岩石，看上去像古代的老人，留着花白的胡子，穿着长袍，拄着拐杖，弯着腰，好像在和我们打招呼一样。据当地的老百姓说，看到他就能增福、增寿、保平安，所以当地人称其为"老寿星"。

【莲花座】在我们右手边有一尊齐天大圣孙悟空（模型）。身后有层次分明的岩石，称为莲花宝座，是凝灰岩被水冲刷，岩石表面逐一剥落，像极了观音座下的莲花宝座。

【海螺洞—关刀洞—云天桥—智慧泉】海螺洞和关刀洞都因形得名，海螺洞也称金罩洞，海螺洞仰头就可以观赏。关刀洞则适合远观，高约100米，上面为半圆形刀锋，下面为刀柄，像关公手里的"青龙偃月刀"。其实这个洞穴是雁荡山洞穴的典型代表之一，叫斜立式裂隙崩塌洞，是由断裂的岩嶂经风化，岩块崩落而成的洞穴。崩落后的洞穴都有一面缺口，站在洞口仰望，十分陡险。灵峰景区的观音洞、灵岩景区的龙鼻洞都属于此类。

1993年开发此景时，关刀洞显得比较特殊，架设栈桥时颇费了一番心思。当时有两个解决方案：一是绕着岩壁做栈道；二是架设桥梁。最后从实用和美学角度综合考虑，采取第二种方案，架桥并取名云天桥。每逢阴雨时节，此处云雾缭绕，我们走在上面就像在云雾里行走一样。您看右侧有突出的天然岩石，中央有一条裂缝，裂缝里有一滴滴往下滴的水，这是智慧泉，寓增长智慧之意。低头看山下轮廓，形似赤脚大仙的大脚。

【顶天立地】在我们左边有一个一个圆圆的凹进去的小洞，是开凿这条路时用风枪打出来的炮眼，"汗水融化流纹岩，风枪打通金腰带"。当时科学施工，尽量不过多地破坏山体，所以根据金腰带的宽窄程度，自然呈现有的高有的低，最高的地方有2米，最矮的地方只有1.5米。大家要当心头了，注意头部安全。我们现在所走的地方叫顶天立地，手顶天脚立地。现在不仅是男子顶天立地，女子也顶半边天。

【天窗洞】这个洞自然天成，既起采光和透风的作用，还有借景之功，可以透过这个窗口来俯瞰雁荡谷的景观。中国有句俗话说得好,"打开天窗说亮话",这个洞叫"天窗洞",所以大家有什么心里话,不妨在这里倾诉衷肠。

【花瓶洞】将外侧的栏杆与洞穴连起来观赏,我们会看到一个花瓶的形状。左边转角为瓶口,右边为瓶底,像倒放在这里的花瓶。男生走在小道上是绿叶,女生走在上面就是鲜花,正所谓红花配绿叶。此洞成因与关刀洞相似,都是裂隙崩塌洞,首先是靠南面的岩石受到挤压力、张拉力或剪切力的作用发生破裂,再加上破碎的岩石经冬夏天气的热胀冷缩、雨水侵蚀、风化干裂而逐渐剥落,洞穴范围慢慢扩展。

【梅花洞—仰卧孔雀】这个山洞称为梅花洞。这里以前有很多野生梅花,里面加深部分是人工开凿出来的,现在是供人休息的茶室。上面是天然形成的,现在我们就看上面天然形成的部分,像不像一只孔雀仰卧在这里呢?右手边一块一块凹进去的是孔雀的羽毛,孔雀的头在左边路灯这里,三角形凹进去。一直连着下去的是孔雀的脖子,中间圆圆往外突的是孔雀的肚子。整个连起来一起看,就是一只肚子朝上背朝下仰卧在这里的孔雀了。

【人面象身】大家都知道埃及有狮身人面像,但您可能不知道,我们雁荡山有人面象身像。现在请大家回过身来看,朝外面最突出的山峰,像一个女孩的侧面,额头、眉毛、眼睛、鼻子、嘴巴、下巴依稀可见,连着边上的石头看,俨然就是一位长发美女。紧挨右边的石头像一头大象,中间一小洞形成眼睛,边上有一大耳朵,整体效果就是人的脸、大象的身体,称之人面象身。

【鹰嘴峰】前方栏杆平台的右下方有一乳白色独立山峰,名鹰嘴峰,鹰嘴峰又像一位孕妇挺着大肚子,背上还背着一小孩儿,正往山下走。当地每村必有一座庙,每座庙里必有送子观音,所以此景称为送子观音。其实这个山峰是雁荡山诸峰中较为典型的孤峰,雁荡山孤峰独柱很多,给雁荡山的自然景观增添了不少灵趣。

【含珠石】我们抬头往上看,上面两山中央夹着几块石头,最里面有一块圆圆的石头,这就是雁荡山四大明珠之一的含珠石,当地老百姓也管它叫夜明珠。

【铁拳峰】都说造物主钟情雁荡山,无所不予,而我一直觉得雁荡山特钟爱方洞,将四时美景、山川风物尽付于此,一山一风景,一石一故事。对面崖壁上一块独立出来的岩石,像右手握拳的样子,叫铁拳峰,更像是天然的巨型宣誓石。

【五指山—孙悟空—观音净瓶】这里有拟人状物的峰，也有像人状物的岩，十分有趣。您肯定十分熟悉中国四大名著之一《西游记》的内容：想当初孙悟空还是一只泼猴，大闹天宫之时，如来五根手指化作五座大山，将他压在山下。直到五百年后唐僧路过，才将他救出。我们这里就有五指山和压在五指山下的齐天大圣，您从左往右数，第四根手指下压着孙行者，尖嘴猴腮形象逼真。右下方山洞凹进去，犹如观音手中的净瓶。

【海狮顶元宝—火炬峰】正前方山峰像一个巨大的元宝，下方小石头如一海狮，此景为海狮顶元宝，寓意财源广进。最左边的山峰和植被完美结合，像奥运火炬，上面植被像火焰，下面石头像火把，也像火炬冰激凌，我们今天有点美中不足的是只能饱眼福不能饱口福。其实雁荡山的植被给山体景观更多的装饰，有点石成金、美化景点的功能。

【聚仙阁】聚仙阁占地面积800平方米，是利用天然洞穴打造的高空休闲书吧，现改名云端拾光。大家不妨在这里歇息一下，品尝雁荡毛峰与各式现磨咖啡，也可以站在悬空玻璃观景台上观赏四维酸性流纹质火山岩地貌景观。聚仙阁内侧上面的山峰是纱帽峰，而往右边看，则像一只巨大的犀牛，下面奇峰耸秀，怪石峥嵘，造型各异。

【铁索桥】"悬崖铁索桥，天堑变通途"，方洞飞架的铁索桥不仅连通了方洞和灵岩，更为游客提供了很好的中山游观景平台。这座"天空之桥"桥长108米、宽1.5米，桥面离地面的高度是200米，一次性可承载80名游客。桥下是万丈深渊，不少恐高的游客不敢尝试。教大家一个上桥的技巧口诀：头正目平向前看，轻踩快行不摇晃。当您根据这口诀走上天空之桥，既有惊险刺激的感官体验，又有与众不同的视觉享受。

【葫芦峰—猪八戒背孙悟空】铁索桥下方的大石头中间凹进去，两头突出呈圆形，像巨大的葫芦，很多人说是八仙中的铁拐李放在这儿的。雁荡山有这么多景区，他为什么选中方洞，葫芦里面到底卖的是什么药？只能留给我们各位游客自己去猜想了。

刚才看到的鹰嘴峰，现在再次观看，已然变了一个模样：前面的孕妇像猪八戒，戴着帽子，大大的耳朵挂出来，穿着开衫，袒胸露乳，自以为背着高老庄的高小姐，浑然不知已被孙悟空调了包。他开心地往山下走，准备去成亲。

【冲霄洞】各位游客,现在大家看到的便是冲霄洞,洞不深,雨量大时会有瀑布下来,注入下面深潭,现在属于干冬季节,瀑水成了滴水,而下面的潭水依然丰沛,得益于雁荡山森林植被对水资源的涵养保障。

【云景台】在云景台可观山下全景,雨后仙气紫绕,犹如置身仙境。这里是电视剧《琅琊榜》的外景拍摄地。现在大家往左面看,之前看到的鹰嘴岩似乎又变成了一位妇女在抱着年幼的婴儿面壁而立。往右侧看,远处有一片雁山毛峰茶园,茶园上面的小山尖上有一个观景亭,亭子两侧两列山脊分别呈现三角形的两条边下来,是历史上仰天窝去往西园岭古道的必经栈道,峰陡路险,并且现在的观景亭处以前曾建有碉楼。观景亭往右下不远处就是富有传奇色彩的仰天窝与仰天湖。从茶园到仰天窝必须要经过一段在峭壁上建筑的栈桥,现在自由通行的栈道以前只有一段独木桥,晚上独木桥则抽掉,以确保仰天窝住宿客人的安全。从仰天湖景茶园顺龙天岭古道可至黄岩洞龙神庙,参观雁圣源铁皮石斛种植基地,然后去大龙湫景区、飞泉寺景区、雁湖景区等。历史上曾经有地方官员来龙神庙祭祀。如灵峰景区观音洞一块摩崖题刻记载清光绪二十六年(1900)进士、曾三任乐清知县的河南息县人何士循来龙神庙祭祀的事情,隶书,直写:"光绪癸卯二月十九日,中州何士循诣灵岩村祀龙神祠,礼成回县,遇雨,宿此。"龙天岭古道相对比较平缓,坡度不是很陡峭,沿路景观秀丽,可以踏着历代名人的足迹追寻山水之乐。也可以往前顺着西园岭古道往下走,经灵岩飞渡表演者始发的天柱峰登山道口,依次观赏顶珠石、锅洞等,然后至灵岩景区。

从远处越过茶园、观景亭再看向面前,一块巨石壁立如同一支烛台,又如棒槌。前面有两块石头俨然"熊抱幼仔"。从灵岩景区入口的游步道看过来,这组景观就是久负盛名的"老僧拜石"。雁荡山的景观随着四时季节、气候阴晴、早晚晦明的变化而变化。经常有人问我:游览雁荡山三天时间够吗?这里又涉及走马观花与深度体验,所以我的答案是:关键取决于你要了解什么样的雁荡山。

【紫微嶂】各位游客朋友,现在大家看到内侧壁立的崖壁就是紫微嶂,它是雁荡山酸性火山质流纹岩地貌的典型景观。不少游客似乎特别在意这块石头像什么,那座山峰像什么,其实发育于1亿多年前的晚中生代白垩纪至晚侏罗纪的雁荡山火山地貌几何造型奇特,因着多年来的自然风化、雨水冲刷,地表岩层的剥落与崩坍似乎是常态性的，不少峰峰岩岩多少都会呈现出不同的景观造型，像动物，像人物，其实更重要的在于能够给您的旅途增添乐趣，让观者开怀，让见者忘忧，同时在观山看水的过程中读史赋诗，让人感受愉悦，收获知识，也增添一份关爱自然的责任。就如这紫微嶂，其实名字只是一种有助于识记的符号，寄托了人们"紫气东来"的美好希冀与愿景。因此借着这次卧云栈道之行，祝愿各位前程似锦、步步高升。

【将军岩】紫微嶂外侧的一座山峰像一位身材魁梧的将军在转过头看向东面，左手背在身后，脸部五官、须发皆非常清晰。右侧边上又有身形相对矮小的巨石，仿佛一位壮汉，微微侧身而立，右边臂下垂，目光如炬，神情严峻。他们在看什么，还是商讨什么？我们不得而知，还是不去惊扰他老人家，继续我们自己的前路吧！

【木荷】各位游客朋友，沿着栈道，路两侧有一种树木数量特别多，长势也特别茂盛，枝头都长有一颗颗山核桃似的小坚果，这种树是木荷（Schima superba Gardner & Champ.），又名荷木、荷树，是山茶科木荷属常绿大乔木，高达 25 米。叶革质或薄革质，椭圆形，边缘有钝齿。6 月开花，花单生于枝顶叶腋，或多朵排列成总状花序，花冠白色五裂，雄蕊黄色多数，有芳香。虽然叫作木荷，但它的花与荷花其实不太像，与同科的山茶花有更多的相似之处，如它的花冠底部相连，凋谢时常整朵掉落，且有密集的金黄色雄蕊。木荷树形高大，叶子浓密，据说叶片的含水量高达 42%，不易燃烧，是一种天然的"防火树"，又能抑制其他植物在其树下生长，形成空地，从低处阻隔山火，常成片栽种于森林中，作为林间的防火带。不过木荷茎皮、根皮有毒，接触其茎皮后会红肿、发痒，所以很少作为行道树种植。雁荡山民间曾有人用木荷茎皮与草乌共煮，熬汁涂抹箭头，用于猎杀野兽。木荷尽管有毒，但它全身是宝，被誉为"药王树"。木荷树干通直，材质坚韧，也是一种优良的用材树种。《植物名实图考》中称之为"材中栋梁"，可作"宫室器具之用，益于民大矣"，现代纺织业中的纱锭、纱管多用它制作，也是桥梁、船舶、车辆、家具、农具等的优良用材。

【亭廊】各位游客朋友，从方洞景区入口到卧龙谷景区，这里算是旅程过半，大家可以先在这座亭廊里稍微歇息一下，然后开始徒步 2023 年元旦刚刚建成开放的卧云栈道，来一趟雁荡山云路之旅。亭廊过处便是一块三路交叉的三角地带，往前往下便是仰天湖、西园岭古道，往左往上便是卧云栈道、卧龙谷，无论怎么样，两条道都可以通往雁荡山的中庭灵岩景区核心灵岩飞渡的最佳观景台——屏霞轩与灵岩寺。由于我们这次探访的是卧云栈道，经卧龙谷景区到龙鼻洞、小龙湫、灵岩寺，因此大家不妨在右侧的观景台上俯瞰仰天湖景区，我稍微就仰天湖、仰天窝作一点讲解。

【仰天湖】地处紫霄嶂山巅的仰天湖，历代雁荡山志均未载其名。1926年秋，一位雁荡山当地的名士归隐乡里后发现仰天窝空旷幽静，四周奇峰环拱，与天相接又有水源，十分喜欢。于是他在紫霄嶂顶的仰天窝建平屋三间，常隐居其中，著书自娱。康有为赠楹联一副："瓢饮唯三径，岩栖在百层。"联句选自唐代诗人杜甫长诗《赠特进汝阳王二十韵》中两句。仰天窝前有三亩见方的小湖，就是仰天湖，湖水清澈如镜。据1934年《旅行杂志》卷八第八号刊发赵叔雍《东南交通周览会第一线游览日记》（下）记载："迨抵别墅，花竹萧森，池水一泓，可供游泳，平屋三间，其角上山势微高，则建一碉楼于上，设小穴外通，以便防御。就仰天窝四望，后为云霞嶂，而听诗叟峰与双鲤峰，亦约略可见，俯视则灵岩天柱，均置之襟袖间，斯为奇观。"远近游客闻讯，纷至沓来，遂成胜迹。

以前仰天湖后面山岗现在观景亭处还建有碉楼，而进出仰天湖通过龙天岭栈道上来，要经过一处悬崖绝壁，曾在悬崖上架设一座木板桥，夜间则将木板桥收走，外来行人无法入内，确保内部安全。现在各位游客朋友看到山顶之上有一座古朴的天心亭，这个位置就是以前碉楼所在地。站在方洞，"无心插柳"的天心亭已在不知不觉中成了拍摄方洞云海的最佳地点。这里早已回归平静，游人罕至，假如时光倒流，那这里就是"贵宾接待处"，黄宾虹、张元济、谢磊明等都曾是座上宾。他们是隐居、吟诗、作画、交心、雅集，还是感叹，已经无从考证，这一切都已成过眼云烟。现代著名山水画巨擘黄宾虹曾在此做多幅《仰天窝图》，其中一幅长卷现存日本大阪美术馆。

【西园岭古道】仰天窝是方洞和灵岩的分水岭，现在我们继续前行到灵岩景区，险峻的是方洞，灵秀的是灵岩。沿途山路崎岖，乔木茂盛，遮天蔽日，途中风景就数"老僧拜塔"最传神，天柱峰背也展露无余。如果有幸，您还可以看到雁荡山飞渡队员们攀越天柱峰的敏捷身手。走完西园岭古道，通过横跨卧龙溪上的石拱桥就是灵岩景区。

方洞景区

【卧云栈道】各位游客朋友，根据雁荡山重振雄风三年行动计划，这一条卧云栈道是2023年以来规划建设的雁荡山中线，连接方洞景区与卧龙谷景区，于2024年元旦正式对外开放。卧云栈道全长1300米，其中设置观景亭一座、观景台两座，悬空玻璃栈道全长54米、宽2米。雁荡山是国家级森林公园，穿行在雁荡山各大景区，不免会看到各式各样的奇花异木，包括很多珍稀树种与乡土特色植被。

【昆栏树】现在呈现在各位朋友左手边的绿植是雁荡山乡土树种昆栏树（Trochodendron aralioides）。昆栏树是东亚地区植物学界著名的"四科树"之一，昆栏树科（Trochodendraceae）、领春木科（Eupteleaceae）、水青树科Tetracentraceae）和连香树科（Cercidiphyllaceae）一起构成长相奇特的四个单型科（即每个科只有一个属），从冰川时代幸存下来的孑遗植物、基部真双子叶昆栏树目（Trochodendrales）中仅有的两个种之一。作为常绿的大乔木，昆栏树高可达20米，喜欢偏湿润的环境，常生于海拔1000~2000米的山地云雾林带，在中国台湾地区又被称作"云叶"或"云叶树"。国内外有一些植物园引种了昆栏树，它树形优美、叶面光亮，即便是小树也颇具观赏价值。

【铁冬青树】栈道右侧边上的是铁冬青树（Ilex rotunda Thunb）。铁冬青也称红果冬青，别名有救必应、熊胆木、白银香、白银木、过山风、红熊胆、羊不食等，是冬青科、冬青属常绿乔木或灌木，为耐阴树种，喜生于温暖湿润和疏松肥沃、排水良好的酸性土壤，常见于山坡常绿阔叶林中和林缘。树干高可达20米，胸径1米，树皮灰色至灰黑色；小枝圆柱形，挺直，有棱，红褐色，较老树枝具纵横裂缝，叶痕倒卵形或三角形；叶互生，叶片薄革质或纸质，卵圆形至椭圆形，上面有光泽；花单性，雌雄异株，聚伞花序或伞形状花序，单生于当年生枝的叶腋内，卵状矩圆形，雌花较小，花柄较粗壮；核果近球形或椭圆形，直径4~6毫米，成熟时呈红色；花期5—6月，果期9—10月。冬青在我国历史悠久，据说汉代的宫殿与宋朝帝王陵墓都种植它。全世界冬青属植物有400多种，原产于我国的冬青属植物有200多种。铁冬青具有很高的药用价值，被誉为"药王奇树"，是我国南方常见中草药，铁冬青的树皮与叶子均可入药，具清热利湿、消炎解毒、消肿镇痛等功效，可以治疗烫火伤、咽喉炎、肝炎、急性肠胃炎、胃痛、关节痛等；枝叶可以做造纸原料；树皮可提制染料和栲胶；木材可做细工用料。

【密花树】铁冬青边上的是密花树。密花树（Rapanea neriifolia），别名狗骨头、打铁树，紫金牛科密花树属，灌木。生于海拔650~2400米的混交林中。树高2~7米。小枝无毛，具皱纹。叶互生，叶片革质，长圆状倒披针形，长7~17厘米，宽1.3~6厘米，先端急尖或钝，基部楔形，全缘，背面中脉隆起，侧脉不明显。伞形花序或花簇生，有花3~10朵，苞片广卵形；花瓣白色或淡绿色，有时为紫红色，花时反卷，呈卵形或椭圆形；雄蕊在雌花中退化，在雄花中着生于花冠中部，花丝极短，花药卵形，顶端常具乳头状突起；雌蕊与花瓣等长或超过花瓣，花柱极短，柱头伸长，顶端扁平，长约为子房的两倍。果球形或近卵形，直径4~5毫米，灰绿色或紫黑色，有时具纵行腺条纹或纵肋，冠以宿存花柱基部，果梗有时长达7毫米。花期4—5月，果期10—12月。密花树也是一味中药，叶、根皮均可入药，性寒、味淡，清热利湿、凉血解毒，可主治乳痈、疮疖、湿疹、膀胱结石等。

【红楠】我们所在栈道的拐弯处，内侧崖壁底部有一眼泉水从崖壁的缝隙间汩汩流出，是为石髓泉。从栈道开始拾级上坡转向平步穿行时，大家可以看到护栏外侧几棵高大的树木，嫩绿的芽头矗立在树枝顶端，与深绿的树叶形成了鲜明的对比，这就是红楠，别名猪脚楠，因翠绿色的树冠上挺立着红色的芽苞，十分醒目，因而得名红楠。

【石髓泉】各位游客朋友，走了这么几级石砌台阶栈道，左边拐角处的崖壁内侧有一凹陷进去呈簸箕状的石窟，里面崖壁缝隙中，不紧不慢地汩汩流出一眼泉水，水量不大，泉水甘冽，足以供跋山涉水、远途而来的游人解渴。雁荡山有很多颇有名气的泉水，均从崖石缝隙中渗出，如灵峰景区的洗心泉、净名谷的维摩泉等，这眼泉水是在砌筑卧云栈道时新发现的，我们姑且名之为"石髓泉"。大家如果口渴了，不妨用随身携带的水杯舀一杯品尝一下。

【球泡流纹岩】现在栈道内侧的一列绝壁外表有细微的颗粒饱满的球泡，这是雁荡山地貌景观中典型的球泡发育的火山质流纹岩地貌景观的一类，大龙湫景区入口右侧崖壁间的球泡流纹岩块头比较粗壮，而这里的颗粒则比较细小。不时可以发现崖壁间有细沙呈带状的碎屑流纹岩，一旦遇到雨水冰冻天气，碎屑流纹岩便会随着风雨的激荡冲刷与气候的冷热涨缩逐渐剥蚀崩落。

【云日亭】各位游客，栈道外侧有一座亭亭玉立的亭子，名云日亭。山水开诗境，云霞入画图。雨添山翠重，花鸟自相呼。坐看云起时，心在万壑间。

不随风月媚，宁受霜雪侵。石上有真意，才用休随俗。万物静观皆自得，四时佳兴与人同。道通天地有无外，思入风云变态中。在此可以从容地饱览对面画屏似的山景与烟云缭绕的灵岩景区矗立陡峭的险峰。静观山水觅佳趣，闲看云日会天机。尽情欣赏雁荡山水的奇秀，感受大自然造物的奇妙。

【初阳台】各位游客朋友，离开云日亭，顺着栈道往下走几步，便到了初阳台，这里是俯瞰雁荡山灵岩景区全貌的最佳观景平台。栈道左侧下面就是著名的灵岩景区，右边两块岩石仿佛两只巨型的靴子，刚才有位朋友说像北方冬季穿的雪靴，确实非常形象。其实，从栈道这边看过去更像一群海狮，几只海狮在引颈高歌，又似在呼朋唤友，而靴子峰中间有一块岩石似乎是一只在力争上爬的海狗。右前方那两块傲然挺立的小岩峰就是老僧拜塔，后面的石头似一位身体略向前倾斜在作揖的老僧。老僧拜塔前面山巅插着一面红旗的山峰就是灵岩飞渡表演者出发的主峰天柱峰，与天柱峰相对的扇形峰嶂就是展旗峰。从高处俯瞰雁荡山灵岩景区，一列列山峰峭拔高耸，并立如屏，确实有一种身在白云上、一览众山低的感受。

【檵木】这种开白花的树是檵木（Loropetalum chinense Oliv.），是金缕梅科、檵木属植物。灌木或小乔木，多分枝，小枝有星毛。叶柄长 2~5 毫米，有星毛；叶片先端尖锐，基部钝，不等侧。花 3~8 朵簇生，有短花梗，白色，比新叶先开放，或与嫩叶同时开放。蒴果卵圆形，长 7~8 毫米，宽 6~7 毫米。种子圆卵形，长 4~5 毫米，黑色，发亮。花期 3—4 月。分布于中国、日本及印度；在中国分布于中部、南部及西南各省。喜生于向阳的丘陵及山地，亦常出现在马尾松林及杉林下，是一种常见的灌木。檵木可供药用，其叶用于止血，根及叶用于跌打损伤，有去瘀生新的功效。檵木耐修剪，易生长，花红、树形优美，枝繁叶茂、性状稳定，适应性强、观赏价值高，是制作盆景及园林造景最为广泛的树种之一，只是园林盆栽的檵木有开各式红花的，又名红花檵木。

【紫竹梅】刚才有位女士问到路边紫色叶子开粉红色花的植物，它是紫竹梅（Tradescantia pallida D.R.Hunt），别称紫叶鸭跖草、紫叶草、紫锦草等，为多年生草本植物，寓意"健康长寿"。由于叶子呈现紫色，外形酷似竹叶而得名，是一种多年生的草本植物。花期主要在春夏两季，等到花朵绽放那一刻，清新粉嫩的色彩，散发一股淡雅舒适的气息。茎与叶均为暗紫色，小花生于茎顶端，鲜紫红色。紫竹梅一般作为盆栽摆设，家庭种植更为普遍。紫竹梅原

产于气候温暖的墨西哥，长期的生长环境决定了其不耐寒的基因，适宜生长温度为18~30℃，冬季温度不能低于6℃，最好可以维持在10℃左右。紫竹梅喜欢湿润的生长环境，同时也能耐得住干旱的土壤。紫竹梅是一种比较容易护理的花卉植物，只要提供充足的阳光、温暖的空间、适当的水分，以及合理的施肥，就可以拥有一盆生长旺盛、开花灿烂的紫竹梅。

【水团花】现在栈道内侧的植物叫水团花（Twig and leaf of Pilular Adina），别名水黄凿、青龙珠、穿鱼柳、假杨梅、水加楛、溪棉条、满山香、球花水杨梅、水里斜、水里树等，为双子叶植物药茜草科植物。生长于海拔200~350米的山谷疏林下或旷野路旁、溪洞水畔，分布于长江以南各地。常绿灌木或小乔木，高2米左右，最高可达5米。树皮灰黄白色；枝柔弱，有不整齐的近椭圆形皮孔，红棕色。叶对生；叶柄长3~10毫米；托叶2裂，长5~7毫米，早落；叶纸质，叶片长椭圆形至长圆状披针形或倒披形，长3~12厘米，宽1~3厘米，先端长尖而钝，基部楔形，全缘，上面深绿色，两面中脉均突起，侧脉8~10对。头状花序球形，盛开时直径为1.5~2厘米，单生于叶腋；总花梗长2.5~4.5厘米，中下部着生轮生的5枚苞片；花萼5裂，裂片线状长圆形；花冠白色，长漏斗状，5裂，裂片卵状长圆形，长约1毫米，被柔毛；子房下位，花柱丝状，伸出花冠管外。蒴果楔形，长约3毫米。水团花具有清热祛湿、散瘀止痛、止血敛疮等功效，可主治痢疾、肠炎、浮肿、痈肿疮毒、湿疹、溃疡不敛、创伤出血等。

【朱砂根】栈道内侧岩壁根部的植物是朱砂根（Ardisia crenata）。根入药，行血祛风、解毒消肿。叶入药，活血行瘀。果可食，亦可榨油，土榨出油率为20%~25%，油可供制肥皂。常见盆栽，红果适于作为观赏，蔟蔟红色的圆圆的果实煞是好看。

【巾子峰】各位游客朋友，现在大家左侧的一座高耸入云的山峰，纯粹的悬崖峭壁，这便是巾子峰。巾子峰又名玉屏峰，从不同的角度看会有不同的山形。清曾唯《广雁荡山志》将玉屏峰记述为屏霞嶂下，而又说可以从马鞍岭东望，似乎是一种未经实地勘察的臆想。

【山水画屏】各位游客朋友，现在我们已置身于悬空玻璃观景台与悬空玻璃栈道，脚下就是卧龙谷，秋冬的灵岩景区色彩斑斓，红枫、银杏等枝头经霜树叶深红焜黄，深浅浓淡相间，别样情趣，俨然姹紫嫣红的设色山水画。呈现

方洞景区

在大家前面的连绵起伏的山，叫石船山，有人称之为莲花山，却又不像莲花，不过大家是不是觉得似曾相识？似乎就是历代名家笔下的水墨山水图卷，层峦叠嶂，高低错落，林木葱茏，点缀其间，线条勾勒，干湿晕染，浓墨点苔，山石兼用斧劈皴、披麻皴、刮铁皴、解索皴，构图错落有致，笔墨浑厚华滋，凝重、苍劲、荒率，厚重而不板滞，秃笔而不干枯，郁茂而舒展，颇具"奥境奇辟，绵邈幽深，引人入胜"的艺术境界。莲花山的左侧最高处为雁荡山四尖之一的乌岩尖，乌岩尖左侧山脊最高处就是雁荡山最高峰百岗尖。右侧下面刚才看到的靴子峰现在恰似一轴翻开来的国画，这叫卷图峰，卷图峰右边偏上为玉女峰。有句话叫作"历经沧海桑田，只为看你一眼，留下精美的瞬间"。雁行秋月，鱼戏龙潭，酒仙诗史，香茗醇醪。涓涓细流归大海，寸壤累积成高山。静对山水，胸中有丘壑；迁想妙得，笔墨任去留。万事从人，有花有酒应自乐；百年过客，一丘一壑尽吾豪。大家可以从容地站在悬空玻璃观景台上感悟人生的短暂、容颜的易老，借助手机或摄像机，留下你在雁荡山的精美瞬间。对面山间掩映在绿树丛中的建筑是莲花洞，因洞内岩石状若莲花而得名，古时候莲花洞是当地茶农避雨歇息与存放茶叶的岩洞，后来被开辟为佛道祭祀场所。晚清维新运动代表人物康有为与著名画家赖少其均曾登临莲花洞并留下墨宝。康有为曾写诗赞叹"雁山十八洞，莲花第一洞"。

大家在经玻璃栈道时，可以透过悬空玻璃栈道拍摄卧龙谷与灵岩景区峰峰岩岩的倒影。噢，对面山间有一块竖立的石头，俨然一位拱着双手躬身而立的老者，有人说是"诗圣"杜甫，清癯的面庞，稀疏的胡须，忧郁的眼神，似乎正沉浸在"八月秋高风怒号，卷我屋上三重茅"的凄惨命运与"安得广厦千万间，大庇天下寒士俱欢颜"的希冀憧憬之中。

大家看左侧最高处有一座山峰，这是纱帽峰的侧面。对面灵岩景区半山腰下部两列险峰夹着的便是龙鼻洞，两侧的山峰是插龙峰。雁荡山险峰峻崖，如同一列列斧劈刀削的板壁，秋色染红染黄了枝头，间杂着青碧的溪流、葱绿的杂树，不时还可以看到秋冬季节开放的野生杜鹃花、凌霄花、覆盆子等，真可谓杂花生树、五色交辉。

各位游客朋友，沿着依崖壁而砌筑的游步道往下，可以看到一棵俨然黄山松造型的红楠，由于内侧是壁立的悬崖，树枝机械地一律往外侧伸展，形成了天然盆景造型。右前方崖壁上有一块石头，似乎是木化石，形似一只往岩洞里

爬的龟。从木化石外侧悬崖上滴落的是珍珠瀑。现在台阶右侧的山洞是聚义堂，以前里面有《水浒传》中梁山 108 好汉的塑像。下面的深潭是卧龙潭，潭水清澈幽绿，外侧有三行石汀步。现在回望刚才走过的木化石，似乎成了一只晚归的雁荡山乐官。左侧的悬崖峭壁是迎龙嶂。顶上大家看到的似乎鼓着一对大眼睛的岩石便是"青蛙待雁"。现在大家返身看到悬崖中间是一只猩猩或猴子的嘴脸。左面往高处看一块凸出的岩石形似青蛙，而大家右前方似乎是一只孔雀。

【石船神水】卧龙谷景观奇绝，流纹岩地貌景观十分丰富。往正面看两个凹陷的山洞俨然牛的鼻子，故名牛鼻洞。牛鼻洞前卧龙谷里面横卧着一块梭船形的巨石，一眼泉水涓涓不停地从石船的背脊部高处冒出，顺着一条细小的石缝下注。相传八仙之一吕洞宾云游至此以剑划石，泉即涌出且冬暖夏凉，故称石船神水。

【望穿洞】右侧山峰间有一个天然山洞，似一个方形的窗户，人们称之为"望穿洞"，是青蛙待雁望眼欲穿，还是得道高僧望穿人性，或是各位期待自己所爱望穿秋水？大家可以自由猜测。

【卧龙潭、断肠崖】小龙湫源头的卧龙潭，里面鲤鱼尽情地优哉游哉。一次，一位高僧与一位道长观鱼卧龙潭，高僧说：你看，鱼儿游得多快乐！道长说：你不是鱼儿，怎能知鱼儿快乐？高僧说：你非我，怎能知我不知道鱼儿快乐？这时候一位旁观的樵夫说：鱼乐人亦乐，水清心共清。外侧就是断肠崖，是影视剧《神雕侠侣》的外景拍摄地，影视剧的热播也为雁荡山的断肠崖带来了旅游效益。游客到此，都会在断肠崖的石碑前拍摄留影。断肠崖下面就是绝情谷，剧中杨过从这里跳下去重见小龙女之处，"断肠崖上叹绝情，绝情谷底哭断肠"极其凄美，绝情谷就是隐龙嶂底部的小龙湫谷。

【独秀峰】顺着悬空玻璃栈道行进，前面谷口笔直矗立的山峰就是独秀峰。独秀峰，顾名思义，取一枝独秀之意，如一根笔直的擎天柱高耸挺拔，不依靠山崖，孤傲地站立着，崖顶上生长着一棵虬松，倔强地挺立着。明代旅行家徐霞客在雁荡山游记中写道："西南为独秀峰，小于天柱，而高锐不相下。独秀之下为卓笔峰，高半独秀，锐亦如之。两峰南坳，轰然下泻者，小龙湫也。隔龙湫与独秀相对者，玉女峰也。顶有春花，宛然插髻。自此过双鸾，即极于天柱。双鸾止两峰并起，峰际有僧拜石，袈裟伛偻，肖矣。"

252

方洞景区

【隐龙嶂】卧龙谷悬空玻璃栈道对面的崖壁就是隐龙嶂,陡峭悬崖壁立千仞,在此可以尽情观赏悬崖险峰上雁荡山品类最丰盛、最具眼球吸引力的酸性流纹岩火山地貌景观。隐龙嶂尽头就是著名的小龙湫,瀑布水量的大小完全根据降雨量而定,小龙湫也是现代著名画家潘天寿最喜欢的写生创作景点之一。

雁湖景区

> **导游内容（仅列重要景点）：**
> 景区概况—芙蓉峰—石柱门—西石梁瀑—摩崖诗刻—幽泉—西石梁洞—梅雨瀑—罗带瀑—雁湖、雁荡—雁湖沉钟—雁湖铁船—雁湖日出和云海—梯云谷

【景区概况】游客朋友们，大家好！雁湖景区位于雁荡山的西面，是雁荡山的西大门、古时进入雁荡山之主要入口处，旧称"西外谷"。景区东至东岭，西至本觉寺坑，北至雁湖冈，面积约59平方千米，以湖、潭、峰、瀑、谷取胜。雁湖位于雁山之巅，是雁荡山的摇篮，因"冈顶有湖，芦苇丛生，结草为荡，秋雁宿之"而得名，山因湖名，湖因山传。此景区锦山秀水，四季宜游，梅雨瀑潇洒缥缈，罗带瀑婀娜多姿，西石梁大瀑雄姿矫健。登冈顶可观"雁湖日出"和"雁湖云海"等奇观。置身其间，我们会感受到人与自然的契合，适宜乐山乐水者徜徉雁湖山水间，览物抒怀，极视听之一娱。

【芙蓉峰】进入雁湖景区，首先迎接我们的就是高耸入云的芙蓉峰，它含苞待放，赤白相间，雁荡山原名"芙蓉山"就源于此。清人方尚惠有诗云："云间峰朵朵，锦绣似芙蓉。不待秋风起，花光映日红。"芙蓉峰由亿年前火山喷发过后形成的凝结熔灰岩构成，整体呈现灰白色，与其下部暗红色的流纹岩呈现出明显对比。芙蓉峰是由凝结熔灰岩冷凝，中心形成垂直节理，围岩剥蚀后而成。古人游雁荡山从西面进山，所以此峰一度作为雁荡山景区的形象标志，看到芙蓉峰，雁荡山也就不远了。

【石门村】雁荡山东岭西侧的石门村属于芙蓉镇，村口左侧崖壁上有清同治十二年（1873）的摩崖石刻："同治十二年，岁次癸酉，正月二十有六日，

成邦干、杨在田、黄恩礼、锺廉、龚綮、孙熹同登雁湖，寻雄老看龙湫，八十野叟曾士松也，特记勒山麓。"成邦干在大龙湫也有摩崖题记。谢灵运曾写过《登石门最高顶》诗，李白曾在诗中写道"康乐上官去，永嘉游石门"。在石门村能够观赏到另一个角度的芙蓉峰和栩栩如生的玉兔峰。在石门村石门峡谷能够观赏到龙洞瀑布、靛厂山景以及峡谷风光。峡谷中有通往雁湖景区连霄嶂的古道，有经石门岙茶园通往龙湫背的古道，还有经雁湖岗山脊通往龙西硼头的古道。沿着峡谷中的古道一路上行到达废弃的村庄靛厂观赏山景，几年不见，靛厂的房子已经全部倒塌，只剩下一幢养殖山羊的房子和一群黑白色相杂的山羊，还有那依然不变的峡谷山景。在靛厂观赏山景后返回龙洞入口，雨后的龙洞溪流非常湍急，过溪路被溪水淹没，只能脱鞋赤脚进入洞中拍摄雨后壮观的龙洞瀑布和洞中风光。

【云溪·左舍】路外侧溪涧边的民宿叫云溪·左舍，内部设15间客房，每一间都能纵览雁湖青霭。180°窗面设计，拉开窗帘，绿意便透进了房间。丰富的玻璃运用，提升了房间的通透感，隔离却不隔绝。云溪·左舍的选址和设计，源自左舍品牌联合创始人严乐峰先生。醉心于寻找一方净土的他，将云溪孕育在了雁湖周身，将心间的豁然意境填满了这块土地。

【石柱门】走过雁西村，经凌云村雁湖景区售票处向西行，可见石柱门。石柱门是在流纹岩嶂的基础上由垂直嶂方向的节理或断裂切割、剖开，岩块崩落而成，类似的石门一般分布于嶂谷口，是雁荡山地貌中又一重要特点，如显胜门等。两岩对峙，门高100米、宽30米，气势浑厚，周边草木苍翠茂盛，门内迂回曲折，景色秀美。在石柱门的左侧，高约30米，两峰比肩而立，上面长有苍翠的野草，名含翠峰。在石柱门的右侧，有一岩石奇特怪异，一峰插天，高约80米，自峰腰中间有一裂隙，内含一珠形圆石，颇为奇特，因而被称为含珠峰。其实此珠是沿节理面崩塌裂开，残留了一块岩石在裂缝中。千百年后它又会成为何种奇观，还是个谜，请大家尽情猜想，并欢迎再来观赏揭底。

【西石梁瀑】未见瀑形先闻瀑声，一石挡住了我们的视线，轰轰瀑声将我们引至潭前。西石梁大瀑贴着半圆桶状的岩壁咆哮泻下，中间触石水花迸溅，水珠跳跃，水声哗哗，气势非常壮观。西石梁瀑高160米，为发育在巨厚流纹岩层中的瀑布，仅次于大龙湫，为雁荡山第二大瀑布。瀑布前的圆形深潭叫上

潭,又名大瀑潭。当瀑布直冲潭面时,除了发出震耳欲聋的声响外,还可以看到水雾升腾、浪花翻腾的美景。徐霞客对此曾有"此雁山第二流也"的赞语。瀑前有一块巨石,上有"西石梁大瀑"五个大字,笔力遒劲,挺拔精妙,是1935年雁荡山建设委员会主任许蟠云所题。

1937年张大千与于非闇、谢稚柳、黄君璧等人在南京第二次全国美术展览会之后,由著名金石篆刻家方介堪作陪,结伴来游雁荡山,下榻雁影山房,在雁荡山创作多幅雁荡山水画稿,其中有《雁荡山西石梁瀑布图》,并配上《点绛唇》词一阕。多年之后,张大千在雁荡山画稿的基础上,再加工创作了青绿山水的《雁荡山西石梁瀑布图》,高125厘米、宽56.3厘米,题款达200余字:"石栋飞虹,奏然匹练垂天际。跳珠委佩,迤逦沾衣翠。荡涤烟云,人在蕊宫里。空凝睇,明朝吟思,梦掬银潢水。雁荡山奇水奇,微苦无嘉树掩映其间耳。此写西石梁瀑布,因于岩上添写一松,思与黄山并峙宇宙间也。图成,更倚《点绛唇》题之。春间与蓬莱于非闇、南海黄君璧、武进谢稚柳同游兹山,永嘉方介堪为向导,下榻雁影山房。乐清张令索予辈作画。其时诸人皆无印,乃由方介堪急就凿一章,文曰:'东西南北之人',迄今诸人风流云散,惟予与非闇犹得朝夕相见耳。偶忆及之,因书画上。丁丑秋九月,蜀郡张爰大千父。"画面左下角钤有二印,一方为朱文"山水因缘,等于婚媾",一方为白文"大风堂",可能出自方介堪之手。《点绛唇》词及跋写景抒情兼妙,书法又佳,使得《雁荡山西石梁瀑布图》成为画、词、书、印四绝的妙品。

【摩崖诗刻】在瀑布前的巨石上可见诗:"瀑飞百丈潭千丈,峰涌一重云几重。吾爱石梁观不厌,危岩徒倚听淙淙。"诗人对西石梁瀑布的喜爱可见一斑。

【幽泉】崖壁上镌刻的"幽泉"二字是孙中山之子孙科所题,落款时间为1937年。题字时距离孙科陪母亲同游雁荡已过两年时间,但是此行却使孙科记忆良深。每每回想起母亲当时游览雁荡山的高兴情景和真际桂花林的开辟,他都思绪万千,欣然为雁荡名山题写了不少墨宝。

【西石梁洞】西石梁大瀑上方有一个天然石洞,向南高悬,洞前有一块紫白相间、纹理如芭蕉的大石梁斜倚洞天,故名石梁洞;又因洞外寺院内多栽芭蕉而称芭蕉洞或芭林洞。西游记中有孙悟空借用芭蕉扇的情节,而蒋捷《一剪梅·舟过吴江》里的那句"流光容易把人抛,红了樱桃,绿了芭蕉"让人感怀。芭蕉颜色青翠,有着潇洒之姿、出尘之韵,是古代文人墨客们很喜欢的一种植物，与竹、荷花并称传统文化的三大雅。而在佛教中，《维摩诘经》中有"是身如芭蕉"，用芭蕉经风易坏、中空来比喻空幻寂灭。因此中国古代诗人常用"芭蕉林里自观身"来抚慰生命的意义。西石梁洞历史上应该是道教修炼之所，由于南朝以来陶弘景倡导儒释道三教合流，所以雁荡山上的不少宗教场所由道教、佛教、儒教交互使用，如北斗洞、天柱寺、双峰寺、净名院等。

石梁将其分为左右两洞。左洞上小下大，呈圆锥形，原有飞泉从顶飘洒，地面凹凸不平，有倾斜的岩壁挡路，可以观赏，但难以进入。右洞宽约20米、高约30米、深约10米，洞内原有清代建筑的木结构楼房五间，后因台风毁坏重建。洞内有一碑刻《芭蕉庵记》，是2007年乐清文人张炳勋所撰，主要描述的是雁荡山石梁洞芭蕉庵的起源、原址结构和因台风损毁，附近善男信女慷慨捐助，得以恢复旧貌。西石梁洞在雁荡山诸景中颇负盛名，清人林文朗还留有《芭蕉洞》一诗："芭蕉四绕绿丛丛，洞口仙源滴漏通。作色似珠还似玉，选声宜雨又宜风。"站在洞口，向右斜对面看去，有猪头岩和童子拜观音等景致。

【梅雨瀑】从雁湖岗的南端凌云村开始，穿过雁湖村，便面临一个岔路口，向右可达宝冠峰，往左便到了梅雨瀑。梅雨瀑为发育在巨厚流纹岩层中的瀑布，在石柱门左侧，岩削立100余米，环而成壑，壑口两崖如门，瀑从壑中北崖悬空下注，冲击在半崖横突出来的崖石上，如飞珠碎玉般飘洒，因风作态，烟雨蒙蒙，状若梅雨，令人叫绝。南宋王十朋有《咏梅雨瀑》诗曰："灵源东接雁池遥，裂石崩崖下九霄。云断青天倚长剑，月明泉室挂生绡。江声雨势三秋急，雪片冰花五月饶。休勒移文北山去，他年来赴石梁招。"清人梁祉游过梅雨瀑后，亦有诗道："岩上飞泉高百尺，岩前碎玉击寒石。青萝湿处少人来，满地莓苔鹿逐迹。"前两句所写的景色依旧；后两句，随着西外谷公路的开通，游人逐渐增多而成为历史。梅雨瀑瀑下有潭，名梅雨潭。潭浅而广，中有巨石横卧，水清如碧，流水叮咚。一次，著名文学家朱自清的孙子来游，他觉得奇怪，怎么祖父将仙岩梅雨瀑写得这么好，曾一度怀疑梅雨潭的绿是写的雁荡山的梅雨潭。我也曾怀疑唐代姚揆的《仙岩铭》描述的是雁荡山灵岩："维仙之居，既清且虚；一泉一石，可诗可图。"因唐代李白就曾写过"门对鹤溪流水，遥想雁荡仙家。"将雁荡比拟为仙人居住的仙家，离开梅雨瀑，顺着石头砌筑的古道登山，登石砌台阶约1000米，又有岔路，右边通往雁湖岗，往左可到罗带瀑。通往罗带瀑的是山中小路，曲径通幽，前行再遇一条岔路，穿过岩石

自然垒成的岩门，就到了罗带瀑，而往上走，则是明阳洞，民国时期乐清诗人余献之等人曾在此创阳鸣诗社。

【罗带瀑】罗带瀑为发育在穹谷形溪涧巨厚流纹岩层中的瀑布，位于石柱门底右侧。从梅雨潭向北，沿山路走 5 分钟，有一岔路，沿右边的路可上雁湖，左边的路去罗带瀑。一路上，路边坑谷里横七竖八地躺着一块块巨石，形态各异，可赏可鉴。穿过明阳洞下自然垒成的岩门，映入眼帘的是一片巨大的乱石，水从乱石中奔流而出，左转右旋一段路后，靠右一块平整的岩壁上镌有乐清名士朱镜宙的摩崖石刻："永嘉梅雨清，邑人徐熙、徐声豪、阮道镕、蔡徵、蔡佐、何洵、金步扬、刘建瓯、倪复中、张纲、应朱明、翁亦豪、朱侠、朱镜宙、朱宝元，民国丁丑三月同来。朱镜宙书。"民国丁丑为 1937 年。再前行几步，一条小溪上筑一石桥，名骆驼桥，左拐弯后的岩壁上，"罗带瀑"三字赫然在眼。不远处岩壁也有摩崖题记，为 1935 年国民党陆军中将罗卓英在温州地区公署专员许蟠云陪同下，来游雁荡山时题记，文曰："潘君耀庭，探得新瀑，导余来游，为名罗带，并咏以为诗：石困云母屏，水织罗纹带。来上美人腰，飘飘仙子态。民国二十四年十一月岭南罗卓英、黄岩许蟠云书。"文中"潘耀庭"，名潘球，乐清人，民国年间因反对增税与上司反目，辞职还乡，因酷爱雁荡山水而参加雁荡开发，从而发现了罗带瀑。

罗带瀑高约 30 米，瀑布因时而异形，水量小时分左小右大两瀑；水量大时，合成一条大瀑。细观沿崖壁下泻的瀑布，正如从织机中织出的洁白的绫罗衣带。瀑前侧岩上有朱镜宙题写的"罗带瀑"三字和石刻题记。以"罗带"名瀑，可谓十分贴切和雅致。由于此瀑生于有巨石挡路的深谷之中，难以为人所知，直到 1935 年才为潘耀庭等人发现。

【连霄峰古道】从罗带瀑出来，沿着凌霄峰古道登山，不远处有一座小庙，小庙附近以前曾有不少山民聚居的村落，现在只剩下断墙残垣与零星的小屋，基本上淹没在离离荒草茂密竹树丛间。到了第一个山肩，发现有一条岔道往右，便是去石门村的古道。谢灵运过筋竹涧越岭西行便到过石门村，在此留下了不少诗词，并且还登石门最高顶。其实石门最高顶就是雁湖岗，通石门村的古道半岭外侧一巨石上镌刻着"雁湖"摩崖题记，上款为"民国十三年"，下款为"临海屈映光题，同游者黄岩陈最、天台谢仁庵、乐清阮陶熔"。

顺着古道往雁湖岗方向攀登，一盘一盘的古道蜿蜒曲折，一路上山花烂漫，怪石崚嶒，似船形的，似雨披的，似动物的，并且石头的裂隙也是这里特有的，俨然日本禅意建筑所用的枯石。大约走过一段石砌的岭上游步道，发现连霄峰船岩上面的一巨石上镌刻着"山海奇观"的摩崖题刻，落款"温陵倪鸿范题"。经考证，题字者倪鸿范为温岭人，曾与清雍正九年（1731）大荆营游击陈伦炯遍历雁荡山诸名胜，登雁荡之巅，辟雁湖之径，并题"云梯独占"四字于雁湖石壁，写有《辟径登雁湖》诗："鸟道盘云细，扶筇贾男登。三湖衔夕霭，一雁啄寒冰。低眼峰峦伏，回头日月乘。邈思控鸾鹤，孤啸落高层。"其在大龙湫景区瀑布后面崖壁上题刻"万泉惟一"四字。由此可知，上款"甲子十月"当为清乾隆九年（1744）。

继续往雁湖岗攀登，右侧一崖壁上镌刻着一首诗题摩崖，字迹已经漫漶不清，隐约可见"谿、履、犹、饭自、射虎、是神仙、士、嘉"等字。古人将名字与诗词内容刻入石头想不朽的，结果因水蚀风化而剥落。走过一段平缓的狭窄的石头铺砌的古道，前面有一片茂密的树林，穿过林间小道，也就到了雁湖林场场部，块石砌筑的房子显得古色古香、美轮美奂，这里茶园幽绿、林木葱茏、水源丰沛、硕石遍布。在林场场部一处建筑石墙的根部有一半截原云霄宫的石制碑刻，上面唯有"霄"字的一半与"宫"，另半截在雁湖岗上面通往第三个雁荡的小路边，被砌在了石墙里面，由于石碑刻字的一面露在外侧，因此可以很容易识别。

【雁湖、雁荡】 雁湖林场场部往后山走的山道是用巨大的块石垒砌的，不到100米便到了雁湖岗上，一条石头砌筑的拦水坝内侧是面积硕大的湖面，芦苇丛生，茶园遍布，这就是雁湖。周边分布着5个水草丰美的湖荡，其中两个外侧也有拦水坝砌筑，内侧则是陷人的泥潭，用毛竹竿探探深浅，发现两米多竹竿插进去还无法探底，为安全起见，我们也就与它保持着安全的距离。在距离第三个湖荡不远处有几处石头砌筑的古建筑断墙残垣，据说以前是雁湖寮或云霄宫的旧址，水草丰美，林木葱茏，石头砌筑的古道蜿蜒曲折，游向深林密处。

山顶上出现的平湖不是火山口。是因为雁湖处在雁湖尖——百岗尖的岩体之上，这种岩石不是火山喷发的产物，而是火山喷发停止后岩浆从地下沿着断裂侵入而成，这种岩石叫侵入岩。侵入岩的特点是岩体边缘矿物较细，中央矿物较粗。可想而知，较粗的颗粒受外力的作用比周围的火山岩易于风化剥蚀，剥蚀后的岩石容易成土，形成疏松的土壤，地质学上称作风化壳。这些风化壳就像海绵，起到蓄水的作用。而边缘矿物较细不易风化，就成了稍有起伏的岗岩。在昔日植被茂盛、大树参天的生态环境下，充沛的雨水流入低洼的"海绵"处，就有了积水成湖的自然景观。

那湖中为什么会有雁呢？良好的自然生态、飘逸的湖中芦苇，吸引了南归的秋雁，湖就有了雁湖之名。现在那些南归的大雁去哪儿了？大雁不再来主要有两方面的原因：一是雁湖底部的侵入岩为石英正长岩，此类岩石全部由结晶的长石、石英、角闪石等矿物组成，结构均一，无任何层理，但发育块状节理，经风化后呈龟裂岩块，再经风化易成平坦的岩岗，岩岗下缺乏良好的隔水层，抑制渗流；二是昔日茂密的树林被砍伐，建成人工茶场，导致水体保持能力减弱。没有树林，没有芦苇，大雁就不会来此群居。若想恢复秋雁南归的雁湖风貌，还需"退茶还林"。

据清光绪《乐清县志》载，雁湖石壁上有"大观""云梯独占"两处摩崖题刻，并录有题刻者之一倪鸿范小序："同安陈公伦炯，由台湾左迁大荆，暇日遍历诸胜，遂穷雁湖之巅。时当中秋，皓月当空，通宵澄霁，而俯视山下，黑云如汁，雨浪浪不能止，真有天上人间之别。遂书'大观'二字，余亦舒'云梯独占'四字于壁上。"这两处摩崖题刻今虽遍觅不见，在此做一介绍。

题字者陈伦炯（1685—1474），字次安，号资斋，清福建同安人。陈伦炯出身宦门，"幼为水手"，跟随凭谋略收复台湾的广东副都统的父亲陈昂往来世界各地，在海上穿涛踩浪，"其游踪东极日本，西极波斯湾，中国沿海岸线，周历不下数十次"，又"博通群书，尤留心外国夷情土俗及洋面针更港道。尝扈从问及外夷情形，对答了了，与图籍吻合"。康熙年间承父荫，被诏为宫廷御前侍卫，累擢浙江水师提督、苏松水师总兵，于吴淞口炮台立竿悬灯，为港口南北通行标志。历任台湾南路参将、安平副将、澎湖副将、台湾水师副将、台湾镇总兵，有"台湾总镇补破鞋"佳话。于雍正八年（1730）完成专著《海国见闻录》。《海国闻见录》是一部综合性的海岸地理和世界地理著作，内容广泛。举凡自然地理和人文地理等方面的问题，也有所涉及。《四库全书总目》对本书的评价是"凡山川之扼塞，道里之远近，沙礁岛屿之夷险，风云气候之测验，以及外番民风物产……备书。虽卷帙无然积父子两世之阅历，参稽考验，言必有证。视剿传闻而述新奇，据故籍而谈形势者，其事固区以别矣"。

梁启超将陈伦炯与徐霞客、梁质人（清康熙时人，著《西陲今略》）等三人誉为"探险的实测的地理学者"。他认为徐霞客为西南探险家，梁质人为西北探险家，陈伦炯则为航海探险家。清雍正九年（1731）因坐事，被贬为大荆营游击，暇日则遍历雁荡诸胜，辟雁湖之径，建灵异亭，写有《灵异亭记》《观瀑亭》《辟径登雁湖》等诗。清乾隆七年（1742）擢浙江提督，五年后解职还乡。

【云霄草庐旧址】雁湖岗上还留有一处石屋的断墙残垣，当地人称之为"道人硐"，石屋为清光绪壬寅道人王永志建筑，早已倾圮。石屋的西面，山势略洼，平畴数十亩，涉足则溅泥，昔日为雁荡之一的旧址，民国年间称中湖。其东半里，犹有墙址，细竹丛生，年代荒远。宋代薛峒"道者了经课，慰余登涉劳"。熟识者说民国时期一位俗名叫姚高云的道士曾在此建云霄宫或云霄草庐，隐居修行，现唯剩旧址。边上不远处有"天开明镜"四字摩崖，落款为"古晋秦明谅"，系宋元间石刻。

【雁湖沉钟】雁湖的雁栖意境如今虽然留有遗憾，但是关于"雁湖沉钟"和"雁湖铁船"的传说使雁湖带有更加神秘的色彩。据《东瓯遗事》中所载："雁湖上，旧有比丘塔院，钟声闻百里，一夕方鸣钟，忽隐于湖。"元代李孝光对雁湖沉钟的记载较为详细："湖旁有比丘尼塔寺，一夕沉湖中，至今五百余岁，然犹余遗地败址。"按500年时间推算，沉钟的时间是在唐朝。到了清代曾唯在《广雁荡山志》中说："至沉钟一说，自属不经。"所以究其根源，这些记载均来自民间，不论真假，只做掌故。

【雁湖铁船】清代施元孚在《雁荡山志》记载："相传雁湖中有铁船，时浮水上。今人有见之者。"明代朱谏在《雁山志》记载："雁湖水石间有牡蛎，私海崖所产而雁湖中有红蟹……"雁湖铁船这个民间传说和人们对雁荡山成因的猜想有许多相似之处。多少年来，雁荡山都被人误以为曾被大海所覆盖，所以无论明代还是清代，在地质科学不发达的年代里，许多民间传说或文人猜想，都以雁荡山源自海底为前提。

【雁湖日出和云海】明崇祯年间僧人卧云说："登雁湖绝顶，以概大观，为游程第一课。"这句话足可见雁湖在雁荡山的地位，游雁荡山第一站即到雁湖。清雍正九年（1731），提督陈伦炯督开上雁湖的山路，以便游人上山。光绪二十八年（1902），有道人在岗上宾秋洞内筑石室而居，宾秋洞又名道人洞。最为遗憾的是时变景迁，雁湖随着岁月的流逝，逐渐干涸，仅留下数处浅水塘。昔日泱泱碧波，变成了一片黑色香灰。清人程浩《雁湖》诗中写道："人间此景应无二，欲请山灵觅水源"。民国初期，潘耀庭等人曾于雁湖种茶两万株。1956年，湖上建起雁荡茶场，广种云雾茶。湖上土壤肥沃，终年云雾缭绕，宜于种茶，所产茶叶为雁茗上品。昔日的"鸿雁之家"，如今又成了"雁茗之乡"。1986年，雁荡山风景旅游管理委员会对此湖进行了清淤复原，北湖可供游人观赏。雁湖岗的湖虽已随岁月而变迁，但仍是观赏日出和云海的好地方。"雁湖日出"和"雁荡云海"是值得您来观赏的名山胜景。尤其是雁湖日出，当日出东海，近处山峦起伏，远处海天红日，山海相连，别有一番风味。

离开雁湖岗，下山的路可以有好多条，一条是经双坑村到梯云谷下山；一条是通往凌云尖、百岗尖山脊线从龙西硐头或龙湫背下山；一条是先沿山上的古道下山，到半山腰时则折向石门村古道从石门村下山；一条就是顺山上的路原路返回，在雁湖景区售票亭外侧坐车返回。

【梯云谷】雁荡山梯云谷位于芙蓉镇长缴村。在谷口的东南方，一峰拔地而起，高约100米，体圆色白，因似古代宫殿前的华表，得名石表峰。在此峰对面的绝壁间，有"黄梨洲先生双瀑讲学院故址由此进"的摩崖石刻路标。黄梨洲先生就是"中国思想启蒙之父"黄宗羲，他与顾炎武、王夫之并称明末清初三大思想家。黄宗羲曾为父讼冤，参加反清复明活动，直至顺治十八年（1661），郑成功东渡台湾，他感到恢复大业无望，于是结束颠沛流离的生活，致力于讲学著书。黄宗羲曾两度来雁荡山，第一次是明崇祯十四年（1641）春，因患有腿疾，又遇大雨雪而返。第二次是顺治六年（1649），受鲁王朱以海派遣来此联络浙南的抗清力量。黄宗羲在雁荡山西外谷的梯云谷住了下来，有两个原因：一是这里黄姓聚落，便于依靠；二是地理优势，嶂壁下部有巨石相依，中留一个幽谷，可以在这里讲学，宣传抗清主张，进行抗清活动。黄宗羲在这里讲学的时间不长，但留给雁荡山人的印象很深。几百年后，附近的居民还在原址上建起了黄宗羲纪念馆。沿着石表峰峰脚向西走数百步，就可到达梯云谷口，谷口巨石垒洞，游人只能从两米多宽的洞中进入谷内，谷深约300米。进入谷中，景致清幽迷人，内铺有一条100多级的石磴，看上去像一张云梯。曲折前行，渐行渐宽，三面峰壁环合，幽深寂静。谷底左侧嶂顶有个缺口，瀑水悬泻，因谷得名为梯云瀑。瀑下潭广二三亩，倒影如画。潭水清澈透碧，游人罕至。好在芙蓉溪上已新架大桥，公路延伸到雁湖景区，游人要想寻幽览胜，不会再像以前那样艰难了。现在知道梯云谷的游客甚少，但是此地在民国时兴盛一时，文人墨客来梯云谷留下墨宝的也不少。1931年，黄宾虹赠陶冷月《雁荡山梯云谷图》，他写信给朋友说："这次看山，给我印象极深，使我懂得了什么叫作万壑奔腾。"

雁湖是雁荡山的摇篮，雁湖的日出和云海摄人心魄，期待您再次来此登高望远。

【雁西上马石村】各位游客，离开梯云谷往外走，我们便到了雁湖景区的上马石村。上马石村，是胡氏族人聚居地。这个村主要的文化景观有胡氏三房古民居乐清市历史建筑、乐清县民主政府成立纪念亭和郁郁葱葱的古樟树。现在看到村口的这棵古樟，树龄达130多年，被村民誉为维系村落发展的风水树，路对面为乐清民主政府成立纪念亭。

现在我们参观胡氏三房古民居建筑，这是一座初建于清中期的四合院式民居建筑。鹅卵石砌成的大围墙，长满墙草和藤蔓，古色古香。进入大台门，首先映入眼帘的是小台门和小道坦，高高的香柚树和婆娑的罗汉树，并排挺直在围墙边。小台门两旁，一对玉色条石栽成的旗杆夹，庄严地昭示着宅里长辈曾经的功名。跨过小台门，步入大天井，面阔五间正房并东西两列双层各八间厢房，构成了典型的南方大合院。正堂屋梁脊东西两角高高翘起，装饰的龙凤砖雕，洋溢着高贵祥和的气息。正厅大堂上方悬嵌着楷书四字"守真抱璞"木制大匾。大匾长255厘米、宽95厘米、厚5厘米。匾额左边上款刻有阴文繁体字"赐进士出身知乐清县事加三级孙源"，并钤刻其方章一颗，红色阳文篆字，古拙醒目。右边下款刻有阴文繁体字"龙飞咸丰二年岁次壬子正月榖旦，胡母周氏孺人七旬立"。匾额以下是雕梁画栋的神龛，斗拱交错，虚实有致。"福禄寿喜"四字圆座浮雕镶嵌在龛梁中间，象征着祖灵赐福的崇拜。书法、雕刻和民俗文化在这里得到了完美的融合与诠释。"守真抱璞"语出自老子的《道德经》。寓意为：坚守金子般纯洁的真我，胸怀璞玉般淳朴的本性，存真情，求真理，讲真心，做真人，保持本我的纯真天性，不为外物所役，持守质朴，知白守黑，知荣守辱，与道合一。题匾者孙源，云南楚雄知县，当时正逢荒年歉收，他处置得宜，阖邑帖然，颇有政声，彪炳史册。

据上马石《胡氏宗谱》记载，太祖母周氏孺人，娘家在乐清县城太平巷，系大儒周敦颐的后人。她与太祖父茂魁琴瑟和鸣，耕读传家。其长子王朝传承家风，勤劳致富，发扬光大，育有三子四女，子孙满堂。晚清瑞安籍进士孙衣言与王朝公的丈人朴头郑庚山公是世交，咸丰二年（1852），孙衣言专门为胡母周孺人的七秩寿庆作序。蒲岐庠生叶蓁，字家修，他念先人创业之艰，也在蒲岐城内修建了一座"山海楼"，并迎娶了胡家长女。据叶家后人曲夫先生说，他们家一直缅怀这位来自上马石的胡氏太祖母，传颂着当年胡氏太祖母"十里红妆"陪嫁的故事，叶家子孙为自己的血脉里融入了胡氏基因而荣幸。王朝公的小女适芙蓉良园贡生蔡学洙子回春，与蔡家也结为姻亲。据道光《乐清县志》记载，王朝公儿子歌楷公，字卓然，是道光三十年（1850）贡生。歌楷公三子喜聪、喜明、喜睿，号分别为宣侯、仲侯、叔侯，耕读传家，修睦德行，真诚待人，与人为善。特别是仲侯公，与著名画家黄宾虹、著名教育家、政治家黄炎培，因雁荡山和本宅而结缘，留下一段令人传颂的佳话。

据黄宾虹《游雁荡山日记》记载，1931年5月25日，已67岁的黄宾虹游览大龙湫后，再游道松洞、罗汉寺、上垟村，晚上便借宿在上马石村胡仲侯家。胡家藏有书画，黄宾虹先生看到板壁上的书画，其中有他朋友的作品，兴致颇高。当时胡家房中案头上正有崭新的檀香木扇一把，黄宾虹挑灯挥毫作画，直至深夜。画山亭一座，一仕女抚琴其中，旁有一童子扇炉烹茶，山径、岩石、树木错落有致。第二天，胡仲侯看到后，得知来客是著名画家，便取出宣纸求画。黄宾虹欣然命笔，先画了一大幅彩色山水，接着又画了三张水墨山水画，最后边咏边书七律一首。

黄炎培于1943年4月应浙江省建设厅邀请赴浙东考察，并写了《之东》游记。书中记载该年4月11日，他来游雁荡山，在胡家亲戚蔡旅平陪同下，到上马石村胡家吃了中饭，因下雨，便在胡仲侯家住了下来。黄炎培诗兴大发，写《下雁荡过上马石村赠胡仲侯》诗一首："朝发能仁寺，言寻上马石。轻云幕四山，不掩叠嶂碧。飞泉得雨肥，翻空五百尺。爱山不忍出，依依两游屐。重赖主人贤，为黍饷过客。家酿甘始升，杨梅紫新摘。殷勤见二子，欲别意还惜。明朝天放晴，雁湖探秘迹。"

胡氏的另一座古宅还有一块匾额，是清嘉庆六年（1801），时任乐清知县李珍题"德厚典隆"四字，褒奖当时被尊为"乡宾"的胡伯财公以示。

1949年5月8日，乐清县民主政府在上马石村成立。胡仲侯的侄儿胡起森毕业于上海大夏大学，回乡后任雁西乡乡长，支持革命同志郑梅欣来上马石村开展地下工作。胡仲侯的儿子起俊、起鹏、起蒙都因为在外读书直接在学校参加了中国人民解放军空军部队，一路成长为团级干部。胡起森的二儿子胡臣泉在宁波读高中时被中国人民解放军招去当飞行员，成为新中国培养的第一批轰炸机飞行员。胡仲侯公在古宅北首还修建了一座小楼"雁庐"，其门联"得春夏气，结山水缘"，据说由曾经留学日本早稻田大学的乡贤胡奉尘于1936年书题。

"厚德典隆""守真抱璞"等匾额，高悬在胡氏三房的庄严大堂，已历200多个春秋。两年前，乐清市委、市政府高度重视历史建筑，拨款修葺，这座古宅群焕发了青春，远近游客纷至沓来。"守真抱璞"传统文化精华，不仅一代代胡家子孙在熏陶、在秉承、在弘扬，更多的乡亲也会走进这座古宅，欣赏其风格，体味其魅力，领略其神韵。上马石村现在是雁西村的一个自然村。

【雁西上垟自然村】各位游客，现在经过的这个村叫雁西上垟自然村，当地村民利用得天独厚的生态旅游资源大力发展农家乐、民宿等旅游服务业。现已发展农家乐2家、民宿3家，其中凌云山庄被评为三星级农家乐，可做各种本土特色菜，拥有豪华标房、大小套房30多间（套），并设有会议室，可满足各类会议的需要。包厢风格各异、环境舒适，可容纳100多人同时就餐。

【发祥岭古道】省级文物保护单位发祥岭古道位于芙蓉镇，起于上岙垟村，止于乐清芙蓉镇与永嘉县鹤盛镇交界的巨坑庵村，呈东南至西北走向。从巨坑庵往西翻越箬袅岭山凹即进入永嘉境内，历史上是永嘉县鹤盛、岩头、岩坦等乡镇群众到乐清芙蓉镇街赶集的必经之路，也是乐清芙蓉镇、雁荡镇、大荆镇等地群众去永嘉贩运山货的必经之路，是"永乐通道"的重要组成部分。发祥岭又名长蛇岭、翔云岭，从山麓至山巅，山岭全长4000米，有300米沿溪平路，1500米石砌台阶路，94米栈道，2000米半坡路。路宽1.3~1.5米。途中有路廊两座，小佛龛一座，栈道一条，石拱桥一座。《芙蓉镇志》记载：明万历四十四年（1616），芙蓉后垟林一羽修建"翔云岭"（俗称长蛇岭）。清顺治元年（1644），林明世续其父兴建"发祥岭"（长蛇岭上段）和铁生桥。此古道山路陡峭，翻山涉水，几经曲折，路途艰难。清顺治元年重建时裁弯取直，从中向西拓基，筑路岭至巨坑庵，改名"发祥岭"，在岭中段的悬崖绝壁处建有一条著名栈道——铁生桥。古道石级路自岭脚至岭头，呈之字形盘旋而上，采用山石砌级。路中心取片石为踏垛，踏垛片石多为30~50厘米见方的平整石片，

一石压一石砌成。周围用卵石铺坪，卵石的铺坪也可作辅助踏垛，借以拓宽路面。路内坎直接山体，外坎用块石驳坎，沿边用三角碎石卷砌，卷砌的工艺精湛结实。踏垛根据山形决定高低，高的 15 厘米，低的 5 厘米。高与低之间，采用渐增式或渐减式砌级方法。渐增式是从 5 厘米一级到 6 厘米一级到 7 厘米一级，渐到 15 厘米；渐减式是从 15 厘米一级到 14 厘米一级到 13 厘米一级，渐到 5 厘米。半岭有一个滴水岩，岩在路坎内，是一块 20 米高的岩嶂，嶂上常年滴水不断，在路上洋洋洒洒，行人过此，青天白日雨淋头。距滴水岩 200 米的北面山坡上，有一黑色石头，两人来高，上尖中宽下窄，酷似一把未打开的黑布伞，当地人叫"黄金伞"。自滴水岩再往上，山岭石级弯弯曲曲于山脊，这段路叫"十八弯"。"十八弯"路坎外，悬崖数十丈，是发祥岭中最险峻的路段。

过了十八弯，山头裸露出许多岩嶂和岩峰。再转过两个大山弯，就到岭头了。这两个大山弯的石级路都建在悬崖峭壁上。岭头就是"龙虎斗"的"虎头"。"龙虎斗"是一条峡谷，是发祥岭的景观亮点。其东面山形似虎踞，西面山形似龙盘，两山各高百余米，中间最窄处只有 7 米，构成一个岩门，如一龙一虎对峙。岩门之下横着一条天然大石槛，石槛内是一条溪流，叫小门岭涧，长约 5000 米，汇永乐分水岭的小门岭涧和雁湖岗乌龙坑之水，集雨面积约 5 平方千米，稍一下雨，涧水便涨，飞泻槛外，形成瀑布，叫龙虎斗瀑布。龙虎斗瀑布高 20 米，下有瀑布潭，瀑布咆哮落潭，受到弧形岩壁惯性作用，潭水呈螺旋式旋转，当地人叫"螺蛳潭"。螺蛳潭很深，传说有好事者用一斤苎线吊着石头放入潭中，一斤苎线放完了，还不见石头到潭底，人们又把螺蛳潭叫"斤苎潭"。

岭头向西北下来百多米处，有一路廊，叫岭头路廊，平屋三间，石墙青瓦，门户齐全。有院子，没有院门。路廊院子外的路有两米多宽。路廊北边，有一泉水，汩汩不息。路廊再往西行 100 余米，就是遐迩闻名的"铁生桥"。铁生桥东边路内坎，有一小佛龛，依崖而建，石头砌墙，青瓦盖椽。龛高宽各约 1.5 米，纵深 1 米，内设石香炉一个，炉中插满残香和小草梗。铁生桥是条石砌筑的栈道，长 94 米，宽 1.2~1.5 米，高 3~6 米。桥面时有高低起伏，但没有踏垛。桥板用条石铺成，每隔三五条条石，就有一条条石嵌入石壁洞中，作为桥面。没有嵌入石壁洞中的桥面条石，下方用一条条石作横梁，紧靠石壁。

桥面石条外沿下面，全部由条石作横梁，每条横梁两头用石柱顶拄。相传铁生桥的条石嵌入石壁洞或条石和条石的交接处，都在事先灌注铁生，故名"铁生桥"。铁生就是铁锈糊，制法是将生铁捣碎，按比例放进醋液中浸泡，待生铁碎溶解成糊状后就是"铁生"。铁生与石器、陶器的黏着力极强，风干后黏成一体，时间长了也不会氧化。旧时用于修补缸、罐等陶制品，俗称"生缸"。"生缸"是一种行业，有专业生缸匠。用"铁生"来修桥，还比较少见。由于铁生桥沿溪而建，高低不等，桥面外沿石柱顶拄也高低不等，有3米高的，有4米高的，还有6米高的。石柱顶柱拄在比较高的地方，采用叠床架屋式，顶柱一层一层相接，有的地方搭了四层，看起来岌岌可危。铁生桥中段的岩壁上，刻有"发祥岭，林毅公、子乾亨造"字样。查《芙蓉林氏宗谱》，林毅公即林毅所，乾亨是林毅所之子林明世，号乾亨，芙蓉镇后垟村人，人称"林九太"。《林氏宗谱》记载他："一生仗义疏财，不辞辛劳，矢志公益……平日里，筑路造桥建凉亭，均视为乐事"。从铁生桥到巨坑庵村，沿溪而上，坡度不大。路心石大多采用溪石，平整光滑。中间有一座洞桥，洞桥下的水，是雁湖岗流经垟车村，过乌龙坑流出洞桥，这洞桥也叫乌龙坑洞桥了。乌龙坑洞桥是一座石拱桥，桥长约6米、宽2.5米，石拱的弧度非常匀称。墙体利用乱石砌成，石缝非常紧凑严密。桥面也用乱石坪地，路心石居中，两边凑石，一平如砥。桥西面的石级路，宽1.8米，每阶踏垛保持10厘米，直上到横路。乌龙坑是条小型石板溪，长千余米。溪面陡峭，流水落差大，瀑布、瀑布潭一处接一处，上溯到垟车村。乌龙坑内的瀑布潭中，栖居着许多蝾螈、石蛙等珍稀动物。上游的垟车村前小溪，是一条长达400米的石板溪，比较平整，溪水清澈，长年不断。沿乌龙坑前行，眼到处，崇山峻岭，溪水长流。巨坑庵因村建在乌龙坑左畔，村南有庵堂而得名，古村内现仅有几户老人居住。巨坑庵再往西行2500米，就到达永嘉县鹤盛镇的箬袋村了。

【山乡岭底】各位游客朋友，接下来我们参观山乡岭底。岭底乡西与永嘉县依山相连，全乡总面积66平方千米，辖11个行政村，2万户籍人口。境内山脉起伏，素有"奇峰、怪石、古树、密瀑"之誉，正江山、剑岩、天柱峰、双龙潭等自然景观，翠竹掩隐的传统村落，层层叠叠的高山梯田，云雾环绕的九龙茶园，以及雁山农业观光园，构成了蜿蜒欲醉的乡村田园风光画卷。其内有红色革命文化遗址28处，包括永乐人民抗日自卫游击总队纪念馆、中共台属特委机关移驻泽基村驻地旧址、中共乐清县委召开武装抗日会议旧址、永乐游击总队司令部旧址、乐清县委第一次南岙会议遗址等。接下来,我择要介绍一下山乡岭底的休闲体验项目。

屿山公园:屿山公园位于岭底乡岭外村屿山自然村,公园内观景台、亭阁、蓄水池(游泳池)、廊道玻璃桥、栈道完善。村庄已有 600 余年的历史,村内高山峡谷,水瀑奔流,奇山异石,风景优美。村口有一大瀑布,雨季时节,沿峡谷倾泻而下,水珠四溅,蔚为壮观。村庄上游为形似雕鹰的老鹰岩,村口有一棵树龄 400 多年的古枫矗立溪边,潺潺溪流穿村而过,村民在经过村庄核心的这段拦坝为池,池中养了大量的锦鲤鱼,鱼儿在清澈的溪水里快活地游弋着。

九龙露营基地:九龙露营基地位于岭底乡岭北村九龙自然村。露营基地依托九龙茶园而建,是一个集樱花观赏、采茶体验及星海露营于一体的旅游景点,每年吸引游客约 3 万人次。茶园面积约有 100 亩,盛夏时节还在出新芽的茶树,趁着云雾还未散去,尽情吸噬着夜露晨珠、生机盎然,嫩绿的芽头如同柳宗元诗中"零露凝清华""晨朝掇灵芽"。露营基地在茶园的最高点,可以远眺乐清湾,对山的崖嶂和龙岩道院在秋日里显得更为肃杀,在山尖的风车下,扎着几个天幕和帐篷,在这儿泡上一壶雁山毛峰,慢品,休憩,惬意非凡。

永乐人民抗日自卫游击总队纪念馆:乐清市永乐人民抗日自卫游击总队纪念馆位于岭底乡泽基村,原建于 1997 年。2009 年完成改扩建,新馆总投资 1200 多万元,占地 40 多平方千米,总建筑面积约 2 平方千米。是国家 2A 级旅游景区,现已成为浙江省级爱国主义教育基地、省级党史教育基地、省级国防教育基地、省级社会科学普及基地、省级青少年红色基因传承基地等,年接待游客 6 万余人次,是温州乃至全省重要的红色教育场馆。纪念馆展厅分建党历程、抗日烽火、解放风云、老区新貌四个部分,全面翔实地反映新民主主义时期乐清(括苍)党的建设、农村包围城市、武装夺取政权和乐清人民自中华人民共和国成立以来特别是改革开放以来敢为人先、自强不息、与时俱进的历程。纪念馆设施齐全,设备先进,展示手段新颖。通过陈展大量珍贵的图片文字资料、实物,充分利用高科技的声光电手段,采用场景复原、雕塑、幻影成像、动态景箱、沙盘模型、动漫视频、互动游戏等不同形式,艺术性地展示了主要人物、主要战斗、游击生活、游击区域、地下交通故事、日军暴行等场景，打破了以往"墙上的教科书"的形式，使展览具有教育性、观赏性、参与性、互动性等。

雁山生态农业观光园：雁山生态农业观光园位于岭底乡张庄村，是集现代生态农业示范、农业科学研究、科普教育和观光休闲于一体的综合性园区。该观光园拥有700余亩的种植基地，以生态农业、绿色农业、有机农业为目标，规模化种植蓝莓、柑橘、桃子、猕猴桃等优质水果以及蔬菜、花卉等，因地势海拔较高，观光园可一览山间风光。观光园同样是摄影爱好者的采风基地。无论是像个哨兵笔挺地站立的枯树、岿然不动的天然岩石、郁郁葱葱的植株，还是边角的小花小草，总有一款能够让你心动。目前，雁山生态农业观光园深入挖掘日出及星空的美景，计划筹建雷达天文气象科普站、日出露营及星空民宿，吸引游客到岭底乡寻找一个美丽的星空和舒适的慢生活。

红岭公园：红岭公园位于岭底乡泽基村。1944年10月，乐清的第一支抗日武装——乐清人民抗日武装基干队在这里成立。这支部队成立以后，与日军开展了一系列战斗，有力地打击了日军嚣张的气焰，后来，这支部队不断发展壮大，成为浙南地区坚持武装抗日的中坚力量。为了继承和发扬优良革命传统，2015年，泽基村双委投资350万元，建造了"红岭公园"。公园内设有基干队旧址碑及入党宣誓墙等，很多来岭底乡开展红色之旅的团队都会选择在此进行重温入党誓词活动。

中共台属特委机关移驻泽基村驻地旧址：中共台属特委机关移驻泽基村驻地旧址位于乐清市岭底乡泽基村。1940年8月，台属特委机关转移到乐清芙蓉岭底一带隐蔽。同年11月，台属特委机关迁回台州。同年冬，中共浙江省委决定成立中共瓯江特委，并将中共乐清县委划归瓯江特委领导。1941年5月1日，日军撤出温州，瓯江特委宣布撤销，将乐清县委仍划归台属特委领导。乐清县委派仇康阜到仙居寻找台属特委书记刘清扬，并于7月与台属特委重新接上关系。9月，刘清扬将台属特委机关移驻乐清岭底泽基等地。10月，周丕振从上饶集中营越狱返回乐清，担任台属特委秘书，负责特委机关的保卫和后勤工作。后因台属特委机关驻地泽基村的目标暴露，周丕振带特委机关人员转移到离村5000米的岩岗隐蔽。1942年2月，浙江省委书记刘英在温州被捕，省委机关遭到破坏，嗣后台属特委机关撤回黄岩。中共台属特委机关泽基村驻地旧址为木质结构的老屋，1945年被国民党顽固派烧毁，现在的房子是

新中国成立初期在废墟上重建的。因年久失修于2019年翻新,共6间,居民共3户,两侧各1间为两层水泥结构,中间4间为旧房仿古翻新。

正江山漂流:正江山漂流项目于2020年顺利投入运营。日均客流量600余人次,单日最高客流量达2000余人次。村经合社对正江山旅游开发公司进行环境资源入股,村集体每年可获分红创收10万元,每5年递增20%。公司为留村群众提供100多个就业岗位,最大限度地吸纳村内闲置劳动力,带动全体村民年均增收200余万元,让村民享受到绿色发展红利。

山珍公司:岭底山珍农业发展有限公司作为岭底乡高质量发展建设共同富裕的重要载体,由乡农合联牵头成立。健全和完善"公司+合作社+农户"的运营模式,推进标准化生产、公司化经营、品牌化营销和精深化加工,实现集生产、加工、销售于一体的一、二、三产业融合发展,打造全区域、全品类、全产业链的农产品区域性公共品牌。同时,作为岭底乡旅游农产品集散中心,公司强化自身管理,统筹全乡资源,引进先进技术,按照标准规范种植农产品,规避技术落后、盲目生产、消费市场封闭的弊端,突出"岭底山珍"高山生态农产品的产地、特性、品质保障。打通将资源转化为资产、资产转化为资金的通道,实现按期分红。以村集体的投资分红壮大村集体经济,为高水平加快打造革命老区新时代共同富裕"岭底样板"提供强劲动力。

长寿村湖上垟:湖上垟村地处高山盆地,一条溪涧穿村而过,该村是遐迩闻名的长寿村,村里至今90岁以上的老年人达20多位,村口有前几年村民集资建的山寨形门楼,入内左侧有一座古庙,边上有一棵参天大树,古树上的铭牌显示该树名为"柳杉",树龄至今已有915年。据说,该柳杉是目前乐清市域内树龄最长的古树。由于该村田地肥沃、水源丰沛,村民除了耕作之外,也养田鱼。关于湖上垟村的来历,村中流传着一个故事。湖上垟村全村姓林。先祖原籍福建长溪赤岸,宋治平四年(1067)经温州府城转迁淡溪湖边,为淡溪林氏。明朝洪武年间,该村始迁祖林文褐率族人田猎到此,将饭袋挂在谷口的大树上。打猎归来时,发现树底下冒着热气,饭袋虽经数个时辰尚有热气,觉得此处是繁衍子孙的好地方,于是举家迁徙在此安居。因为是从淡溪湖边迁入,这里的谷地小平原地势比淡溪湖高,故取村名"湖上垟"。并在村落中心的台地上种下了两棵柳杉,双木成"林",以为风水树,至今两株柳杉枝繁叶茂,已有600多年的树龄,彰显"林"氏家族的兴旺。在大树的坎下,有一块2006年树立的功德碑，简述了湖上垟村的由来和改善交通的艰辛历程。所列捐资人士全为"林"姓。前几年村民捐资翻新修建的林氏大宗祠，是一座规模宏敞、体量高大的木结构建筑。全村最古老的建筑是乐清市级文物保护单位"百岁坊"。历史上进出村落的主要道路从百岁坊下穿过。百岁坊建于清乾隆三十八年（1773），坐西朝东，牌坊高4.4米、面阔3.4米、进深1.9米，单间两柱冲天式，加屋宇，仿木石构建筑。两柱下设台基，台基用条石拼成（近年改为水泥墩），柱头上端呈葫芦顶。明间定盘枋上有石构斗拱承托石构屋面，屋面刻出瓦垅、戗背、滴瓦，屋脊中间雕火焰珠，两侧雕鱼龙吻。牌坊中间设石匾，前后分别竖刻"圣旨"两字，石匾浮雕二升龙。明间定盘枋下设花枋、下枋，下枋素面。花枋正面（东向）阴包阳刻"升平人瑞"四个字，右侧阴刻"奉旨旌表"（空格代表换列，下同），左侧阴刻"百二岁耆民林子秀立乾隆三十八年正月吉旦"，背面（西向）中间阴包阳刻"百岁坊"三个字，右侧阴刻"邑主徐讳廷献通详宪恣部奉旨旌表"，左侧阴刻"百二岁　林子秀立大清乾隆癸巳正月榖旦"。据光绪二十七年《乐清县志·坊表》记载："百岁（坊）林子秀居湖上墺，百有一岁，乾隆三十八年奉旨建坊。"林子秀为始迁祖文褐公十四世孙，名清锦，字子秀，生于康熙十二年（1673），卒于乾隆三十八年（1773）。

【黄金溪】各位游客，过雁西村往西顺雁楠公路就到了楠溪江国家级风景名胜区，我们现在的线路是往东去芙蓉镇。现在车辆右侧的溪流就是著名的芙蓉溪，也叫黄金溪。很早以前这条溪叫后边溪，若再往上溯几个世纪，就叫芙蓉溪了。据明代《温州府志》载："芙蓉川在县东七十里，亦名港。"清乾隆二十三年（1758），乐清文士施元孚也在《雁山志》中记："在荡垟大芙蓉村北，西外谷诸水，会于长徽山头，东流为芙蓉溪。下芙蓉江，东南入于海。"这说明，至少在260多年前，芙蓉溪已载入了地方志书。芙蓉溪，多么美丽而富有诗意的名字。以花命名水，尽管在各地常有，如梅溪、兰溪、桃花溪、桃花潭、牡丹江、白洋淀等，但我们觉得芙蓉花——无论是水芙蓉还是木芙蓉，都有着清丽脱俗、鲜妍娇美的容姿，尤其是水芙蓉也即荷花，又叫菡萏，"出淤泥而不染"。因此，古人将这条溪流命名为芙蓉溪，让溪流充满诗性，是很有情怀和见地的。"芙蓉水接雁湖春，两岸飞花夹去津"是明代江西左布政使、乐清乡贤侯一元《芙蓉溪》中的诗句。"雁山南面大芙蓉，十里清溪与海通"

是明江西吉安知县、乐清乡贤朱谏《咏碧溪公》里的诗句。这些诗句都明确地告诉我们，黄金溪的水来自雁荡山绝顶的雁湖，通向大海，即乐清湾。黄金溪从雁湖流淌出来后，汇集了众多的山峦沟壑之水以及飞瀑流泉，一路川流不息，奔向大海。它像一条碧绿的绸带，或曲折地缠绕在山岭间，或随意地舒展在森林中，凡飘落之地，处处皆风景，段段有韵致。它时而内敛、时而欢歌、时而静若处子、时而激情飞扬。遇悬崖，喷珠溅玉飞流成瀑；走平川，不急不缓舒张有度；入海口，波澜壮阔有容乃大。水面，鸭鹅拨掌悠闲游弋；水底，鱼虾蟹螺和谐共生；水中树枝梢头，水鸟肆意啁啾、尽情嬉戏。岸边，一蓬蓬白茅昂着头迎风招展，一丛丛菖蒲暗香浮动，一棵棵枫杨横枝水面，绿荫满地，让人目不暇接、流连忘返。在黄金溪沿岸，每隔一段距离，就可以看见溪边规整的石砌挑水埠、洗衣埠，这是以前村民每天挑水、浣衣、洗菜的地方。可以想象，以前每天清早，三三两两的村姑在溪边浣衣，娴熟地搓揉漂洗着衣物，此起彼落的棒槌敲打着尘封的岁月，欢歌笑语在溪畔流淌。现在山村里家家户户已用上了自来水、洗衣机、新厨柜，村民们幸福地摆脱了之前的辛劳，这些埠头虽然渐渐被冷落了，但它们已刻录了世代山民日出而作、日落而息的田园生活和劳动智慧。黄金溪最引人注目的地段在海口村。村名海口，说明以前这里是一条溪流的入海口。据说，早年这里曾桨声欸乃、舳舻相衔、商贾云集，演绎着农牧、渔耕经济，并由此形成了芙蓉古镇著名的"二·七"农贸集市。近年来，芙蓉镇人在黄金溪沿岸建起多处亲水平台、文化长廊、凉亭、广场、拦水坝、石汀步、游步道和船埠景观，同时还借山形地貌、曲水回流的特点，建造了仿古长城、音乐喷泉、霓虹灯柱和游船画舫，使这里的山景更加壮丽，溪水更加灵动，村容更加亮丽。雁荡山，赋予了黄金溪的诗意；雁湖水，丰润了黄金溪的容颜。黄金溪的山水，养颜、舒心、怡情。走进黄金溪，就拥有了一段心灵驻足的时光，也总有美好的记忆在心里和梦里滋长。

【芙蓉池】各位游客，那边偌大的湖便是遐迩闻名却迟迟未开发的芙蓉池。芙蓉池位于芙蓉镇和清江镇交界处，为1979年上埠头、方江屿与新塘之间筑坎拦清江而形成的集水区域，被称为雁荡山下的"西湖"。芙蓉池北面紧邻雁荡山，西临芙蓉古镇，东面有104国道线和甬台温高速公路，地理位置十分理想。芙蓉池是全市最大的淡水湖，上流支流主要有黄金溪、芙蓉溪、小芙溪、筋竹溪以及南部山区的部分小溪流等七条溪流，集雨面积为134.3平方千米，总面积约 3.5 平方千米。芙蓉池自然资源得天独厚，湖光山色、环境优美，具有极大的社会价值和开发潜力。芙蓉池开发一直为群众热议的话题，清江芙蓉片区各人大代表、党代表也多次将此作为议案提交市政府。乐清市政府和芙蓉清江两镇也高度重视芙蓉池开发，在 2004 年《浙江省乐清市旅游发展总体规划》中，芙蓉池旅游资源的开发更是被作为乐清市山水休闲娱乐旅游的拳头产品之一，并定位为集接待、购物、餐饮、休闲娱乐、度假、疗养等功能于一体的旅游度假区，其中方江屿地形平坦，面积较大，适宜建造大型旅游服务设施。2007 年 3 月，由德国斯图加特大学城市设计研究所完成了《乐清市"芙蓉池"旅游开发概念规划设计》，并于 2008 年 4 月通过了"芙蓉池"旅游开发概念规划评审会。"乐清市芙蓉池旅游综合服务基地建设项目"已列入《温州市旅游发展总体规划》和《雁荡山风景名胜区总体规划》中，项目规划总面积约 7.5 平方千米。目前，芙蓉池开发仍处于规划设计阶段，尚未迈出实质性步伐。芙蓉池开发至少具有三方面的有利条件：一是交通便利。芙蓉池位于清江镇与芙蓉镇交界处，道路畅通，近接高速公路和即将建成的甬台温铁路，四通八达。另外浅海牡蛎示范区作为"牡蛎之乡"的中心，可作为旅游资源加以利用，增加了芙蓉池旅游资源的内涵。二是自然条件优良。清江镇有着宽广的乐清湾水面、滩涂和雁荡景区内最大的水上游乐区——方江屿海涂围垦区。建在方江屿的"芙蓉池"水量丰富，总面积达到 5000 亩，可谓乐清一绝。芙蓉池环境优美，湖中拥有 3 个小岛，占地 330 亩，最大的岛占地 180 亩。各个小岛形态各异，分布错落有序，形似盛开的出水芙蓉。芙蓉池四周树木郁郁葱葱，增添了一份安逸和宁静，可供游人休憩，还可避暑消夏。三是观山视觉极佳。在芙蓉池远望，海上雁荡奇景尽收眼底，可观赏"日出奇山""海上雁荡""夕阳西下"等奇丽风光，感受"船在水上行，人在画中游"的奇特。

【雁南左舍】雁南左舍又称雁南 Villa，是温州首家注册经营的主题民宿，地处芙蓉镇包宅村雁荡山西岭古道起点，背靠雁荡山，面向芙蓉池，山海之间的田园山居，希腊式风格的野奢乡宿，环境清幽，景色宜人，是休闲度假、运动休闲、亲子体验、户外婚礼的嘉园美地。2023 年经改造提升、重新营业之后的雁南 Villa 华丽转身为一家集住宿、亲子、研学、萌宠、拓展、户外婚礼等于一体、占地 300 余亩的沉浸式山野文旅酒店，为客户提供"自然而全面的旅行体验"，三角木屋、林间木屋、纯白台墅共 21 间山居融合万豪集团同源床品、管家式服务。因酒店依山而建,同类房源空间格局略有差异,构建无限居住趣味。功能配置分山野住宿、无边泳池、绿茵GOLF、脚丫溯溪、蔬果采摘、婚礼草坪、烧烤电影、木屋萌宠、梯田露营、半山茶树、西岭古道、大乐行野·餐厅及KTV等。在建筑方面采用纯白台墅+三角木屋,仅以21间客房,演绎野奢度假美学,知丘、吟溪、林隐、极目、垂月等6大组团多元房型依山而栖,风格各异,满足更多山居向往,多元房型格局满足不同家庭度假所需。住店客人可以尽情品赏大乐行野餐厅、Ye`Restaurant、梯田之上的极致用餐体验,菜品精选优质食材,全天供应中西餐品,涵盖自助餐、家庭套餐、下午茶套餐、KTV娱乐等,并承接团建、宴请、情侣晚餐、生日party等服务。可以体验梯田露营自在野奢,躺在风景里将梯田起伏、山野风光尽收眼底。酒店提供专业露营装备、烧烤食材餐具,多款套餐可供选择,自带租赁皆可。高铁雁荡山站出发,打车前往预计20分钟;自驾车族可直接导航"雁南VILLA"。

【筋竹涧】各位游客,前面转弯处便是著名的筋竹村,而公路内侧溪流北侧往前走1000米便是有名的筋竹涧,南朝永嘉郡守、中国山水诗鼻祖谢灵运曾登临并写下《从斤竹涧越岭溪行》一诗:"猿鸣诚知曙,谷幽光未显。岩下云方合,花上露犹泫。逶迤傍隈隩,迢递陟陉岘。过涧既厉急,登栈亦陵缅。川渚屡径复,乘流玩回转。苹萍泛沉深,菰蒲冒清浅。企石挹飞泉,攀林摘叶卷。想见山阿人,薜萝若在眼。握兰勤徒结,折麻心莫展。情用赏为美,事昧竟谁辨?观此遗物虑,一悟得所遣。"从筋竹涧入口顺着溪涧内的古道可以直达能仁寺与大龙湫景区。

【筋竹岭】各位游客,前面隧道口有一条石砌的古道往上面山坳延伸,这就是著名的筋竹岭古道。筋竹岭古道东起乐清市雁荡镇小峉村,西至芙蓉镇筋竹村,全程1.01千米,路宽1.5米,块石垒成。筋竹岭头为古道沿途最高点,是芙蓉与雁荡的交界处,海拔198米。

筋竹岭古道历史悠久,可以追溯到北宋年间。《芙蓉镇志》记载:"筋竹岭,位于筋竹村北,岭以村名,是温台驿道的咽喉地段之一。北宋年间,自大荆盘山岭经白箬、筋竹二岭入芙蓉驿。南宋初年,北段驿道改从雁荡山中出入,自雁东经谢公岭、马鞍岭、能仁寺过丹芳岭经陌西、西门进入芙蓉驿。南宋末年,山中驿路废去,仍由大荆经白箬、筋竹二岭至芙蓉驿。"《道光乐清县志》记载:"筋竹岭,一名笔峰岭,西通芙蓉,东通大荆。"清代乐清文人施元孚在《雁山志》里记："由县治东行，道白沙，竹屿，过虹桥，逾窑岙岭，凡六十里，抵大芙蓉。自芙蓉东逾筋竹、白箬二岭，抵大荆营。自大荆北四十里至盘山岭为邑界。逾岭入台之黄岩，此山外东西驿道，温台通衢也。"

古时筋竹岭过岭者甚众，筋竹岭路宽而坡缓，基本满足当年行人挑重担、搬大件货物时换肩的需要。以前各方乡民背树（用肩膀扛木头），就常翻筋竹岭。携着挡柱，扛着一根长木头，筋竹岭缓和的弯道，也让背夫们省力许多。尤其千百年来，筋竹岭给雁荡—芙蓉一带的居民带来了生活上的极大便利，两侧民间来往颇为频繁。虽然岭两侧的方言发音差别较大，东侧的基本是大荆雁荡方言，西侧的接近芙蓉虹桥方言，但亲上加亲的联姻模式比比皆是，特别是在筋竹、樟下、小岙等村，一些家族甚至几代人都是岭东、岭西居民联姻。

在乐清，筋竹岭太过著名，很多人只知筋竹岭而不知山之名。据老人说，小岙这边筋竹岭所在的山叫盛茅山，山上早年可能以茅草居多，有老虎出没。在筋竹村，流传着一段顺口溜："天光起个早，筋竹岭头割茅草。碰着一头大猫，打打倒，是头黄猫。"可见筋竹岭多茅草，也多野生动物。

从东往西走，筋竹岭的起点是小岙村，原路是从小岙村的后边山开始，现在已被雁楠公路建隧道时削去了一段，要在隧道左侧的土坎上，仔细看才能发现这几级新挖的泥台阶就是入口。一段上百米的泥路之后，道路与筋竹岭古驿道对接上了。筋竹岭古道树木葱茏，浓荫蔽日。石岭两侧，以三角枫居多，间有杂树，还散落着紫紫蓝蓝的各种小花。春天的筋竹岭，芳香沁人心脾。而深秋的筋竹岭，依然清新如斯，秋叶如春华，这是亚热带地区森林的普遍现象。约莫半个钟头，便到了筋竹岭头。这里以前是个驿站，与提供茯茶的路廊建在一起，后来驿站逐渐被毁，只剩路廊。现在，小岙这边的村民，将这里改为一个名为平安宫的道观。

现在的筋竹岭，少见行人，也正因此，筋竹岭野趣盎然。一过筋竹岭头这个雁、芙两镇的临界点，几乎每级台阶的石缝里都铺满了爬山虎。可谓"人迹罕至处，青藤上阶绿"。因为筋竹岭是短线行程，正式行走二十几分钟就可以走到终点——筋竹岭脚。以休闲的心态，行人能够从容欣赏岭上风光。山岭上绿树蓊郁，筋竹总是青青；有鸟儿啾啾，有松鼠跳跃。下坡道中，有两处石汀步，每段五六步。看来，雨季时节，岭上也有山水奔流。

筋竹岭流传着一则强盗故事。古时筋竹岭头驻扎着寨王孔各己，专干杀人越货的活。那时,小岙这边的筋竹岭脚,是"商贸区",开着一些饭店客栈。孔各己看上了一家饭店嫂的漂亮女儿,想娶来做妻子。饭店嫂哪肯让女儿落入虎口,但又惧于寨王势力,不敢回绝。饭店嫂口头答应了这门亲事,但提出的条件是,寨王要在山上种3年的白扁豆供给饭店。寨王不知是计,连种了3年的白扁豆供给饭店嫂。到第3年冬天,白扁豆的藤蔓全部枯死了,饭店嫂悄悄点燃了白扁豆藤,山火蔓延,烧掉了孔各己的山寨,孔各己自此放弃了强娶饭店嫂女儿的念头。筋竹岭还有一个书生赶考的传说。筋竹岭两端的居民,称这条道是当年书生赶考的官道。当年,有两个书生同行去考功名。经筋竹村时,一个书生看到筋竹岭头有很多画眉鸟,又得知考官特别喜欢画眉鸟,他就留在此处,想捕画眉鸟献考官。而另一个心无旁骛赶考去了。后来,那个赶考的书生考上回来了,那个捉画眉的还没捉到鸟儿。见同伴金榜题名,那捉画眉的书生羞愧难当,在筋竹岭头上吊而亡。不管传说如何经不起推敲,多么不符逻辑,但这折射了当地人对于认真读书的赞赏和对投机取巧者的鄙夷。这条官道,承载了多少农人对读书的梦想,寄托着他们对远方"京城"的向往。

翻越筋竹岭,全程不到1小时就来到筋竹岭西麓山脚,沿筋竹涧向南抵古道终点——筋竹村。明《乐清县志》载,以前筋竹属山门乡,因村紧靠筋竹涧,故名。筋竹涧是由大龙湫锦溪向南延伸的一条涧溪,全长4000米,两岸峰峦险峻,岩石错落,树木茂密,水流清澈,鸟语花香;涧中有悬瀑飞泉,又有初月、峡门、葫芦、漱玉、下培、菊英、连环等18个潭和涌翠等数条瀑布,游人入境,只觉峰回路转,岚影山光,别有幽趣。南朝永嘉太守谢灵运写有《筋竹涧越岭溪行》一诗留传于世。筋竹岭见证了浮世的变幻,随着现代车辆交通的顺达便捷,古道上徒步旅行的客商行人渐无踪迹,古道两边的植被保护良好,越发显得古道清幽。

【环山村】各位游客,车辆的左侧就是雁荡山环山村。环山村建村历史悠久,规划严谨和谐,稻田肥沃、水源丰沛。走进环山村史馆,"客至环山""人文意蕴""名人故居""红色初心""革命印迹""历史沿革"等展厅扑面而来的是浓浓的文化底蕴和人文气息。环山村是一个有着600多年历史的古村,自然资源丰富,农耕文化底蕴深厚。馆内通过图文资料、实物展陈、场景还原等形式,追溯历史,勾起记忆,留住乡愁,激发人们感悟、品味其内在优秀文化的内涵底蕴和核心价值,激发当地干部群众热爱家乡、改善民生的赤诚情怀,不断增强建设美丽家园的责任感。位于雁荡山南麓的环山村内有民国初期康有为题写门台的"里洋房"、张大千留宿过的"外洋房"、光绪十七年（1891）武举人徐雨霖故居、民国时期雁荡建设者潘耀庭古宅以及民国时曾蜚声乐清的乡贤徐声豪故居等五座历史文化古宅。近年来，为打造具有鲜明精神气质、独特人文品格、蓬勃生机活力的新时代美丽乡村，环山村对村里年久失修的徐声豪故居等古民居进行改造铺装，打造环山特有的农村民国风情古宅，让环山的优秀古建筑给后人提供现实版教科书。

各位游客，我们的中餐就安排在环山村的农家乐，请各位带上贵重物品下车，我们品尝一下地道的海鲜美食。

显胜门景区

导游内容（仅列重要景点）：

景区概况—南阁古村—南阁牌坊群—章纶墓—会仙峰—仙台峰—沓屏峰—西屏峰—紫霄嶂—蟒蛇出山—绝情谷—鸡冠峰—黄龙吐沙—显胜门—含羞瀑—散水瀑

【景区概况】游客朋友们，大家好！显胜门也称显圣门，20世纪初才得以开发。旧名荡阴山水，景区东北起卓屿，西南到锯板岭，北到百将岩，南至湖南潭，面积44平方千米。这个景区环境清幽，气势磅礴，双峰对峙如门，所以有"天下第一门"的美誉。去显胜门一定会经过一个著名的古村落，您会远远看见牌坊上写着四个字"南阁古村"。让我先来介绍一下这个历史文化名村南阁吧！

【南阁古村】南阁古村与灵峰景区仅一山之隔，是通往显胜门的必经之地，地理位置独特，文化底蕴雄厚，特别是明清牌坊群，于2001年6月25日被国务院列为全国重点文物保护单位。这里有牌坊群、尚书第、章纶墓等文化旅游景点，给显胜门增添了浓厚的人文气息。"阁（gé）"是闭门、合门的意思。南阁村处于雁荡山北部两条山垄会合处的南面，两条山垄会合如门，故名南阁（北面还有个北阁村）。南阁于唐代置村，距今已有1000多年的历史，是章氏家族聚居之所，村民都姓章。据《章氏族谱》记载，章氏的一位先祖在后晋天福年间出任括苍提举后，从福建浦城迁居于此。章氏先世历代为官。明代的章纶官至礼部右侍郎，死后追赠南京礼部尚书，当地人尊称他为章纶公。章纶（1413—1483），字大经，明正统四年（1439）进士，秉性刚正，敢于犯颜直谏，景泰五年（1454）因请复储，被朝廷下狱，严刑拷打，体无完肤，不吐一词。天顺元年（1457）英宗复位，授礼部右侍郎，以"忠义节烈"名高当世。

【南阁牌坊群】在南阁的主街口一条由精致卵石铺成的街道上，北向南纵轴排列7座牌楼。前五座牌楼都是木结构的三山顶重檐六柱的单间形式，脊饰鸱吻（又名龙吻），高8米。两根主柱是圆角方形的石柱子，四根边柱是圆形木柱，柱子的基座用条石叠成，高约50厘米或80厘米，柱梁上有斗拱结构。牌楼群在清初进行过修整，但主体部分仍保留明代的建筑风格。1986年下半年，时任北京故宫博物院副院长的杨伯达来此考察后说："在一个山村里，保存着这样古朴的5座牌楼，在全国来说，也是少见的。"

【章纶墓】看完牌坊群等建筑，我们继续西行。在龙西乡仙人坦还有一处与章纶公有关的古迹——章纶墓。此墓坐北朝南，长约70米，建于明宪宗成化二十三年（1487），均用条石建成，为乐清市现存规模最大的古代墓葬之一。墓园中心是一条石甬道，其中一段由18块方形石头和33块圆形石头垂直排列而成，寓意十八层地狱和三十三重天，从外到里依次排列着石虎、石羊、石马、石人，再加上两旁的古树参天，更显庄严肃穆。墓有四坛，墓前的对联是章纶一生的真实写照："铁骨埋为泉下土，石肠化作冢中英"。第一坛墓碑正面的墓志是明代礼部侍郎谢铎撰写；背面的神道碑铭是兵部尚书尹直撰文，吏部尚书万安书写，篆额为户部尚书刘吉书丹。可惜的是年代久远，因风雨侵蚀，字迹已经看不清楚了。

【会仙峰】在仙人坦村我们还可以看见会仙峰，峰体高大，灰白相间，峰上有凹凸不平的立面，远看如仙人聚会，所以叫会仙峰。会仙峰的山腰有里外两洞，里洞为灵墟洞，外洞为仙游洞。仙游洞较大，洞口朝西，高约22米、宽30米、深20米。洞内建有房屋，洞内的岩壁上有"八仙过海"的水迹石纹。会仙峰为流纹岩岩体，由于地壳抬升、岩石在流水作用和重力作用下，沿着断裂或节理扩展而成，山腰里外两洞属于平卧式流纹岩层内崩塌洞。

【仙台峰】在会仙峰的西侧隔溪就是仙台峰。仙台峰原名仙岩，是"南阁八景"之一，状如高台，岩石呈灰白色，岩面平整，表面光滑。在半腰处有两个洞，人称仙台里外二洞，两洞亦属于平卧式流纹岩层内崩塌洞，洞口朝南，宽约8米、深约11米、高约4米，洞内建有平房。洞内有一口小井，井水清澈，常年不干，人称"仙水"。在仙台峰的侧面有一孤峰，体圆而直，状如拐

杖,因为此地到处有着仙人的传说,所以自然而然的就有了仙杖峰的名字了。

【沓屏峰】沓屏峰是矗立在仙人坦村北山冈上的一块长方形的屏障,高大宽长恰似一面屏风,可中间却有一道裂隙。这是由于岩石按照自身节理发育风化,再加上风雨等外力长期的侵蚀而成的。在不同的位置观望沓屏峰会欣赏到不同的形状:当我们看到两峰合二为一时,叫它"沓屏峰";当我们看到两峰一分为二时,就叫它"双岩门"。著名篆刻家丁辅之《沓屏峰》诗:"双岩大小分,赤白与之配。右视如门立,左视若虎对。"

2017年7月在沓屏峰设立雁荡山飞拉达穿越项目,总投资2000多万元。从空中俯瞰,沓屏峰整座山峰呈现"∞"形,分为A线、B线及C线,其中B线以"美、壮"著称。A、B线两条40米铁索桥创国内飞拉达长度之最,越过铁索桥往右,顿感云气扑面,耳目一新,心旷神怡。极目远眺,群山辽阔,绵延不绝,天人合一的感觉油然而生。

雁荡山飞拉达以险、美、高在众多飞拉达中脱颖而出,成为国内最刺激、难度最高的飞拉达线路,不仅惊险刺激,更在攀爬过程中,让您从独特的角度,领略雁荡山的秀丽奇景。

雁荡山飞拉达在保留野外攀岩体能和意志锻炼元素的基础之上,通过全面、周密和细致的安全保障措施,降低了对攀爬者的专业技术要求,让普通人也能在攀爬过程中体验和享受到高空极限运动的乐趣。

【西屏峰】在沓屏峰的西面,一峰和沓屏峰相比体积娇小,峰身单薄,人称西屏峰。站在新桥处我们远望东南方向可以看见对面山头的峰形姿态各异,异彩纷呈,有乌鸦啄蛏、饭甑岩和凤凰刁舌等。一路上我们欣赏了峰峦叠嶂、陡壁险滩,现在来到了显胜门。这里毛竹成片,竹影婆娑,环境清幽,空气宜人。站在售票亭向东看,刚才看到的那组象形石也发生了微妙的变化,您觉得用什么样的形容、比喻都无法概括它的全部,古人也是如此,所以在这里您会觉得庄子的那句话特有道理:"天地有大美而不言。"

【紫霄嶂】紫霄嶂位于三谷坑南山冈,高可百米,横亘里许,高踞山巅,势如城墙。由1亿年前火山岩浆溢流堆积而成,从火山学上讲,代表雁荡山火山早期大爆发之后,火山岩浆又一次比较平静的溢流。其中横纹、曲纹均为岩浆流动的标记,纵纹为垂直岩层的柱状节理(缝),所保留的内部结构是流纹岩质岩浆流动单元之典型代表。

一路前行，左侧的紫霄嶂连绵起伏，气势磅礴，纹理垂直展开，相对高度10~100米，宽度约100米。紫霄嶂东面的纹理清晰可见，说明这块巨厚的流纹岩已经在开始演绎嶂—门—孤峰的故事了。在紫霄嶂的右侧是含苞欲放的莲蕊峰，在崇山峻岭中略显含蓄和娇嫩。

【蟒蛇出山】在紫霄嶂下方的溪涧里，有石头状似蟒蛇张开的嘴巴，被称为蟒蛇出山。朋友们无须害怕，因为它的背上驮着紫霄嶂这样的巨石。再往前走就可见玉笙峰。笙是由长短不一的管组成的古老的簧管乐器，历史悠久，能奏和声。当您静下心来时，感觉到这里笙箫和鸣，乐而忘归。

【绝情谷】这样幽雅的环境吸引来张纪中版《神雕侠侣》摄制组。原著小说中对绝情谷的描写是四周草木青翠欲滴、繁花似锦，而浪漫美丽的显胜门与原著小说中的绝情谷场景非常吻合。此刻，您会看到一座别致的小木屋，中间面阔五间，一旁是厢房，一旁是廊道，这是电视剧《神雕侠侣》中的公孙府第。杨过寻遍千山万水，终于来到了与世隔绝的绝情谷，在公孙止准备娶小龙女的婚礼上，上演了一场至深至爱的情感故事。自从《神雕侠侣》上映之后，这个景区的游客与日俱增，给原本平静的山水增添了许多欢声笑语。

【鸡冠峰】在公孙府第的上方是一处自然景观——鸡冠峰。这块石头的中间一段是典型的受外力侵蚀崩落而致的山体，整个山体像是雄鸡报晓。"雄鸡一叫天下白"，寓意着我们老百姓的生活红红火火，一天更比一天好。

【黄龙吐沙】顺着小溪而上，溪水清澈见底，水声悠悠，风起涟漪，意境清幽。拐一个弯可以看见一龙角，龙角下有一个Ω形的洞穴，洞高5米，洞内常年有大量沙石堆积，还会自动顺着山体的斜坡滑下，故名"黄龙吐沙"。此洞非常奇怪，当人们清理干净洞内沙石时，不久又有新的沙石出现。古人不知其中究竟，以为山神作怪，都来祭拜。其实，黄龙吐沙是由于洞内的岩石成分不稳定，当受到外力剥蚀时便形成沙石，堆积多时则顺坡外流。

【显胜门】此刻屹立在我们眼前的就是显胜门，两侧嶂壁垂直，直插云霄，上窄下宽，气势非凡。显胜门是两岩对峙的天然石门，这是在嶂的基础上由垂直嶂方向的节理或断裂切割、剖开，岩块崩落而成，类似的石门一般分布于嶂谷口，是雁荡山地貌中又一重要特点，如石柱门、南天门、响岩门、战剑门、龙虎门、双岩门等。显胜门两侧壁立对峙成门的悬崖高约200余米，岩门宽度10余米，沿着弯曲的石路走到门内，抬头仰望，仅见一线蓝天，"非亭午夜分，不见曦月"。山道越来越窄，只容一人进入。眼前溪涧中的红色大字"天下第一门"是当时赞助修建此道的人士所留。横跨在溪涧中的一块卧石成了天然的观景台，上部平坦，可容五六人。绕过卧石我们还可以看见一块岩石形似千年灵芝生长在碧水清潭里，难怪这里的潭水清凉，甘甜爽口，沁人心脾。拾级而上，路险道窄，有"一夫当关，万夫莫开"之势。著名诗人吴鹭山《寄题显胜门》诗："雁荡有峰皆突兀，龙湫无水不腾翻。若将两阁论泉石，显胜天开第一门。"又有香港大学中文系教授、学界泰斗、西泠印社第七任社长饶宗颐的《攀登显胜门绝顶》："显胜峰头手自扪，含羞瀑上望中原。平生壮观君知否，曾跻雁山第一门。"1931年时任安徽大学教授的郁达夫与其胞兄（时任东吴大学法学教授）郁华来游雁荡山，郁华留有多首诗，其《显胜门》诗道："幽涧水鸣风穴冷，中峰影掩石门虚。尘心到此都消尽，胜读楞伽贝叶书。"

【石佛洞】在显胜门内右壁上端，洞径一米多，圆如窗户，洞内有钟乳凝成石佛三尊，站在礼佛坛才清晰可见。此洞属于流纹岩小型局部岩块剥落洞。石佛洞虽然体积不大，可在雁荡山景观中占有一席之地：一是因为它位于高耸的显胜门的绝壁之上；二是由于剥落后残留岩石面凹凸不同，形成了"佛"字的造型。它是岩石中的角砾，经流水侵蚀，岩石碎块逐步剥落而成的孔洞。有诗云："石佛在壁间，约略窥色相。"徐霞客第二次来游雁荡山到南阁时，先是"以路鞠而不能入"，再是"终不得石佛洞"而作罢。

【含羞瀑】站在礼佛坛，始终不敢靠边，俯视显胜门依然幽静、雄伟。远处的山崖巍峨磅礴，近处的水声潺潺，瀑声和水声聚成和弦，令人陶醉。可我们还是没有看到瀑水的身影，这就是显胜门最深处"含羞瀑"的魅力。先闻其声再见其瀑，山涧水沿深谷飞泻而下，三折三态，婀娜多姿，自然活泼，虽名"含羞"，但无忸怩作态之姿。

【上山村艺术写生基地】美术家山谷里写生基地坐落于龙西乡上山村。上山村曾名"象山村"，取意"太平有象"。迈入这里，入目是白色的三层建筑沿溪而立，宽阔的龙西溪静静流过，对岸是满目葱茏的竹林，抬眼可见云雾中的群山，左前方是雁荡八大景之一的显胜门景区，这份得天独厚的地理优势和乡野风光，受到了乐清籍中国美院教授金阳平的关注。2017年，村里和中国美院达成协作，将老办公大楼改造成集接待室、绘画室和宿舍区于一体的艺术写生基地，每年有2000多稳定师生流量。再看右手边，有一面石砌的墙体，标着"把温暖送到群众心中"这句话。据相关记载，2004年云娜台风导致上山村18名群众遇难。纪念墙石材采自2019年利奇马台风冲刷下的石头，由本村石匠精心打造，资金系香港乐清商会常务副会长林锡旭先生善助。墙总宽20米，中间宽8米并有一面墙体向外凸出13厘米，寓意雁荡山龙西乡上山村泥石流灾害日（8月13日）；党徽直径88厘米，寓意龙西全乡上下坚定不移沿着"八八战略"指引的道路奋勇前进。

墙体旁边植有一株石榴树，后侧是民族林，因为龙西有20个少数民族，这片石榴林寓意他们紧密团结在一起。民族林外半周则是龙西乡的"平安共富展"，大家可以了解本地人文风貌。出了写生基地，沿着外面这条路一直走下去，能看到两侧有一排排晾面场，晾的是龙西粉干，当地人称"上山面"，正宗的龙西粉干都是本地纯手工制作。晴天时，桥上、溪间晾满了上山面，白茫茫一片，在阳光下随风摆动，很多游客会来这里写生、摄影和观光，这也成为龙西特有景色之一。

【龙溜景区】蔡元培伉俪一行六人游览雁荡山，从显胜门到散水岩，午餐后至龙溜，蔡先生有感于自然造化之神奇，称"龙溜之水似神龙"，便如顽童般捡起一块大石扔在流水之中，石头瞬间旋转而下，化于瀑水，作有《游六记》。

如今我们将蔡元培先生请回（铜像），在龙溜打造一条升学走道，踏上"211"、直抵"985"，走道台阶宽2.11米，护栏高98.5厘米，希望每个孩子都能金榜题名。往上走，左手边，"静对梅花好看书"，里面有细水长流山泉水，大家可以去感受一下。有的人会问，现在不是"双一流"吗？那么早在民国时期，余献之先生就埋下伏笔了。大家来看《一龙留记》：石板其平如砥同，相传龙溜一沟通，当年龙溜龙如水，流到如今水似龙。"双一流"隐藏在诗中。如今，龙溜石砌山门后已经栽植数百棵红枫，二三十年以后这条游步道将成为乐清最美古道。再往上走，有两处摩崖石刻，里面是梦参长老的墨宝"善用其心"。梦参长老（1915—2017），原名刘瑞庭，因梦出家，便给自己取名为"梦参"。长老世寿103岁，僧腊87载，弘法足迹遍布世界各地。右边是南怀瑾先生的"读书便佳"。南怀瑾（1918—2012），谱名南常泰，浙江乐清人，中国当代诗文学家、佛学家、中国文化国学大师。梦参长老和大师生前是好友，经常一起参禅悟道，讨论学术。再往上走，是芙蓉教书匠何维民的"业精于勤"。

最后到达杨梅树"扬眉吐气"。往下走,到达"龙溜"。曾经有个传说,隐龙谷住着一条保佑一方水土平安的龙,当朝皇帝做了一个梦,这条龙要跟他争夺皇位,第二天便下旨,派武状元屠龙。当时龙正在午休,武状元一剑刺下去,伤到眼睛,龙逃出外面,疼痛难忍,在大石板上打滚,留下了14道痕迹,像"龙溜过"的痕迹,因此取名"龙溜"。后来因修建水库需要石材,石板被炸毁部分,只留下小部分痕迹,甚是可惜。

【北阁古村】据说始建于晋代的北阁古村是一座枕山、环水、面屏的传统文化村落。背靠北屏山,门绕仙溪水,北阁古村由上、下北阁村组成,不仅风光秀丽,更保存着大量错落有致、古色古香的人文景观。古村落里的居民,唐代以前还是潘、吴、蔡等姓居住地。明朝时,唐昭宗后裔李纯忠从温州茶山迁居此村,后成为李姓聚居地,兴盛而繁华,全村一片"明圳粼粼门前过,暗圳潺潺堂下流"的景象。沿着水圳,村里后人陆续建了好多大宅,称"上三退""后三退""老三退"等。如今村落保留下来的古民居建筑皆坐北朝南,以溪石铺路,以溪石砌墙。几十条小巷辐射全村,外通大街内接门庭。三座三进大宅院是北阁民居的代表作,众多的大宅院保持明清的建筑风格。

北阁古村的生活时光,悠缓而漫长。清澈的仙溪缓缓绕村而过,阳光透过老屋,映在卵石铺地的街面上,让人觉得格外美好。长长一条北阁街,大约两千米长,路边沟渠从清溪里引来活水,流过街旁的每户人家,再流回外面的大溪里,千百年来滋养着此处的人家。村东头有两座石牌坊于2023年被浙江省人民政府命名为省级文物保护单位。一座是孝节流芳坊,表彰节妇翁氏。现存石制四柱,顶部为四攒角式,中间刻有"节孝流芳"四字,下面有"监生李林馥妻翁氏之坊",横梁上刻有各式吉祥动物。另一座为钦旌孝行坊,坊高约6米,宽4米,四柱石制结构,中间刻有"钦旌孝行"四字,下面有"清孝子监生李正义顺孙武生李林蔚坊",两侧分别刻有咸丰二十三年间与同治七年岁舍戊辰的石刻文字,横梁上刻有龙等图案,底下两侧是石狮。

北阁古村民居建筑依沿着村落中心大街而开凿的水渠而建。规模大、保存完整的大屋有三座,结构严谨,外封闭,内联通,围墙以溪石砌成。院内前后进甬道也以溪石铺地,四通八达。门对仙溪水,居临五老峰。古老的北阁村落山水清秀,风光旖旎。如今村头还有镇压风庙,村尾有砥水殿,依然香烟缭绕,寄托着村民朴素的民间神祇信仰。

【铁枫堂铁皮石斛博物馆】铁枫堂铁皮石斛博物馆原址是铁枫堂创始人宋康池故居及行医馆址，2018年浙江铁枫堂铁皮石斛博物馆在原址按原貌重建，以丰富雁荡山旅游内容，带动山区经济发展，传播铁皮石斛道地产区养生文化。走进博物馆，琳琅满目的石斛藏品300余件，共设三个展厅，历史厅记录着雁荡山铁皮石斛的历史、铁枫堂五代传承的中医药文化发展历程；非遗厅可以让旅游者体验"十九道古法非遗炮制"的铁皮枫斗加工技艺，感受中医药炮制文化的博大精深；功效厅可以让旅游者参与鉴别不同种类的石斛、查阅历代医学古籍对铁皮石斛的功效记载，了解铁皮石斛的中医药养生价值。铁枫堂自创办以来，专注于铁皮石斛产业的发展，在加大新品开发和精深加工投入的同时，更注重铁皮石斛历史文化的挖掘，创办温州唯一的一家"铁皮石斛主题博物馆"，从多维度展现和传播铁皮石斛的养生文化，引领行业的转型升级。雁荡山地质环境和自然环境造就了优质的铁皮石斛。乐清被誉为中国铁皮石斛之乡、中国铁皮枫斗加工之乡、国家铁皮石斛生物产业基地、国家地理标志保护产品、国家地理标志证明商标。参观铁枫堂铁皮石斛博物馆之后，可以参观铁皮石斛的育苗、成长、盆栽、仿生及铁皮枫斗加工的非遗工坊。可以与铁枫堂博物馆馆长一起品鉴地道的雁荡山铁皮石斛茶。石斛的食用方法很多，可以直接鲜吃，也可榨汁、煮饮、入膳、煲汤、浸酒等。推荐最好是嚼着吃或者榨汁喝，这样能保证原汁原味，能真实地感受、体会铁皮石斛的味道，享受铁皮石斛的清香甘甜。在气候干燥的秋冬季节，若吃上一碗铁皮石斛山药粥，还可以健脾益气，养胃护胃。清道光二十年（1840），乐清人宋康池在乐清市大荆镇开设中草药铺，采集、加工、销售铁皮石斛和金银花等当地知名中草药。当时野生铁皮石斛较多，但不宜长时间存放，宋康池就率先采用将石斛茎文火加工成枫斗加以保存；其子宋万连承父业经营中草药，以加工、销售铁皮枫斗而声名鹊起，并将药铺取名为"铁枫堂"，1924年康有为题"中医世家"。"铁枫堂石斛"由此而来。来到铁枫堂文化产业园，我们发现，铁枫堂"用道地良材，做良心精品"的双良原则，信奉"研发是第一生产力，研发是核心竞争力，研发是发展原动力"的价值观，目前开发出农副产品系列、日化产品系列、药业产品系列、饮品系列等，走入寻常百姓家。"铁枫堂"历经五代人的不懈努力，在浙江铁枫堂公司董事长、枫斗非遗加工技艺传承人宋仙水的带领下，已发展为集铁皮石斛品种选育、组培苗繁育、大棚种植、仿野生原生态种

植、GMP 加工、精深加工、连锁经营、综合开发、中医药养生文化传播于一体的现代科技农业企业和中药道地产业，铁枫堂石斛产品与文化旅游融为一体、一、二、三产业融合发展的铁皮石斛全产业链匠心企业，建立了国家中医药管理局铁皮石斛重点研究室、院士专家工作站、教育部重点研究室铁皮石斛中药制剂联合实验室、铁皮枫斗非遗加工技艺传承基地，极大地带动了乡村振兴的大发展。

【来斯滩】来斯滩，谐音也作莱斯滩、来思滩、莱澌滩，位于仙溪镇北阁村西首。元朝至正年间，雁荡山所在的浙东地区发生了大地震，那次地震倒灵峰、开石门、塌白岩……塌白岩是指仙溪北阁村对面的白岩山坍塌，形成黄甸岭、来斯滩一带的高地。来斯滩有溪流经过，泥沙被水流带走，留下无数大石头，由于大石头的阻挡形成了高潭，高潭水源源不断地流向大圳。明隆庆《乐清县志》载："来斯滩，在北阁仙溪，相传昔有神人驱石之事。"来斯滩因神话传说而蒙上一道奇幻的色彩，《广雁荡山志》卷十五"纪异"引《温州府志》载"驱石神"："北阁仙溪，昔有神人驱石之海，祝曰：'苍苍为牛，凿凿为羊。牛羊来斯，曰骧而骧。'石皆群奔，鞭之流血。既出谷，遇一老姥，问之曰：'见吾羊否？'姥曰：'奔石也，羊吾不知。'又问：'见吾牛否？'姥曰：'奔石也，牛吾不知。'神人曰：'惜为汝道破。'因忽不见，惟群石存焉。"并非所有的神话传说都是凭空创造的，"驱石神"所描述的情景，与地震后发生的泥石流颇有相似之处。"驱石之海"可能是地震时山谷开裂，山洪暴发，形成水面广阔的洼地；"牛羊来斯"抑或形状各异的巨石，伴随着洪流从山谷间滚滚而出，好似牛群、羊群迎面奔来；"鞭之流血"大概是泥石流挟带大量的黄金泥，色丹，似血；"因忽不见"大概是地震、泥石流结束，不再奔腾的巨石从此停留在了来斯滩。

【散水瀑】显胜门景区内庄屋村附近还有散水阁民宿，坐在民宿庭院里，可以悠然观赏散水崖及散水瀑布。散水瀑布以飘散多姿而闻名，它从六七十米高的崖顶飞泻而下，中途触石，又腾空抛落，散为水珠，化为雨雾；当阳光映射瀑面时，色彩缤纷，分外妖娆；风起时则因风作态。春夏多雨则又是另一番景象。瀑布下有散水潭，潭大水深，潭水潋滟。瀑布周围已新建了观景台、观景亭及游步道。

明正德十六年（1521），黄绾偕友人游览雁荡山，作《游石佛洞记》《游散水岩记》数篇，其在《游散水岩记》中写道："人皆知有龙湫之胜，而不知有散水岩。自荡阴章氏之居西行二余里，岩谷壁立，拔地数千尺，悬瀑自崖端垂下，直捣澄潭，若白蛇横空，匹练孤悬照耀于丹屏翠壑、乔松古柏间，观者莫不心骇神眩。予从瀑下援葛上崖半，坐洞中视瀑，水如明珠缀箔，当户窥见，旭日曈昽，祥烟缭绕，妙不可言。又从崖中行过东南隅，有石天窗，俨若楼阁栏槛，上有石梁，横若楣宇。凭栏而眺，奇峦叠嶂，皆可揽取，故记以补雁山之遗。"

散水潭中有一巨石，上面镌刻着"散水崖"三个大字，落款为"甲戌正月十七日与□□□、杨雨农同游至此，因题，刘景晨"。题字者刘景晨（1881—1960），字贞晦，号冠三、潜庐、梅隐、梅屋先生等，永嘉（今浙江温州）人。早年就读京师学堂，曾执教于温州府学堂（温州中学）。民国初年，被选为第一届国会众议院候补议员。1923年拒曹锟贿选，毅然偕同沈钧儒、陈叔通等南下。在上海结交刘放园、李佩秋、陈石遗、徐悲鸿、张红薇、郑曼青诸诗画名家。中华人民共和国成立后为温州市文物管理委员会首任主任、浙江省文史馆馆员、温州市政协副主席、浙江省人大代表等职，被公认为现代"浙江知名的耆宿"。善诗文书画金石，绘画尤长梅花。有西泠印社影印发行的《贞晦印存》《贞晦题画绝句》传世。另著有《题画梅百绝》《古遗爱传抄》《贞晦诗集》等。同游者杨雨农（1880—1951），著名绅商、慈善家。名振炘，号巽园，温州鹿城区人，世居市区花柳塘。他的父辈兄弟三人开"杨正记南北货行"起家，平生致力于电灯、电话、火柴、航运及慈善事业，对温州近代市政建设贡献巨大。商人家庭出身，少时在杨家杨正记南北货行当学徒，后继承祖业经营南北货行，1919年当选为浙江省第二届省议会议员，20世纪20年代任永嘉商会副会长、会长，浙江省参议会议员，后任县救济院院长多年，与吴百亨齐名。杨、吴两人祖籍均属乐清。吴百亨挂名永嘉县志纂修处咨议，杨雨农则兼任过县志纂修处总务主任。甲戌为1934年，当时他们还在灵峰景区北斗洞的听泉岩留下摩崖题刻。

近几年，随着游客对休闲旅游的热衷，仙溪一带有很多漂流项目应运而生，有皮划艇、竹筏等设施。在青山绿水间，坐在皮划艇里漂流而下，溪水时而湍急，时而缓慢，身处峡谷之间，纵览两岸的秀美山色，融入大自然，是夏日游雁荡山的好项目。

【庄屋影院】龙西乡庄屋影院始建于1981年，当年由村集体投入30万元兴建，占地600平方米，共有三层，可容纳千人看戏观影。1983年正式投入使用。2013年屋顶塌陷停用。2022年5月，龙西乡党委政府按照"修旧如旧"的理念耗资130余万元重启修缮，历时年余，容颜焕发。影院位于庄屋村楼边，门口留存一对清朝旗杆，旗杆石刻有"大清光绪二十九年冬月，丁酉科举人裔孙梦熊立"文字。修复后，影院继续唱戏，继续放黑白老电影。

各位游客，显胜门—龙西景区就为各位介绍到这里，顺着这条公路往前就是楠溪江云岭南陈温泉省级旅游度假区，往回走经大荆往左，可分别到乐清与黄岩交界的福溪水库、智仁太湖山杜鹃谷观光。

羊角洞景区

导游内容（仅列重要景点）：

景区概况—白箬岭古道—定海峰—凝灰岩石洞—万象嶂—蛤蟆坑和玉清宫—紫庭嶂—羊角洞—神灵洞—迎阳洞—双龙谷

【景区概况】游客朋友们，大家好！羊角洞景区地处温台交界的湖雾镇，是雁荡山最东部的景区。古时羊角洞叫方山，独立于雁荡山之外，开山祖师为陈体阳，直到1983年才被列为雁荡山八大景区之一。羊角洞景区由羊角洞和双龙谷两部分组成，景区东起黑龙潭，南至双龙谷，西至玉柱岩，北至方山顶，面积居八大景区之尾，合计不过3平方千米。这里雄嶂奇峰、幽谷深洞、碧潭清泉一应俱全，所以有人说羊角洞是雁荡山的缩影。羊角洞与雁荡山其他景区最大的区别是，此处聚集了大量的道教建筑，建筑之中神祇众多，道与佛融合相适，使整个景区充满了浓厚的民间宗教文化气息。羊角洞的得名众说纷纭：一说因洞口形似羊角而得名；二说因洞内右侧有一羊角井；三说因此地有一羊角岩。不管是哪种解释，都与"羊角"二字有关。

【白箬岭古道】各位游客，我们车子现在进入白箬岭古道，历史上从雁荡白溪至大荆、湖雾、羊角洞都要走白箬岭古道。白箬岭古道位于乐清雁荡山东谷口外，南北走向，北起大荆镇的白箬村，南止雁荡镇选坑村，距大荆镇约4.4千米。古道全长约1.5千米，最高处海拔157米，南北各800余级台阶，石块路面，石级宽3米，盘曲18弯，平坦可行，旧时适宜于肩舆和车马过岭。白箬岭属雁荡山百岗尖东伸之山岭，分布于雁荡破火山的外缘带，山体构成多为流纹岩，富于垂直节理，古时为荡阴大荆新溪与白溪之间的分水岭。古道沿途森林茂盛，岭南以喜树、杨梅、枫树、黑松见多，满眼青翠。北坡岭路两侧榛莽丛生，一些路段被湮没在丛林之中。

白箬岭古道历史悠久，相传在东晋时岭路已开通。明永乐《乐清县志》及明江苏武进人薛应旂《雁荡山记》说此岭是谢灵运《从斤竹涧越岭溪行》之岭，《中国古今地名大辞典》亦主此说。《永乐志·卷二·山川·斤竹涧》载："宋谢灵运渡江而上斤竹涧过白箬岭，越岭溪行。"南宋永嘉薛季宣《雁荡山赋》有"亭白箬而下道"句记此岭，而元儒李孝光《雁荡山》诗说"兴国年间路始开"，若从北宋太平兴国元年（976）开始计算，距今已有上千年。明代章玄应《度白箬岭》诗："齿齿白石烂，沿溪踏浅莎。寒轻风减絮，湿重雨添蓑。酒著蓝舆稳，诗成箬岭过。残春伴行客，前路问如何？"清嘉庆三年（1798）来任温处兵备道的山西静乐人李銮宣仿谢灵运《从斤竹涧越岭溪行》诗写了一首《白箬岭》诗："修林何阴翳，穿篠径始显。仄步入蒙密，滴翠露光泫。芳蕤冒紫茸，奇石叠苍岘。行行疲攀跻，曲曲历幽缅。淙潺泉讵亭，岞崿磴徐转。玩兹邱壑重，荫彼蓬莱浅。云阴乍生灭，风色递舒卷。去异未藏迹，来斯复在眼。沈寥何渠央，错愕不皇展。秘岩卷罕窥，缘涧药难辨。高怀云中栖，相从物虑遣。"

白箬岭古道属古驿道中的一段，旧浙闽驿路经此，清道光《乐清县志》记载："白箬岭，在二十都，北通大荆，南通白溪，高峻曲折，自北而上凡二十盘，度岭至最高处，遥望茅岘诸山峰翠，最为伟观，其东有黄坭岭通水涨，西有避水岭通南閤。"《大荆镇志》载，南宋初年，北段驿道从雁荡山山中出入，元、明、清时驿道，大荆南向经白箬岭、筋竹岭至瑶岙驿。在宋状元王十朋诗中及明朱谏《雁山志》中皆提到白若岭，"若""箬"两字古通。岭北村庄名白箬岙，岭南隔白溪溪水为白溪街村，为北宋白溪驿故址。宋袁采《雁山图记》云"溪上有路通白溪驿"即此。

作为一条曾经的驿路，再加上也是以前乐清北边客人进入雁荡山的主要通道，尤其北宋期间在白溪建驿，明代驿迁岭店（今大荆镇）。交通的便利，促进了白溪、大荆市场的发展，每逢三、六、九大荆市期，附近各地农民及清江虹桥等地商贩往来赶市者过岭极多。白溪的街市也因此而得益，民间有"大荆三六九，白溪日日有"的谚语。北宋张君房编撰的《云笈七签》中"仙磕山，近白溪草市"的记载，几乎将白溪草市作为地标。1913年《重建章氏义楼桥碑记》文云："以此地为台温孔道，浙闽通衢，每逢三六九市行人如织。"自1934年杭温公路建成通车、1990年104国道线白箬岭隧道贯通之后，岭上行人渐少直至无人行走。

　　古道起点在雁荡镇选坑村东面的永安亭，选坑旧名巽坑，"巽"为八卦之一，代表风，村当山谷之口，又在白碧岭溪坑两侧，以地多风故名，后又以方言"巽""选"同音，改为今名。从永安亭往北至岭脚，一路为平缓的石头路，岭脚有路廊一座，在修建白箬岭隧道时遭到损坏，但可依稀辨认梁上铭文"道光十九年二十都首事□□□□募化重建"，石柱铭文刻有"十九都朴头村贡生郑兰助银二十两"等助钱人村庄姓名与金额。《光绪乐清县志》记载，白箬岭南向岭脚路廊，巽坑村林国榜捐建。从廊边绕过，在白箬岭隧道南口重新拾级而上，因为道路荒废已久，横生的蔓草几乎遮蔽了所有的石级。岭不是很高，上岭约800级即可到达岭头。宋绍兴二十二年（1152）秋，王十朋第5次赴太学时写下的《过白溪》诗："朝离黄塘憩乌石，暮宿清江过白溪。岭上回头观赤水，山川五色望中迷"，便是对岭南景色的描述。

　　该岭历经千年，人文景观众多。岭头有许多古建筑及摩崖石刻等文化古迹，至今仍保存完好，成为雁荡山古文化的一部分。岭头有小休亭一座，亭内石柱联云："此中大有佳处，这里即是名山。"柱上铭文均为助钱人村庄姓名与金额。《大荆镇志》载，小休亭，位于白箬岭岭头，5间，长17米，宽6.25米，面积106平方米。石柱石梁上盖石板，清咸丰五年（1855）秋，孟基隆、朱伯贤捐资建造。亭东10余米有石门洞一座，石门洞上存"浙闽通衢"四字匾额，此匾额在门洞南向，字高26厘米、宽23厘米，无题款年月，虽然已经饱经风霜，风化剥蚀得厉害，但仍清晰可见。岭头西侧崖下旧有清泉一窟，泉水清凉甘冽，终年不涸，好心人备有竹瓯数只，供行人饮用。泉眼虽然不大，但不管多少人喝，泉窟里的水总不见减少。从前经过白箬岭的人，无论是否口干都要饮几口。如果碰上农历每旬三、六、九大荆市日，在岭头歇脚的人众多，因为泉窟并不大，跟前只能站二三人，这时到泉窟饮水每每要排队。每当夏秋季节，挑着东西上岭的人，登上岭头时无不大汗淋漓，但只要饮了这泉水，不仅一身热气顿消，那登岭的疲劳也立马消失了一大半。如果饮了泉水后又在小神庙前的山石上小坐一刻，疲劳的身体很快就会恢复过来。因此，白溪地区的人们日常说话时常常用"白箬岭头的凉水"来比喻一个人遇到快意事，如果讽刺一个人说了过头话,则说"你到白箬岭头喝凉水去"。千百年来,白箬岭头的凉水已深深融入雁荡人民的日常生活之中,成了民俗文化的有机组成部分。

清代白箬岭头曾设有汛兵驻守,清初迁弃沿海地界,县署退保大荆,于清康熙元年(1662)建大荆"营城"驻兵,现存的岭头石门洞即建于那时。岭头西边山尖上现还有古烽堠遗址,解放战争时期国民党大荆驻军曾于此修建碉堡,后被当地民兵捣毁。

从岭头往北下山,路边灌木丛密布。岭北石级与岭南相近,也有800余级。近山脚时,驿道被公路截断,此时已到了隧道北口的白箬岙村。岭北有路廊两座,分别为岭北山脚路廊及岭北二里中庄路廊。路廊结构与岭南山脚路廊、小休亭相似,均为石梁石柱石凳瓦盖顶,每座原皆5间24柱,路从屋中穿过,石梁上刻有年月。岭北山脚路廊建于清嘉庆元年(1796),石梁铭文:"大清嘉庆元年,仁山寺师祖元性、师伯光崇、本师光全、住持德连、徒能华募化重建。"石柱联云:"驻马停车通东西客使,隐风避雨便南北行人。"石柱铭文有"塘头村庠生张国臣助钱壹千伍百文""山前村张盛财助钱六百文"等。

中庄路廊又名章义楼路廊,章义楼是明成化年间南閤人章巘(字忍庵)为了供人暂厝棺材修建的一个处所,这种义楼在周边颇为罕见,一说是为了方便游人在入山前有个地方做短暂休息。路廊初建于清乾隆四十四年(1779)岁次己亥季秋菊月吉旦,复建于清嘉庆十年(1805)。路廊坐北朝南,木石结构,面阔五间,六柱五檩,中间为通道。石柱间枋阴刻铭文:"十四都虹桥村国学生陆锡宁助钱壹千贰百文""十九都横山村……"路廊从外面看黑瓦石墙,除了两个门洞,与边上的古民居建筑并无二致。路廊内现有两块碑,其一为清光绪十九年(1893)竖立的捐资助建者名讳与金额的"垂诸不朽"碑;其二为1913年镌刻竖立的"重修义楼桥碑记"。

白箬岙村为古道终点,处于雁荡山东麓,山环水绕,土地平旷,阡陌纵横,屋舍参差,宛如桃花源。在村口可以远远望见一块巨岩"迎客僧",作拱袖迎宾状,有联云:"四面青山皆入画,一僧无日不迎宾。"过"迎客僧"前行3里许,即为东石梁洞。从白箬岙村有路经中庄、谢公岭进入雁荡,那则是另一条古驿道——谢公岭了,谢公岭也是历史上雁荡山的主入口。

各位游客,现在右侧就是雁荡山温泉度假酒店,这也是目前雁荡山唯一可以体验火山地热温泉的酒店,是来雁荡山疗养度假休闲的旅游者比较喜欢入住的酒店。除了康养温泉,颇具雁荡山乡土特色的早餐美食如糯米饭、糯米粽、海鲜面等都受广大旅游者喜爱与点赞,因此,即便在2020—2023年疫情期间,其客房出租率依然高达75%以上。

【大荆镇】各位游客,车子过了白箬岭,前面就是大荆镇,该镇历史悠久,现在镇上还保存着一段完整的大荆古街,大荆也是我国现代著名画家、新浙派人物的开创者、原浙江美院教授周昌谷的故里,民国时期,著名画家黄宾虹二游雁荡,第一次来游就住在大荆镇的亦澹荡庐。镇上有著名画家周沧米艺术馆、雁荡山啤酒厂旧址、铁定溜溜国家4A级旅游景区,还有文昌阁等建筑遗存。现在我简单介绍一下大荆古镇的历史。20世纪50—60年代,在离镇中心2000米的屿后村,先后出土了五代和宋朝的一些陶器遗迹,仅以此推断,在五代以前肯定已经有人群在这里繁衍生息、定居耕作,只是还不见文字的记载罢了。大荆先民在开垦这片荒漠的土地时,见遍地荆棘丛生,因此就名之为大荆。宋建炎元年(1127)建大荆寨,为温州十三寨之一,至今已有890多年的建制历史,而实际上,大荆的历史比这还不知要早多少年。宋绍兴四年(1134),大荆东里铺建立单孔石桥,由此经白溪驿可去温州,白溪驿经此可到黄岩。这相应促进了当地经济、文化的发展。离大荆只有七八千米的雁荡山的迅速发展,便是明证。宋室南渡后建都临安,驿道改从雁荡山中经过,"贵游辐辏,山径改辟,梵刹增新",看客游人,络绎不绝,能仁寺日食千人,备极一时之盛。南宋末年,元兵下台州,矛头直指乐清。大荆旸谷岙鲍叔廉首倡义兵,立寨佛岭,据险固守,终因寡不敌众,鲍及全族人壮烈牺牲。元兵攻掠至永康乡东部,县城降附,竹屿、郭路一带十室九空,导致乐清、樊子、湖头、象浦四镇相继衰废。元初改为大荆驿,置巡检司。在元统治期间,大荆人民虽饱受压迫奴役,却出了一位"文章负名当世"(《元史》)的历史名人李孝光。大荆由元代的大荆驿改为岭店驿,设置驿丞。由于乐清在元亡前一年(1367)入明版图,未遭受重大兵燹,因此滨海市集还比较稳定。明时废巡检司,改称岭店驿。洪武二年(1369)五月开始,倭寇劫掠温州及沿海各县,乐清亦不能幸免,直至嘉靖四十二年(1563)倭患平息,其间两百年,乐清、霞堡、岐头、蒲岐、磐石、鹗头(今南岳)、瑶岙、芙蓉、黄华、沙角(今海屿)、水坑(今东联)、湖头、馆头等地均受倭寇所害,经济停滞,集市亦随之萧条。而地处乐清东北部的岭店驿，相对来说比较平静，驿前筑埭蓄水灌溉农田，驿前路形成了街道，永嘉、仙居等县的山货也运到这里交换从水路运上来的海货，集市贸易得到了发展。明成化十二年（1476）后，改设为市。被誉为"忠节名臣"的礼部侍郎章纶，是这个朝代崛起的一位历史俊杰。清康熙元年（1662），岭店驿改称大荆营。清顺治十五年（1658），郑成功曾一度率部进驻乐清城。顺治十八年（1661），郑成功收复台湾。清王朝为从根本上断绝沿海人民与郑成功的联系，采取"防海迁界"政策，强令沿海三十里居民一律迁入内地。磐石、蒲岐、后所等城均在迁界范围，沿海一带，村落一空，田园荒芜。而大荆营成了当时唯一幸存的市集，兴筑大荆城，大荆成了清王朝温台防海的枢纽地区，城营驻军曾达千人之多。清乾隆四十四年（1779），乐清县丞署移至大荆，辖十九都至二十八都之地，故有"大荆分县"之称。大量的军需刺激了当地经济社会的发展，当时大荆成了沿海盐业生产的主要基地，铸造业、丝织印染业纷纷兴起。这也相应促进了集市贸易的发展，城内街屋增多，形成每旬三、六、九日集市的风气，成了附近地区（包括邻县）山货与海产南北货的交换中心。清嘉庆年间，曾任四川越嶲参将、台湾镇总兵、总理军务翼长等职的张琴（1785—1835，字奏南，号韵斋，苍南县霞关镇南坪村人）曾任大荆营千总。任职期间，他勤政爱民，勇于除暴安良、从严打击海寇，保护沿海一带不受外敌侵犯，深受百姓爱戴。清代乐清文人施元孚在《雁山志》里记："由县治东行，道白沙，竹屿，过虹桥，逾窑岙岭，凡六十里，抵大芙蓉。自芙蓉东逾筋竹、白箬二岭，抵大荆营。自大荆北四十里至盘山岭为邑界。逾岭入台之黄岩，此山外东西驿道，温台通衢也。"鸦片战争以后，因战事频仍，饥荒、兵燹曾导致集市贸易一度衰退。至清代末叶得以恢复发展，城内街屋已近四百间，集市人数常达五六千人之多，街上人头攒动，熙熙攘攘，一派热闹的景象。1912年称大荆镇。1949年5月11日，黄乐县人民政府在本镇成立，大荆属黄乐县；6月，黄乐县撤销，大荆重属乐清县。1949年10月为大荆镇，1956年为大荆乡。1958年为大荆公社大荆管理区，1959年恢复镇建制，1961年为大荆镇公社。1980年为大荆镇。1992年，东林、雁东、水涨3乡并入，镇政府驻西二村城里巷。

大荆镇旧有大荆驿、大荆营，可以供来往客商官宦借宿。清浙江学政阮元来游雁荡山时，曾宿于大荆营，并写有《出山宿大荆营》诗："堠旗遥见大荆营，麦陇茶田取次平。斤竹涧边新驿路，石门潭下小方城。沙边溪石篮舆稳，渡口回风画角清。今日邮签促尘鞅，何时重与细经行。"清诗人钱名山《大荆》诗写道："大溪水尽上山行，樟叶鹃花绕翠屏。谁似瓯南山色好，冈峦都带麦芒青。大荆城东绿玉溪，泉花洒洒泛珠玑。不知燕子缘何事，爱向清泠水面飞。"

【印山】印山位于大荆镇古城中央，海拔25米，山顶平坦，面积约5000平方米。山呈印状，故称印山，俗称"小山头"。山顶上原建有魁星阁和财神庙，魁星阁之魁星雕像栩栩如生，连底座高约2米。魁星右手执笔，左手握斗，左脚踏鳌头，右脚向后曲举。其脚镯、手镯、耳环等均镂空雕成，环身飘带，有如凌风起舞，玲珑剔透，可谓巧夺天工。财神庙大门门联曰："一水环亭众水汇，小山突起金山朝。"旧庙于1949年3月毁于战火。现为大荆镇文化宫所在地。现在印山山顶有前几年新建的文昌阁。山麓有赤魂亭、红十三军纪念碑、周沧米故居纪念馆等。此地有葱茏草木，信步闲鸟；开襟可揽八方来风，展眸能收四围云山；在日则楼台参差，入夜则万家灯火。一湖荡漾，纳仙溪之碧水，六月荷花曾映日；双樟耸翠，接高天之清气，四季绿云长护山。登山遐观，恍然有城市山林之感。山北麓湖畔有大荆镇第一中学（印山中学）旧址。

【攀龙坊和蔗湖】攀龙坊位于蔗湖村村口，形象古朴。牌坊建于明代，旨在表扬景泰四年（1453）癸酉科举人干昌祖。今坊重修于1981年，为市级文物保护单位。牌坊坐北朝南，为木石结构；重檐式歇山顶，六柱石单间建筑，高6.2米，面宽6.4米。坊脊分双界，上界两端分别凸刻龙纹，下界饰云纹，两端分模卷云。筒瓦加顶，瓦当纹锦有朱雀、菊花、花草纹、吉祥篓等图形。正面一匾，上书"攀龙"二字；匾上复有一匾，上书"圣旨"二字。牌坊虽系重新修建，但基本保留了明代建筑风格。

牌坊前有湖名蔗湖，形方而长，水清可鉴。农者耕于畔，渔者钓于水，斜风细雨，宁静的田园风光，为历朝文人学士所青睐。明章纶《蔗湖春水》诗云："蔗湖佳景出名山，一脉分来震泽间。巴蜀雪消添荡漾，凌阴冰泮杂潺湲。也拖南浦青蓝色，重点东风桃李斑。要识川流无尽意，日长西往水东还。"明朱美《蔗湖即事》诗云："湖水朝来已解冰，鸭头新绿上沙汀。不知底下深多少，例浸南山一半青。"每当夜幕降临，村妇集于湖沿，捣衣石上，砧声起伏，而攀龙坊下，纳凉人三五相聚，村言俚语，洋洋乎盈耳。

【乌岩堂】方台山自五峰发脉，款款地向东延伸，至蒲溪折而北行，尽于石门潭。当其转折处，如人之骈指，发为两歧，北高而南低。北峰如象首东眺，南岗如雄狮卧栖。中有巨岩峭然，色深黑，目为"乌岩"。堂建于岩侧，遂亦以岩名。

乌岩堂北倚象峰，南临狮岗，西窥五峰，东张大海，处隈奥之地，得形胜之利。虽朔风号怒，不能肆其峭厉；三伏逞威，难以尽其酷热。而阳春芳菲，清秋爽气，赏心悦目，堪称一流。山多松，虽少巨干大植，而苍苍翠翠，秀色可掬；夹径苍柏，郁然挺立，踱步其下，浓荫荡漾，真个是"山路原无雨，空翠湿人衣"。三二啼禽，啭于顶上；青苔纤纤衬履，花片沾泥，珠露带香，尤多意趣。径侧一石高逾丈，中贯一线裂隙，色斑驳，苔痕如点翠，灌木冠顶，枝叶纷披，横倾斜出，凌于径上。堂右森森，千竿青玉，大是听秋佳处。涧水细咽，茂草掩覆，须倾耳方闻，流百步即临断崖，遂下洒成一线瀑。至若月下松窗，松间泉声，风味独殊，须有心人方许领略。

旧堂唯三间二层小楼，颇仄狭，经拆建，如今殿宇高敞，面目一新，取名"大悲阁"。山间道亦筑为水泥路，仄径遂成坦途。晨昏二时，大荆镇上居民，以步行健身，多以乌岩堂为步行终点，至堂折回，于是欢声笑语始荡漾于翠萝深处。

【石门古渡】雁荡石门古渡位于大荆镇石门潭，雁荡山的灵峰景区东外谷。由雁荡山北部上游十八滩溪水经百折迂回奔流之后，在石门潭汇聚交融，以万夫莫当之势冲出两座由断崖峭壁、巍然屹立的山门，形成深30多米的巨潭，是雁荡第一大潭。2010年，乐清市人民政府公布石门潭摩崖石刻为乐清市文物保护单位。石门潭的两扇石门形象是几个著名饮料商标的原型。石门潭长400多米，宽100多米，深30多米，是一处难得的天然游泳池。潭的北面悬崖处有"秀才窥美""龙龟缘壁聆教"等景致，明人何白的《雁山十景记》把石门潭列为"雁山十景"之一。石门潭左侧崖壁上镌刻着画家周昌谷的题刻"云生大泽"，右侧山崖上有三处摩崖石刻，其中一处为清道光壬寅镌刻的"斯文永振"四个大字，落款为"田岙李方合建，蔗湖干氏助基"。明章纶《石门秋月》诗写道："天成地户峙双崖，下浸寒潭宝鉴开。桂树流光沈水府，菱花倒影挂瑶台。龙宫洞彻浑无底，蟾窟澄清绝点埃。到此登临添逸兴，笑谈一问一停杯。"明诗人王至言《石门潭》诗云："苍玉削天关，寒潭清澈底。图云已如练，写日忽成绮。幽响自潺潺，春游复弥弥。每见香鳞淰，兼之元鹿虺。石斗珠方碎，峡束箭仍驶。宛转学龙蟠，奔冲随雁起。余馥出松舫，泂泶散花蕊。山氓资釜鬵，林僧共盥洗。我来不忍去，候月出仙薁。沉沉水晶宫，晶晶白银垒。矢志从琴高，赤足踏神鲤。冲举人霄汉，郁华充内史。"清阮元《石门潭》诗："荡阴双阁水，齐向石门东。浅濑生清浪，澄潭受远风。晚潮东海绿，落日半山红。回首三重岭，皆藏云气中。"

石门古渡还是历史上南来北往的重要交通要塞。明朱谏《石门泛舟用章可瑞韵》："列坐孤亭笑口开，有家偏住水云隈。沙边白鸟明于雪，海上群山绣作堆。菊酒共乘陶令醉，草堂知是杜陵才。小舟卓午相将晚，莫道风尘扑面来。"明黄绾《石门次韵》诗："晓日开银阙，晴川看跃鱼。须维溪上艇，来读壁间书。犹恨衡门远，那同太古居。何时结茅屋，共倚翠屏虚。"明章九仪《石门渡》诗："万树如烟暝，千山翠欲浮。舟横春水渡，人倚夕阳楼。岩屋盘青蔓，江沙起白鸥。杖藜何处叟，扶酒过溪头。"明李经敕《石门泛舟》："清世空怜走传车，十年一梦落浮槎。狂如太白真耽酒，散学龟蒙爱煮茶。两岸松风消齷齪，一篇秋水见精华。飘然兴尽寻归路，岸帻西风日未斜。"

石门潭盛产香鱼。雁荡香鱼自古被称为"雁山五珍"之一，清朝乾隆年间为贡品。香鱼，属鱼纲香鱼科，为溯河性中小型鱼类。成鱼长15~20厘米，重60~120克，体长侧扁，头小嘴尖，背部灰黑，腹部银白。香鱼的背脊上有一条香脂腔道，能发香味，故而得名。香鱼常栖息在水浅、质瘦、温低的通海溪涧中，刮食石上苔藓为生。因肉质细嫩多脂，鲜香美味，独具风韵，被国际烹饪界、旅游界、垂钓界誉为"淡水鱼之王"。雁荡蒲溪湾、松波溪、筋竹涧和芙蓉黄金溪都盛产香鱼，尤其以大荆石门潭的香鱼品质为佳。香鱼多细刺，不宜鲜食，多熏制成干，色如黄金，味极清香，俗名"香鱼干"，久藏不坏，据说"可携千里"。清朝劳大舆《瓯江逸志》说："（香鱼）鳞细而不腥，春初生，月长一寸，至冬月，长盈尺，则赴潮际生子，生已辄槁。惟雁山溪涧有之，他处无有也。一名记月鱼。"雁山五珍除雁山茶外，其余四珍均列为上海商务印书馆1915年出版的《辞源》条目。程浩《昭明禅寺碑》诗："劫灰不觉经千载，片石应教傲五珍。"清道光年间，两江总督梁章钜解印后，以七旬晋四高龄遍游雁荡山时，闻香鱼之名，久寻不得。乐清县令蔡子树亲为导游时，深知梁翁

想念香鱼，设法觅得香鱼干，送到温州献给这位父亲的恩师，并呈诗两首。诗生动地描述了雁荡香鱼的俗名、生长情况、捕捉和焙制方法以及色、香、味、形等特点。老太师喜得香鱼，喜读咏物诗，称之为"清新可喜"，此诗收录于梁章钜的《雁荡诗话》。

【定海峰】从主景区到羊角洞景区行程17千米，到达温州与台州的交界地——三界桥村。从三界桥村到景区，一路上我们可以看见一峰突兀高耸，凌空矗立，岩面较为平整，状如石碑，高、宽各约50米，这就是定海峰，是羊角洞的标志性景观。定海峰为流纹岩沿节理开裂形成，局部已离立成独柱。此峰原名剑岩，因为当我们登上羊角洞左侧的玉兔岩，朝西南方向看时，此峰犹如一把宝剑悬插在山冈上。地质学上把这类山峰称为孤峰。雁荡山的孤峰独柱甚多，但是一般会立于嶂之旁侧或嶂谷之中，像定海峰这样立于平缓的山冈之上者并不多见。关于定海峰，当地有这样一个表达老百姓祈福心理的传说：古时，附近海面经常有野蛟出来兴风作浪，致使出海的渔民葬身大海。紫阳大仙见此情景，拔出宝剑直插野蛟，此时宝剑化为山峰，于是当地人把此峰称为定海峰。

【凝灰岩石洞】进入停车场，我们可以发现许多人工开凿的石洞。因为羊角洞景区属于中生代火山碎屑地貌景观，岩性表现为低密度、高强度，特别是抗拉强度高；成分复杂，粒度无分选，性能多样；可开采出较薄的大面积石板；岩石结构趋向同一性，有利于保持岩石整体的完整性；它不能加工成抛光建材，却是雕塑的优质石材。所以古人喜欢用手工把非层状的火山碎屑凝灰岩开采成大块薄层石板。

【万象嶂】在停车场仰望，可见一嶂壁立千仞，雄壮森严，因岩体褶皱似群象齐驱，所以命名为万象嶂。嶂体高200余米，宽300余米，在流纹岩嶂的基础上，发育有大量垂直节理，且岩石沿着节理面发生局部崩溃，给人在视觉上形成了一座座山石并立的印象，又如一只只栩栩如生的大象舞动鼻子向前方挺进，如万象比美。然而万象嶂的得名不完全是因为形似，还有更丰富的寓意。中国文化博大精深，"万象"还有"万象更新""包罗万象"之义。此嶂上还有一些象形的景观，如石烛、纱帽、母鸡、雏鸡、仙人犁、相思女和楼阁殿宇等。

【蛤蟆坑和玉清宫】游览羊角七洞既可步行登岭，也可乘缆车登上雨伞岗头。我们选择乘坐缆车到雨伞岗头，先就近观赏位于万象嶂左侧和紫庭嶂右侧的蛤蟆坑。站在坑口，可以看见一块岩石紧贴在紫庭嶂旁，像一只蛤蟆头朝玉清宫。此石为崩塌石。站在坑口向外望，位于坑口右前方的山峰呈长方形，像一只大蜡烛，叫蜡烛峰。蜡烛峰与万象嶂之间形成一条裂隙。如果我们绕过蜡烛峰朝西走 20 米左右再回头观望，便可见此峰像一位羞涩的少女，身材婀娜多姿，这时蜡烛峰就成了"小姑岩"。近年来，有些人以鲁迅笔下的人物给它命名，叫它阿 Q 峰。玉清宫依蛤蟆坑而建，中间是呈梯形分布的楼层结构，大门有两根雕龙的石柱及一座四面攒角屋檐的道教神祇洞府，正门中间写着"方岩胜境"，门联为"万壑争妍一桥三界，千岩竞秀两州奇观"。"一桥三界"是指乐清、黄岩、温岭的交界——三界桥；"两州"是指温州和台州两地。洞内六层以下是玉清宫，第六层为天波府，供奉杨家将塑像。最上四层是观音阁，1985 年前后所建，作为观音楼的藏书之地。来到观音阁上，朝南可见一块含珠石。在观音阁最高层向天空仰视，可见一个 3 平方米的透天孔，中间还有一座小天桥，从此洞向上爬可通往方山。由于周围的岩壁风化程度不一，像一尊尊罗汉，人称五百罗汉石。

【紫庭嶂】看过玉清宫后，我们顺着紫庭嶂下前行，依次可见五洞、六洞、二洞、一洞、四洞和三洞。除三洞外，其他道教洞观都是依着紫庭嶂而建。紫庭嶂俗名羊角嶂，是羊角洞景区的第二大嶂，高于万象嶂，纵横百米，气势宏伟，嶂下有葫芦池、葫芦瀑和葫芦岩等景点。汉代以后，此地以道教为盛。清同治年间，在羊角嶂下建起紫庭楼，再加上道家一贯崇尚"紫"字，凡是与仙道有关之物均可用紫，所以此嶂也就更名为紫庭嶂了。紫庭嶂下多洞壑，五洞和六洞相连，供奉的神位分别是杨五郎和杨六郎。过五洞和六洞后，顺着通往二洞的路前行 50 米，我们可见郁郁葱葱的几棵大树。靠在路边的是一棵独立生长的杉树——泡杉，树龄 130 多年，高 15 米、胸径周长 2.2 米、冠幅 10.8 米。二洞又名育仙洞，台门前是一副草书的楹联："此地绕千秋风月，偶来作半日神仙。"

【羊角洞】羊角洞是这一景区的得名之源，又名一洞。羊角洞位于海拔 450 米高的方岩上，洞高 9 米、宽 18 米、深 13 米，在地质上被称为直立或斜立式裂隙洞。垂直或倾斜的断裂切割嶂岩，使岩石受到挤压力、拉张力或剪切力的作用发生破裂。这些破碎的岩石碎块经过风化逐渐剥落，从而扩大成洞。

这种洞的形态总体上呈直立或呈倾斜，其高度远远大于宽度，洞壁较为规则。洞内建有玉蟾宫，宫名玉蟾是因为洞口有一块形状似蟾的岩石。

羊角洞是天然岩洞，历来都是道教信徒修身养性的地方，建为雁荡山最大的道观。相传汉朝的紫阳真人周义山和宋项诜曾先后在此洞得道飞升。传说归传说，据《羊角洞碑记》记载，至清代咸丰年间，陈体阳斩草结茅，重辟道场，面壁十年，道业精进，于同治年间建有三清殿、吕祖殿、三官殿、紫庭楼及厨房等30余间。20世纪70年代，这些建筑遭受劫难，80年代末重建该洞，但是规模远不如以前。进入羊角洞首先会看见一副门联："函关西望几千里，越峤南来第一山。"前句描述道家创始人老子路经函谷关的经历，后句赞美雁荡山山系的组成部分方山在这一带的地位。楹联是温州市著名的书法家马公愚所书。洞内最引人注目的是七尊依壁雕琢的神像，这组神像高2米、宽6米、深1米，体积略大于真人，神态逼真。从左到右依次为老子、元始天尊、灵宝天尊、杨老令公、佘太君、杨七郎和开山祖师陈体阳，洞内右侧还有清宣统年间所铸的铁钟。

【神灵洞】神灵洞又名三洞，坐东朝西，位于大狮岩的口部，开辟于1959年。大狮岩若从管理站一带看去，它的上半部很像一只兔子，所以又叫玉兔岩。此洞供奉杨三郎等神像，后还建有温岭和乐清共有的双山观音堂。堂的左侧相邻温岭的将军洞。洞口有开山祖师陈体阳于95岁高龄写下的"两州奇观"四个大字，洞外可见乌龟下海等景观。

【迎阳洞】迎阳洞又名四洞，位于一洞左侧的山岙里，开辟于1959年。洞口朝东，光线充足，洞形呈三角形。

【双龙谷】体验了羊角洞浓厚的道教文化，欣赏了羊角洞独特的自然美景，我们来到离羊角洞约3000米的双龙谷。因谷中藏有白龙潭和乌龙潭而得名"双龙谷"。双龙谷两边悬崖峭拔高耸，壁立千仞，溪涧内怪石嶙峋、瀑潭交替，溯溪而上，蜿蜒曲折，长约5000米。溪谷风景迷人，有捣米臼、猫头鹰、狮子口、水牛角、石头人、乌龟壳、蛤蟆石、蛟龙戏水、鳄鱼潭、白龙潭、乌龙潭等景观。进入双龙谷口，溪涧内流水潺潺，V形峡谷、棱柱、岩槛、壶穴，一览无余。前几年有开发商在谷口开挖了一座游泳池。右边崖壁上有状如冬瓜的一组岩石，当地人称其为冬瓜岩，又称五指山。其实冬瓜岩是几条垂直节理发育、外形像冬瓜的崖壁，最下面是凝灰岩，常作为当地主要开采石料的对象，二十世纪七八十年代的无序开采已使崖壁景观遭到严重的破坏。我们继续前行，可见到新建的游泳池，水源来自白龙潭。绕过只容单脚屈身前进的山崖，可见一个椭圆形的深潭，这就是白龙潭，潭水碧绿清澈，像一个顽皮的小孩在潭中打个滚，翻流几下就纵身下跃而成瀑布。瀑布下面的瓮形潭即乌龙潭。乌龙潭之间，有一陡门，两侧悬崖峭壁，中间狭缝处有一岩石阻挡水路，长年累月，经过溪水冲刷打磨，正面观之，形似无角龙头，古书上说"无角龙"为蛟龙，故称"蛟龙戏水"。在双龙谷附近，还有双莲洞等优美的景观。谷口右壁悬崖底部有镌刻于北宋宣和六年（1124）的摩崖石刻，高95厘米、宽105厘米，楷书，直写："青山绿水年年在，眼前不见旧时人。宣和六年七月十二日记。善恶有报，不是不报，时节未到。"蹬道后侧悬崖峭壁间依稀还有镌刻于宋代的摩崖"佛法僧宝"等字样与落款，由于历史上的采石等，现在也很难上去摹拓。沿着双龙谷栈道往谷内走，登上几级石砌蹬道，右侧崖壁间镌刻于明天启七年（1627）的"普济甘霖"四字，落款为"天启七年六月二日旦里长滕生晓"。在蹬道前面一块巨大崖石折向右侧的台地内侧崖壁上，有清代嘉庆元年（1796）镌刻的摩崖石刻，高84厘米、宽265厘米，行楷书，横写"应捷影响"四字，上款为"大清嘉庆元年秋仲之吉"，下款为"首领乡书陈愈篆、陈愈诗、陈愈□、吴成乾、李之伦、陈愈宝、江尔高、陈愈俊、陈文□、江修德、陈愈衍、江明伦、庠生陈可封、陈承琏、陈文宝、陈承水、吴茂达、陈圣交、李必亮、金守梁仝立"。"应捷影响"四字语出《尚书·虞书·大禹谟》："惠迪吉，从逆凶，惟影响。"意指"顺应天道而行便得吉庆，忤逆天道而行易罹凶灾，两者之间的关系如影随形，如响应声"。这与孔子所言"积善之家必有余庆，积不善之家必有余殃"如出一辙。"应捷影响"四字摩崖题刻就是告诉我们"正中有奇，善中有妖，其机肇于隐微，其应捷于影响"。宋周成之《显应阁记》载："为民祷晴而晴，祷雨而雨，其应捷于影响，非聪明正直，阖辟造化，能如是乎？然则神之应，应之显，盖可类推也。"而《明史·五行·水》载："夫苟知天人之应捷于影响，庶几一言一动皆有所警惕。以此垂戒，意非不善。然天道远，人道迩，逐事而比之，必有验与不验。"似乎"应捷影响"四字摩崖关乎古代吏民尽人事应天道与祷神求雨显应与否如影随形、直接攸关。

离开双龙谷摩崖题刻景观往外走，过溪涧汀步向右，顺着湖雾镇前几年建造的游步道登山，游步道顺着山势蜿蜒曲折，蛇形明灭，直通山凹处，两侧悬崖壁立，险峻陡峭，中间唯有一条羊肠小道，湖雾镇前几年建设了水泥砌筑的蹬道，边上还安装了铁索，便于户外驴友徒步探险。从山凹顺蹬道小心翼翼地扶着铁索下至谷底深处，峡谷内巨石磊磊，深邃险峻，间杂幽深碧潭、古树野花，置身诗景画境，令人心旷神怡。由于双龙谷景区尚未正式开发，不建议一般的旅游者贸然前往。

雁荡山博物馆

导游内容（仅列重要景点）：

序厅主模型—地质遗迹厅—文化展示厅—世界火山厅—生态展示厅—地质公园建设发展厅

各位游客，欢迎来雁荡山博物馆参观，我是雁荡山博物馆的讲解员，我姓胡，大家就叫我小胡好了，很高兴能有机会为大家提供讲解服务。雁荡山博物馆参观时间为一小时，如果各位在参观过程中有什么疑问，可随时沟通交流。接下来请允许我简单介绍一下雁荡山博物馆的基本情况。

雁荡山博物馆始建于2004年，是雁荡山世界地质公园的重要组成部分，博物馆分序厅、地质遗迹厅、文化展示厅、世界火山厅、生态展示厅、地质公园建设发展厅，现在就顺着游线参观，希望大家在雁荡山博物馆度过一段难忘的时光。

我们先来看一个雁荡山地貌景观的宣传片，片长约5分钟。

【序厅主模型】大家在影视厅观看了雁荡山的地质风光宣传片后，对雁荡山已经有了初步的了解，现在我们来到了序厅——展示在我们眼前的是雁荡山世界地质公园主园区的全景模型。

这个模型是根据雁荡山全景航拍资料以1∶20000的比例来设计和制作，面积为84平方米（上北、下南、左西、右东），配合了声、光、电的效果，直观形象地展示了雁荡山的地形地貌和景区分布，让大家对雁荡山的全景留下更深刻的印象。

雁荡山东临乐清湾，拥有浅海滩涂20多万亩，盛产鱼、虾、蟹、贝类，

为我国著名的海水养殖基地之一，是国内外很少见的"海洋牧场"，这给雁荡山提供了"观山景、尝海鲜"的先决条件，不仅满足了旅游者的眼福，也满足了旅游者的口福。这里有两大岛，分别为西门岛（浙南地区最大的红树林种植区域）和白沙岛。甬台温高速公路和104国道线能直达雁荡山，2009年9月高速铁路通车，每天都有十多趟列车经停雁荡山。这一处房子就是我们现在所处的位置——雁荡山博物馆。

雁荡山世界地质公园主园区共分为八大景区：灵峰、灵岩、大龙湫、三折瀑、雁湖、显胜门、羊角洞和仙桥景区。其中，龙湫飞瀑、灵岩飞渡及灵峰夜景并称为"雁荡三绝"。请大家再把视线投往此模型的最高处，这里就是雁荡山的最高峰——百岗尖，位于灵岩景区北端，海拔为1108米。雁湖是雁荡山瀑布最为集中的景区，因"岗顶有湖，芦苇丛生，结草为荡，秋雁宿之"而得名。

我们也可以从模型上看出来，雁荡山的植被覆盖率高达94%，地处华东植物区系和华南植物区系的过渡带。

刚才为您介绍了八大景区中的五大景区，接着来看余下的三大景区。仙桥景区因桥而名，它是因流纹岩层内崩塌，两侧穿通，洞成了桥，是国内少见的流纹岩天生桥。再看前面，两峰对峙如门，为显胜门，此景区也是因门而名，有"天下第一门"之称。东边的是羊角洞景区，是道与巫相融相息，极具民间宗教文化气息的景区。雁荡山如此多的奇峰怪石、飞瀑流泉、古洞石室、胜门险阙的形成，在其背后都蕴含着非常丰富的科学成因，如果您想进一步了解雁荡山的科学故事，请随我一起去参观地质遗迹厅。

【地质遗迹厅】在进入地质遗迹厅之前，我们将经过一道走廊，在这走廊上，我们先简单地了解一下雁荡山不同时期火山喷发形成的岩石类型。现在大家看到的第一块岩石是1.28亿年前雁荡山第一期火山喷发形成的低硅熔结凝灰岩；第二块岩石是1.21亿年前雁荡山第二期火山喷溢形成的流纹岩；再看左边，此处是1.17亿年前第三期火山喷发形成的空落凝灰岩；前方的这处岩石是第四期形成的高硅熔结凝灰岩，同样也形成于1.17亿年前。那么，第四期火山喷发之后是否意味着雁荡山火山生命的结束呢？不是的，真正标志着雁荡火山生命结束的是在1.08亿年前，已经失去爆发能力的岩浆沿着裂隙慢慢侵入地下一定的深度，冷凝成为侵入岩，就是现在所看到的石英正长岩，侵入岩的出现才标志着雁荡山火山活动的真正结束。

雁荡山的火山经历了一亿多年的地壳抬升、雨水侵蚀、风化剥落和重力崩塌等，形成了多样的雁荡山自然景观和独特的地质地貌。在地质学中，我们知道很多地质概念因为其独特的地质地貌而命名，比如丹霞地貌、喀斯特地貌等，鉴于雁荡山地貌的多样性和丰富性，我们也提出了"雁荡山地貌"这一概念，希望得到业界的认可。

雁荡山地貌的多样性体现在方山、叠嶂、石门、锐锋、柱峰、岩洞、天生桥、象形奇石、瀑布、深潭。雁荡山的叠嶂、方山、石门都是由流纹质火山岩构成的，其气势宏伟，是雁荡山地貌中的主体。由于流纹质火山岩的差异，在后期构造作用和风化作用下，雁荡山古洞奇穴遍布，象形石栩栩如生。且游人在此处能够体验移步换景，同一座山峰从不同方位观赏呈现不同的造型。清代钱宾王有诗曰："百二峰形各不同，此峰变幻更无穷。岂将惑乱迷人目，真欲腾挪造化功。"

这面墙上展示的各类岩石标本，均是火山喷发后形成的，采自雁荡山世界地质公园内。中间这座观音峰位于雁荡山方洞景点的上方，海拔 910 米，峰似观音，座如莲花，该地貌是雁荡山第二、第三、第四期火山喷发形成不同岩石的典型垂直剖面，反映了雁荡山的演变历史，是一本天然的雁荡山火山"史书"。"莲座"以下为雁荡山第二期火山喷发形成的巨厚流纹岩，"莲座"为第三期火山爆发形成的凝灰岩、熔结凝灰岩，其中夹有一层厚 2~10 米的流纹岩，"观音座身"为第四期火山爆发形成的熔结凝灰岩。

地质遗迹是指在地球演化的漫长地质历史时期，由各种内外地质作用形成、发展并遗留下来的珍贵的、不可再生的自然地质现象。在地质遗迹调查评估工作逐步进入规范化、科学化的过程中，产生了多种分类方案。按照联合国教科文组织地质遗产工作组地景分类方案，可以将地质遗迹分为 13 大类。而按照原国土资源部地质景观类型可以分为四大类、十九类、五十二亚类。雁荡山世界地质公园的地质景观资源涵盖了原国土资源部地质景观四大类型：火山岩石地层类、地质地貌类、地质灾害类、水域景观类，地质景观景点共计 225 余处，其中火山岩石地层类 34 处、地质地貌类 159 处、水域景观类 30 处。又可以按照世界地质公园地质遗迹的类型细分为十四亚类。

【文化展示厅】欣赏完火山喷发演示后，欢迎大家走进文化展示厅。首先

看到的"海上名山"这四个字是明万历年间浙江巡按御史张文熙游雁荡山后的题词。"海上名山"主要从雁荡山的地理位置和饮食特征来概括。雁荡山是括苍山的支脉，且濒临东海，因此形成了独特的"观山景、尝海鲜"旅游特色。

雁荡山不仅是一座风景名山、科学名山、休闲名山，更是一座文化名山。文化展示厅里，您将看到1600多年前至今雁荡山的文化脉络和其丰厚的历史。由于独特的造型地貌，许多科学家对其产生了浓厚的兴趣，历史上五位地理学家、旅游学家到此做过考察。

1. 谢灵运（385—433）：谢灵运是中国文学史上山水诗派鼻祖，是见诸史册的第一位大旅行家。据明朱谏《雁山志》记载："谢灵运为永嘉守，好游山水。自郡城渡江上筋竹涧，有渡斤竹涧诗。"《从斤竹涧越岭溪行》就是他游今天的筋竹涧时所留下的名诗。尽管谢灵运并未深入领略雁荡山的全貌，但他的诗作和游历经历为后人了解雁荡山的历史和文化增添了一抹独特的色彩。南朝刘宋永初三年（422）至景平元年（423）在永嘉郡守任上的两年是谢灵运一生中山水诗创作的巅峰期，从而让温州成为了中国山水诗的发祥地。唐诗人李白写道："康乐山官去，永嘉游石门。"杜甫诗说："隐吏逢梅福，看山忆谢公。"温州至今纪念谢灵运的地名或遗迹多达八九十处，如市区池上楼、康乐坊、谢池巷、竹马坊、谢公亭、澄鲜阁、谢客岩等，雁荡山灵峰景区有谢公岭、落屐亭等，楠溪江有谢灵运裔孙聚居的鹤阳、蓬溪等古村。

2. 沈括（1031—1095）：北宋著名的科学家，北宋熙宁三年（1070）撰写《梦溪笔谈·雁荡山》一文，称"温州雁荡山，天下奇秀"，"予观雁荡诸峰，皆峭拔险怪，上耸千尺，琼崖巨谷，不类他山……"提出流水侵蚀学说："如大小龙湫、水帘、初月谷之类，皆是水凿之穴。"用正确的语言提出水对岩石冲击、沙土流失是雁荡山峰谷形成的原理。他这一论断比近代有"地质之父"之称的英国人郝登在1788年《地球理论》中提出的流水侵蚀作用的学说要早700多年。

3. 王士性（1547—1598）：浙江临海人，地理学家，1586年游雁荡山。著有《游雁荡记》一篇，《雁山杂咏八首》。

4. 徐霞客（1587—1641）：江苏江阴人，明代著名的旅行家、地理学家、史学家和文学家。徐霞客曾四次来雁荡山考察，并记述游记两篇共7000多字，他将雁荡山称为"鸿雁之山"。"锐峰叠嶂，奇巧百出，真天下奇观"就是他对雁荡山独特地形地貌的描述。

5. 施元孚（1705—1778）：他以雁荡山为实例，讲述游山学的思想与原理，指出游览者文化素养与行为应与山水协调。

6. 魏源（1794—1857）：清代中期启蒙思想家、政治家、文学家，近代中国"睁眼看世界"的先行者之一，是一位有着多方面成就的学者，于道光二十四年（1844）提出"以夷攻夷""以夷款夷""师夷长技以制夷"的观点。其最突出的是地理学和游山学，曾提出"人知游山乐，不知游山学"的思想，著有地理学代表作《海国图志》，他是科学客观地介绍世界各国地理给中国读者的第一人。咸丰三年（1853）完成《元史新编》；晚年潜心佛学，著有《净土四经》。

秀美的雁荡山水吸引历代名人纷纷慕名而来，留下了大量的诗文题刻。雁荡山现存诗文辞赋共7000多篇，摩崖石刻400多处。

1. 谢灵运（385—433）：谢灵运是中国文学史上山水诗派鼻祖，是见诸史册的第一位大旅行家。据明朱谏《雁山志》记载："谢灵运为永嘉守，好游山水。自郡城渡江上筋竹涧，有渡筋竹涧诗。"《从筋竹涧越岭溪行》就是他游今天的筋竹涧时所留下的名诗。尽管谢灵运并未深入领略雁荡山的全貌，但他的诗作和游历经历为后人了解雁荡山的历史和文化增添了一抹独特的色彩。南朝刘宋永初三年（422）至景平元年（423）在永嘉郡守任上的两年是谢灵运一生中山水诗创作的巅峰期，从而让温州成了中国山水诗的发祥地。唐诗人李白写道："康乐山官去，永嘉游石门"；杜甫诗说："隐吏逢梅福，看山忆谢公"，温州至今纪念谢灵运的地名或遗迹多达八九十处，如市区池上楼、康乐坊、谢池巷、竹马坊、谢公亭、澄鲜阁、谢客岩等，雁荡山灵峰景区有谢公岭、落屐亭等，楠溪江有谢灵运裔孙聚居的鹤阳、蓬溪等古村。

2. 杜审言（？—708）：诗人杜甫的祖父。唐载初元年（689）参军时游雁并在大龙湫留有题名"杜审言来此"。现在"杜、此"二字已风化剥蚀脱落。

3. 怀素（737—799）：俗姓钱，字藏真，湖南永州零陵人，唐代书法家，与张旭并称"颠张狂素"，曾在雁荡山灵峰景区雪洞抄写小乘佛教经典《四十二章经》。据雁荡山志记载，盛唐名僧怀素的《与律公书》有言："雁荡自古图牒未尝言，山顶有大池，相传为雁荡，下二潭，为龙湫。"这句话中的大池指的是雁湖，龙湫则为大、小龙湫。

4. 贯休（832—912），唐末五代诗、画僧，俗姓姜，字德隐，婺州（今金华）兰溪人，绘画作品有《十六罗汉图》，著《诺矩罗赞》。此后，雁荡山始有经行峡、宴坐峰等名。

5. "永嘉四灵"：分别为翁卷（字灵舒，乐清人）、徐照（字灵晖，永嘉人）、徐玑（灵渊，福建人迁居永嘉）、赵师秀（字灵秀，永嘉人），由于四人诗风相近，字号中都带有"灵"字，所以称"永嘉四灵"，"永嘉四灵"在南宋诗坛享有盛名。

6. 黄宾虹（1865—1955）：现代中国画大师，一生曾两次来雁荡写生，以雁荡山水为题材创作了大量国画作品和诗文。

7. 郭沫若（1892—1978）：中国现代杰出的作家、诗人、历史学家、考古学家、社会活动家，于1964年5月游雁荡，题有《游雁荡》诗，并曾于灵峰招待所与全体员工合影。

8. 郁达夫（1896—1945）：浙江富阳人，现代小说家、散文家。1934年10月27日从天台入雁荡，投宿灵岩寺，为期3天，游览了二灵一龙，写有8000余字的游记《雁荡山的秋月》。

9. 潘天寿（1897—1971）：浙江宁海县人，曾数次来雁写生作画，他在《听天阁画谈随笔》中说："山水画家，不观黄岳、雁荡之奇变，不足以勾引画家心灵之奇变。"他在晚年创作了多幅将山水和花鸟融为一体的作品。如《灵岩涧一角》《小龙湫下一截》。

10. 张大千（1899—1983）：现代画家，有"南张北齐"之称，他的两幅以雁荡为题材的山水画是《西石梁瀑布图》和《大龙湫图》。

11. 邓拓（1912—1966）：1912年出生于福建福州乌石山麓。1929年夏邓拓从福建省立第一高中毕业。1937年出版史学专著《中国救荒史》。1945年5月主持编辑出版了中国革命历史上第一部《毛泽东选集》。1948年12月13日被任命为北京市委政策研究室主任，协助市委宣传部部长赵毅敏工作。1949年2月2日协助彭真等人一起审定《人民日报·北平版》创刊号。1957年6月任人民日报社社长。1961年3月19日开始以"马南邨"为笔名撰写《燕山夜话》专栏杂文。1960年来雁荡山，并作诗四首，其中有三首被镌刻在灵峰景区观音洞、古竹洞与三折瀑景区崖壁上。

12. 周昌谷（1929—1986）：中国美院教授，新浙派人物画开创者之一，浙江乐清雁荡人，他不仅画雁荡，还写了《我爱家乡的美》专文来歌颂雁荡山。病危之际还为大荆镇石门潭题写"云生大泽"四字。擅意笔人物，多以少数民族生活入题，笔法娴熟，善于用色用水，注重本性流露，人物形象生动，意境高远；间写花卉，明艳多姿；草书、篆刻也有精深造诣。周昌谷于1948年考入杭州国立艺术专科学校学习素描、油画、国画，毕业后留校任教，专攻国画。对传统笔墨技法深有研究，尝潜心学习八大山人、石涛、徐青藤、方方壶、吴昌硕、黄宾虹等人作品，并赴敦煌临摹壁画，又对西方印象派、野兽派色彩有所汲取。善于兼容并蓄、融会贯通，将传统花鸟画用笔移植于人物画中，用色和运墨也极见匠心。

一方乐土培育一方人士，雁荡山人才蔚兴，可谓人杰地灵。在这里大家看到的雁山七贤即为其代表，分别为：胡彦卿、王十朋、李孝光、朱希晦、章纶、谢省、谢铎。

改革开放以来，奇秀的雁荡山水成为政治界、经济界、艺术界、新闻界考察的热点，这些照片都是党和国家领导人来雁荡视察后所拍摄的。

雁荡山奇特的造型，清幽的意趣，构成了一幅无际的山水画卷，被誉为绘画艺术的创作摇篮。大家可以欣赏到各位大师在雁荡山留下的一些珍贵墨宝。

首先我们来看一幅书法立轴，原西泠印社副社长郭仲选书抄明代陈瑶的诗"野客行歌万树林，白云苍壁水声深。半空钟磬风吹断，烟云楼台何处寻。"

这边墙上挂着的分别是刘旦宅的《雁荡谢屐》、林曦明的《柳塘清夏》、赖少其的《大龙湫图》、朱关田的《北上太行东禹穴；雁荡山中最奇绝》对联、周昌谷的《菊花图》、周沧米的《灵峰夜色图》、邓拓的《观音洞诗》书法、杜高杰的《雁荡山花》、施公敏的《梅花图》、郭沫若的《中折瀑诗》书法立轴、卓鹤君的《雁荡屏霞嶂》图、潘天寿的字画"四壁岩花开太古、一行雁字写初秋"以及王天明教授书写的诗作"龙湫天上来，飞瀑入东海。流纹岩上坐，山花寂然开。"

【世界火山厅】全球1300多座火山在过去一万年内均有过喷发，火山喷发是一种自然现象，它给人类带来了灾难，同时也给人类带来了美丽的奇观，我们一起来了解一下火山，感受各地不同的火山之美、火山之奇。

首先看到的是埃特纳火山，它位于意大利南部的西西里岛，是意大利著名的活火山，也是欧洲最大的火山，海拔3315米，其下部是一个巨大的盾形火

山，上部为300米高的火山渣锥，到目前为止已喷发过200多次，近年来一直处于活动状态，2000年下半年爆发了3次，距火山几千米就能看到火山上不断喷发的气体呈黄色和白色的烟雾状。

维苏威火山是意大利乃至全世界最著名的火山之一，位于那不勒斯市东南，海拔1277米，它曾多次喷发，最为著名的一次是公元79年的大规模喷发，灼热的火山碎屑流毁灭了当时极为繁华的拥有2万人口的庞贝古城和赫兰尼两座城市。直到18世纪中叶，考古学家才把庞贝古城从数米厚的火山灰中挖掘出来。从高空俯视维苏威火山的全貌，它有一个漂亮的近圆形的火山口，火山口周边长1400米、深216米，低基直径3000米，正是公元79年那次大喷发所形成的。

黄石公园是美国建立最早，也是目前最大的国家公园，占地面积8956平方千米，里面有一个火山喷发后形成的美国最大的高山湖——黄石湖，湖岸长达180千米，两侧从橙黄到橘黄色的岸层色彩，光耀夺目，黄石公园也由此得名。

北爱尔兰的巨人之路由火山熔岩的多次溢出结晶而成，这种石柱多六边形，也有四边形、五边形和八边形，石柱高者达12米，矮者也有6米多，高低参差，错落有致，延伸向大海。这种地形在全球许多地方都有呈现，如苏格兰、冰岛南部、中国江苏南京六合区的柱子山，但都抵不过这里的画面完整美妙。

美丽的富士山是日本的象征，海拔3776米，为日本最高峰，是一座休眠火山，最后一次爆发是1707年。它以火山口为中心，左右对称地堆积起高高的山峰，上部常年积雪，巍然耸立，是千百年来日本人顶礼膜拜的神山。

美国的圣海伦斯火山在沉睡了100多年后于1980年发生大爆发，当时火山灰升到4000米的高空，大气层中的物质有4亿多吨。

夏威夷火山位于美国夏威夷州的夏威夷岛上，面积929平方千米，主要包括莫纳罗亚和基拉韦厄两座现代活火山。其中，莫纳罗亚是夏威夷第一大火山，海拔4170米，火山喷发时大量熔岩不断地倾泻而出，使山体日益增大，被称为"伟大的建筑师"。基拉韦厄火山的活动极为频繁，曾有过30年喷发50次的记录，山名的意思是"吐出许多"。

接下来向您介绍的是位于我国境内的一些火山主题世界地质公园与国家地质公园。

雷琼世界地质公园，园内火山密集成群，其类型几乎涵盖了玄武岩浆喷发与蒸汽岩浆爆发的所有类型，可以说它是一部第四玄武岩火山学的天然巨著。

这幅火山岩化学成分分类图是各类火山岩在显微镜下的结构。

吉林长白山火山群是一座具有潜在喷发可能的活火山。

黑龙江五大连池世界地质公园，公园内奇特珍贵的景观为喷气锥和大片绳状熔岩。

安徽枞阳浮山国家地质公园与雁荡山世界地质公园都属于中生代白垩纪的破火山，不同的是这是一座粗面质火山岩构成的破火山。

南京六合国家地质公园的地质地貌与巨人之路一样，但不如那里的画面完整、美妙。

中间的地球仪展示了火山主题世界地质公园及编号，总共有39处，雁荡山是第一个，也是迄今为止唯一以中生代白垩纪火山／火山岩地质地貌公园为主题的世界地质公园。它的编号为"1"。

雁荡山破火山经历了4期喷发、2次塌陷、1次侵入以及现代地貌成型等8个演化历史阶段，雁荡山的破火山，就"破"在这2次塌陷上。由于火山喷发、塌陷在表现形式上大同小异，再加上我们展厅展陈空间有限，这里仅展示了雁荡山火山第二期喷溢以来的演化历史，第一期火山爆发和第一次火山塌陷过程这里就没有具体展示，但是第一期火山爆发形成的岩层经历了第一次火山塌陷作用形成的产物以及其间局部小规模蒸汽岩浆爆发的产物在我们第一个模型中都有清晰的记录。

这里的五个模型分别记录了雁荡山第二、第三、第四期火山爆发的过程、破火山塌陷及火山地貌形成的过程，大家可以移步前往观看。第一个模型展示了雁荡山第二期火山喷溢过程，距今约1.21亿年前，破火山复活穹起，熔岩溢流，形成巨厚流纹岩层。第二个模型展示了雁荡山第三期火山爆发过程，距今约1.17亿年前，火山局部爆发形成空落凝灰岩夹火山碎屑流，分布局限于破火山南部。空中表现为以火山灰为主的火山碎屑。第三个模型展示了雁荡山第四期火山爆发过程，距今约1.17亿年前，火山强烈爆发，形成晚期火山碎屑流，这次火山爆发后，岩浆房空虚，导致岩浆房对上部岩层的支撑力不够，为火山再次塌陷提供了前提条件。第四个模型记录了雁荡山破火山再次塌陷，距今约1.08亿年前，岩浆侵入地壳，但未喷出地表，形成石英正长岩侵入体。

第五个模型雁荡山破火山距今约 1.04 亿—0.98 亿年前，其间经历了构造抬升、流水侵蚀、风化作用等内外力作用，火山活动停止后，地貌塑造作用，展示了雁荡山如今的流纹质火山岩地貌景观。

【生态展示厅】在生态展示厅我们可以看到雁荡山从中生代早白垩纪到近现代的一些珍稀动植物标本。

大家都知道，我们的地球形成于 46 亿年前，5 亿年前称为前古生代时期，2.5 亿年至 6500 万年前为中生代时期，6500 万年前至今称为新生代时期。相信看过电影《侏罗纪公园》的朋友都知道，在中生代侏罗纪时期是恐龙称霸的年代，那么，在中生代早白垩纪时期雁荡山有没有出现一种最具代表性的生物呢？有，那就是长尾雁荡鸟。此鸟的化石是浙江省动物研究员蔡正全先生在临海市上盘镇白垩纪地层中发现并命名的。

为什么要命名为长尾雁荡鸟呢？原因有二：其一，"长尾"是根据其体态特征来命名的，此鸟有一条由 20 枚尾椎骨组成的长达 305 毫米的尾巴，所以称为长尾；其二，"雁荡"是因为蔡正全先生认为在临海周边地区以雁荡山的名气最大，而典型的雁荡山流纹岩火山地貌也同样形成于白垩纪时期，所以就将其命名为长尾雁荡鸟。

雁荡山地处亚热带，是华东和华南植物区系的过渡地带，树木参天，林相美观，雁荡山世界地质植被以中亚热带常绿阔叶林为主。20 世纪 80 年代前营造针叶林，80 年代后采取封山育林措施，常绿阔叶林和灌丛得到保育。公园内种子植物有 160 科，1200 多种，珍稀植物有雁荡润楠、连香树、松叶蕨、半疯荷、野大豆、菜头肾等，均列入国家级和省级保护植物名单。其中，雁荡马尾杉、雁荡毛蕨、雁荡鳞毛蕨、雁荡润楠、秀丽海棠的标本模式均采自雁荡山。公园内珍稀植物系成分有比较高的科学价值与保护价值。

雁荡山位于浙江省东南沿海，气候温和，夏无酷暑、冬无严寒，加之境内仍有不少的原生性常绿阔叶林，为野生动物的繁衍生息提供了极为有利的生存环境。雁荡山具有很高的物种多样性，包括从山岳到浅海生态类型。除大量海洋生物外，其他动物种类也相当丰富，两栖类有 7 科 27 种，爬行动物有 9 科 14 种，鸟类有 18 目 49 科 182 种，兽类有 7 目 19 科 57 种。我们在这个展示厅可以看到的动物标本中，豹、虎、白鹳、朱鹮、金雕、白颈长尾雉为国家一级濒危保护动物；猕猴、豺、黑熊、黄喉貂、小灵猫、虎纹蛙、白鹇、白琵鹭、白额雁、小天鹅、鸳鸯、红隼、黄腹角雉、白鹇、勺鸡、小青脚鹬、大杜鹃、褐林鸮、红脚鸮、长耳鸮、短耳鸮都为国家二级保护动物。

【地质公园建设发展厅】展厅分为地质公园发展史、中国地质公园的起源发展、不断发展的雁荡山,以及岩石、矿物小课堂。

我们可以看到该厅内的展板上记载着关于地质公园的发展,解答了"什么是地质公园""地质公园的功能"等有关地质公园的基础知识。

这个分布图是全球世界地质公园分布情况,我们可以直观地了解到世界地质公园的起源与发展。

地质公园是以地球在长期演变过程中留下的具有特殊地质科学意义、稀有的自然属性、较高的美学观赏价值,具有一定规模和分布范围的地质遗迹景观为主题,并融合其他自然景观与人文景观而构成的一种独特的自然区域。

1996年,第三十届国际地质大会召开后,欧洲地质公园率先建立,并形成地学旅游网络。2004年2月,联合国教科文组织在巴黎召开的会议上首次将25个成员纳入世界地质公园网络,这标志着全球性的"联合国教科文组织世界地质公园网络"正式建立。雁荡山于2005年成为第二批世界地质公园。

1984年,自然资源部在我国天津蓟县建立了第一个国家地质自然保护区——"中上元古界地层剖面"。2000年8月成立了国家地质遗迹(地质公园)评审委员会,并制定了申报、评选办法。随后,地质公园日益发展壮大,截至2020年3月我国正式命名的国家地质公园已有220处。根据地质遗迹景观资源的科学价值和管理等级,地质公园可分为:世界地质公园、国家地质公园、省级地质公园。

中国国家地质公园是以具有国家级特殊地质科学意义、较高的美学观赏价值的地质遗迹为主体,并融合其他自然景观与人文景观而构成的一种独特的自然区域。这边也展示了新疆天山天池国家地质公园、石林国家地质公园、辽宁大连滨海国家地质公园等极具代表性地形地貌的地质公园风景图,并汇总了41家世界地质公园在中国的分布情况。

【国家地质公园徽标】徽标为正圆形,外圈上缘与下缘为中英文中国国家地质公园。内层圈上部用中国古汉字"山",代表奇峰异洞、山石地貌景观;中部是古汉字"水"既代表江湖海泉瀑等水体景观,又代表着上下叠置的地层及地质构造产生的褶曲和断层;下部是以产于四川侏罗纪地层中的马门溪龙为

模特的恐龙造型，代表着古生物。

联合国教科文组织世界地质公园徽标由三部分组成：左侧是联合国教科文组织的徽标，由神庙标志、组织全称和垂直虚线三个不可分割的要素组成，其中神庙标志象征着供奉雅典城邦守护神雅典娜的帕特农神庙，组织的英文缩写"UNESCO"作为神庙的柱子融入了徽标设计中，清晰地表达了联合国教科文组织通过鼓励在教育、科学和文化方面的国际合作来保卫世界和平与安全的使命理念。右上方是联合国教科文组织世界地质公园项目的标志，它既象征着地球，五条曲线分别代表了地球上的五个圈层，即地幔与地核、岩圈、水圈、生物圈和大气圈，又象征着地球是一个由已形成我们环境的各种事件和作用构成的不断变化着的系统。

【不断发展的雁荡山】追溯雁荡山的发展起源，便要从南北朝时期（420—589）说起，如谢灵运、沈括、徐霞客等名人均曾游历雁荡山，唐朝高僧诺矩罗与弟子300人进山，共建18座古刹，后来者又编有《雁荡山》《雁山集》《广雁荡山志》等文学作品，雁荡山一时名扬天下，引来众多的文人墨客竞相拜访。

为了能让各位游客更直观地了解岩石和矿物知识，我们特地开设了这个小课堂，里面摆放了一些岩石和矿物标本。大家可以亲手去触摸、去感受不同岩石和矿物的不同特性。

岩石是一种或几种矿物的集合体。其中，由一种矿物组成的岩石称作单矿岩（如大理石由方解石组成，石英岩由石英组成等）。由数种矿物组成的岩石称作复矿岩（如花岗岩由石英、长石和云母等矿物组成）。矿物是元素的集合体，形成于岩浆岩，由岩浆或熔岩冷却直接结晶而成。岩石和矿物就好像飞机模型和制造这些模型的材料之间的区别。如飞机模型的构成要素是轮胎、机翼、发动机和其他组成部分，而岩石的构成要素是矿物。

现在请大家来看几种典型的矿物与岩石：

石墨：具有耐高温、高强度、润滑剂的性质，可以在200~2000℃温度中使用。像火箭的喷嘴、导弹的鼻锥等都使用石墨。

黄铁矿：因其浅黄铜的颜色和明亮的金属光泽，常被误认为是黄金，故又称为"愚人金"。黄铁矿是制造硫酸的主要矿物原料。

水晶：透明的石英晶体，是石英的变种，如钢锉一般坚硬。断口呈贝壳状，具有玻璃光泽。

石膏：一般为白色，有玻璃光泽，石膏在建筑中应用十分广泛，如粉刷石膏、建筑石膏制品（空心石膏板、罗马柱等）以及医疗用品等。

砂岩：具有六大特性，即安全无辐射、吸音又隔音、保温又隔热、防潮又调湿、体温最接近、色彩最和谐。

橄榄岩：是一种深色粗粒且比较重的岩石，新鲜的橄榄岩呈橄榄绿色，它在潮湿、温暖的环境中会被风化而变成土壤。

浮石：是一种多孔的火山碎屑岩，气孔的体积几乎占总体积的 70% 以上，能浮于水，还可以用来吸收建筑物内的废气及混凝土里的残余放射能。

流纹岩：是一种酸性喷出岩，流纹岩岩体多节理和裂隙，经过重力崩塌等作用，从不同的角度观看会呈现不同的形态特征。

2005 年雁荡山被命名为世界地质公园，雁荡山世界地质公园在有效的管理中，开辟了多条科普、科研、旅游线路，在这些线路上，设立了 1000 余块类型丰富的标牌。近年来，雁荡山世界地质公园开通了智能语音导览系统，游客可以通过扫描二维码进行自助语音导览。此外，愈加丰富的解说方式、不断深入的科学研究、形式多样的科普教育推动着雁荡山世界地质公园以崭新的面貌出现在大众的视野中。

各位游客朋友，雁荡山博物馆就为大家介绍到这里，非常感谢大家的理解、支持与配合。再见！

铁定溜溜

导游内容（仅列重要景点）：
景区概况—农耕乐园—石斛文化园—溜溜乐园

【景区概况】各位游客，今天下午我们参观铁定溜溜国家4A级旅游景区，该景区原名聚优品石斛园，地处雁荡山国家5A级旅游景区外围的大荆镇，面积达2.13平方千米，是一个以铁皮石斛为核心，集主题游乐、田园休闲、旅居度假、科普教育于一体的乡村旅游度假区。铁定溜溜在中央乡村振兴战略指引下，依托雁荡山的绝美风景与深厚文化，首创"铁皮石斛+文创旅游"模式，项目包含溜溜乐园、石斛文化园、农耕乐园三大主题园区及一条目前全亚洲较长的虎溜溜（1620米）、一条完整的双螺旋高空漂流水溜溜（1314米）、一条超长山地赛道路极（2000米）、一座较高的溜溜塔（61.8米），并配套慢·方舍主题民宿及特色主题商业等综合性体验式业态，建有桃花谷、樱花林、葡萄园及茶园等环村十景，全面满足游客美景养眼、美食养胃、乐活养心的休闲旅居度假需求。

【农耕乐园】首先来到第一个主题园区——农耕乐园。下山头村在六年前还是个穷山区，村庄破败，山地荒芜。多数人外出经商或打工，在经商的大军中，有这样一位佼佼者，就是我们的老村长方玉友，他现在是珀莱雅化妆品股份有限公司的CEO，也是我们家乡建设的带头人，更是我们铁定溜溜旅游开发项目的创始人。方玉友从小有一个梦想，就是把家乡建设好。他曾经说："建设好家乡是我的梦想，是梦想，就要实现它。"现在园林般的村庄也是得益于方玉友回报家乡的情怀。

除了铁定溜溜旅游开发项目,方玉友在村庄的基础设施方面也投入了大量的资金和精力。聘请浙江大学工程学院进行整体的村庄规划,用时一年有余。后聘请北京林业大学园林学院进行景观规划等。我们眼前的这条河道,是贯穿下山头村村庄的河流之一,全长1512米,河流蜿蜒,绕行于山间,顺流而下,一直流至大荆溪。

农耕乐园主要以展示农耕文化、体验农耕乐趣、品尝农耕美食为主。在我们最左侧的是公共洗手间,前面就是售票大厅、游客服务中心。游客服务中心的外形及屋顶制作是一个"山"字,因下山头村三面环山,具有山体特色。

穿过检票闸机,我们就可以置身于一片农耕田园了。左边是天鹅湖,我们可以看到很多黑天鹅栖息于此。接着来到三合院,三合院由耕乐馆、农村生活家等各类场所组成。

耕乐馆:带您走近田野,去春耕夏耘秋收冬藏,展示了我们祖先的农耕智慧,在这里您可以看到很多不同的旧时的农用器具,感受一下农用器具与现代机器的差别。同时还可以看到一些人们进行农耕操作的图片。还有二十四节气的科普,初春吃笋、清明吃茶,我们的生活与被誉为"中国第五大发明"的二十四节气息息相关。

农村生活家:这里以农村生活家居环境为主题,将农家传统家居依场域不同进行陈设,如客厅、卧房、厨房等;以及传统的农家嫁娶用品展示,展示我们江南一带祖辈人的生活。

BON米香:崩爆米花是我们童年美好的记忆,也是我们记忆中最美好的滋味。随着BON的一声响,热腾腾、香喷喷的爆米花就出炉了,口感十分酥脆。

水果BAR:这里的水果现摘现吃鲜榨,满足了现代人对蔬果新鲜的饮食要求。在这里,您可以去山上采摘新鲜的水果到这里来榨一杯新鲜的果汁。除果汁之外,还可以将水果切块,做成造型独特的水果杯,还可以搭配鲜奶等做一些创意饮品。

村民食堂:村民食堂是品农家菜的地方,里面的瓜果蔬菜很多是我们园区自己种的。瓮缸鸡为特色菜,由台湾技术引进,现点现做现烤。这里可以让游客一边观赏山水湖景、田园景致,一边品尝农家美味,是一处眼福和口福同享的地方。

耕食好物:民以食为天,在这里,您可以体验食材变为食物的过程,可以

亲手制作及品尝各类由大米或豆类制作而成的美食，如豆花冻、石莲豆腐等。

耕乐小学堂：此处为多功能的使用空间，可作为活动举办场所，还会不定期的邀请传统工艺达人进行表演及体验课程。在这里可以体验陶艺、扎染、木偶拼搭、背包印染等技艺，定制您的专属。

萌宠区：萌宠驾到，快乐到家，这里有小朋友最喜欢的萌宠区，沿路我们可以看到羊驼、兔子、孔雀、鹦鹉、细尾獴、梅花鹿等。

半刻亭：半刻亭为萌宠投喂食品售卖点。

猫咖馆：猫咖馆是一处品尝咖啡、甜品及撸猫的地方，可以和各种猫咪近距离接触，投食、耍玩、抚摸，以此来缓解平时工作中的紧张情绪，排解孤独。

穿过猫咖馆，我们沿着蜿蜒的木板桥去领略一下"草长平湖白鹭飞"的美景。每当夏日荷花盛开，绿叶间的粉色荷花极为娇艳，杨万里有一首诗描写西湖的荷花："接天莲叶无穷碧，映日荷花别样红。"这里虽无西湖的静美，却独有田园风光。

这样的一处农耕美景，你们很难想象，最初这片水塘是一处臭水沟，杂草丛生，垃圾满地。现在这里的夏天，荷叶田田，是一派绿意盎然的"荷"之世界。观之，心清如水，赏之，心静怡然。一颗颗露珠如一颗颗珍珠，晶莹剔透，于圆荷之上旋转舞动。每日清晨或傍晚，会有白鹭在湖面飞翔，呈现一片静美的田园风光。

溜溜塔：我们回到最初来的地方，对面就是我们溜溜园区最高的一个地标建筑溜溜塔，总投资1亿元，塔高61.88米。溜溜塔共分为8层，第一层是5D飞行剧院，第二层是旋转木马，第三层是飞天绳索及自由落体，第四层是动漫嘉年华，第五层是灯光秀，第六层是亲子餐厅，第七层是牛排馆，第八层是球幕影院。在塔的一侧有两条溜溜梯，长度分别为160米和135米，螺旋而下，非常刺激有趣。

在溜溜塔的东侧是太空梭，也称跳楼机，一秒直上云霄，让人猝不及防，在速降中感受失重的惊险刺激。

何以解忧，唯有美酒，溜溜塔旁边是忘忧小酒馆，喝石斛啤酒、吃烤肉、K歌，是让您忘却城市的纷扰、享受生活的好去处。

石斛酒博物馆：这边您可以看到很多酒缸堆放在这里，这是我们的酒博物馆，里面主要展示与酒相关的典故以及古法酿酒的过程。现又增加AR/VR体验项目，让您与石斛精灵、博士和村长一起完成保卫石斛花的神秘任务。

很多人都好奇为什么乐园取名为铁定溜溜，其实，铁定溜溜这四个字有着特定的含义。这几个字饱含着方玉友先生的富民强村梦，也承载着他十几年来初心不改、带动家乡下山头村发展致富、建设美丽乡村的心路历程。铁定溜溜中的"溜溜"包含两层含义，一是指石斛外形弯溜溜、口感滑溜溜；二是指我们的溜溜塔、溜溜梯。"铁"字也包含两层含义：一是2016年以前大荆以传统铸造业为主，铸造业以铁材质为主，厂棚林立，环境污染严重，现在主要种植铁皮石斛。从最初的污染环境的"铁"转换成绿色的"铁"。这个"铁"字代表我们大荆主导产业的历史转折，也代表着绿水青山就是金山银山的一个发展历程；二是表明方玉友先生铁了心要做这个项目的决心。"定"是什么意思呢？当时方先生邀请台湾知名设计团队——薰衣草旅游策划团队，来下山头村做考察，发现下山头村是一个"三无"村，无产业、无资源、无出路，并称这里是做不出什么项目的，这更让方先生下定决心做，以铁定的心做铁定的事，初心不改，矢志不渝。

【石斛文化园】右边是石斛墙，铁皮石斛属于气生根植物，养分主要来自空气。石斛园区最初是方先生带领村民种植铁皮石斛的地方。2014年，方先生开始打造村里自己的产业——铁皮石斛精品园区。种植时石斛的价格是2000元一斤，三年后石斛价格降到200元一斤。但这一打击并未改变方先生建设家乡的初心。于是，2016年，方玉友先生三赴台湾邀请台湾薰衣草旅游策划团队对村庄进行规划。

石斛文化园栽培区有6种栽培模式，分别是墙体石缝附生栽培、果木附生栽培、杉木立体石斛栽培、塔形栽培、智能化温室栽培及原生态近野生栽培。

民间称石斛为"救命仙草"，最早出现于《神农本草经》，在唐朝道教名著《道藏》中被列为"中华九大仙草"之首，早在千年以前，北宋药学著作《图经衍义本草》就绘有雁荡山铁皮石斛的标本图。明代《本草纲目》记载："石斛，温台州有之。"列为明清皇宫贡品。清代《本草从新》记载："铁皮石斛，温州最上。"乐清是道地雁荡山铁皮石斛的主产区，获"中国铁皮石斛之乡""铁皮枫斗加工之乡""国家铁皮石斛生物产业基地"等国字号金名片。乐清人民从事铁皮石斛采集、加工、销售历史悠久，形成了独特的铁皮石斛采

集、加工技术、工艺和文化，"雁荡山—灵岩飞渡"即是以表演的形式来表现古代药农采摘铁皮石斛的场景，浓缩着石斛采集文化。乐清雁荡山人浓缩着石斛加工工匠精神，乐清人内心浓缩着铁皮石斛情怀。2008年诺贝尔文学奖获得者莫言在游雁荡观看灵岩飞渡表演时为此留诗："雁荡药工巧如神，飞檐走壁踏青云，采得长生不老草，献给天下多情人。"

石斛森林：杉木立体石斛森林，长180米、宽20米，共1800棵杉木，我们把石斛每隔20厘米绑在高达6米的杉木桩上。铁皮石斛长在高高的杉木上，更像凌空的仙草，这种种植方式获得了国家实用性专利证书。选择这样的种植方式比活体树种植能更好地提高空间利用率，每一棵杉树大概出产5~8斤石斛鲜条，在不降低铁皮石斛营养品质的情况下可以提高产量，既有经济价值又有观赏价值。大家看到蓝色、黄色的是物理防治粘虫板，为了保护石斛绿植免受虫害，石斛种植园还配备了一些捕虫器，都是绿色防控的好工具。我们通过物理的方法防治病虫害，因此铁皮石斛生长是全程零农药、零化肥。都说铁皮石斛浑身是宝，大家看看石斛上面还有什么？对，叶子，还有花，石斛花是铁皮石斛中上好的东西，每年五六月是铁皮石斛开花的季节，每100克铁皮石斛产1克的铁皮石斛鲜花，可以说是百里挑一，13斤铁皮石斛鲜花仅能产出1斤石斛干花，石斛花一年只能采一次，如果太早采，营养成分还没到达花朵部分，如果采摘太晚，花朵就会腐烂，因此采摘要求特别高。石斛花具有珍贵的观赏价值和药用价值，在《本草纲目拾遗》中就有记载：清胃除虚热，生津，以之代茶，开胃健脾，解郁。石斛花具有丰富的挥发油，可以使人心情开朗，舒缓安定紧张烦躁的情绪，保持头脑清醒，像工作压力大的上班族都可以经常泡水喝。

虽然一年四季都能采摘铁皮石斛，但是必须在一个合适的时间段里采摘其价值才会最高。铁皮石斛春季发芽，夏季生长，10月即不再生长，冬季是养分积累的时期。研究者对不同产地、不同年份、不同采收季节的铁皮石斛样品进行测定，确定铁皮石斛的较佳采收期为每年11月至第二年3月。这是因为这个时期的铁皮石斛内光合作用的效果不是很强，其氨基酸、维生素和多糖都处于一年中含量最高的阶段，这些药用成分堆积在茎条内，这个时候采摘的铁皮石斛茎秆是最合适药用的，它们所具有的药效会比其他时间段里采摘的效果好。从石斛的幼苗到采收，最初是需要三年的时间才能保证道地铁皮石斛的品质。

枣树种植：大家都知道民间有"日食三颗枣，百岁不显老"之说。这些枣树是 2015 年公司从山东沾化采购的一些老枣树，在这里我们把石斛种在枣树上。枣树的纵裂纹容易保存水分，可以提供给枣树充足的水分，同时铁皮石斛叶可以充分吸收枣树的营养价值，所以种植在枣树上的铁皮石斛榨汁后颜色有点偏红，味道也有点甜。铁皮石斛属凉性，枣树是温性，枣树上种植出来的石斛对肠胃虚弱人群有更好的功效。

塔形栽培：这是铁皮石斛塔形种植模式，这种种植模式可以使石斛得到更加充足的光照，对石斛的生长、开花更为有利，这也是塔形种植的石斛比立体种植的石斛更加饱满的原因所在，在一定程度上增加了石斛的观赏性。

梨树石斛种植区：这些是蒲瓜梨树。蒲瓜梨是我们大荆本地特产，果实倒卵形，形状如蒲瓜，果大汁甜，富含维生素，中医论认为其有性凉、润肺、降火、治秋燥的功效，享有"梨中之王"的美誉。梨树树干水分很足，更利于石斛生长，石斛口感更好，另外病虫害少，存活率也高。

石斛文化馆：石斛文化馆共两层，建筑面积 5000 多平方米。二楼分为展厅、烘焙教室、皮肤检测和健康检测区、产品售卖区及科研成果展示区五部分；一楼分为产品售卖中心、儿童游乐区、水吧及烘焙区。馆内有两条溜溜梯从三楼盘旋而下，大家可以体验一次惊险之旅。在石斛文化馆内，我们把石斛的应用和文创发挥到极致，可吃、可喝、可玩、可用、可养生、可美容养颜、可趣味养心。在这里可以享受午茶的小资时光，也可以尽享亲子之乐。现在场馆的周边广场上增设了卡丁车和碰碰车，让小朋友们一展车技。

【溜溜乐园】这是一个充满童趣与梦幻的地方，取石斛外形弯溜溜、口感滑溜溜之意而命名，颠覆国内无动力乐园的固有概念，将园区内所有的房屋、风景都变成了可以畅快游玩的玩具，营造了一个充满奇趣想象力的欢乐空间。

其中包括铁花生活馆（一楼咖啡厅、二楼产品售卖区、三楼汉堡店）、铁卫冰（冰激凌店）、铁石心肠（烤肠店）、村长开溜（休息打卡点）、铁定鲜（中餐厅，乐清湾小海鲜）、铁定有礼汉服馆（汉服租赁和售卖）、铁定飞天（汉服配饰售卖点）、铁了心爱泥（甜品及溜溜茶）、铁定有意思（意式西餐厅）九大特色单体建筑，另外在花海中设有 Y 溜溜、绳网溜溜、博士溜溜可供游客畅玩。

水溜溜：水溜溜是国内较完整的双螺旋高空漂流，全长 1314 米，垂直落差 200 米，也是一条经中国特种设备检测研究院认证的玻璃水滑道示范工程。从山顶乘皮划艇出发，360°螺旋转弯疾风而下，水花四溅，S 形、C 形弯道带您体验过山车般转弯、俯冲，感受速度与激情的双重碰撞。

山地滑车：山地滑车拥有全长 2000 米的山地赛道，垂直落差 200 米，连续弯道 22 个，车辆选用新西兰原装进口设备，车身最高时速可达 35 千米/小时。沿山顶自上而下，以无动力自由滑行的方式体验风驰电掣的速度感与刺激。

世界风溜溜：穿过彩虹门，进入世界风溜溜，这里有加拿大风格的浪溜溜、荷兰风格的风车溜溜以及德国风格的爱丽丝梦幻小屋。在这里您可以乘坐高空飞翔设备体验飞一般的感觉，也可以乘坐氢气球优雅地感受一下来自 60 多米高空的新鲜空气。

接着来到王牌项目——虎溜溜，它因依虎头山山体走势而建，故得名"虎溜溜"，位于虎头山山顶东南侧，全长 1620 米。全套滑轨设备采用德国原产原装，德国工程师建造，按照中国和德国双重国家标准进行设计，轨道滑行舒适度和安全性极高。轨道设置了直段、弯道、盘旋等，增强了滑行的娱乐性和趣味性。无动力轨道车凭借惯性从山顶顺轨道盘旋而下，全速下滑时长 2 分半钟，当然您也可以根据自己的需求选择手控刹车来控制速度。在滑行的过程中，除了一路尖叫的畅快，还可全揽山下的奇妙溜溜世界。山上虎溜溜的等待站台我们设计成了花见月食，让您在等候的间隙，也可在山顶悠闲地喝上一杯清咖，一边静候，一边享受美好的时光。您可以携带家人、朋友来享受虎溜溜一路盘旋而下的快感，也可以在山顶叫上一杯咖啡，边喝边聊。

在虎头山山顶还有网红悬崖秋千以及高空滑索，其中高空滑索全长 800 多米，落差高达 150 米，最快时速有 90 千米/小时，惊险刺激程度不同一般，让您在山谷间尽情地呐喊与尖叫，忘却一切烦恼。

各位游客，铁定溜溜乡村旅游度假区二期项目正在规划建设温泉酒店、露营基地、跑马场、民宿群等，待大家下次再游时可以深度体验。

欢送词

各位游客大家好！欢聚的时间总是非常短暂的，我们在这短短的几天时间里，游览了雁荡山的山山水水，品尝了雁荡山的海鲜山珍、风味特产，跟当地的民宿客栈、石斛茶农进行了友好的交流交往。我相信，世界地质公园、首批国家级风景名胜区、首批国家5A级旅游景区雁荡山定会给大家留下美好的印象，会给朋友们今后的人生增添欢乐和轻松、健康和长寿！

在这短短的几天时间，你们对我的工作给予了充分的理解与配合，给予我真诚的宽容与鼓励，从你们身上，我学到了很多宝贵的知识与经验。在这临别之际，我只想说一句：谢谢！

为了表达我的感激之情，我想为各位朋友清唱一首我新近创作的《爱在雁荡山》来欢送朋友们，希望大家能喜欢。

爱在雁荡山

（一）

雁荡山，我的家

雁荡山，我的爱

山山串成我悠长的思念

默默相许在夫妇峰前

你是那样的迷人

你让我如此眷恋

相望相守在净名谷口

你是那样的醉人

相依相偎雁山茶苑

你是那样的柔情

（副）

一遍遍念你的名字

一次次把你思念

大小灵湫相拥而眠

我对雁荡山情意绵绵

（二）

雁荡山，我的家

雁荡山，我的爱

山山化成我深深的爱恋

深情相拥照胆潭边

你的爱那样热烈

丹芳岭上执手相偕

我对雁荡山爱是那么的绚烂

雁湖岗上相依相伴

我对雁荡山爱是如此深沉

你让我无法拒绝你的爱恋

（副）

一遍遍念你的名字

一次次把你爱恋

朝阳洞背如胶似漆

我对雁荡山爱情似火

Rap：

百岗云海

雁湖日出

能仁钟声

净名初月

你是那样的灵秀迷人诗意魔幻

古往今来多少诗叟画家从你这儿启智开悟擅胜场

欢送词

一遍遍念你的名字一次次日思夜想把你铭记心上

天梯飞泉真际谷

天柱展旗屏霞嶂

龙鼻莲花透天窗

雁荡毛峰醇厚香

五老峰下三折瀑

诗山画境有禅意

古道驿舍蕴传奇

烟霞几重路几重

自道海上名山看不足

古来寰中绝胜美名扬

各位朋友，曾经有客人问我：游雁荡山需要多长时间？我回答：即使走马观花也至少需要一个星期，如果要深度研学、沉浸体验的话，则至少需要一个月甚至一年。不管怎么样，这次雁荡山之旅我们还依然停留在谷底看山，希望下次再有机会，也由我来陪同各位踏着山水诗鼻祖谢灵运的足迹畅游雁荡山的山脊线、中山线，领略春夏秋冬、朝夕晦明的四时不同景观，那将会是完全不一样的新体验。

当然对于雁荡山怎样游，清代乐清学者施元孚在实地体验之后，提出了雁荡"游山十八法"，在临别之际，与各位游客朋友分享：

一、游雁山与游他山不同。他山随时可游，而雁山包藏深谷，春夏之交，草木际天，峰顶云雾，终日不散。又多毒虫马蜞之类，停枝附叶，动则啮人。唯秋冬毒虫尽去，草木黄落，天空气肃，谷迥峰高，山容毕露。斯时入山，玩目赏心，殊与春夏迥然不侔。昔人谓秋游雁荡，岂不信然？元李五峰亦尝言之。故游兹山者，选时则以中秋至来岁孟春为佳。第沿途而游，于秋善矣，至于穿林陟险，极远穷幽，非冬不可。盖幽壑丛莽，类多毒蛇，秋后他虫虽去，而毒蛇必冬始伏故也。然，此亦只言其概。春夏雾雨，今固如故，而谷中荆莽，于今略尽，毒虫亦不数见。若夫花笑鸟啼，云开月出，四时之景，各有奇致，又不可执一论矣。

二、游大龙湫与游他景不同。他如二灵、三梁、道松、碧霄之类，只以石胜，故随时可领其奇。大龙湫以石胜，尤以水胜。唯以水胜，则必有所藉，否

325

则即不能尽其奇矣。然则所藉者何？一曰水、一曰风、一曰日，于山景已略言之，请详其说。盖湫所负之嶂，与所向之峰，拔地凌霄，雄壮莫匹。旱后本湫水缩，则其势稀微，不足以配其境。虽云秋瀑如喜，又安若夏瀑如怒者之益奇也。然大雨后，湫水出谷数里，游人不得入，唯俟其适可而游，则崩溃突怒之势，澎湃（澎湃）震荡之声，始称本境峰嶂之奇。此湫之本相，游人所当首俟者。春夏雨后四五日，秋冬大雨初霁，皆其宜也。然湫所以称奇天下者，以其能变，而所以变者，则在于风。天下瀑之高大如湫者有之，而皆屈于湫。以他山之瀑，其嶂皆展而不收，故虽有风，不过左右飘洒而已。而湫之嶂，回抱如大玦，风入其中，势不得伸，则颠倒披拂。湫遇之，听其所使，而断续疾徐，倒卷横飞，蹁跹翔舞，顷刻万状。此湫之所以必藉于风而态始变也。然有水有风而无日，则湫虽奇而犹恨无色。唯湫水注潭，而斜日照之，倒影浮光，则长虹数道，横击湫间，陆离眩目，晴日巳牌，斯克睹之。此湫之所以必藉于日而态始丽也。三者既备，而湫之妙始穷。故游斯景者，不遇所藉则先游他景，毋欲速，毋自懈，旷日以俟之，从容以玩之，而后能尽湫之致。此游斯景者，所以视他景而较难也。

　　三、雁湖踞山绝顶，而亦以水胜，然游雁湖与游龙湫又不同。龙湫喜雨后，而登高则避湿；龙湫爱风，而山高则畏风。故游雁湖者，必择深秋佳日，拄竹杖，著芒鞋，具糇糒，从容攀跻。至则徙倚湖滨，极目沧海，流览四塞，始得其高空旷远之致。此吾辈湖游之大略也。然湖游以五夜观日，倒映湖光为绝奇。然湖水被决已久，非预纠工匠重砌湖口，则水枯而乏涵光之美。山巅无屋，非备寝具则无以栖宿。出日之顷，晓雾朝霞，常常有之。五夜清朗，虽深秋十不得一，非多运糇粮，则不可以久待。而穷山无人，不无猛兽奇鬼惊人之物，非人徒之众，火炮兵械之广，则无以防不虞，而壮黑夜游人之胆。故雁湖出日之观，唯有力而好奇者或能得之，非他人所能与也。世言东海观日，北唯岱宗，南惟台之华顶，及此为三而已。而此有湖光涵影之致，似胜岱宗、华顶。使果备济胜而遇佳辰，则其奇当不可言。乃钟沉不复，空山乏自在道场，而水决无堤，妙境失本来面目，是可慨也。

　　四、山中诸景皆宜秋游，唯龙鼻水则否。水自冬徂春，自春徂夏，皆涓滴有常，旱涝不改。唯夏末至三秋，其水独枯。即霪霖弥月，鼻不沾湿，观水者宜识其时。此虽穷理如圣，恐亦不知所以然，斯言前已及之。故游兹山者，不留情鼻水，则于秋宜。如必欲观此水，则请从冬始。曩者癸亥，灵岩僧妙文谓山东人来游，见龙鼻无水，疑之。时方仲秋，去得水之期，尚隔数十日。僧语之故，客不怿。既去之台，懊恼不服，复返本山坐候。及期之前日，鼻尚如故。夜五鼓起视，则鼻水下滴不休，因诧异狂叫，明烛达旦，坐视弗舍。留数日，始大快而去。此所谓留情鼻水者，谨告游人，预度其期，令入山后，致怪山灵狡狯，故与人违也。

五、诸景之游，或宜晴，或宜雨后数日，唯水帘谷则以大雨后隔宿为期。盖此谷夹于铁城嶂中，左右各有水帘数道，其源之长者，唯东壁一道。余谷之源皆短，故游得其期，诸道各有奇趣。若迟数日，则诸道尽涸，唯东壁者长流而已。窥其一斑，固不若得全豹之为美也。至若游剑锋泉，则又无待隔宿，盖泉自下而上，由水势冲激，逼成剑形，稍缓则无是也。

六、游散水岩不喜风，游仙桥爱风而又畏风。以散水既无环抱之嶂，原不以风见奇。岩半有穴，居穴中，瀑水外垂，映日如珠箔，旁窥烟岚，光华缭绕，妙不可言。风起则水迸散，穴不可居，故不喜风。仙桥在山脊，人行其上，听桥下回风声，其音绝异，故爱风。然山高脊狭，桥与东趾更突然高峙，行者如在天半，而天风飘忽，风至，力甚劲，必急为俯伏，否则危不堪言，故又时时畏风。

七、雁山之水，唯石门潭最巨。游斯潭者，其奇有三：一在深秋初晓之顷，潭水渊澄，秋气又肃，而晓日初升，浮光沉影，悠然静穆。浮舟门下，其得趣绝与他时不同；一在大水之后，是潭会十八滩之水，每大雨后，溪涨门狭，急不得泻，汹涌之态，轰赫之声，令观者动魂骇魄；一在清宵寂静之下，潭门下有龙窟，每夜半发光，殷然有声。昔人尝束双艇夜游，歌吟弄箫者。久之，忽冈啸林鸣，光目潭底出，则凛然而惧，急刺艇而去，其奇尤甚。此皆游斯潭者之不可遗也。

八、山中游诸水景，如湫瀑水泉，皆宜水大，而游诸潭，则唯石门潭与小龙湫潭尤甚。盖游石门潭必以舟，水愈大则潭愈广，而舟游之景愈胜。若小龙湫潭，旱则水涸，故游者并以大雨后水盛为候。余如湫背、霞映、初月、菊英、连环、照胆，及湖南三潭之游，皆不喜水盛，而宜于旱后。盖诸潭咸夹深谷中，水盛则不得见，唯旱后溪谷可行，潭形毕露，水自盈满，方可得其奇妙。至若大龙湫潭，水盛始闻潭上宏声，旱后见潭底异景，则游兹潭者，则当

水旱俱宜。

九、山中诸景，皆可玩月，然以灵峰之洞口、灵岩之优月凹为最。盖玩月以黄昏为期。灵峰洞于诸洞中独东向，洞前又峰峦林立，而优月凹在灵岩东山之脊，两处得月最早。正望前后，圆明之月，乍吐于诸峰之间，与徘徊于石凹之内，其景独绝。故欲玩月者，必期于望，而欲玩望月之奇者，必期于此二处。

十、灵岩安禅谷、灵峰灵异亭二处宜玩雪。其他处非无雪景，或所处低下，或高而无栖身之所，或前无高峰怪石，唯此二处高而有屋。又其前诸峰环列，每逢大雪，俯首下瞰，俨如三军露刃，玉函银铠，望之如荼，其景诡异特甚。又道松洞、北石梁洞亦宜玩雪，然一望空明，而其景又变。

十一、飞泉寺、白云岭、北石梁洞等处皆宜观雾。以所处绝高，俯临深涧，霜夜无风，宿雾下伏。初晓时俯首视之，宛如平湖白水，静定无波，怡人瞻望。稍迟则雾气上腾，遂不复见此奇矣。

十二、诸洞皆宜鼓琴，而尤以灵峰洞、龙鼻龛为胜。以其峰嶂峭耸凌虚，而半空开洞，琴声发焉，韵极清远。又剪刀、天柱两峰下及响岩门，亦宜鼓琴，以境地岑寂，流水环绕其间，故亦于琴韵为宜。

十三、仙桥、屏霞嶂、玉箫、戴辰、会仙诸峰高空缥缈，四顾无碍，皆宜吹箫。马鞍岭头左右旷远，亦宜吹箫。盖琴韵幽而蕴于洞底，箫声亮而远于峰巅。然仙桥玉箫，一可率古，一为本色，尤宜中之宜也。

十四、大龙湫下，宜伐鼓撞钟。盖湫水振响，丝竹之音不闻，以大声轰之，则湫水震赫迸洒，故殊有致。然此等器具，终非游人所有事者。独灵峰洞亦宜考钟，以其钟小在洞中，游客将登，先令人入洞考之，佐以他音。客自下方升磴听之，铿铿飘忽，奇甚。昔人谓如鸾凤行鸣半天上，信足异也。

十五、游诸景，皆宜饮酒，而大小龙湫，及斤竹涧、湖南坑中尤宜。以此数处幽僻深邃，虽盛夏入之，毫无暑气。秋冬间寒气砭骨，必须饮酒。

十六、林泉趣味，淡逸清幽，则游者亦宜与称。如游必有结伴，或大约二三人，多至四五人，要以知己为尚，否则或随师长，或携子弟亦可。再不然，宁独往独来，亦自有致，断不可与俗客俱，以致败兴。有伴矣，不无行李。然衣服器具，宜简洁，如寒素之士，不妨自襆被而行，否则或两人使一力，或数人共使一力，不得多令若辈嘈杂山中。富室出入，不免舆马，然当及山而止。如西来至芙蓉村，东来至大荆城，即宜屏去，不可入山中，致多烦扰，游亦不畅。至若饮食一节，竟可省去。入山后即食僧饭，则两下俱便。如以临景之下，非酒无以助兴，非肴无以佐酒，则酒请携其佳者，肴请携其干者，总期以简少为贵。盖山林泉石，只有清趣，以简淡之我领之，庶为两得。使必奢靡于饮食服御间，则繁华气焰，薰炙林泉，我不自嫌，山灵亦当笑我，以致截辕杜辔之讥乎？如曰：我性所爱，不能改也，则凡闹热场中，无不可往，而此寂寞之乡，知非所爱，又奚庸仆仆焉入此为也？夫简约淡素，为凡游山者各宜如是，不独雁山，而游雁山之奇，尤不可不如是也。

十七、山林泉石，昔贤谓天所以资幽潜遗逸之人，而非有官守者所得兼也。职事云：何而漫游是务乎？第游息之道，通于政理，《卷阿》之咏，著在篇什，则守土之巡视，輶轩之问俗，登临寄兴，亦无不可。要以先期戒饬，节省从徒，矜惜糜费，本江湖廊庙之怀，为推己度人之用，则善矣。不然，不唯气味烜赫，舆从撞扰，既与山灵之趣不协，而供亿病民，此廉宪于雁山所以有炽仆天柱之慨也，可不念哉！

十八、雁山素称佛氏道场，游者须用自己本色，无庸呆效比丘尼习套。我如儒流，不妨遵道讲学；我文士也，不妨登高作赋；我善书，不妨摩崖题壁；我善画，不妨绘水图山；我善音律，不妨奏琴岩阿；我善局戏，不妨围棋赌墅；我为羽客，不妨禅室谈元；我为星士，不妨空山望气；武夫也，不妨陵崄射隼；佳人也，不妨映水簪花。率其所知，呈其所能，以从事于烟霞泉石间，我不如来空色，而别悟空色之妙；我非散圣游戏，而各具游戏之致。不泥于佛，自不滞于境，将见高峰为之增色，流泉为之生韵，草木鸟兽为之绰约翔舞。吾知昂首之讵那，当必低眉而笑；潆荡之全了，当必拍掌而舞矣。虽曰：善易者不言易，然用其本色，实济胜之妙具也。近见有游兹山者，念佛不休，人皆厌而避之。相传陈蝶庵入山，作飞瀑图于罗汉寺屋壁，卧云和尚见之，喜曰：此翁诗机，衲之禅机也。相视而笑。游雁山者，可知其故矣。当以此法。
（摘自清施元孚编撰《雁荡山东稿》）

祝各位朋友旅途愉快，前程似锦，一帆风顺！

附 雁荡山旅游推荐线路

1. 雁荡山一日游 A 线

D1 早上游览大龙湫，中餐后游览灵岩、灵峰日景、灵峰夜景，适时返程

2. 雁荡山一日游 B 线

D1 早上游览净名谷—三折瀑，中餐后游览全国重点文物保护单位南阁古牌坊建筑群、显胜门、散水岩，适时返程

3. 雁荡山二日游 A 线

D1 中餐后游览大龙湫、燕尾瀑、能仁寺大铁镬、净名谷，适时入住，晚餐后游览灵峰夜景

D2 早上游览灵岩—卧龙谷—方洞，中餐后参观雁荡山博物馆，下午适时返程

4. 雁荡山二日游 B 线

D1 中餐后游览全国重点文物保护单位南阁古牌坊建筑群、显胜门，晚餐后参观灵峰夜景

D2 早上游览雁湖西石梁瀑、梅雨瀑、罗带瀑、上马石村，中餐后参观湖上垟（百岁坊、千年古树柳杉）、红色革命旧址、岭底正江山漂流，晚餐后适时返程

5. 雁荡山三日游 A 线

D1 中餐后游览大龙湫、净名谷，适时入住，晚餐后游览灵峰夜景

D2 早上游览灵峰日景、真际寺，中餐后游览方洞、卧云栈道、灵岩景区

D3 早上游览南阁古牌楼建筑群、铁枫堂、散水岩，中餐后适时返程

6. 雁荡山三日游 B 线

D1 中餐后游览雁湖景区西梁瀑布、罗带瀑，适时入住

D2 早上游览显胜门、南閤古牌坊建筑群，中餐铁定溜溜用餐，中餐后游览铁定溜溜（聚优品）、羊角洞景区，返回酒店

D3 早上游览方洞—卧龙谷—灵岩，中餐后适时返程

7. 雁荡山—洞头岛二日游 A 线

D1 中餐后游览仙叠岩（含海滨浴场、南炮台山），车赴雁荡山，晚餐后参观灵峰夜景，适时入住

D2 早上游览灵岩、大龙湫，中餐后适时返程

8. 雁荡山—洞头岛二日游 B 线

D1 中餐后游览大龙湫、灵岩，适时入住，晚餐后游览灵峰夜景

D2 早上游览小洱海网红点、望海楼，中餐后适时返程

9. 雁荡山—洞头岛二日游 C 线

D1 中餐后游览仙叠岩、小洱海网红点，适时入住

D2 早上车赴雁荡山，游览灵峰日景—真际寺，下午游览方洞—卧龙谷—灵岩，适时返程

10. 楠溪江—雁荡山二日游 A 线

D1 中餐后游览苍坡古村、石桅岩，晚住雁荡

D2 早上游览大龙湫、灵岩，中餐后适时返程

11. 楠溪江—雁荡山二日游 B 线

D1 中餐后游览芙蓉古村、丽水街、楠溪江特色竹筏漂流，适时入住

D2 早上车赴雁荡山，游览大龙湫，中餐后游览灵岩、灵峰日景，适时返程

12. 温州—雁荡山—楠溪江三日游

D1 中餐后游览屿北古村、楠溪江舴艋舟漂流，适时入住

D2 早上游览林坑古村，中餐后游览龙湾潭，晚住雁荡

D3 早上游览灵岩、灵峰，中餐后参观雁荡山博物馆，适时返程

13. 温州—雁荡山—楠溪江—江心屿三日游

D1 中餐后游览温州江心屿、五马街、温州博物馆，住温州

D2 车赴雁荡山，游览大龙湫、灵岩、灵峰日景、灵峰夜景，住雁荡

D3 车赴楠溪江，游览崖下库、丽水街、竹筏漂流，适时返程

14. 温州—雁荡山—洞头—楠溪江三日游

D1 中餐后游览雁荡山灵岩、灵峰，适时入住，晚餐后参观灵峰夜景

D2 早上车赴洞头，游览小沙海网红点，中餐后游览仙叠岩（含海滨浴场、南炮台山），适时车返温州

D3 早上车赴楠溪江，游览丽水古街、楠溪江特色竹筏漂流，中餐后游览永嘉书院，适时返程

15. 雁荡山—楠溪江—洞头—温州五日游 A 线

D1 中餐后游览大龙湫，晚餐后游览灵峰夜景，适时入住

D2 早上游览灵峰日景、真际寺，中餐后游览灵岩，适时返回酒店

D3 早上车赴楠溪江，游览石桅岩，中餐后游览丽水古街、楠溪江特色竹筏漂流，车赴温州入住；晚餐后客人感兴趣可自行前往温州标志性步行街——五马街自由购物

D4 早上车赴洞头，游览望海楼，中餐后游览仙叠岩（含海滨浴场、南炮台山），适时车返温州市区

D5 早上游览江心屿，中餐后适时返程

16. 雁荡山—楠溪江—洞头—温州五日游 B 线

D1 中餐后游览雁荡山大龙湫、灵峰日景，晚餐后游览灵峰夜景，适时入住

D2 早上游览灵岩—卧龙谷—方洞，中餐后车赴岭底正江山漂流，车赴楠溪江游览永嘉书院，适时入住

D3 早上游览埭头古村、崖下库，中餐后游览芙蓉古村，适时车赴洞头游览小沙海网红点，晚上住洞头

D4 早上游览望海楼、仙叠岩（含海滨浴场、南炮台山），中餐后参观洞头东海贝雕博物馆，适时车返温州，晚餐后瓯江夜游或塘河夜画，也可自行前往五马街、公园路休闲购物

D5 早上游览三垟湿地、青灯石刻艺术博物馆等塘河民办博物馆群，中餐后适时返程

17. 雁荡山—文成—泰顺五日游

D1 中餐后游览雁荡山大龙湫、方洞，住雁荡山，晚餐后游览灵峰夜景

332

D2 早上游览灵岩—卧龙谷，中餐后车赴文成游览刘基故里、刘基庙，住文成

D3 早上游览百丈漈，中餐后游览让川村，车赴泰顺，住泰顺

D4 早上游览泗溪姐妹桥，中餐后游览胡氏大院、南浦溪，住泰顺

D5 早上游览交垟土楼，中餐后适时车返温馨的家

后 记

雁荡山，是一座需要细细品读的山。

雁荡山对于我来讲，既熟悉又陌生，似曾相识却似识非识。从不同的时段、不同视角观览解读雁荡山水，总可以发现不一样的山景，经历不一样的感受，聆听不一样的天籁，吸收不一样的气息。雁荡山魔幻而神奇、灵秀而幽秘。

能来雁荡山工作，无论是挂职还是任职，我都倍感荣幸，也倍加珍惜。雁荡山重振雄风对当地发展意义重大，容不得半点苟且与马虎，首先要平心静气，舍弃名利，宠辱偕忘，凝心聚力，了解雁荡山的文化遗产与自然景观的家底，包括山脉的走向、山谷的布局等。因此，自2023年1月10日在雁荡山风景旅游管理委员会挂职以来，我在山读山、夙夜在公、倒空自己、释放自己、一日三省、未敢懈怠，将自己以前对雁荡山的认知完全丢开，也将自己从他人对雁荡山的传言中脱开，从一个初识者的视角来看熟悉的风景风情风物，孜孜汲汲、夜以继日地加紧赶路。有时是清晨六点多就开始登临古道，感受古往今来雁荡山的文化遗存遗址，有时则是深夜凌晨徒步景区，感知四时景观晴雨晦明的动态变化，不仅用脚步丈量、用心灵感受了中高线、山脊线、古道线、谷底线、环山线、摩崖石刻以及十八古刹遗存旧址及大雁荡山周边乡村的传统习俗、特色美食、民宿客栈、名人故居、乡土建筑、景观标识等，也不失时机、如饥似渴地翻阅了《道光乐清县志》《广雁荡山志》《雁荡山志》《雁荡诗话》《雁荡风》《书画雁荡》《潘天寿雁荡山花写生研究》《雁荡风黄宾虹专题展作品集》《浙南摩崖石刻研究》等有关雁荡文化名山的书籍。从书本结合实景，更能感受到雁荡山瞬息万变的形态，幽深宁静的山谷。

后 记

雁荡有时被写作雁宕,其实雁荡实指雁湖,因"岗顶有湖,芦苇丛生;结草为荡,秋雁宿之"而得名雁荡。唐代书法"草圣"释怀素在《与律公书》中写道:"雁荡,自古图牒未尝有言者。山顶有大湖,相传为雁荡。"我实地勘察发现,雁湖不是一个湖,据我足迹踏访所及至少有五个,明代史料记载有六个,现在依然有水的所谓雁湖还有一个,其余五个雁荡基本上为芦苇草丛竹林密掩的沼泽泥潭,依稀还可看出雁荡的规模。

来雁荡山挂职之前,我有幸亲历了雁荡山许多具有纪念意义的事件。1999年7月启动世界遗产候选单位申报,雁荡山、楠溪江、良渚遗址与普陀山四处列入候选名单,1999年12月30日《浙江市场导报》专版刊载候选单位名单及概况介绍,我当时应邀执笔《楠溪江,离世界遗产有多远》一文;2001年央视四套"旅行家"栏目拍摄雁荡山楠溪江30分钟的专题节目,陪同央视四套"走遍中国"栏目摄制组编导杜棣华先生一行实景拍摄了雁荡山灵峰、灵岩、大龙湫,参与了该片主题主线主景编排与台词的斟酌;2003年温州市旅游局组织雁荡山楠溪江等温州优势旅游景区赴福建厦门泉州福州促销,竟然发现"人们知道雁荡山,却不知道雁荡山在温州",才明白旅游市场促销不应先入为主地以为自己知道的别人也会知道,需要透过陌生来看熟悉,研究消费谋业态,把握市场推产品;2004年11月陪同时任温州市政府领导赴原国土资源部汇报雁荡山世界地质公园申报有关工作,赞同以楠溪江为西园区、方山—长屿硐天为东园区以及以雁荡山地貌申报的方案,参与了雁荡山世界地质公园申报工作研讨会;2006年随团赴武夷山等国内有关景区调研,执笔《雁荡山景区旅游管理体制的调研报告》供温州市委编办参考;2006年11月编撰出版《温州导游词》时将雁荡山作为主要部分;2012年参与赴龙虎山、三清山、武夷山和云台山观摩学习,执笔《如何理顺雁荡山景区旅游管理体制的几点建议》,得到时任浙江省委常委、温州市委书记陈德荣"所提建议与我的思路不谋而合……"的批示,此后又多次应邀参与市编办关于理顺雁荡山管理体制的探讨交流;2013—2014年协调编制《雁荡山楠溪江旅游一体化发展规划》,与北京大学吴必虎教授、晁华山教授等一起深入调研探讨雁荡山、楠溪江联合申报世界遗产的事,在规划文本中提出了"雁荡山下的楠溪江与楠溪江畔的雁荡山"、穿越世界地质公园经典自驾旅游风景道、谋划设立雁楠市或雁楠旅游经济特区的设想;2015年会同温州市交通运输局启动编制《温州市旅游交通发展规划》，对大雁荡旅游交通开展了为期三天的深入调研，提出了高等级、高品质旅游景区交通，要形成快进内畅互通慢游体系，通景公路在建设车行道的同时要配套骑行道、步行道与交通驿站等建议。2014—2019年，每年至少5次赴雁荡山指导或陪同调研，包括景区"四边三化"、旅游厕所、旅游景区提升等相关工作；多次应邀为雁荡山风景旅游管理委员会、旅游发展集团干部职工旅游景区运营与管理服务提升业务专题培训辅导。2020—2022年，多次组织赴全国重点文保单位龙鼻洞摩崖石刻、南阁牌楼古建筑群督促检查文物安全保护利用工作，指导启动北阁牌楼、发祥岭栈道申报省级文物保护单位等工作。2016年，在《中国商报》发表《全域旅游必须要具备七大体系》一文，提出了"旅游不是旅游局的旅游，旅游局不能单独设立""旅游不是第三产业而是兼具一产、二产、三产属性的动力型综合性服务行业"等观点，明确了旅游总收入、旅游总产出与旅游总消费等概念之间的本质区别，提出旅游业必须透过陌生看熟悉、把握消费谋业态。要明确所在城市或县域旅游业发展的阶段、坐标位置、产业定位、目标导向、路径选择、要素保障等，并非所有区域都适合旅游主业，也并非每个人都适合旅游服务。旅游业发展要精准地把握旅游者的心理需求，要有效地扶持旅游经营主体，把握发展方向，切忌低水平地重复建设、机械式地照搬照抄、盲目性地闭门造车、运动式地激进赶超。全域旅游并非专指空间的全域化，更重要的是时间的全域化、链化的全产业、集聚的全要素；文旅融合的关系需要从相加相合相融不断叠加递进，小众文化的旅游化与大众旅游的文化化要相辅相成。

尽管我最初读的专业是旅行社管理与英语导游服务，但是落什么船使什么舵，在什么岗做什么事，需要的无非就是忠诚担当、专心专注、心无旁骛、学习以恒、做事以敬、待人以诚，坚持干一行爱一行、知一行精一行。1992—1995年，在楠溪江国家级风景名胜区岩头中心区管理处担任副主任的时候，我更多考虑的是风景名胜区的规划、旅游项目的开发、基础设施的配套与资源环境的保护，更多的精力在于镇村的关系协调与政策处理，包括拆迁、征收、征地等。尽管1993年机构的名称由楠溪江风景名胜区管理局变更为楠溪江风景旅游管理局，一直到2000年根据组织的安排具体负责实施楠溪江景区面上规划开发与传统文化村落的保护利用，我依然丝毫没有旅游的意识，也感受不到旅游部门的存在。而在2000年4月28日策划推出丽水街民俗风情节暨楠溪

后　记

江假日旅游大行动出现市场"井喷"现象，具体负责实施"文化楠溪江"战略的推进与楠溪江面上保护开发工作时，我才第一次意识到旅游发展与项目投资需要财务分析与经济测算，第一次明白旅游景区开发与传统村落保护利用需要坚持政府主导、专家指导、镇村主动、游客互动四方面结合，缺一不可。我才第一次关注了节庆活动与市场营销的投入产出、回报周期、边际成本、即期反馈与溢出效应。

其实在任何岗位，我都是一步一个脚印，不遗余力地全身心投入，无论在山区还是城区，在基层还是机关，在业务处室还是在综合岗位。1995年6月我开始到永嘉县政府办公室秘书科、综合科工作，十分重视政务信息与调研工作，果断停止了信息滞后的《政府信息摘编》，创办了《调查与思考》内参，试行刊发的头四篇调研报告就有两篇被温州市人民政府办公室全文转载，另外两篇文章受永嘉县政府主要领导批示督办。我撰写的《楠溪江风景名胜区的现状及其方向与对策》被浙江省旅游局主办的《现代旅游》刊发之后，在全省旅游业界引起了极大关注；2000年撰写的《楠溪江芙蓉古村特色价值及其保护利用的思考》一文被国家建设部主办的《小城镇》杂志刊发之后，又被《国家历史文化名镇与民居研究》一书收录；《楠溪江申报"世界遗产"的思考》一文被国内多家杂志与报纸全文转载。在温州市旅游局工作期间，创新实施旅游厕所规范化提升、A级旅游景区动态监管与退出机制、倡导实施产业联动融合发展实践等受到上级肯定与推广应用，担任2001—2019年市委、市政府旅游业发展政策性文件的主要执笔人与《温州蓝皮书》的主要撰稿人，应邀为国内不少高校与政府机关专题讲座。尤其在温州市文化广电旅游局（文物局）文物处工作期间，我自费报名参加了省文物局组织的古陶瓷培训班，主动去省文物保护实训班探营，学习研究温州博物馆馆藏书画、瓷器、砚台等藏品，创新开展多样化的文物点阅，并动手撰写有关文章。我的文字基本来源于工作实践，主要基于工作需要，出版的书籍与发表的文章是我八小时以外见缝插针、忙里化闲的文字积淀。

2019年12月，从资源开发处处长转岗文物处处长之后，我先后受领导委托，牵头组织赴实地勘案并妥善处置瓯海、文成、泰顺三起文物保护单位应急事件及一起遗留的文物认定行政诉讼案件，用脚步丈量了全市33处国家重点文物保护单位、111处浙江省级文物保护单位共383个点，全市775处县市级文物保护单位 2000 多个点的大部分,在省内率先创新实施文物安全动态监管分类、分级、分色"三色图"监管、私有产权木结构不可移动文物产权置换、文物一件事消防远程数字监管、博物馆馆藏文物多样化点阅、层层压实文物安全属地主体责任。2000 年 11 月 25 日,应浙江省文物局邀请,我在全省文物安全现场培训会上作"文物安全监管的认识与实践"专题讲座,从文化遗产为何要保护、保护为了谁、谁来保护、怎么保护四个方面,结合国家文物保护有关法律法规与政策性文件,系统梳理了文物安全的主体责任、主管责任、监管责任、看护责任"四责";文物安全的消防安全、盗窃盗掘、自然灾害、法人违法"四险";防御措施的物防、技防、人防、群防"四防"。在国内文物业界第一次提出了"发现不了风险就是最大的风险,发现文物整改不了或整改不到位也是风险"的观点,得到了市委主要领导"温州文物安全工作扎实"的批示。2020 年 12 月 29 日,《中国文物报》以整个跨版报道了《压实属地责任"三色"智慧监管——温州市文物安全管理的创新做法与经验》;2021 年,我破例应邀参加了在青海西宁举办的全国文物安全监管培训会。随后,福建、重庆、新疆等省区市及省内台州、宁波、舟山、金华、湖州、嘉兴、丽水等兄弟市纷纷来电请教咨询文物安全监管方面的做法。在市委督察室、市政府督察室的支持下,率先将文物安全纳入市对县市区年度考核督办事项。2022 年,在省委省政府召开的浙江省文物工作会议上,温州市政府主要领导作典型经验交流。2022 年 10 月 17 日,应邀为龙湾区人大常委会做会前半个小时的"文物保护适用法律法规及实践探索"专题辅导,围绕文物的基本概念、文物保护法律体系的建立与法律责任、文物犯罪涉及单位公职人员情形的责任以及检察机关文物公益诉讼制度保障等方面做了深入解读。2022 年 2 月,省文物局文物安全督察组一行到温州四个县市抽查重点文物安全隐患整改落实情况时,在离开之前说了一句"温州文物安全无懈可击"。当然我深知文物安全的风险时刻在动态变化之中,夏季有夏季的风险,冬季有冬季的风险,有人为纵火的风险,有用火失手的风险,有电气线路的风险,有白蚁病虫害的风险,有法人违法的风险等,容不得丝毫懈怠与麻痹大意,越觉得有把握的地方往往就是最容易出隐患风险的地方。可以说,文物安全方面的风险防不胜防,谁也难说万无一失,如果缺乏守土有责、守土尽责的敬畏之心,一旦失火,就一失万无了。

创新性地指导开展全市乡村博物馆、非国有博物馆发展提升,形成国有馆

后 记

帮扶民办馆、综合馆携带专题馆的温州博物馆体系。克服重重困难，团结与带领全市文物考古工作团队顺利推进全市考古勘察与标准的评估，经常性地去考古工地探营并与考古专家一起分析研究出土器物与遗存，2020年永嘉马鞍山元代龙泉瓷窑址、2021年温州古城子城城墙遗址先后被评为年度浙江考古重要发现。2021年11月，开始主动与遗产研究院、海上丝绸之路申遗联盟城市办公室衔接，2022年1月在市政府分管领导支持签字的情况下，以温州市政府名义申请温州市加入海上丝绸之路申遗联盟城市，并提交了2019—2021年温州市围绕海上丝绸之路相关工作情况的表格与汇报材料，2022年5月31日得到"初步同意温州市加入海丝申遗联盟城市"的复函。2022年5月，与省考古研究所资深考古专家们召开温州古港遗址考古专家论证会，会上我结合温州1935年城区图与汉永初三年（109）以来温州古城港口岸线、航道、航标、瓮城、城址等，以及宋元温州市舶司、市舶务等海上贸易管理机构设置；2020年永嘉马鞍山元代龙泉瓷窑址出土器物的造型、纹饰，与1975年韩国新安沉船打捞龙泉瓷、平潭大练岛沉船海捞瓷、江苏太仓元代仓储遗址出土器物比较研究；元代元贞二年（1296）永嘉周达观从温州出发赴柬埔寨，撰著《真腊风土记》以及温州唐宋以来与日本、新罗、高丽、琉球等方面的海上交流交往历史，指出温州的码头不是一座、两座，而是连片的一组，并且海关码头、招商码头、渔船码头、客运码头等功能分区非常明确，有理由相信，温州古港遗址考古发掘的价值坐标与历史价值会是突破性的。浙江省文物考古研究所所长方向明在视频连线会议上明确表示："听了胡念望处长的介绍，尤其是瓯江岸线的关系、功能性码头等，感觉我们今天在座的专家档次还是低了一点，接下来要通过国家文物局支持请国家级层面的各方面的考古专家来论证。"2022年，温州市朔门古港遗址考古发现更是取得了前所未有的历史性突破，跻身全国"十大考古"新发现。

2022年5月23日开始兼任局办公室主任之后，因办公室、文物处衔接与办理的事务特别多，几乎每天都是早上6:30就到单位、晚上22点下班，经常忙到深夜甚至凌晨，血压一度高达收缩压168mmHg、舒张压110mmHg。12月24日突发高烧，一觉醒来，被服全湿，一直持续到2023年4月下旬，身体才逐渐从极度疲累虚弱的状态中恢复过来。既然组织上确定让我来雁荡山挂职，就下定决心、抛却杂念、心无旁骛、毫不懈怠、毫无保留、全力以赴。尽

339

管主观上做好了全身心融入的准备，依然清楚自己"雁荡山客"的挂职身份，排除阻力与压力，坚信雁荡山有"砂子""稻草"也有"黄金""仙草"。如何将雁荡山的泥砖转化成金砖是一个需要管委会班子齐心探求、社会各界共同发力的课题，抱着"等不起、慢不得"的使命感与责任感，以"宁荒勿慌、宁慢勿漫"的从容与耐性，在实地用脚步丈量、用心灵感受的同时，查找并翻阅有关雁荡的历史文献与书籍资料。能到雁荡山工作，本身也是一种机缘与幸运。身在"海上名山、寰中绝胜"，山水毓秀、文化绵厚、空气清新、民风淳朴，可以暂时远离尘嚣、缓解压力、调整思绪，不争不辩、平心静气地投身工作。同时，不失时机地忙里偷闲，借闲时光读闲杂书，以闲心情为闲笔墨。

  当然，挂职一年多以来，我亲身体会到这里工作的辛苦与生活的不便，如果没有一种坚强的信念几乎是很难支撑的。我也为乐清市领导为推动雁荡山的重振发展呕心沥血、砥砺前行、大气包容、真挚真情而感动，也受曾经在雁荡山风景旅游管理委员会奋斗过、深知其中工作五味杂陈的领导们的友善与情怀所激励。不管怎么样，我始终觉得一个人是否有担当有抱负，不在于职务的高低、知识的厚薄，主要看其能否为推动一个地方的发展锚定目标，明确路径，知人善任，凝聚人心，鼓舞士气，全力以赴。我深知，人生的价值不在于享受什么，得到什么，成功不会成就你，失败不会击垮你，平淡也不会淹没你，因此在有生之年，决志成为一位有价值的人，而不是试图做一位成功的人。

  在跟挚友吴明哲说明做客雁山一事，他略微沉思了片刻说："到雁荡山也好，我为你刻几方印章，用吉金文字篆刻'雁宕山客'等三方印章。""雁宕山客"印章中的"山"字采取了象形文字，印面布局险中求平，错落有致，边款上刻着"雁山为主我为客，念望道兄晒正，癸卯杏月钝三"。

  根据雁荡山重振雄风三年行动计划工作部署与乐清市主要领导关于重视雁荡山景区讲解员培训的嘱托，从2023年3月着手编撰《雁荡山导游词》。在编撰过程中，我深入雁荡山八大景区的山脊线、中山线、古道线及十八古刹、自然景观等进行全面的实地考察，以我编撰出版的《温州导游词》雁荡山部分为基础，参阅了清乾隆《广雁荡山志》、道光《乐清县志》、《温州文化史图说》《火山与火山岩景观》《雁荡风——黄宾虹书画展作品集》等一系列的书籍资料，并查阅了北京故宫博物院、台北故宫博物院、南京博物院等与雁荡山主题相关的书画藏品资料，2023年8月30日前基本完成初稿，并与中国旅游出

后　记

版社行业编辑室的王丛、路雅璇接洽，不断打磨修改、增补删减。

其实雁荡山历史上不乏导游类图经、诗文、书籍。如南宋著名学者薛季宣的《雁荡山赋》；元代著名画家赵孟頫的《天台雁宕四时景图》；明代雁山僧人永昇编撰的《雁山集》一卷；朱谏《雁山志》四卷（嘉靖十八年刻本）、徐廷珍《雁山志》二卷（万历刻本）、章玄梅编撰《雁山志续集》（嘉靖二十六年刻本）、杨尔曾撰《新镌海内奇观》（明万历三十七年杨氏夷白堂刻本）；清代施元孚的《雁荡山志》（乾隆二十三年刻本）等。1959年9月乐清县雁荡管理委员会编辑《雁荡》、1978年灵峰景区等处印售《雁荡山风景图》、雁荡山风景诗选及景区简介小册子。1979年雁荡山管理局编印《雁荡山诗选》及《雁荡山导游图》，1979年上海《文化与生活》刊载钱仁康的《雁荡纪游》一文，1980年雁荡山管理局组织编印《雁荡山景区导览》《雁荡山民间故事》等，1986年乐清县文化局组织编印《雁荡山摩崖石刻》，2006年上海书画出版社出版周阳高等人编撰的《中国画技法通解——雁荡画法》、胡念望编著的《温州导游词》，2014年温州市林业局编纂出版的《温州古道·乐清篇》等。在编撰本书的过程中，均一一查阅参考。对于摩崖石刻、文化遗存等均在景区的古道山涧穿行，进行实地勘察考证。当然，不少未开发景点，如石井潭、西庵岭、玉屏峰等未做介绍。在走笔《雁荡山导游词》过程中，脑海里像放映机启动，"雁荡十景"的画面走马灯般接连浮现：净名初月、百冈云海、玉霄朝霞、能仁问茶、真际晚钟、灵岩秋月、龙湫烟瀑、东园问道、雁湖日出、南阁夕照、仙溪晚霞、飞泉梦寻、瑶台御风、灵峰夜景、方洞仙踪……

导游是民间大使，作为雁荡山的导游知识面上要专、精、杂、博，雁荡山美不美，除了老天爷的恩赐与老祖宗的给力，更在于导游的一张嘴，自然景观以景点为主，人文景观则需要翔实而生动的解说。当然，导游词不同于文学创作可以随心所欲地畅想、抒写、虚构，需要在梳理景观资源、挖掘历史文化的基础上形成解说词，更多的是一种搬运、整理、裁缝的工作。有关史料要有权威的出处或者至少能够自圆其说，尽可能多地让初来乍到的游客了解旅游目的地的自然景观、名胜古迹、人文风情、衣食住行等有关情况，是在践行从未知到已知、从陌生到熟悉的一种主客共享、情景交融、互动交流中知识或常识的传递传播。

2023年9月18—19日我尝试性地整理了部分导游词供雁荡山导游员"迎

亚运盛会"专题培训参考使用，做"如何导游雁荡山"专题讲座，并现场进行了模拟导游解说点评；12月21日针对参加雁荡山导游大赛的讲解员进行雁荡山导游文化专题与讲解规范培训；12月26日举办了2023雁荡山景区导游讲解大赛；2024年1月12日专门抽出半天时间为雁荡山风景旅游总公司从事政务接待的导游员进行雁荡山文化专题培训；4月25—26日专门组织雁荡山景区讲解员专题培训并考试发证。针对目前导游不是缺乏讲解的技巧，而是普遍对雁荡山文化缺乏全面与深入了解的问题，本书在内容上尽可能提供一些经过考证的翔实的摩崖题刻、山水诗词、书画作品、宗教文化等方面的材料，甚至是原原本本的材料，以便导游在解说过程中有选择性地自主取舍，同时也为热心研究雁荡山的社会各界人士提供参考。

温州市、乐清市两级市委、市政府主要领导十分重视《雁荡山导游词》的编撰与导游培训工作，多次提出要形成多样化的导游解说版本。在导游词编撰过程中，得到了徐建兵、戴旭强、陈微燕、王金法、黄升良、黄淑贤、赵章培、卢礼阳、叶晓权、陈绍鲁、徐浩、包秀豹、陈晓宝、管敏远、林军、叶磊、薛阿昆、李庆迪、陈广世、何瑞东、叶利华、郑汉阳、王艺凡、周奕汝、陈虹芳、胡梦竹等同志的关心与支持；万邦征、薛承授、陈军平、董善建、陈章纯、张朋强、王昊宇、黄丹燕、金明雪、刘旭、李家尊、林珍珍、王皓月、金淑静、叶冰凌、施顺喜、林老四、周朝礼、金忠强、施山明、叶星伟、金可兴、胡如光、金永希、金财有、章国斌、王树松、李连娣、林福荣、叶广平、金明亮、林瑛、金伟峰、李荣光、刘忠海、林战、蔡正敏、郑凌云、黄明龙、胡安明、詹必红等同志参与了导游词资料的搜集补充、文字校对或实地调研；杨舞西、滕万林、许宗斌、陈明猷、王志成、吴济川、王常权、阮伯林、李振南、林宏伟等乐清籍文化贤达为雁荡山资料的深度挖掘开展了不少卓有成效的工作，他们的成果对本书的编撰提供了不少有益的史料佐证；黄仁鹏老师拨冗审订书稿；本书的责编路雅璇不厌其烦地审读校核，不断对稿件中的内容进行核实确认、修改订正，其对工作的敬业务实、一丝不苟令人敬佩。导游词在搜集资料时也得到了温州市文物考古研究所、温州市图书馆、绍兴市图书馆、乐清市人大教科文卫委、市政协文史委、市自然资源和规划局、市文化和广电旅游体育局、乐清市档案馆、雁荡镇、芙蓉镇、大荆镇、湖雾镇、仙溪镇、龙西乡、智仁乡、岭底乡、乐清市雁荡山导游协会、雁荡山风景旅游管理委员会办

后 记

公室、旅游管理处、计划财务处、规划建设处、景区综合服务中心，雁荡山博物馆、雁荡山旅发集团、雁旅艺苑公司、温泉度假酒店、铁定溜溜乡村旅游度假区、中信旅行社、雁荡山风景旅游总公司、雁荡山山河旅行社等单位及雁荡山各景区站的积极配合。在《雁荡山导游词》出版之际，一并表示感谢！

限于编撰者的时间、精力与水平，书中肯定存在不少值得商榷与需要订正之处，恳请读者批评指正。

雁荡山客胡念望
甲辰巧月改定于雁荡山风景旅游管委会

策划编辑：王　丛
责任编辑：路雅璇
责任印制：冯冬青
封面设计：中文天地

图书在版编目（ＣＩＰ）数据

雁荡山导游词 / 胡念望编著. -- 北京：中国旅游出版社，2024. 9. -- ISBN 978-7-5032-7347-6

Ⅰ．K928.3

中国国家版本馆 CIP 数据核字第 2024D66Q61 号

书　　名：	雁荡山导游词

作　　者：胡念望　编著
出版发行：中国旅游出版社
　　　　　（北京静安东里 6 号　邮编：100028）
　　　　　http://www.cttp.net.cn　E-mail:cttp@mct.gov.cn
　　　　　营销中心电话：010-57377103，010-57377106
　　　　　读者服务部电话：010-57377107
排　　版：北京旅教文化传播有限公司
经　　销：全国各地新华书店
印　　刷：北京工商事务印刷有限公司
版　　次：2024 年 9 月第 1 版　2024 年 9 月第 1 次印刷
开　　本：710 毫米 × 1000 毫米　1/16
印　　张：22.75
字　　数：367 千
定　　价：68.00 元
ＩＳＢＮ　978-7-5032-7347-6

版权所有　翻印必究
如发现质量问题，请直接与营销中心联系调换